고건축과 여담

丹云 金 汉 玉 著

격려사激勵辭

단운(丹云) 김한옥(金汉玉) 선생은 일찍이 어린 시절 화원에 입문하여 육십년이 넘는 세월 동안 단청에 종사해 오신 분으로서, 이 시대의 단청의 맥을 잇는 명실상부한 장인이라고 말할 수 있을 것이다.

근래에는 오랫동안 쌓아오신 실무경험을 바탕으로 단청도감(2007년), 한중고대건축불화(2013년)란 책을 출간하셨고, 그동안 마음에 담아두셨던 내용들을 정리하여 또 한 권의 책을 내셨으니, 후학인 저로서는 그 끝없는 열정에 감탄을 금하지 않을 수 없다.

선생께서 해오신 많은 단청 작업들을 일일이 다시 찾아보고, 작업의 주된 내용과 공정들을 기록하고, 사진을 모으고, 삽화를 직접 그리는 수고를 아끼지 않으셨으니 이 책은 후학들에게 좋은 길잡이가 될 것이다.

1960년대 이후 전통목조건축문화의 재건사업이라는 명목하에 우리나라 단청에 대한 연구조사가 상당히 이루어졌고, 많은 논문과 보고서가 나왔다.

다수의 현대적이고 학문적인 연구가 진행되고 있는 시점에서 선생의 책은 다소 특이한 내용들은 많은 경험에서 보고 느낀 생각일 수 있을 것이다. 실무경험은 확신을 주는 거라 무척 반가웠다.

사라져가는 현장 용어들, 그 특성상 영구적이지 않아 자료가 남아 있지 않은 고대 건축물의 단청과 기법에 대한 애정이 고스란히 느껴져서 가슴이 뭉클해지기도 했다. 여러 가지 색과 문양의 조합으로 표현되는 우리나라 단청!

반만년의 오랜 전통만큼 그 안에 내재된 우리의 역사와 민족의 정서, 그럼에도불구하고 숨겨진 예술적 가치, 이제 곧 팔순이 되시는 선생께서 여전히 손에서 붓을 놓지 못하는 이유는 이 모든 것을 끊임없이 알리고 싶어서일 것이다.

멀리서나마 감사와 경의의 박수를 보낸다.

선생의 건강을 빈다.

기술자협회회장 **김 치 중**

序文

著者 丹云 金 汉 玉(星)

문화재를 아끼는 것은 역사와 문화가 內在되어있고 과거를 알 수 있는 통로가 되기 때문이다.

千年前의 복원건축에 단청을 근대 유행하는 문양으로 하는 것은 잘못된 것이라 생각되어 우리나라와 중국의 문양도 살펴서 비교 연구한 내용을 記述하였다.

현존하는 고대건축이나 석굴 왕릉 고구려 고분벽화 등에서 연구를 해보니 초빛만으로 構成한 卷鬚草 단청문양과 이후 골팽이 문양이 등장한 시기가 분명하게 나누어져 이 시기를 단청 초기로 보았다.

急變하는 세월과 함께 문화재 용어가 사라져가고 사용하지 않는 물건처럼 되어가고 있다.

사라져가는 용어들이 아쉬워 경험에서 얻어지는 知識을 모아 挿畫와 사진을 添加 하여 꾸몄다. 중요한 용어에는 정확한 뜻을 전달하기 위해서 한자로 토를 달아 넣었다.

단청 용어만이 아니고 목조건축 용어들도 넣어서 필요한 사람들이 보도록 하였다.

중국이나 일본의 경우에는 역대 왕들의 초상화가 있는데 우리나라의 경우 일부만 있어, 影幀初本이라도 있으면 좋을 것 같아 시중에 있는 분들은 寫本하고 없는 분들은 初本하였다.

신라, 고구려, 백제왕의 얼굴은 과거의 인물로 자료가 없어 실제와 같이 그리는 것은 불가능하며 추정할 뿐이다.

당시 초상화가 없고 사진기도 없던 시대이니 상상으로 그릴 수밖에 없다. 이런 관계로 많은 그림으로 과거를 보면서 과거 우리 선조 화원들의 모습을 보는 것도 뜻깊은 일이라 생각한다.

사진은 글을 읽는 것보다 더 호소력이 있는 정확한 느낌과 믿음을 주는 것이다. 저자가 사진을 비교적 많이 넣은 것은 독자와 저자의 거리를 좁히는 것이라 생각하여 유년기도 나열하였다

서적 제목을 고건축과 여담으로 한 것처럼 여러 얘기들을 남겼다. 보고형식의 문장을 피하고 여담으로 쓴 내용이라 다소 의아해 하는 분도 있을 것이나 부담없이 判讀하기를 바란다. 전문서적들의 판로가 줄어 출판사들이 출판하기를 거부하는데 태학원 출판사 이무형사장님이 저자의 집에까지 방문하여 출판을 허락한 것을 감사하게 생각한다. 판매를 목적으로 敍述한 것이 아니고 오랫동안 단청 실무경험을 알리고 싶은 생각으로 著述하였다.

출판하기 직전 지운이 보고 미쳐 못 본 글귀를 뒤에서 잘 살펴 수정해 주고 격려해주어서 감사하게 생각한다. 컴퓨터 기술이 젊은이들보다 부족하여 책의 각도 등 몇 가지 부족한 것을 이유주 박사가 살펴주어 큰 힘이 되었다.

후배 화원들의 격려에서 크게 고무되었다. 여러 후배 화원들의 성공을 비는 마음이 간절하다.

목차目次)

격려사 3

서 문 4

제1장 경주지방 신라복원건축단청 7

제2장 아교단청 건계정 43

제3장 진영그리기 53

제4장 2008년 중국초청 발표내용 61

제5장 2008년 중국초청 청견사진 79

제6장 2018년 중국초청 발표내용 89

제7장 2018년 중국초청 청견사진 125

제8장 우리나라 고대국가와 집권자들 139

제9장 세월따라 사제의 관계도 변한다 179

제10장 불전 모시는 순서 191

제11장 단청문양과 안료설명 197

제12장 단청분야 용어 239

제13장 문화재와 함께하는 사람들 305

제14장 고건축 목재분야용어 311

참고문헌 342

제 1 장
경주지방 신라 복원건축 단청

내일이 오기를

석양에 비친 햇살 내일 다시 비치듯
먼 옛날 문화재 다시 복원하여
아름다운 우리 문화재 빛나리라.

2016년 12월 17일 丹云 撮影 2019. 12. 30 밤 丹云 書

신라 복원건축 단청 참고문양新羅 復原建築 丹靑 參考紋樣)

봉정사 극락전 권수문 鳳停寺 極樂殿 卷鬚紋)

河北定縣 開元寺 料敵塔地宮 彩畵 宋咸 平四年 1001年

위의 사진은 고려 봉정사 단청문양이고 아래 사진은 송나라 개원사 문양이다.

고려 봉정사 권수초卷鬚草)문양과 송나라 개원사 권초卷草)문양이 같은 것을 알 수 있다. 이런 사진을 보고 고려 이전 문양을 알 수 있을 것이다.

경주지방 신라 복원건축에는 차별단청差別丹靑)을....

고려 봉정사 극락전 첨차

하북요(遼)나라 내원개원사 첨차 단청무늬

신라 복원건물建物)에는 첨차 경우 이와 비슷하게 그려야 될 것이다.

적외선 촬영 봉정사 극락전 무늬 도리 평방 창방의 무늬

경주지방 신라 복원건축에는 차별단청差別丹靑)을...

경주지방 고건축 복원단청

경주지방에서 신라건물을 복원하고 단청을 하였지만 잘못된 단청문양들이 많았다. 초기 단청문양을 그려야 되는데 골팽이蕃搵而)가 들어간 조선시대 문양이나 근대문양으로 단청을 해왔다.

우리나라 삼국시대부터 고려시대까지는 골팽이 문양이 나오기 전이며, 저자는 이 시기를 단청 초기시대로 생각하였다. 이런 내용을 고건축과 여담 가본假本)=출판하기 전에 만들어 보이는 책)을 본 모 화원이 각 나라의 초기, 후기라고 주장하는데 그 말도 일리가 있다고 생각하였다. 저자는 생각을 접고 내용을 고치려 하였지만 우연히 중국 '고대건축채화'란 책에서 사진을 스캔 받다가 내용을 보고 저자의 생각만이 아니라는 것을 알게 되었다. 저자가 처음 생각한 대로 고대 단청의 문양은 초기양식을 크게 벗어나지 않고 있다고 생각하게 되었다.

중국에서도 여러 나라를 거쳐 송나라 이전문양을 단청 초기문양으로 부르고 있다. 중국인이 쓴 서적에서 몇 구절 인용引用) 해 본다.

「早期建築彩畫是指宋代以前的歷代彩畫, 수然比時期已在木搆上涂飾顔色及花紋.但尙末形成固定的規制.....」

초기 건축 채화는 송대宋代) 이전의 채화를 가리킨다. 비록 그 시기에 이미 목구조木構造)에 색상 및 꽃무늬로 도식塗飾)을 채색했지만 여전히 고정된 규칙과 제도를 형성하지는 못했다. 그에 비해 벽화의 표현력은 건축의 채화보다 더욱 견고했고 더욱 중시했다.

눈먼(장님) 단청(彩畫)의 시기

목부 구조재 방면에서 비단 보자기로 양방梁枋)등의 구조재를 감싸서 장식하는 방법은 차츰 사라지고 채색 그림이 선호되기 시작했다. 이 시기의 건축 채화는 눈먼 맹아萌芽) 시기라고 말할 수 있다.

중국 고대 건축의 채색 장식기술은 건축 목부재의 내구성 요구에 기인한 것이다. 목재 구조재가 건조함과 습기燥濕), 냉열冷熱), 비바람의 침식을 받아 썩지 않도록 보호하기 위해 그 표면에 붉은색 혹은 검정 도료를 칠하기 시작했다. 더 나아가서 아름다움을 추구하며 각종 채색과 도안으로 채색하였고 그 양식이 대를 물려 끊임없이 변화 발전되면서 중국 특유의 건축 채화 예술을 형성했다.

경주지방 신라 복원건축에는 차별단청差別丹靑)을...

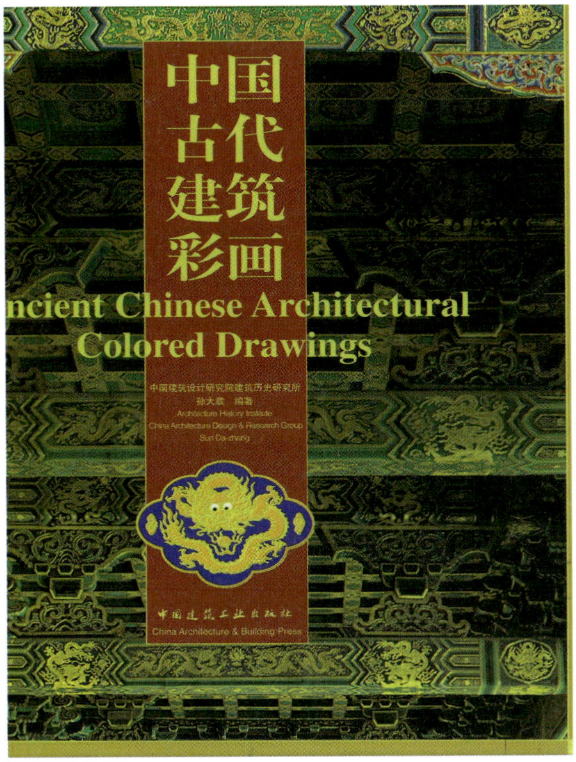

早期建筑彩画

早期建筑彩画是指宋代以前的历代彩画。虽然此时期已在木构上涂饰颜色及花纹，但尚未形成固定的规制，壁画的表现力比建筑彩画更为强烈，更受重视。木构件上以锦袱包裹装饰梁枋构件的手法开始减退，而逐步采用彩绘手段。可以说是建筑彩画的萌芽时期。

中国古代建筑油饰技术是源于建筑木构体系的要求，为了保护木材构件免于受燥湿、冷热、风雨的侵蚀，以至于腐烂，而在其表面刷涂红色或黑色涂料。进而提出了美观的要求，刷饰成各种颜色的图案，历代相沿，不断改进，形成中国特色的建筑彩画艺术。

东周春秋时期，文献中即有"山节藻棁"的记载，意思是说在大斗上涂饰山状纹样，在短柱上绘制藻类的图案，显示在早期古代建筑上即已出现彩绘手法装饰建筑的现象。《礼记》中还有"楹，天子丹，诸侯黝，大夫苍，士黈"的记载，说明不同阶层人士的居住建筑的柱子，涂饰了不同颜色，用以区别身份地位，表示了一种建筑上的等级制度。从秦代咸阳宫遗址的壁画残片中可以看出，当时涂绘图案的颜色有黑、黄、赭、朱、青、绿等色，皆是矿物性颜料，如朱砂、赤铁矿、石青、石绿等。降至汉代，对天子宫室的赋文中多次出现"丹楹"、"朱阙"、"丹墀"、"朱榱"的记载，说明在柱子、椽子、门阙、地面等处大量使用朱红色的涂料，表现出一种热烈的气氛。梁上短柱亦绘制了藻文，以厌火胜。在梁上绘画出云气，窗棂涂以青色，椽子上绘制华文，大斗上绘制云纹等，色彩装饰手法大量运用在建筑构件上。特别是室内的天花藻井更是装饰的重点，在王延寿的《鲁灵光殿赋》曾提到"圆渊方井，反植荷蕖"的说法，即是在天花上绘出莲、荷、菱、藕的水生植物图案，表示以水制火之意。汉代建筑的室内装饰手段中，除了悬挂帐幔、壁衣以外，已经开始将大斗构件施以彩绘。并且非常重视墙壁上的壁画作用。壁画内容有仙灵、鬼怪、人物故事、业主生平事绩、日常生活场景等，以标题性故事内容为主，很少装饰性的母题。使用的颜色有朱、棕、紫、绿、黑、白等，总体感觉呈暖色的色调（图1）。

随着佛教的传入及推广，南北朝时期在各类装饰领域引进了不少域外的纹样与图案，如莲花、忍冬纹、火焰券、飞天、卷草纹等，丰富了装饰题材，建筑装饰亦然。但就建筑彩画技艺而言，基本上仍继承了汉代建筑装饰手法。这时期还发展了椽间望板的图案绘制，在甘肃敦煌石窟中有许多实例可证，如敦煌莫高窟第248窟、288窟的西魏的彩

중국고대건축채화 이 책 내용과 저자의 생각이 동일한 내용이 있어 증거로 남긴다.

조기건축채화시지송대이전적역대채화, 수연차적시기기재목구상도식안색급화문, 단상말형성고

早期建築彩畵是指宋代以前的歷代彩畵, 雖然此的時期已在木构上涂飾顏色及花紋, 但尙末形成固

정적규제, 벽화표현역차건축채화갱위강렬, 갱수중시. 목구건상이금복포과장식양방구건적수법개

定的規制, 壁畵表現力比建築彩畵更爲强烈, 更受重視. 木构件上以錦袱包裹裝飾梁枋构件的手法開

시감퇴, 이축보채용채회수단, 가이설시건축적채화적맹아시기.

始减退, 而逐步采用彩繪手段, 可以說是建築的彩畵的萌芽時期.

위 내용은 중국고건축채화(中國古建築彩畵)의 한 부분이다.

경주지방 신라 복원건축에는 차별단청差別丹靑)을...

고려 봉정사 극락전 문양

신라 복원건축 단청 복원하면 첨차 초 참고

신라건축을 복원하고 단청을 할 때는 위에서 보듯이 고려 이전 문양으로 단청을 해야 할 것으로 생각된다.

고려 이전문양에는 골팽이 문양이 없는 시기로 권수초卷鬚草) 문양이 주를 이루던 시기였다.

경주지방 고건축복원古建築復元) 단청이 되는 경우 이런 권수초卷鬚草) 문양으로 단청을 하게 되면 시대적 차별差別)이 되고 근거에 의한 단청문양이니 역사성도 있는 것이다.

충청도 부여는 백제문양이라고 결정한 단청을 하여 색다른 느낌을 주고 있다. 이런 생각 때문에 저자가 답답하여 봉정사 극락전 문양을 보고 출초를 내어서 보는 이로 하여금 근대단청近代丹靑)과 다른 문양이라는 것을 알리고자 하였다.

저자는 평생을 단청하면서 연구하고 노력하여 근거에 의한 문양을 만들어야 할 것으로 생각하였다.

색상도 알아볼 수 있게 잘 남아 있으니 크게 우려할 바는 아닌 것 같다.

(요)내원 개원사 문양

여기서 보는 바와 같이 골팽이菁拯而) 나 녹 · 황실은 없다.

첨차 바탕색을 석간주로 칠하고 그 위에 뜬 붓으로 무늬를 그린 것 같다. 석간주색은 신라 지방에서도 흔하게 구할 수 있는 채색으로 우리나라 전 지역에서 나는 색상이다. 첨차 변을 가늘게 색붙임한 것이 지금의 단청과 다르다고 생각된다. 건축학적으로도 첨차가 연화두형 곡선이며 소로도 굽소로 이다.

목조건축 복원공사 할 때도 이를 참고로 하여 연구할 것들이 대단히 많다고 생각된다.

한국 중국 국가존망國家存亡)표

한국			중국		
나라이름	건국-망국	존속 기간	나라이름	건국-망국	존속 기간
고조선 古朝鮮)	B.C2333-108	2,225	하夏)	2000-1500	500
			은殷)	B.C1700-1027	673
			주周)	B.C1027-771	256
				동주 서주로 갈라짐	
			춘추春秋) 시대	B.C770-476	294
신라 新羅)	B.C57-935	992	전국시대 戰國時代)	B.C475-221	254
				제劑)조趙)연燕) 위魏)초楚)한韓)	
			진秦)	B.C 221-207	14
			한漢)~서한西漢)	B.C206	
고구려 高句麗)	B.C37-668	705	신新)	기원후 9-24	
			동한東漢)	25-220	195
			삼국三國)	220-280	60
백제 百濟)	B.C18-660	681	위魏)	220-265	45
			촉蜀)	.221-263	42
			오吳)	229-280	51
가야 伽耶)	42-562	490	위진남북조 魏晉南北朝	265-	
			수隋)	581-617	36
발해渤海)	698-926	227	당唐)	618-907	289
고려 高麗)	910-1392	474	오대십국 五代十國	907-960	53
			북송北宋)남송南宋)	960-1279	319

초기단청문양
중국인이 쓴 서적에도 송宋)대 이전 시기를 채화(단청)초기라고 한다. 즉 여러 나라를 거친 단청이지만 단청문양으로 볼 때는 초기문양으로 머물러 있기 때문이다. 저자도 골팽이萶掽而)가 형성되기 전인 고려 이전문양을 단청 초기로 보는 것이다.

조선 朝鮮)	1392-1897	518	원元)	1279-1378	99
			명明)	1368-1644	279
			청淸)	1368-1911	543
대한민국 大韓民國)	1919- 1948-		중화민국 中華民國)	1911-1949	38
북한 北韓)			중화인민공화국中和人民共和國)	1949-	

경주지방 신라 복원건축에는 차별단청差別丹靑)을....

봉정사 극락전 참고문양 출초. 적외선 촬영으로 나타난 문양이다.

스캔초기단청3 (宋代)開元寺咸平4年 1001年 彩畫

봉정사 극락전 참고문양 출초

1. 고려 이전문양과 송대문양

고려 이전문양은 송대宋代) 문양과 차이가 나지 않고 같은 문양이 형성되던 시기라고 볼 때, 신라 복원건물에도 권수초 문양으로 단청을 해야 하는 이유일 것이다.

이러한 고려 이전문양은 송이나 요나라의 문양과 같은 시기로 보는 중요한 근거가 되고 있다.

경주지방 신라 복원건축에는 차별단청差別丹靑)을....

甘肅燉煌莫高窟第251窟科拱彩畫(北魏)

甘肅燉煌莫高窟第251窟科拱彩畫(北魏)

삼국시대를 거쳐 고려 시대까지도 이런 단청이 유행하였다. 현존하는 단청을 보면 고대 중국 돈황석굴이나 고려 봉정사 극락전 단청에서도 빛이 없는 단색 권수초들이 이어져 왔다. 초기문양인 권수초 단청은 천년이 넘는 세월이 지나서까지 유행하였다.

2. 초빛과 이빛이 형성되는 시기

머리초와 골팽이 문양이 생성生成)되던 때는 고려 말기 공민왕 16년 1367년 명나라가 세워지고 얼마 후 골팽이 문양이 그려지기 시작한 것으로 보인다. 고려에서부터 골팽이 문양이 형성되기 시작하였는지 조선 초기부터인지는 좀 더 연구가 필요하다.

골팽이䓻蟚蜞) 문양과 머리초 문양이 생성되어 단청의 새로운 시대가 열렸다. 중국에서는 우리나라 골팽이 문양과 비슷한 문양을 선자旋子)라고 한다.

이 시기에는 금초문과 역금휘繹襟暉)(우리나라에만 있는 문양)까지도 나와서 단청계가 한껏 고무鼓舞)된 것이다.

현존하는 우리나라 건축에 보이는 것은 조선 초기 건물에서부터 볼 수 있다. 이

甘肅燉煌莫高窟第272窟四方会壘藻井(北魏)

시기 머리초 문양은 각 부분을 따로 나누는데 선線)이 필요하였다. 중국에서는 선로線路) 또는 로路)라고도 한다. 우리는 이 선線)을 실窸)로 표현하며 녹실황실綠窸黃窸)이라고 하였다. 골팽이 문양이 나온 후 초기에는 녹실만으로 그렸고, 이 시기를 녹실시기라고 할 수 있다. 우리나라 골팽이 문양과 비슷하게 그려진 중국 문양에는 딱지와 실이 없다. 이는 우리나라만의 독특한 문양이다. 여러 휘暉) 문양도 이 시기 단청에서 볼 수 있다.

경주지방 신라 복원건축에는 차별단청差別丹靑)을....

초기단청 8
돈황 288석굴 채화

초기단청9
(당)감숙천수맥적산당굴장구채회
(唐)甘肅天水麥積山唐窟帳构彩繪

(고려국)봉정사 극락전 첨차 단청
(高麗國)鳳停寺 極樂殿 檐遮 丹靑

(요)하북내원개원사두공채화
(辽)河北淶源閣院寺斗栱彩畵

요(遼)는 907-1126년, 219년 간, 신라 효공왕 11년-고려 인종 4년까지 존속(存續)하던 나라이다. 극락전 문양은 송(宋)의 문양보다 요(遼)의 문양과 더 비슷하다. 이 시기 단청은 고려와 송, 요나라 단청문양이 같다는 것을 여러 사진의 문양만 보아도 알 수 있다.

3. 녹실 황실이 형성되는 시기

간단한 머리초와 녹실만 그려지던 시대가 지나고 이전까지는 볼 수 없었던 녹실 황실綠窯黃窯), 바자휘暉), 번엽, 골팽이, 색금초, 안비휘 등이 생성生成)되고 휘도 복잡하게 그려졌다. 다른 나라의 문양들은 오랜 기간을 거쳐 조금씩 고착되었으나 우리나라 문양은 비교적 단기간에 다양한 문양들로 도출圖出) 되었다.

이 시기는 문화의 변화와 함께 수많은 단청문양이 복잡다양複雜多樣)하게 발전하고 있다.

현대는 자유로운 민주화시대에 맞게 단청문양 또한 자유롭게 그려지고 있다.

경주지방 신라 복원건축에는 차별단청差別丹靑)을....

매기, 부연, 서까래, 도리 등은 누군가 단청을 할 때 요청하면 출초를 내주고 싶다.

신라건물을 복원하고 단청을 해야 되는데 지금까지는 단청문양이 소홀히 다루어졌다. 경주 신라 복원건물에는 봉정사 극락전 내부문양을 참고하여 단청하는 것이 가장 좋을 것으로 사료된다. 신라시대 건물에 단청이 된 곳이 없어서 그 시대 중국 단청을 조사해 보는 것도 중요한 단서가 될 것으로 생각되었다. 고려 봉정사 극락전 단청과 중국 송나라 개원사 단청문양은 비슷한 시기 같은 단청문양이 나왔다. 봉정사 극락전 문양과 송나라 개원사 문양이 같은 것으로 보아 이 시기보다 앞선 시기는 두 나라 간 불교문화가 활발히 교류되던 시대일 것이다.

근대에 경주의 신라 단청이라고 한 것들은 시대를 너무 아래로 내려와서 조선시대 단청으로 된 문양들이 대부분이다. 고려 봉정사 극락전 건물연대와 신라 멸망滅亡)연대는 60여년 밖에 안 되는 간극間隙)이므로 신라문양과 가장 가깝게 생각된다. 단청 초기문양인 권수초 덩굴문양이 그대로 내려오던 시기라고 판단된다. 이 시기 문양은 녹실이나 황실이 없고 대부분 덩굴 문양으로 그려졌고 이빛이 없는 초빛 문양들만 그려지는 단청 초기문양이 형성되던 시기였다. 60여년 단청을 해본 저자로서는 단청의 문양이 변하지 않고 그대로 머무는 시기로 볼 수 있기 때문이다.

경주지방 신라 복원건축에는 차별단청差別丹靑)을....

河北洙源閣院寺大殿內檐彩畫(遼)

甘肅燉煌莫高窟第444窟窟檐梁底彩畫(宋)

단청의 흐름丹靑流行)

고대 건축에 행해졌던 단청문양이 현재 소실되어 있고, 복원된 단청이 어느 정도 같은지는 가늠하기 힘들지만 복원에 최선을 다해야 한다. 옛것을 복원하는 이유는 인류의 역사문화를 최대한 재현해 보임으로써 고대문화를 이해하고 현 단청 분야의 발전을 도모해 나가야 하기 때문이다. 더 많은 노력으로 고대건축과 같게 되기를 바라는 것이다.

1. 현존하는 우리나라 단청

현존하는 우리나라 단청사丹靑史)를 보면 고려 건물로 평가되는 안동 봉정사 극락전 단청이 가장 오래된 문양으로 평가되고 있다. 이 건물을 적외선 촬영 결과 단청 출초 문양은 골팽이 문양이 없고 권수초卷鬚草) 문양만 나타난다. 봉정사 극락전 건물에서는 골팽이 문양이 없는 것으로 보아 신라, 고구려, 백제 3국 시기에는 골팽이 문양이 없는 때인 것으로 판단된다.

단청 물감으로는 토채土彩), 석채石彩)가 많았고 먹으로는 흑연黑煙), 숯, 그을음, 목탄木炭) 등이 사용되었다.

이때의 단청 접착제接着劑)는 칠교漆膠), 아교阿膠), 어교魚膠), 녹교鹿膠) 등이 주로 사용되었다.

조선 초기문양을 보면 어설픈 골팽이 문양이 등장하고 중기로 오면서 녹실만 그려져 내려오다가 중기 이후로 녹실황실이 병존竝存)하면서 우리나라 특유의 단청문양을 형성하게 되었다.

경주지방 신라 복원건축에는 차별단청差別丹靑)을....

봉정사극락전권수문鳳停寺極樂殿卷鬚紋)

河北定縣開元寺料敵塔地宮彩畵宋咸平四年1001年)

2. 복원단청

기존단청이 되어있으면 되도록이면 기존단청문양을 복사複寫)하여서 복원復元·復原)하는 것을 원칙原則)으로 해야 된다.

옛 기술과 채색이나 접착제도 같은 것으로 하는 것이면 더 뜻깊을 것이다. 복원 단청을 제대로 하려면 공사금액도 상상 이상으로 있어야 할 때도 있다. 지금까지는 기존단청문양을 복사만 하고 기술은 현대기술로 하는 것이 일반적이었다. 한 예로 70%가 되는 양녹 골팽이를 하나하나 틀지 않고 양녹 가칠로 하여 하엽 골팽이로 이빛을 채웠다.

이런 것까지 옛 방식대로 하면 엄청난 기술 노임이 든다.

3. 다시 하는 새 단청

단청이 되어있는 건물에 기존단청旣存丹靑)을 전부 지우고 다시 문양을 만들어 하는 단청은 새로 한 단청이거나 다시多時)한 단청이라고 할 수 있다.

현존하는 단청은 골팽이 문양이 형성된 이후 문양들이 대부분으로 이런 단청은 새로 하였어도 조선시대에 유행하던 골팽이 문양은 대부분 그대로 이어져 하는 단청들이다.

고대 삼국시대 문양이 없으니 현존하는 문양에 의지해 왔고, 기술 또한 옛 기술과 새 기술이 접목椄木·接木)되어서 하는 것이다.

경주지방 신라복원건축에는 이렇게 단청을 하고 싶다.

저자가 출초出草)한 초지를 타분打粉한 후 이남정 선생이 채색采色)하고 있는 사진.

매기초 : 기와무늬와 비슷하게 그린 문양

토사兎絲)는 잡초에 달라붙어 기생하는 노란색 식물이다.

토사자兎絲子)허리와 무릎이 시리고 아픈 데나 유정遺精), 소갈消渴), 설사, 눈이 어두워지는 증상 따위에 쓴다. 비슷한 말 : 새삼 씨.

삼국시대 다양한 기물을 참고하여 문양 생성하였다.

여기 문양들은 안동 봉정사 극락전 문양과 송宋960년)하북 정현 개원사 문양을 참고하여 그린 문양이다

우리나라 삼국시대 문양이 없으니 고려 초기문양을 참고할 수 밖에 없다.

이 시기까지는 골팽이나 녹실, 황실, 이 빛이 없는 시기로 보인다. 식물의 덩굴무늬가 유행하던 시기로 사실과 비슷한 토사문과 덩굴이 우거진 권수초卷鬚草紋) 당초문을 많이 그렸다.

경주지방 신라복원건축에는 이렇게 단청을 하고 싶다

부연 봉정사 극락전에서 적외선 촬영된 문양을 참고하여 그린 문양이다.

부연 뱃바닥 균심문菌蕈紋)

图20 甘肃敦煌莫高窟第159窟窟顶天花 (中唐)
(引自《敦煌莫高窟四》)

图21 甘肃敦煌莫高窟第320窟窟顶藻井彩画 (盛唐)
(引自《敦煌莫高窟四》)

개판

착고

경주지방 신라복원건축에는 이렇게 단청을 하고 싶다.

고려 초기 문양은 권수초문양이 주류를 이루었다.

삼국시대 기와를 참고하여
연단문양을 그렸다.

옛 문양을 참고하여 서까래문양을 그렸다.

평방이나 창방 같은 부재에 그려진 권수초문양卷鬚草紋樣)

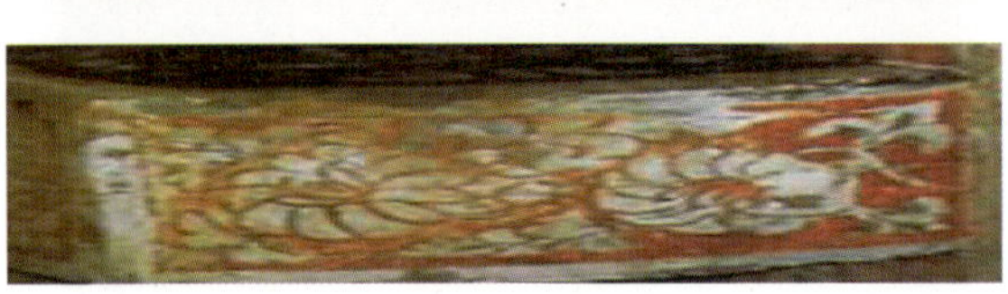

봉정사 극락전

개원사

덩굴무늬가 유행하던 봉정사 극락전 문양과 개원사 문양 (첨차)

경주지방 신라복원건축에는 이렇게 단청을 하고 싶다.

图 4 甘肃敦煌莫高窟第251窟斗栱彩画 (北魏)

초기단청 출초 초기단청 소로

문양색상은 같은 색으로 맞추어 해야 될 것으로 보인다.

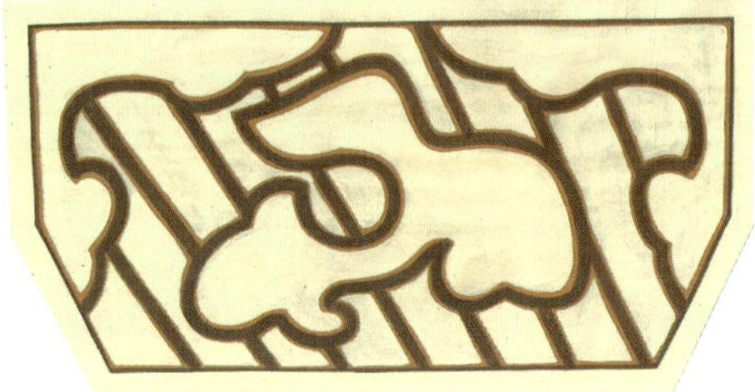

초기 단청문양 실재 단청을 시공할 때는 다양한 초기문양을 수집하여 후기단청보다 차별이 되고 관객이 색다른 느낌을 받아야 될 것이다.

지금 보는 이 단청이 오래 되었는데 618년 수나라 공제가 실권하고, 당나라 초고조가 들어선 때의 단청으로 보인다.

신라 진평왕 40년이 되는 해이다.

이곳 단청은 바탕색이 주홍이며 먹 극기와 분 극기로 된 문양이 없는 간단한 극기 단청으로 보이는데 대전大殿) 단청으로는 너무 간단하다.

(당)산서오대불광사대전두공채화연미
(唐)山西五台佛光寺大殿斗栱彩畵燕尾

부여 백제 단청

솟을합장

중인방 도리

주두, 기둥

퇴보

고도 백제의 단청은 특색特色)으로 되었다.

고도 백제의 단청은 특색特色)으로 되었다.

서까래

토벽

박공

고도 부여의 단청은 성공적이라 하겠다. 우리나라 고대 삼국 중 역사가 가장 긴 신라의 특성을 못 살리는 것은 안타까운 일이다.

고려문양이나 요(遼)문양을 보고 만든 영조법식 권초문(營造法式㊥卷草紋).
영조법식은 그 시대와 이전에 나타난 문양들을 모아 만든 책이다.

경주지방 신라 복원건축에는 차별단청差別丹靑을....

고려 봉정사 극락전 참고문양

송나라 개원사 참고문양 함평 4년(1001년)

봉정사와 개원사 문양 비교설명

봉정사 극락전 첨차와 개원사 첨차를 비교한 문양이다. 세밀하게 보면 약간씩 틀리다고 하겠으나 큰 의미로 볼 때 같은 문양으로 된 것이라고 생각한다. 첨차 벌치에 먹으로 바탕칠한 것은 같으나 봉정사는 골채엽문骨彩葉紋)으로 그렸는데 개원사는 분으로 연화를 그리고 소파련문小芭連紋)을 뜬붓浮筆)으로 그린 것이다. 봉정사 첨차문양과 개원사 장여받침에 소파련문小芭連紋)을 그렸다. 이런 차별성은 같은 사람이 그린다고 하여도 장소가 틀리거나 부재의 형태에 따라서 약간씩 다르게 나타나는 정도이다.

1. 권수초卷鬚草) 단청시대

우리나라 단청문양을 연구해 보면 크게 권수초卷鬚草)문양 시대와 골팽이蓇擸而)문양 시대로 나누어 설명할 수 있다. 삼국시대(신라, 고구려, 백제) 고분벽화들을 보면 이빛도 없는 초채화初彩畵)만 나타났으며 고려 초기까지 이어져 왔고 이 시대를 초기단청 시대라고 한다. 덩굴로 그려진 문양이고 색상도 이빛이 없는 단색으로 그려지고 줄기 가장자리에 진한 색으로 기화起畵) 하는 정도였다. 반면에 불취痰炊)문양 같은 곳에는 달음달이達陰達以) 수법手法)으로 음양이 뚜렷하게 표현되는 방식으로 나타난다. 이런 덩굴 형태를 권수초卷鬚草) 또는 당초唐草)라고 하는데 '당초'란 말은 중국에서도 쓰지 않는 말이며 단청경험이 없는 후학들에게 외세의존도外勢依存度)가 있는 말이다. 따라서 우리가 쓰는 '권수초' 문양으로 불러야 하며 통틀어 덩굴초를 뜻하고, 중국에서는 권초卷草)라고 부른다.

우리나라 3국 시대 고분벽화 신라지방

순흥면 소재 소수서원 나팔꽃喇叭畵

무명조無名鳥

백사역신도白蛇力神圖)

도깨비상

어숙묘 女人圖

어숙묘 火神圖

단청 무휘 시대

우리나라 삼국시대는 단청의 관점觀點) 으로 보면 무휘無暉) 시대였다. 이 시대에는 초빛, 이빛, 삼빛 등은 나타나기 전으로 단청의 빛이 없는 시대라고 해야 된다. 즉 양록 이빛은 하엽이고 삼청 이빛은 양청인데 이런 이빛이 없는 시대로 보는 것이며 달음달이達陰達以)는 유행한 것으로 보인다.

단청문양들도 권수초문양이 주류主流)를 이루고 있어 이 시대 단청을 초기 권수초卷鬚草) 단청이라고도 한다. 이 단청을 많이 참고하여 신라지방의 특성을 살려 고대국가마다 다르게 하는 것이 차별성이 있어 보이고 역사로도 중요하기 때문이다. 참고로 부여 백제단지 단청이 차별되어서 색다른 느낌을 준다.

천편일률千篇一律)적인 시대성도 특성도 없는 단청으로는 시선을 못 받을 것이다.

몇 년 전 저자는 이런 뜻을 품고, 봉정사 극락전 단청문양을 적외선 촬영으로 찾아낸 문양과 중국 송나라 개원사 단청문양이 같게 나왔으니 참고로 하면 어떻게느냐고 자문회의 때 제안提案)한 바 있다. 건의하였으나 받아지질 않아서 아쉬운 마음으로 한 번 더 설득하고 싶었으나 언변이 부족하여 설득을 못 하였다. 고대 신라 단청문양과 근대단청 문양을 구분하지 않는다면 참으로 슬픈 일이다.

실재 단청을 시공할 때는 다양한 문양을 수집하여 근대단청과 차별이 되고 관객이 색다른 느낌을 받아야 될 것이다.

신라라는 고대 우리나라의 건축복원 사업의 전부를 옛 건물대로 복원할 수는 없다. 그 옛날 도면이나 사진이 존재하던 시대가 아니니 원형대로 복원하는 것은 불가하겠으나 매장문화재나 문헌을 통하여 어느 정도는 복원할 수 있을 것으로 판단된다.

우리나라 3국 시대 고분벽화 고구려지방

舞踊塚 舞踊圖

강서묘의 무덤벽화

高句麗狩獵圖

안악 3호분

고구려벽화를 보면서 그 당시 단청문양을 보는 시각으로 생각하여 보았다.

벽화그림에서 하나하나 자세히 살펴보는데 당시에는 초빛 밖에 없었다. 단청의 초기 그림은 이빛이 없고 어느 색이 선택되면 한가지 색으로 이어지는데 예를 들어 석간주바탕색에 황토로 권수초 문양을 그린다면 이빛이 없이 황토로 그린 후 양가에 다자색 비슷한 색으로 기화를 하는 것이 전부였다. 지금의 단청그림이라면 황토 무늬가 그려지고 이빛이 안쪽으로 따라붙고 기화시분을 하여 그림의 선이 툭 튀어 나오도록 할 것이다.

우리나라 3국 시대 고분벽화 백제지방

백제금동대향로

부여 능산리 고분벽화

서산 마애삼존불

상단 상봉에는 봉황문으로 되어있고 뚜껑테두리는 토사무늬와 운류무늬로 그려졌다.

중단에는 연꽃잎이 조각되어 있고 하단에는 날카로운 발톱을 가진 기룡이 상단을 받치고 있다. 경계의 위쪽은 천계, 아래쪽은 지상의 연화계를 나타내며 하단에는 기룡이 받들고 있다.

상기 그림을 보면 연판문蓮瓣紋)양인데 연잎 하나하나에 바름질昧陰質)을 하였다. 초빛으로 한 연잎무늬인데 이빛은 없는 시기였으나 바름질을 분명히 하여 그림의 음양이 드러나도록 한 것이었다.

현대단청現代丹靑)

경산 용운사 대웅전 서기 2010년 단청공사

용운사 좌면

용운사 대웅전 우면. 금박금단청金箔錦丹靑)

용운사 벽화하는 장면

경산 용운사 대웅전 우면

용운사 삼성각 좌면

단청도 벽화도 시대에 따라 변화하고 있다.

우리나라 화원 중 가장 혁신적革新的)인 단운과 지운이 단청과 벽화를 한 경산 용운사 단청이다.

최문정선생 화기. 서기 2010년 용운사 벽화

현대단청現代丹靑)

청도 운문사 범종루

범종루벽에 双線亟起

평방에 골팽이를 그리지 않고 연잎 위에 연판문平蓮花)를 그린 김한옥의 아이디어idea)작품.

창조는 지나가는 생각을 잡아야..

저자는 복원건축復元建築)이나 역사성을 지닌 건물 외에 이 시대 새로 지은 건물에는 단청실무에 여러 해 경험이 있는 관계로 새로운 문양을 창안創案)하여 경향각지京鄕各地)에 수많은 문양을 창출創出)하였다.

단청문양도 기존문양에서 개조改造)해 나오다가 점점 진화 발전하여 새로운 문양을 창출創出) 한다.

저자는 출초를 내면서 어떻게 하면 좀 더 아름답게 할 수 있을까 노심초사勞心焦思) 하다가 문득 지나가는 생각을 잡아 새로운 문양을 그리곤 하였다.

조선의 역사가 끝이 나고 자유 대한민국에서 단청을 하면서 마음껏 재능才能)을 발휘發揮)해 보고자 한 것이다.

잘되고 못 되고는 후학後學) 화원들이 평할 것이다.

현대단청現代丹靑)

보광사 측면 단청

부시罘罳)

수년 전만 해도 단청을 한 후 사찰 전각殿閣)에 부시罘罳)을 쳐서 참새나 비둘기가 드나들지 못하도록 하였다.

보광사에는 새들이 앉지 못하도록 촛가지 등목登木)이나 평방 상단에 가시 철못으로 박아 놓았다.

이렇게 해두면 아름다운 단청이 가려지지 않고 그물의 먼지도 없으니 아주 좋은 방법이다. 문화재 공사 후에도 이런 방법을 이용하면 좋을 것이다.

현대단청現代丹靑)

단운이 한 단청의 연화질 내용

이 문서는 사찰 대량 상단 유리상자 속에 다가 보관한 문서이다.

단청공사종사从事者)자들 및 개요概要)

단청공사 서기 2019년 8월 2일 시작

보광사 단청은 우리나라 일류급 화원들이 모여서 한 단청이다.

이 단청은 50여년 이상 화원 생활을 한 김한옥성)당시79세) 현대단청現代丹靑)으로 도안을 새롭게 창안創案)하여 그린 단청이다.

역사적으로 우리나라 단청은 신라, 고구려, 백제 3국을 거치면서 고려 때까지는 권수초卷鬚草) 문양으로 내려오다가 조선 초기부터 골팽이菁蟛蠛)가 등장하기 시작하여 오늘날까지 내려왔다,

대한민국의 문화가 발전한 이제 새로운 문양을 고안考案)하는 것도 뜻있는 일로 사료思料)되어 골팽이를 지우고 연화를 앉히는 화소花所)에 연잎으로 장식裝飾)하기 시작하였다. 이 문양을 처음 만든 곳은 경북 청도 운문사 일주문 통로에서부터 시작하였다. 건물전체를 화조연엽단청花造蓮葉丹靑)은 이곳 보광사가 처음이다.

출초 단운丹雲 김 한 옥,金漢玉성
현장편수 청목淸穆 라 태 균 당시 52세

우리나라 화원 중 채색 혼합조채混合調采)를 최고로 잘한다. 가장 잘 만든다고 자부하는 화원이다.

동료 화원과 원만하게 잘 지내는 통솔력과 책임감이 강한 폭이 넓은 화원이다.

김대성 이동기 변광범 장원균 이무영 이순민

상기화원들은 경력이 20년 이상 되고 나이도 4, 50세 전후되는 우리나라 일류화원들이다. 이동기는 김한옥이 출초한 불벽부처님을 그리고 대량 용과 비인도飛人圖를 그렸다. 벽화 그린 분들 내용도 같이 유리 상자에 넣어 보관되었다.

- 후대 화원에게 부탁

유리 상자를 만들고 그 안에 상기문서를 보관하고 상자박스 겉면에 쓴 내용

여기 이 상자에는 단청공사를 하면서 단청공사 년 월 일과 당시 주지스님 단청공사에 종사한 화원의 성명이 보관되어 있다

우리나라 단청문양 변천과정과 대한민국 들어서 문화가 발달되고 민주주의가 된 이 시기에 단청문양도 새롭게 태어나는 역사성을 기록해 놓은 서류함이다. 후세 주지스님이 바뀌고 세월이 흘러 수 백년 후에 단청을 다시 해도 문양모사를 하여 대를 이어가기 바라는 심정으로 글을 써넣은 함이니 열지 말고 수 백년 후에 개봉하기 바란다.

서기 2019년 9월 28일 단청 화원 일동 후세분들께 부탁함.

지운의 벽화와 추상화

지운 선생은 유년부터 저자와 잘 알고 지내는데 그림에 천재적 소질이 있어 눈여겨보고 있었다. 누구나 자기 분야의 일과 내용을 가장 잘 알듯이 저자는 지운의 소질을 알아보았다. 저자가 수주한 단청 공사의 벽화를 부탁하니 정교한 구상構想)과 색감으로 눈길을 끌었다. 유년에 불화와 동양화를 배웠고 장년에는 추상화抽象畫)를 배워서 동서양의 그림에 박식博識)하게 된 우리나라의 귀중한 재원이다. 더 노력해서 세계적 거장巨匠)으로 되기를 희망해 본다.

지운이 그린 부모은중경

현대단청 현대벽화

지운 최문정 선생

벽화그린 분들

벽화종사자 연화질 내용

최문정은 우리나라 여성화원으로 단청 기술자 면허를 초기에 따고, 무형문화재 제48호 고 이만봉 古李萬奉)스님의 제자이고 조교로 활동하고 있는 천재적인天才的) 화원畫員)이다.

화폭畫幅)이 웅장雄壯)하고 색감色感)은 매우 정열적情熱的)인 화맥을 지닌 뛰어난 재경在京)미색美色)여걸女傑)이다.

한국화를 수년 간 배우고 서양 추상화도 수련하여 전시회를 여러 번 한 경험이 있다.

어떤 이는 한 가지만 잘하라고 하는 이도 있지만 두 가지 이상 잘하고 아는 것이 많으면 그 이상의 안목과 지식이 생길 것이다. 여러 안목을 조합하여 연구한다면 훌륭한 작품을 창조할 수 있을 것이다.

이곳 벽화를 그릴 때 나이는 52세 때이다.

智雲 최문정崔文貞)
眞如 이남정
如强 주진솔
眞如 如强도 여성들이다
智雲 최문정 수하의 제자들이다.

사찰단청역사에 길이 남을 것이다.

이런 문헌이 후세에 이 당시를 이해하는데 도움이 될 것이다.

불기 2563년 9월 서기 2019년 9월 27일 현재 단청공사를 몇일 더 해야 끝날 것 같다.

현대단청現代丹靑)

골팽이가 없이 연잎에 연화와 주화를 그려서 새로운 문양을 창출創出)하였다.

2019년 9월 부천 보광사 대웅전 단청에 새로운 문양이 그려졌다.

4. 현대단청과 숨겨진 기술

현대단청은 기존단청이 안 된 건물이거나 근년에 지은 건축에 새로 하는 것을 현대단청으로 분류해야 될 것이다. 옛 단청문양보다 새로 창안創案)한 문양이 많이 되고 단청기술자들이 이 단청은 기존 단청 문양보다 많이 다르고 어색함이 없이 누가 보아도 색다르다고 해야 제대로 된 현대단청이라 할 것이다.

저자가 현대단청을 하면서 생각하는 것은 새로운 문양을 창출創出)하여 인건비를 줄이고 보기도 좋게 해보려고 많은 사념思念)을 가졌다. 사려思慮)하던 중 우리나라 단청 색상 중 60~70프로나 되는 양록골팽이를 어떻게 하면 인건비를 줄일까 생각하다가 양록골팽이 하는 부위에 전부 양록칠을 하고 그 위에 초를 쳐서 하엽 이빛 골팽이를 틀면 초빛 양록골팽이 트는 인건비를 줄일 수 있다고 생각하여 강원도 설악산 신흥사, 신갈 민속촌 등에서 양록가칠을 칠하기 시작하니, 단청공사 수주하는 경쟁자가 사방에서 저자를 헐뜯고 다녔다.

저자는 당신도 머지않아 저자를 따라할 것이다는 생각으로 참고 해 나갔다. 저자와 공사금액이 차이가 날것이고 단청 양록골팽이가 깨끗하게 될 것이니 걱정을 아니 하였다.

현대단청現代丹靑)

타분打粉)하는 모습

옥과 성륜사에서 처음 안비휘를 그렸다.

부연 벌치蔽椸)에 안비휘雁飛暉)가그려진다.

단청 공사 장면

저자가 생각한 대로 2년을 못 버티고 저자를 따라 하였고, 이런 단청기술은 획기적으로 인건비를 줄이게 되었으며 기술이 일반화되었다.

옥과 성륜사 공사를 하면서 부연벌치단청 문양을 처음으로 안비雁飛)문양을 그리고 안비휘雁飛暉)라고 이름을 지었다.

저자는 가은 봉암사공사를 하면서 주화나 연화잎에 이빛을 면봉棉奉)으로 점을 찧어 넣으니 이빛을 붓으로 그리는 것 보다 두배 이상 빠르게 하였다. 그 이후로 주로 주화蔺花)의 이빛을 방망이로 점을 찍기 시작하였고, 이름지여 점화点花)로 명명命名)하였다.

운문사 종각 단청을 하면서 종각 입구 머리초문양을 골팽이 대신 연잎으로 그려 남들이 생각하지 못하는 것들을 창안하여 품을 줄였다. 시대에 따라 달리하는 것은 쉬운 일이 아니나, 저자는 50여년 간 단청공사를 맡아 출초를 사념思念)으로 그리면서 창안해 내는 것을 즐거워하였다.

현대단청現代丹靑)

창방머리초도 연잎문양에 연화로 장식하였다.

보광사에서 단청을 한 화원들

내부반자

보광사 현장 편수 청목 나태균

부천 보광사 대웅전 단청은 골팽이가 거의 없다. 운문사 종각 출입문 문양이 보기 좋아 보광사는 골팽이 대신 연잎화문蓮葉花紋)으로만 장식粧飾)하였다. 우리 화원들도 각자가 자각하여 기술을 발전해 나가야 된다. 문화가 하루가 다르게 발달하는데 옛 기술만 최고라고 고집하여서도 안 된다. 옛길은 오솔길인데 현재 도로는 고속도로이다. 우리는 같은 조건에서 몇 백리 길을 오솔길로만 간다면 그는 참으로 어리석은 일이며 문명이 발달된 세상에 맞게 살아가야 될 것이다. 저자는 50년 이상 단청공사를 하면서 자부하는 바 터득한 기술을 나름대로 시대에 맞게 발전시켜 단청하였고 창안하여 만든 문양이 수십 가지가 된다. 우리나라 단청문양도 고려 이전에는 전술前述)한 것처럼 골팽이 문양이 없었고, 조선 시대에 들어서면서 등장登場)하였다.

조선시대 초기에는 녹실만 있었으나 중기 이후 황실이 그려지기 시작하여 오늘날까지 전해오고 있다. 이 시기부터 중기로 보는 이유는 수많은 문양이 발산發散)했기 때문이며 녹실綠窯)과 황실, 역금휘, 수많은 금초 등이 이 시기에 보물처럼 나오기 시작하고 고려불화도 이전보다 진화進化)발전했기 때문이다.

현대단청現代丹靑)

다른 나라에는 없는 문양이 형성

바자휘笆玆暉)나 역금휘 같은 문양은 다른 나라에 없는 우리나라의 대표적 문양들이며 선조 화사들은 많은 문양을 만들었고 새로운 문양을 그려야 될 때도 있었다.

우리나라 문양은 들보浮梁) 후면에 널휘, 인휘, 바자휘 들을 출초하여 부재에 맞추기가 수월하지만 다른 나라 초는 우리나라 초보다 맞추기가 어렵다.

출초는 도안圖案)을 많이 해 본 사람이어야 할 것이다.

단청채색도 시대에 맞게 사용하자.

단청채색도 복원단청이 아니라면 지금의 시중에서 구입하기 좋고 접착재도 하자가 덜 나는 것으로 하는 것이 좋다. 저자는 여러 가지 접착제를 실험적으로 사용하여 어떤 것이 좋은지 경험해 보았다.

안료顔料)와 대양타치 포리졸을 오랫동안 사용하다가 요즘에는 수성 페인트를 안료에 혼합하여 사용하는 것을 즐겨 한다.

저자가 20년 전에 한 단청도 오늘날까지 크게 하자瑕疵)없이 목부재에 잘 붙어 있는 것을 확인한 후부터는 자신감을 갖게 되었다.

최근에 시공한 부천 보광사에도 수성 페인트, 포리졸과 안료를 기본 재료로 하여 시공한 단청으로 사람마다 개성이 다르듯이 시공여건에 따라 재료 선택을 잘 해야 할 것이다.

바탕색 칠하기 전에 청소를 깨끗이 하고 페인트로 양록색을 만들어 초채로 칠하고 여러 색을 순서에 따라 시공하면 하자가 없는 단청공사를 할 수 있을 것이다.

현대단청現代丹靑)

부연문양은 연잎으로 하고 문설주도 대나무 문양으로 색다르게 하였다.

단청채색도 시대에 맞게 사용하자

새끼줄로 맨 나무비계목

낙엽송비계목 철사 로 맴.

현재 사용 중인 철봉鐵棒) 쇠파이프) 비계

옛 비계설치 기술과 도구 古代飛階設置와技術圖具

먼 옛날에는 산속 건축을 하는데 목재가 필요할 때에는 인근 산에서 목재를 장만해야 했다. 즉 지금의 기술과는 차이가 있어 환경적 요소에 따라 변수가 많았던 것이다.

단청하기 위한 비계목이 필요할 때 운반이 용이하고 크기에 따라 요구되는 적당한 목재를 먼 곳에서 가져오기 어려우므로 근처 산에서 구하였다. 나무는 낙엽송落葉松)이 가장 많이 사용되었고 낙엽송도 없으면 잡목雜木)을 골라 베어서 매기도 하였다.

저자가 단청을 처음 배울 때만 해도 새끼줄로 매었고 새끼줄도 없으면 청올치로 매었다.

깊은 산 어디서나 청올치는 구하기가 용이하였기 때문에 비계 매는 끈으로 사용하는 일이 많았다.

새끼줄, 청올치를 끈으로 맨 이후에는 철사 줄이 유행하였다.

10번선 반생이 라고도 하는 철사 줄을 일정한 간격으로 잘라매다가 나무장대목 대신 철비계가 나온 후 이음매를 나사로 조여 매는 편리한 도구로 교체가 되었다. 1970~1980년대만 하여도 서울의 용두동 등에는 낙엽송 비계목을 빌려주거나 파는 곳이 많았다. 그러나 현재에는 철골鐵骨)비계가 주로主—)사용되고 있다.

흘러가는 시대와 변화하는 문명은 아무도 막지 못하니 인류는 점점 편리한 문명세계에서 경쟁하면서 살아가야 한다. 다음 세대에는 또 다른 물품이 인간의 편의를 도울 것이다.

제 2 장
아교단청 건계정

동트는 세상

햇빛은 세상을 비치고 물빛은 햇빛을 품는다.
아비는 자식을 비치고 아내는 남편을 품는다.
인간의 과욕은 신세를 망치고 절제된
희망과 꾸준한 노력은 성공을 부른다.

2016년 12월 17일 丹云 撮影 2019. 12. 30 밤 丹云 書

건계정 전경

건계정 전경

건계정 단청

건계정 내부 대량에 그린 비인도飛人圖)

마루판벽板壁)에 그린 범虎狼 – 하산도下山圖)

건계정은 경남 문화재 자료 제457호이다. 덕유산과 기백산에서 흐르는 물줄기가 수승대를 거쳐서 마리산 삼거리 지나 회양하여 영강(濴江) 계곡을 거쳐 건계정 계천으로 빠진다. 1544년 퇴계 이황이 뛰어난 경치를 보고 가까운 수승대에서 시를 남겼다고도 한다.

거창 장(章)씨 문중이 1905년 세운 정자이다. 고려 충렬왕 때 평보(平甫) 장종행(章宗行)이 중국에서 귀화하여 거창 장(章)씨의 시조가 되었다. 이후 아들인 두민(斗民)이 공민왕 때 홍건족이 개경까지 친범하여 나라가 위기에 처했을 때 군사를 이끌고 홍건족(紅巾族)을 물리쳤다. 이에 공민왕이 두민을 아림군(娥林君)으로 봉하였다. 그 후 후손들이 두민공을 기념하기 위하여 세운 정자라 한다.

1970년대 저자가 단청공사를 할 때만해도 비포장 좁은 길이었다.

마산에 사는 거창 장씨가 공사를 수주하고 저자가 하청받아 한 공사이다.

지금은 여러 시설이 들어서고 교각이 생겨 관광하기에 편리한 장소로 되어있다.

아교로만 사용한 건계정 단청

1970년에 한 단청 2020년 현재 50년 된 아교로 만 한 단청

아교로만 한 단청 건계정을 저자는 2015년에 거창을 지나는 기회가 있어 둘러보았다.

그 때는 주련이나 기둥이 강한 햇빛으로 탈색이 되어 저자의 나이와 같이 많이 퇴색 되는구나 라고 생각하였는데 2019년 수승대 자문을 하고 구본능 화원과 같이 가보니 기둥과 주련을 다시 칠하고 깨끗이 새로 단장하여서 산뜻하였다. 기존단청을 존속存續)하고 기둥 같은 가칠색만 다시 보수한 것인데 수리가 잘된 것으로 판단되어 반가웠다. 50년 전 6월 말경 장마가 크게 난 때에 마산에 사는 분이 공사를 수주하고 저자에게 하청한 공사였는데 처음 단청을 한 사람으로 감회가 남달랐다.

그 당시에는 개울을 건너는 다리가 없었고 양쪽으로 줄을 매고 건너다녔다. 공사를 하려면 건계정으로 가기 위하여 줄을 타고 저쪽에 있는 배를 가져와야 했다. 공사를 수주한 분이 아들에게 "네가 저 배를 가져와라." 하였고, 저자와 다른 한 분이 말렸다. 저자는 "유격훈련 받지 않으면 못간다" 고 하니 그분이 "저 애가 힘이 장사여" 라고 하면서 가져오라 하였고 아들은 높이 걸린 줄을 타기 시작하였다.

아들은 줄에 매달려 한참을 가다가 힘이 빠져 오도 가도 못하고 잠시 매달려 있다가 물로 떨어지고 말았다. 장마로 물결이 쏜살같았고 허무하게 거친 물속으로 사라지고 말았다. 보는 이들은 "아이고 어쩔고?", "아이고 어쩔고?" 탄식을 하였다. 이런 일이 있고 난 후 무당을 불러 굿을 하기도 하였으나 아들의 시신은 못 찾았다. 이런 기억이 있는 곳이라 잊혀지지 않는 곳이다.

2019년 3월 20일 다시 가보니 원형단청을 그대로 두고 기둥에 석간주칠을 다시한 새 단장을 하여서 건계정 관계자분들과 거창군 공보 관계자 여러분에게 마음속 깊이 감사하였다.

아교로만 사용한 건계정 단청

기둥과 난간만 석간주칠을 2018년 군청에서 다시 칠하였다고 함.

이 단청이 순수하게 아교로 한 단청이다. 요즘 아교로 한 단청이 보기 드물어 저자가 한 단청을 소개한다.

아교로만 사용한 건계정 단청

연골에만 미장한 곳이 하자瑕疵)가 나고 단청은 양호良好)하다. 저 멀리 내부 반자가 보인다.

외부 연암 초매기 부연 개판 착고 이매기 연단 연암 쪽 석간주칠이 탈색이 심하고 50년 되였으나 대부분 양호하다.

아교로만 사용한 건계정 단청

내부 액자 도리 창방 소로

저자는 이때 나이가 30세였다.

진주 촉석루 공사를 하다가 건계정 단청공사를 수주하여 단청초=도안)을 손수 그리고 나의 처남과 지금 승려가 된 제주도 강영훈 군과 같이 한 단청이다.

아교로만 사용한 건계정 단청

계풍 들녘 저 멀리 노송을 그리고 매 한마리가 잡지 못한 쥐를 생각하면서 억울하여 먼 곳을 바라본다. 下 스님이 속가에 나갔다가 歸寺 하는 장면을 그렸다.

건계정 계곡을 그렸다. 화원생활 초보일 때라 그림이 매우 미숙하였다.

아교로만 사용한 건계정 단청

건계정 대량에 김한옥=한성)이 50년(2020년 현재) 전에 그린 비인도飛人圖)이다. 화기畵記)가 잘 남았다.

50여년의 때 먼지가 끼어서 원색이 뿌옇게 보인다. 서기 1970년 7월 23일.

내용은 보는 바와 같이 서기 1970년 7월 출초 김한성, 이빛 박봉규, 초빛 강영홍 이라고 쓰여 있다. 이 단청이 단청한 날짜와 공사한 사람을 알도록 정확히 적혀 있다.

저자는 이 때 이름을 김한성이라고 하였다.

이후 전문위원이 되고 호적으로 된 명칭으로 김한옥이라 하였다.

제 3 장
진영그리기

수승대에서

등 뒤의 거북바위
어이 이리도 많은 사람들이
이름 석자 남기려고
딱딱한 바윗돌을
많이도 조각 했네
나의 팔 잡고
활짝 웃는 이한영 박사님
그리운 추억으로 영원히 ~영원히....

아래 진영들은 위의 건물 강원도 월정사 개산조각(開山祖閣)에 모신 진영(眞影)들이다.

① 본을 뜬다. 출초 작업

② 연필이나 붓으로 초본을 완성 후 살핀다.

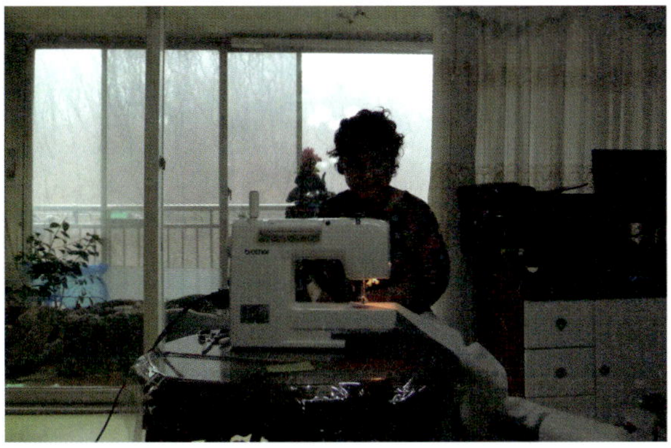

③ 재봉틀로 천가에 변을 접고 박는다.

④ 탱틀(쟁틀)과 천을 끌어서 팽팽하게 고른다.

⑤ 밑그림을 천에 대고 그리거나 붙인다.

⑥ 조채를 한 후 채색으로 그리기 시작

⑦ 먼저 본(출초)을 그린다.

⑧ 조선신미대사(信眉大師)세종대왕과 한글 창제創製)한 대사 이다. 단운 창작創作)

⑨ 신라 성덕대왕 진영 단운창작

⑩ 신라 보천태자 단운창작

⑪ 신라 자장율사慈藏律師)590~658
복사 후 그림

⑫ 신라 도의국사道義國師) 생몰연대미정선덕
왕784~입당821헌강왕귀국 복사 후 그림

⑬ 신라말 범일국사梵日國師) 복사 후 그림

⑭ 고려 보조국사普照國師) 복사 후 그림

⑮ 고려말 나옹왕사懶翁王師) 복사 후 그림

⑯ 조선 서산대사西山大師) 복사 후 그림

⑰조선 사명당四溟堂) 복사 후 그림

⑱ 조선말 경허선사鏡虛禪師)
두상 사진만 보고 복사 후 그림

진영초본(眞影初本=草本)

인생살이

젊으나 늙으나 직업을 가져야
생기가 생긴다.

젊으나 늙으나 취미를 가져야
지루함이 줄어든다.

젊으나 늙으나 사랑을 하여야
기분이 즐거워진다,

제 4 장
2008년 중국 초청 발표 내용

인간의 꾸준한 노력은
뜨는 해와 같이 힘차게 솟을 것이다.
모든 제도와 문화도 인간이 만든다.
무無)에서 유有)를 만드는 인간의 능력能力) ...

중국 동북아 지구목결구 채화보호국제연대회
中国 东北亚 地区木结构彩花保护国际研对会

중국 동북아 지구목결구 채화보호국제연대회 2008년10월29일~11월1일
中国 东北亚 地区木结构彩花保护国际研对会 2008年10月29日~11月1日

2008년도에 저자는 중국당국의 초청받고 한국 단청화원으로 처음 중국동북아 지구목결구채화보호국제연대회에 참석하여 한국단청 문양에 대하여 강의講義)하였다.

이 때는 많은 나라에서 참석하였는데 우리나라에서는 이혜원 교수와 저자가 참석하였다.

이혜원 교수는 한국의 무형문화재 제도를 주제主題)로 강의하고 저자는 여기 소개紹介)하는 내용을 강의하였다.

어떤 보고서를 쓰는 식이 아니고 평생을 단청으로 보낸 경험을 토대로 글을 썼다.

화원들에게는 별 의미를 못 느끼는 분도 있을 것이나 단청을 모르는 분들에게는 단청의 중요성을 알리는 계기가 되었다.

수많은 국가에서 참가한 국제대회에 저자도 참가하여 우리나라 단청에 대한 강의를 하였다.

저자가 한 구절句節)씩 강의講義)하면 조선족 통역관이 따라 하는 방식으로 하였다.

2008년 10월 29일부터 11월 1일까지 3일간 하는 대회였다. 아래 글은 그 당시 강의한 내용을 그대로 옮기고 사진은 몇 장을 추가하여 새로 꾸민 내용이다.

중국 컨퍼런스 강의 내용 2008년 1차

酒店联系方式

北京稻香·湖畔酒店
地址：北京海淀区苏家坨稻香湖公园内 邮编：100095
电话：010-58719999或58710288 传真:010-58710388
www.daoxianghu.com.cn

Daoxianghu Hotel
Address: Daoxianghu Park,Hai Dian District,Beijing,China. Post code:100095
Tel：(86) 10-58719999 or (86) 58710288 Fax:：(86) 10-58710388
www.daoxianghu.com.cn

저자가 머문 중국컨퍼런스 주소와 전화번호이다.

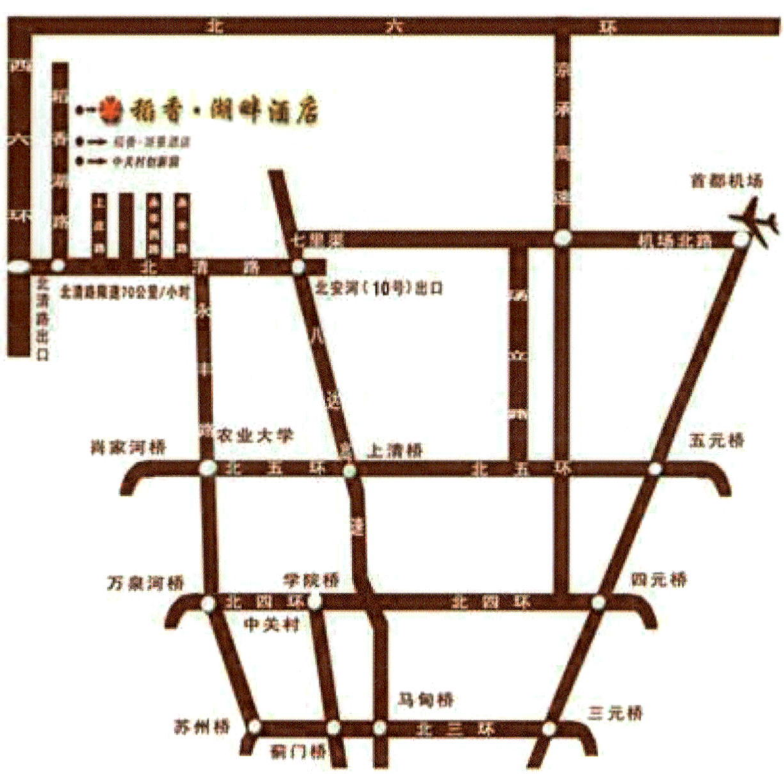

2008년 1차 저자가 중국컨퍼런스에서 숙식하던 호텔 지가(地家)지도이다. 북경시 외각에 있는 어마어마한 큰 건물들이 있고 공원처럼 아름다운 풍경이 자리 잡고 있는 외국 정상들이 머무는 곳인 듯하였다. 시내로 나올 때는 경찰차가 앞에서 안내하였다.

국제대회라 안전에 신경을 무척 쓰는 것 같았다.

민박집에서 特聘富察寐寒教授(93세)를만나서 中國彩畫에 대한 궁금한 내용을 들었다.

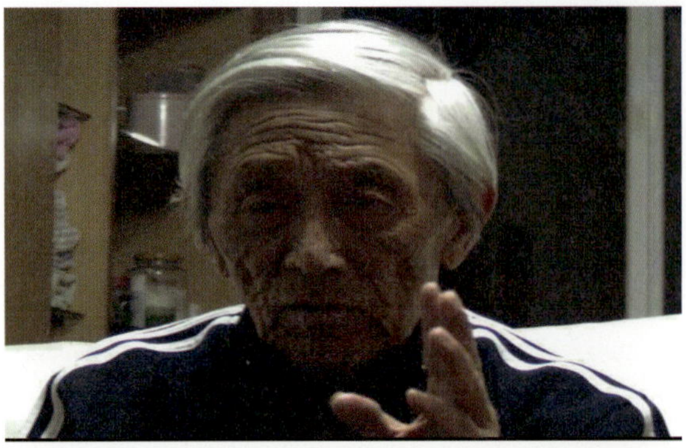

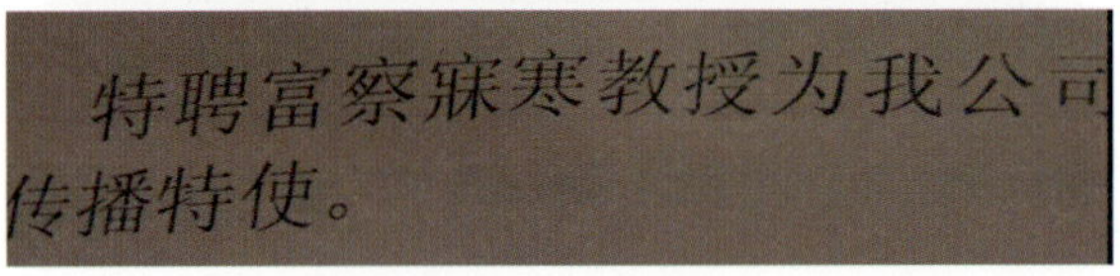

이 분한테 동영상으로 질문하고 들은 이야기들은 대단히 중요한 것들이었다.

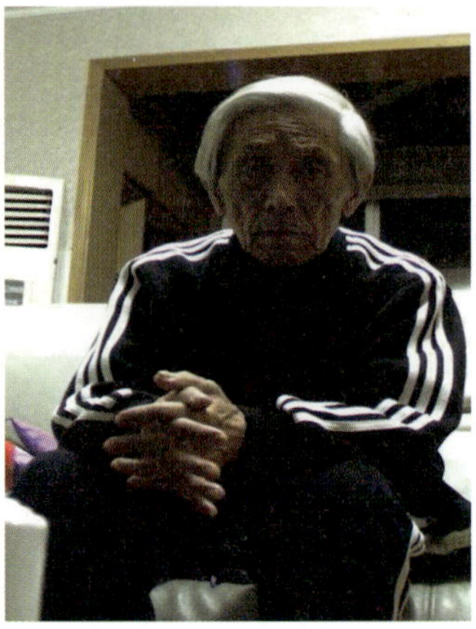

저자는 궁금한 내용을 질문하고 설명을 듣는다.

2008년 11월 중국 초청 강연이 끝나고 단청 석채나 구입 해 볼까 하여 북경에서 몇일을 지내게 되었다. 석채파는 곳이 없고 중국공사에서 다량 구매하여 쓰는데 구입처를 모른다고 하였다. 중국에 간 김에 지장회 기술을 설명 듣기 위하여 여러 곳을 탐문하던 중 한국 민박집에서 몇 일을 지내려고 방을 얻었다. 중국 노인이 있어 주인에게 저분은 중국분인데 여기 계시네요? 문의하니 전임교수인데 한국음식이 좋아 여러 날 계신다고 하였다. 저자는 혹시 지장회에 대하여 아는 것이 있을까하여 문의하니 중국미술교수라고 하면서 자세히 설명하기 시작하여 동영상으로 촬영하면서 질문하였다. 중국말이 서툴러 주인에게 통역을 부탁하고 차소연과 저자는 질문하기 시작하였다.

중국채화에 대하여 역사적으로 설명하고 당나라부터 명나라까지 궁중화원들의 기술 등을 애기하고 지장회 기술은 다른 나라로 전파되는 것을 막기 위하여 대학에서도 가르치지 않았다고 하였다. 타국으로 기술을 전파하면 엄한 중형을 받도록 감시 감독하였다고 한다. 寐寒교수敎授)가 들려준 이야기들은 중요한 것들이 많았는데 동영상으로 밖에 볼 수 없어 아쉬웠다.

한국 목질건축물 표면채화 장식적 전통공예
韩国木质建筑物表面彩画装饰的传统工艺

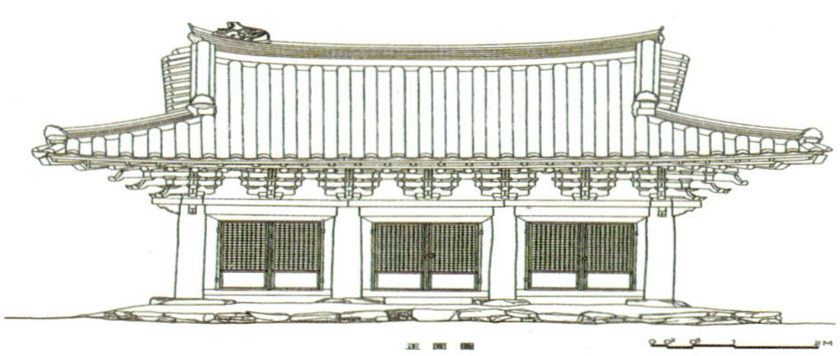

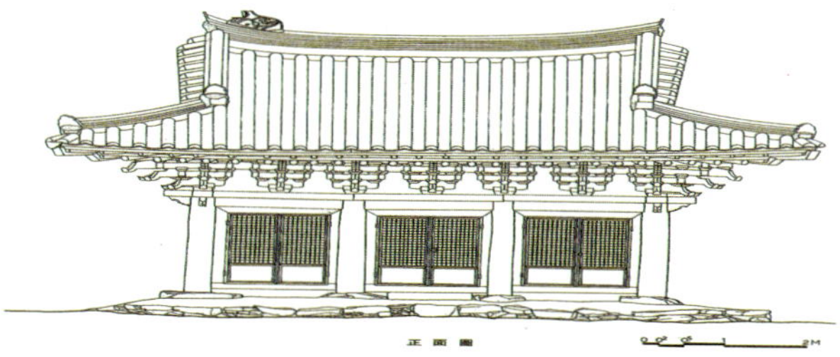

안녕하십니까? 여러분을 이렇게 만나 뵙게 되어 반갑습니다. 저를 이 자리에 초청招請)해주신 중국 국가 문물국 "샨 지시양" 총감독님께도 깊은 감사를 드립니다.

저는 48년이 넘도록 한국 방방곡곡을 다니면서 단청공사를 해온 실무경험이 많은 단청 화원입니다.

한국 단청기술자협회 회장을 지내기도 하였으며 2007년 "단청도감"이라는 책을 출간 하였습니다.

한국 단청에 대하여 설명할 기회를 갖게 되어 큰 영광으로 생각합니다

大家好！与各位在此相会，我感到不胜荣幸。

首先,请允许我向邀请我与会的中国国家文物局总监督表示衷心的感谢！

我是四十八年来走遍韩国的山山水水，一直从事古木建筑装饰彩画作业，具有丰富的实务经验的古木建筑装饰彩画画家，曾经担任过韩国古木建筑装饰彩画画家协会的会长 现任韩国国家文化遗产委员会的专任委员。二零零七年，我积集总结个人大半生的现场作业经验，编撰出版了《丹青图鉴》一书。

2. 목조건물 표면채색에 관하여 말씀드리겠습니다. 단청공사를 시작하려면 설계상 어떤 종류의 단청으로 되어있는지를 알아야 합니다. 비교적 중요도가 낮은 건물에는 단순한 단청을 시공하며 중요도가 높은 건물에는 화려하고 복잡한 단청을 합니다.

2. 关于韩国古木建筑装饰彩画及其特征

要对古木结构建筑物进行彩画装饰，首先要分析：按照设计该建筑物上原有的装饰彩画是哪一种类型。

목재부가 부분 교체되었는지 전면 교체되었는지 보아야 합니다. 고건축이 재난으로 소실되었다가 다시 원형대로 복원된 건축물인지, 다시 지으면서 크기나 구조가 바뀌었는지도 알아야 합니다.

要确认木质材料是部分更换的，还是全部更换的。

要确定该古建筑物遭到灾难被毁以后，是比照老样子复原的，还是变更了规模和结构后重建的。

한국 목질건축물 표면채화 장식적 전통공예
韩国木质建筑物表面彩画装饰的传统工艺

해당 건축물의 역사를 건축주나 관계 기관으로 부터 자세히 설명을 들어 두는 것이 필요합니다. 공사가 시작되면 사진 촬영을 합니다. 건물의 전면과 후면 양측면의 사진을 찍습니다. 비계목 가설이 끝나면 건축물의 세부 사진을 찍어야 하는데 비계 위에 올라가 근거리에서 각 부재를 자세하고 꼼꼼하게 촬영합니다.

외부는 위에서부터 아래로 내려오면서 각 부재의 사진을 촬영해 둡니다.

要通过建筑物主或有关部门，对该建筑物的历史做一个详尽的调查。

作业初始，要进行拍照，以便存档备查。拍照的视角包括全景、正面、背面、侧面以及内部。

安装了脚手架之后，还要进行细节拍照。对建筑物的外部，要按照自上而下的顺序，把每一个建筑构件拍摄下来。

즉, 초매기, 이매기, 부연, 서까래, 도리, 첨차, 소로, 주두 등의 사진을 부재별로 찍어야 합니다. 평방, 창방, 기둥까지 촬영해 두어야 합니다.

即，初迈岐、二迈岐、附椽、椽木、道理、檐遮、小栌、柱科等等，要按

照建筑构件逐一拍摄下来；平枋、昌枋、立柱等，也要拍摄下来

연대가 너무 오래되어 문양이 잘 보이지 않거나 흐린 경우가 있습니다. 이때는 같은 부재 중 문양이 가장 잘 보이는 부재를 골라서 사진을 찍어야 합니다. 건물의 외부 사진을 다 촬영하면 내부도 외부처럼 천장 반자부터 아래의 기둥까지 사진을 찍어 놓아야 합니다.

拍照过程中，经常会遇到某些区域的装饰彩画，因建筑年代久远很难看出或只能模糊地看出图案花纹的情况。这时，就要在相同的建筑构件里仔细挑选出其中花纹相对明显的那一个构件，进行拍照。

对建筑物外部的拍照结束以后，对其内部也要像外部一样，从天棚、盘子开始，自上而下一直拍摄到立柱为止，拍照才算完毕。

한국 목질건축물 표면채화 장식적 전통공예
韩国木质建筑物表面彩画装饰的传统工艺

혹시 오판하여 잘못되는 경우가 생기더라도 사진을 남겨둔 경우에는 근거물이 되기 때문에 잘못된 문양이 시공된 경우 원래의 옛 문양을 알 수 있으니 사진보관은 매우 중요한 것입니다.

或许，会因误辨而发生这种情况，但是如果事先留有照片，也就是留下了依据。即使出现了误画，也可以通过照片得知原先的图案。因此，留下照片是非常重要的程序之一。

초상화를 그리는 사람이 초상화를 그리듯 옛 문양을 원형 그대로 복원하는 것은 매우 중요한 일입니다. 혹시 건축연대나 단청에 대한 글이 발견되면 매우 중요한 자료이니, 함부로 지우거나 하지 않도록 해야 합니다. 또한 관계기관이나 건물주建物主)에게 상의하여 중요성을 알려야 할 것입니다.

就像画肖像画的人画肖像一样，把原先图案依旧复原是非常重要的。或许会发现与建筑年代或装饰彩画相关的文字，这可是非常重要的事情，绝不能随意抹掉。要报告于有关部门或建筑物主，提供其重要性。

한국 목질건축물 표면채화 장식적 전통공예
韩国木质建筑物表面彩画装饰的传统工艺

유성펜으로 그린 문양을 들고 화실로 돌아와서 초지에 옮긴 후 천초 작업을 해야 합니다. 합판에 문종이 위쪽에만 풀칠하여 붙이고 뇌록색 칠을 해두면 마르면서 평평해 집니다.

将油性笔描摹的图案草本拿到绘图室，复制在草纸上以后，就进行出草作业。

准备一张窗纸，四周边缘刷上浆糊，糊在胶合板上，再涂上底色。待晾干以后，就会很平展。

뇌록색 칠이 바짝 마른 후 초지를 대고 타분을 한 후, 사진에 나타나는 색상을 보고 채색을 칠합니다. 이런 과정이 문양모사입니다.

底色干透以后，就将草纸对着窗纸打粉，接下来就是依照照片上显示出来的颜色涂颜料。这就是装饰彩画的摹绘副本制作过程。

보통 외부의 문양이 내부문양보다 일찍 퇴색하기 마련이며, 외부의 부연초 문양이 없어진 경우 내부 첨차초의 문양을 보고 참고하여 그리면 도움이 될 것입니다.

按照常理，建筑物外部的图案花纹要比内部的图案花纹消失得快。如果外部附檐画的花纹已经消失时，能注意参考内部檐遮画的花纹，对装饰彩画的摹绘就会很有帮助的。

부재의 생김새도 비슷하고 출초문양도 앞목前木)의 경우와 비슷하게 그리기 때문입니다.

建筑构件的形状相似， 装饰彩画也会画得类似于前端 。

금단청의 경우 부연초에는 앞목초와 뒷목초가 있으나, 첨차에는 뒷목초가 없을 것입니다. 아주 없는 문양을 재현하기란 불가능하니 조금이라도 비슷하게 할 수 있는 방법으로 생김새가 비슷한 첨차초를 참고하는 것이다.

就锦丹青说来，附檐装饰彩画有前端图案和后端图案。可是檐遮就没有后端图案，对于完全消失的装饰彩画，要想再现出来是不可能的。要想尽可能地再现装饰彩画原貌的办法，就只能是去参考形状相似的其它檐遮了。

한국 목질건축물 표면채화 장식적 전통공예
韩国木质建筑物表面彩画装饰的传统工艺

3. 다음은 외부 문양모사 기법에 대해 말씀드리겠습니다. 준비물은 가위, 유성펜, 압정, 줄자, 잘 비치는 비닐이나 셀로판지 등입니다. 준비물을 필통에 담아서 비계 위로 올라갑니다. 비닐이나 셀로판지를 문양이 가장 선명하게 보이는 곳을 찾아서 그곳에 대고 가위로 오린 후 압정을 꽂은 다음 유성펜으로 문양을 그려야 합니다.

3. 关于外部装饰彩画的摹绘要领

先将剪刀、油性笔、图钉、卷尺、透明的塑料或玻璃纸等装在笔筒里，送到脚手架上。将透明塑料或玻璃纸对准花纹明显的构件，然后比照材料的规格用剪刀剪下玻璃纸并用图钉进行固定，而后在玻璃纸上用油性笔画出图案的草本。

이때는 서까래 이하의 문양은 내부의 오래된 문양을 살려서 외부로 옮겨 하는 것이 뜻이 깊을 것이며, 대개 도리부터는 내부와 외부가 같은 초를 가지고 단청공사를 하기 때문에 원래대로 한다면 내부에 남아있는 문양을 처음의 단청문양으로 보면 될 것입니다.

在这种情况下，椽木以下的装饰彩画，如果将年代更为久远的内部装饰彩画摹绘到外部来，就可能是一种很有意义的做法。因为按照普遍的情形，从道理往下的部分，其内部和外部多采用同一个图案副本进行彩画装饰，所以要想使装饰彩画恢复原貌，把内部的图案花纹看作起初的原形应该更符合实际

4. 다음은 내부문양 모사 기법에 대해 말씀드리겠습니다. 상식적으로 외부는 내부보다 일찍 퇴색되므로 어떤 경우 내부 단청은 건물의 건축연대와 비슷한데, 외부는 여러 번 단청공사를 반복하여 안팎의 문양이 다른 경우도 종종 볼 수 있습니다.

4. 关于内部装饰彩画的摹绘要领 建筑物外部的图案花纹要比图案花纹退色快，这是人所共知的常识。有时，内部的装饰彩画会跟建筑物的建筑年代差不多，而外部则经过数次的彩画装饰，常常造成内外装饰彩画的不一致。

한국 목질건축물 표면채화 장식적 전통공예
韩国木质建筑物表面彩画装饰的传统工艺

단청문양을 찾아서 그려나갈 때 먹선이나 분선을 찾아 따라 그려야 합니다. 그 다음에 어떤 색으로 되어있는지 자세히 관찰하고 색명을 적어 넣습니다. 문양 모사를 할 때는 자신의 주관성은 배제하고 철저히 객관적인 입장에서 일을 진행해야 합니다.

在摹绘图案草本时，要随着花纹的墨线或粉线进行描摹。对于被摹绘的图案，要仔细辨别各种花纹的颜色并一一标记在所摹绘的草本上。在摹绘图案草本时，重要的是要排除主观性的思考方式，以客观的姿态处理事情才行。

" 이 문양을 왜 이렇게 못 그렸지? 다시 잘 그려 주자."라는 생각이 들어도 그 뜻은 좋겠지만 행동으로 옮긴다면 그 본래의 문양을 다시는 찾아볼 수 없게 되기 때문입니다.

间许会产生"此图案怎么画得这么差？该给它好好画画了"的想法。产生这种想法固然是很正常的事，但是如果落实到实际行动上，就会造成那种图案花纹消失不再的后果。

그러나 꼭 그렇게 하지 않는 경우도 있는데, 기술적 여건이나 경제적 여건으로 내부에 볼품이 없는 문양이 그려져 있는 경우 외부를 기술적으로 원래 문양보다 훨씬 품위있는 단청으로 한 경우와 역사적 또는 종교적 교리가 맞지 않을 때도 있을 수 있을 것입니다.

不过，并非所有情况下都要这样做。有些情况下，由于受到技术或者经济条件的限制，内部的图案花纹没有什么看头，而外部的装饰彩画从技术上看比起内部的图案花纹品位甚高。有时，还会有一些与历史的和宗教的教义相悖的情况。

이런 경우에는 건축주나 관계 기관과 상의하여 결정되는 대로 공사를 하면 될 것입니다. 부득이한 경우가 아니면 기존문양을 살려서 그 건물의 원래 단청을 재현하는 것이 좋습니다.

在这种情况下，就要与建筑物主或有关部门协商，做出决定以后再去作业。若不是迫不得已，就要尽量维持原来的图案花纹，以使该建筑物的装饰彩画得到再现。

한국 목질건축물 표면채화 장식적 전통공예
韩国木质建筑物表面彩画装饰的传统工艺

5. 문양 모사가 끝나면 관계 기관에 검수를 받아야 합니다. 검수를 받을 때는 건물의 사진과 문양 모사도를 가지고 받아야 하며, 이에 대해 상세한 설명을 하는 것도 중요 할 것입니다.

5. 关于主管机关的监督验收，

图案摹绘副本完成后，就要主动接受主管部门检查验收。接受检查验收时，要将建筑物的照片和图案的摹绘副本一同出示，同时对此要作出详细的说明。

6. 목부재 표면처리 과정에 대해 말씀드리겠습니다.

목부재는 부분교체를 하거나 땜질을 하여 기존 부재와 비슷한 질감, 색감으로 고색단청을 합니다.

목조건축물은 분진이 많이 납니다. 분진을 깨끗이 털어내고 아교포수를 해야 합니다.

6. 关于木质建筑构件的表面处理

对木质建筑构件经常需要部分更换或者修补裂缝，进行与原有建筑构件质感相似且古色古香的装饰绘画。木质建筑上灰尘很多，要把灰尘清除干净以后，进行阿胶泡水

옛날 자료에 의하면 톱밥이나 호분, 토분을 아교수에 개어 목재의 틈을 메우고 크게 갈라진 틈 사이는 나무를 깎아서 메우기도 하였습니다.

목재는 풍화작용으로 인하여 온도와 습도 차이가 날 경우 반복하여 수축작용이 일어나기 때문에 땜질 부분이 고정되어 있지 못합니다. 그래서 표면 보강을 위하여 수용성 보강제를 사용합니다. 이렇게 하면 오랫동안 견고하게 부착되어 있습니다.

据古书记载，对木质构件的裂缝，先用木塞填充，再将锯屑或胡粉、土粉用阿胶水浸泡和好以后，以此修补裂缝的表面。木材会因风化作用，一旦温度和湿度发生变化，就会反复出现收缩现象，导致修补之处难以保持牢固稳定。

한국 목질건축물 표면채화 장식적 전통공예
韩国木质建筑物表面彩画装饰的传统工艺

정밀하게 하기 위하여 마포 같은 천으로 바르기도 하였습니다. 특별한 건물이 아니면 마포를 사용하기가 어려워서 토분을 아교수에 개어 땜질을 하는 경우가 많았습니다. 요즘은 합성수지계통을 사용하기도 하나 완벽하지는 못합니다.

为了精细作业，对开裂的木质构件两端也可用麻布之类的布料包裹。

由于麻布包裹的操作难度相对较大，所以除了特殊的建筑物以外，大多都采用阿胶水和土粉来填补构件裂缝的做法。近来，也有使用合成树脂材料来作业的做法， 但是效果并不理想。

7. 다음은 단청 채색과정을 말씀드리겠습니다.

이러한 과정을 거치면 다음으로 뇌록색을 칠합니다. 문양 모사를 할 때 사용했던 초지를 들고 초 낼 부재에 대고 타분합니다

7. 关于古木建筑装饰的彩绘过程

完成上述程序后，便开始打底色。

将摹绘图案副本时使用过的草纸对准所要彩绘的构件，进行打粉作业

한국 목질건축물 표면채화 장식적 전통공예
韩国木质建筑物表面彩画装饰的传统工艺

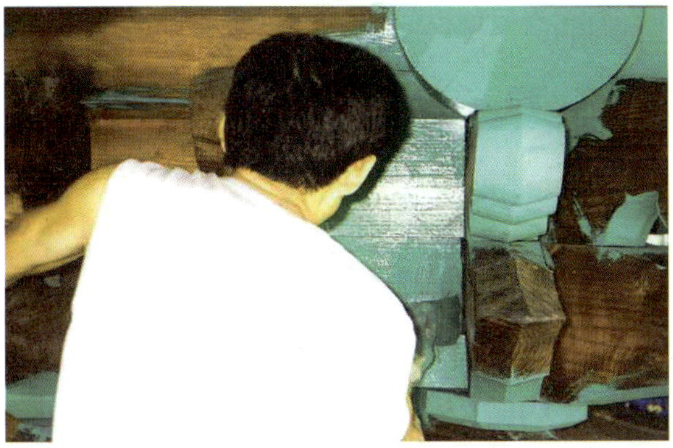

여러 화원이 각자 자기가 할 수 있는 채색을 들고 초채(초빛)를 합니다. 초채가 들어가면 다음색인 채색(이빛)이 그려지고 순서에 따라 여러 가지 색상으로 작업이 진행됩니다. 다양한 문양에 도색작업이 끝나면 옛날에는 법유로 포수하였습니다.

几位画工拿着各自分担的颜料，先进行初彩，再进行二彩，以此类推，顺次进行各种颜色的涂彩。

在各式各样的图案花纹上涂彩作业结束以后，按照旧时的做法，就要用法油罩面了。

8. 단청 채색표면 수명연장을 위한 방법에 대해 말씀드리겠습니다.

수분이 많은 지대에는 법유포수를 하면 **매기霉氣)**가 끼어서 좋지 않습니다. 그래서 요즘은 합성에멀전(emulsion) 접착제를 사용합니다. 합성에멀전(emulsion) 접착제를 사용한 곳은 수분이 다수 있어도 **매기**가 끼지 않습니다.

8. 关于古木建筑装饰彩画保护工艺

如果在水分多的地方进行法油罩面，就会生霉菌，效果不好。所以，近来开始使用合成emulsion粘合剂。如果使用合成emulsion粘合剂，即使是在水分多的地方，也不会生霉菌。另外，为了强化表面，可以使用水溶性增强剂。使用增强剂，就能够让彩画长久坚固地附着在建筑材料上，起到保护彩画、使之延长寿命的作用。

한국 단청에는 여러가지 색명이 있습니다.

옛날에는 기본색을 12가지로 하였는데 지금은 20가지가 되었습니다.

在韩国，装饰彩画的颜色分类越来越细化。古时候，装饰彩画的基本颜色分成12种，现在已经细化为20种。

한국 목질건축물 표면채화 장식적 전통공예
韩国木质建筑物表面彩画装饰的传统工艺

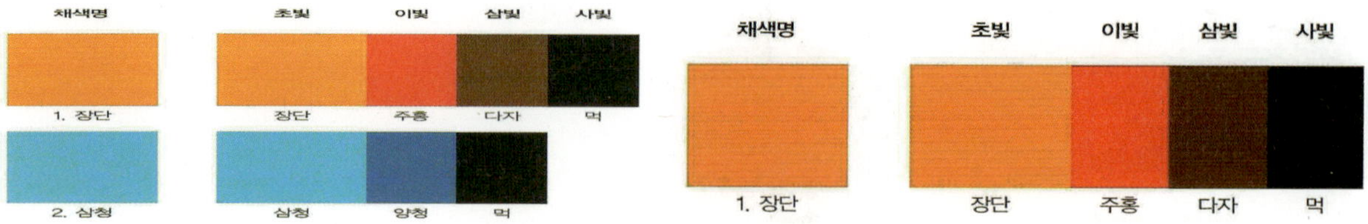

초빛　　초빛　이빛　삼빛　사빛　　초빛　　초빛　이빛　삼빛　사빛

뇌록(磊綠)　　먹(墨)　　초빛　　초빛　이빛　삼빛

기본이 되는 색에서 점차 어두운 색으로 칠해나가는 것을 '초빛', '이빛', '삼빛'이라고 합니다. 뇌록색과 먹색은 이빛이 없습니다. 단청을 할 때 뇌록색은 건물의 바탕에 칠해지고 그 위에 다른 색들이 칠해지는 기본색이 되는 것입니다

每一种基本颜色从明到暗都要细致划分出子颜色，依次称为初色、二色、三色。
只有磊绿色和墨色，不再细致划分子颜色。

다음은 우리나라의 단청문양명칭에 대하여 설명하겠습니다.

한국은 문양의 생김새에 따라 불려지는 용어가 많습니다.

装饰彩画的图案名

接着介绍一下韩国装饰彩画的图案名称。

在韩国装饰彩画的图案，多半是根据图案的模样来起名的。

여기 보시면 병모양과 같이 생겨서 '병머리초'라고 합니다 검은색으로 표시된 부분이 단청에서는 녹색실이 됩니다

请看这个图案，它的模样很像是一个瓶子，因而，起名为"瓶形图案"。

用黑色来标示的线，在装饰彩画里是绿色的彩线。

한국 목질건축물 표면채화 장식적 전통공예
韩国木质建筑物表面彩画装饰的传统工艺

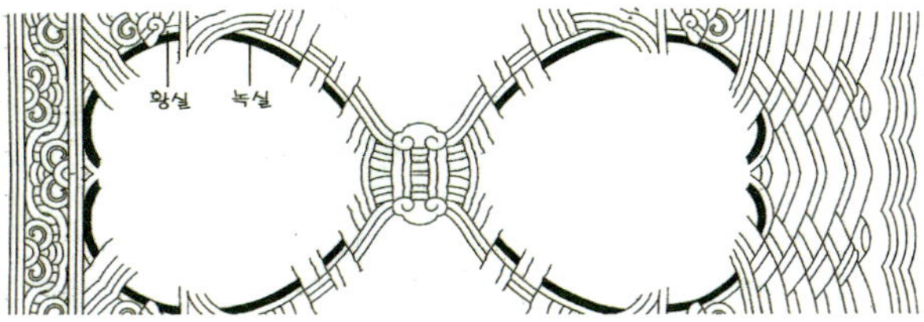

다음은 '장고머리초'입니다. 장고란 악기와 같은 모양입니다.

这个图案叫“长鼓形图案”，请看它的模样是不是跟长鼓很相似啊？

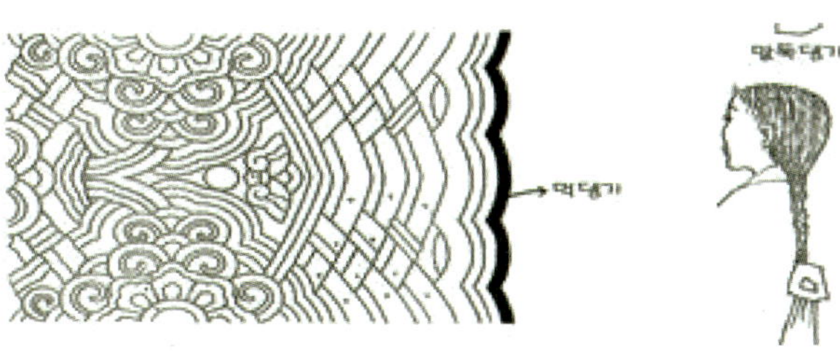

다음은 처녀들의 댕기머리와 같이 생겼다고 해서 '먹댕기'라고 합니다.

请看这个图案，因为它的模样很像淑女的辫子，所以叫“黑辫子图饰”。

쇠코문

지금 보시는 무늬는 소의 코뚜레 같이 생겼다고 하여 '쇠코문'이라고 합니다.

现在看到的这个图案， 模样很像穿牛鼻子的链环， 所以叫它“牛鼻环饰纹”。

지금 보시는 것은 '바자휘'라고 하는데 울타리 파, 돗자리 자, 빛날 휘자를 씁니다. 대나무로 엮은 울타리나 돗자리 모양을 하고 있는 문양이라 '바자휘'라고 합니다.

这个图饰叫“笆兹晖图饰”。篱笆之笆，蓐席之兹，阳光之晖。
模样很像用竹皮编织的篱笆或者是席子，所以叫笆兹晖图饰。

한국 목질건축물 표면채화 장식적 전통공예
韩国木质建筑物表面彩画装饰的传统工艺

이 문양은 '방석초'라고 합니다. 방석같이 생겨서 부르는 이름입니다.

这个图案叫"方席图饰"， 因形似方席而得其名。

이것은 '석류등'입니다.

这个图案叫"石榴登图饰"。

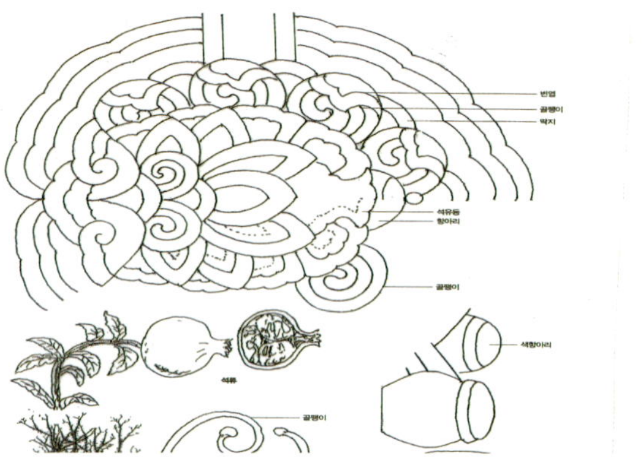

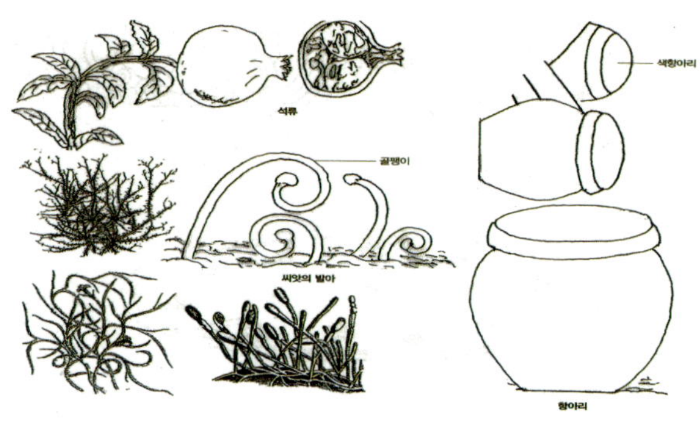

이것은 '항아리'입니다. 한국의 옹기그릇 모양을 하고 있습니다.

这个图案叫"缸形图饰"。 模样很像韩国的大瓮

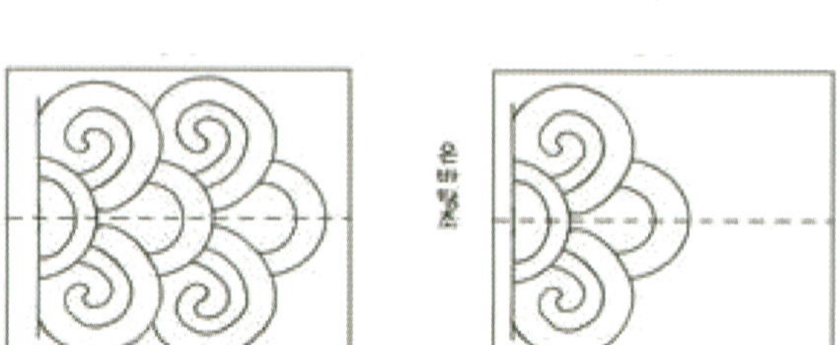

이것은 '골팽이' 라고 합니다. 한국의 단청 문양 중 가장 많이 사용하는 문양입니다. 여기가 '항아리' 입니다.

这个图案叫"螺蛳图饰"。
在韩国装饰彩画中，它是十分常见的图案。
这就是"缸形图饰"。

한국 목질건축물 표면채화 장식적 전통공예
韩国木质建筑物表面彩画装饰的传统工艺

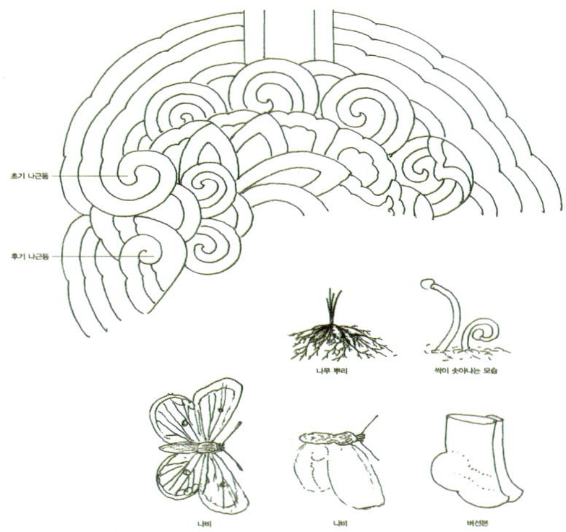

나근등

'나근등'이라고 합니다.

这个图案叫“梛根登图饰”。

초를 그릴 때 제일 먼저 그리기 시작하는 곳입니다. 초기의 '나근등'은 이런 모양이었으나 점차 이렇게 변했습니다.

它是在韩国装饰彩画的图案草本摹绘过程中，最先下笔的地方。
早期的“梛根登图饰”是那个样子，后期则演变成了这个样子。

'우물반자'라고 합니다. 그림에서 보는 바와 같이 옛날 우물모양과 같아서 이렇게 부릅니다.

这个图案叫“井字顶饰”。正像所见到的一样，　图案很像韩国古代的水井，　所以这样称呼它。

휘 명칭에 대해 설명 하겠습니다.

빛날 휘 라는 한자를 사용하며 다른 나라에서는 보기 드물게 한국에서 많이 쓰이는 단청 문양입니다

再介绍一下韩国装饰彩画中几种晖的名称。
晖是在其他国家很少见的、具有韩国特色的装饰彩画图饰

이 그림은 '인휘'입니다. 사람 인자와 비슷하다고 하여 생긴 이름입니다.

这个图饰叫“人晖”。　据说是因为形似人字，所以给它起了这个名字

한국 목질건축물 표면채화 장식적 전통공예
韩国木质建筑物表面彩画装饰的传统工艺

이것은 '바자휘'입니다. 먼저 설명드렸습니다.

这个图饰叫“芭藉晖”。

对此图饰，在前文中已经做过介绍

이상으로 한국의 전통 단청채색 방법 과정에 대하여 말씀드렸습니다.

감사합니다.

以上介绍的是韩国传统的木质建筑物表面装饰彩画工艺。

谢谢大家！

제 5 장
중국초청 청견사진

흔들리는 마음

푸른 하늘에 구름이 떠다니는 것처럼
맑은 마음도 욕망이 떠다닌다.
고요한 물속은 떠다니는 배가 흔들고
인간의 고요한 마음은 이성이 흔든다.
생을 마감하기 까지는 없어지지 않는
고뇌苦惱)의 일부이다.

단운 촬영 서

동아지구 목결구 채화 보호 국제연대회 관계 당국자와 청강견지

2008년 东亚地区木结构彩画保护国际研对会听讲见之

2008년11월1일 중국단청 하는 왕중걸 선생과..

이 건물 벽쪽 천장 아래 두꺼운 사각보가 보인다.

중간 보와 글에 보는 단청한 연대가 틀려서 문의하니 끝에 단청은 고대국가문양 진본이고 아래 문양은 청나라문양이라 하였다.

동아지구 목결구 채화 보호 국제연대회 관계 당국자와 청강견지

2008년 东亚地区木结构彩画保护国际研对会听讲见之

2008년 10월 31일 우리를 환영하여 연주를 준비한 장면. 저자와 같이 선 번역회사 사장.

2008년 10월 31일

반자 단청 중 아래 오른쪽 한 칸이 단청 안 된 것을 문의하니 지난번 단청을 하면서 진본으로 남겨두었다고 하였다. 청나라 때 한 단청의 여러 반자문양 중 명나라 때 한 진본 하나씩을 남겨두고 한 것이라고 설명하였다.

반자뿐만이 아니고 대량문양도 단청 할 때마다 그대로 지본을 두고 다시 한 단청과 차별화 하는 것은 역사적 가치를 증명할 것이라 생각되었다.

동아지구 목결구 채화 보호 국제연대회 관계 당국자와 청강견지

2008년 东亚地区木结构彩画保护国际研讨会听讲见之

2008년 11월 1일

동아지구 목결구 채화 보호 국제연대회 관계 당국자와 청강견지

2008년 东亚地区木结构彩画保护国际研讨会听讲见之

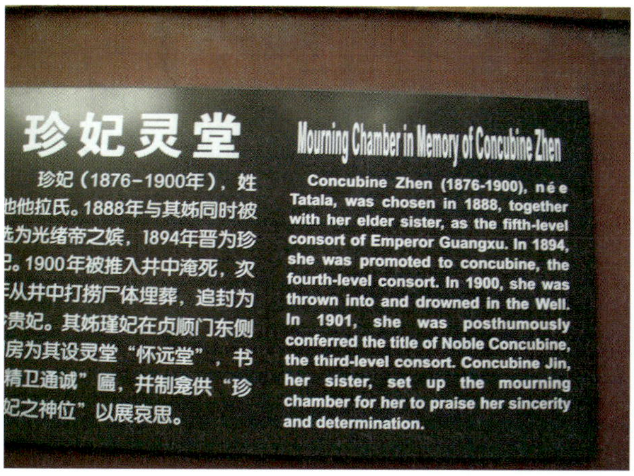

2008년 11월 1일

2008년 11월 1일 존심재지인存心在止仁)허이유종선虛已惟從善

2008년 11월 1일

존심재지인存心在止仁)어진 마음을 새겨두고 잊지 않을 것이다. 허이유종선虛已惟從善)빌어 생각하기를 착한 생각을 좇을 것이다. 왕부부가 들고나면서 보는 문구인 듯하다. 정확한 내용은 저자도 모른다. 정갈하고 푸짐한 음식이 우리를 기다리고 있다. 원탁 상차림을 빙빙 돌려가며 젓가락箸)으로 먹고자 하는 음식을 가져다 먹는다.

동아지구 목결구 채화 보호 국제연대회 관계 당국자와 청강견지

2008년 东亚地区木结构彩画保护国际研对会听讲见之

2008년 11월 2일 강연행사 끝나고 각국대표들과 고궁으로 이동

2008년 11월 2일 식사 차림

저자와 같이 간 번역사 사장과 차소연

강연행사 끝나고 각국 대표들과 같이 참석한 분들이 고궁으로 이동하여 기념 촬영한 사진이다.

푸짐한 음식 대접을 받고 이 행사에 같이 참석한 번역회사 사장과 컴퓨터 일을 도와준 차소현이 기념으로 남긴 사진이다.

동아지구 목결구 채화 보호 국제연대회 관계 당국자와 청강견지

2008년 东亚地区木结构彩画保护国际研讨会听讲见之

2008년 11월 2일 행사장에서 만난 동국대 이혜원 교수와 환담

2008년 11월 2일 중국 단청계 최고라는 왕중걸 선생

2008년 11월 2일 조선족 통력사와 이혜원교수

동아지구 목결구 채화 보호 국제연대회 관계 당국자와 청강견지

2008년 东亚地区木结构彩画保护国际研对会听讲见之

2008년 11월 2일

2008년 11월 3일

2008년 11월 3일

동아지구 목결구 채화 보호 국제연대회 관계 당국자와 청강견지

2008년 东亚地区木结构彩画保护国际研对会听讲见之

2008년 11월 1일

2008년 11월 3일

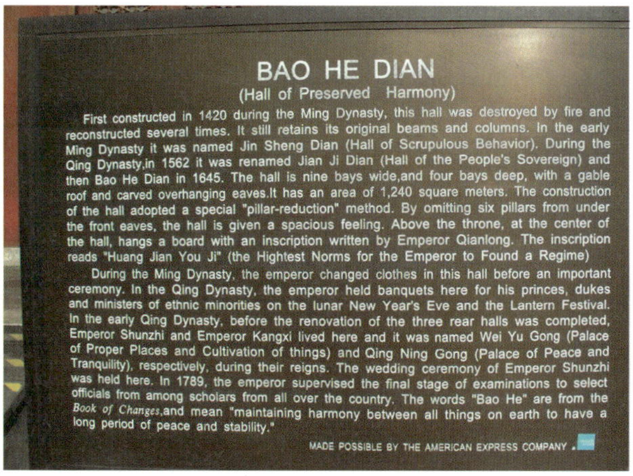

20008년 11월 3일

동아지구 목결구 채화 보호 국제연대회 관계 당국자와 청강견지

2008년 东亚地区木结构彩画保护国际研对会听讲见之

2008년 11월 4일

2008년 11월 4일

2008년 11월 4일

제 6 장
2018년 중국초청 발표내용

나는 나를 아는가?

세월은 흘러가고 오늘은 다시 오지 않으니 오늘 할 일은 오늘 해야 된다.

인류의 문화는 하루가 다르게 변화무상變化無常)한데 스스로가 할 일을 멈추면 낙오자가 된다.

남을 탓 하지 말고 나를 돌아보고 지혜를 발휘發揮)하는 것이 해결이 쉽다.

단운다짐

중국 동북아 지구목결구 채화보호국제연대회

中国 东北亚 地区木结构彩花保护国际研对会

중국 동북아 지구목결구 채화보호국제연대회 2018년 월 일 ~ 월 일
中国 东北亚 地区木结构彩花保护国际研对会 2018年月日~月日

2018년에는 강의한 내용에 대하여 질의문답質議問答)시간이 있어 답변하기 위한 준비를 하는데 저자의 뒤에는 동건비 교수가 통역을 위하여 준비하고 있다.

10년 만에 다시 초청되어서 韓國傳統建築遺産彩畫保護工作中適合濟工藝研究)에 대하여 강의하였다.

우리나라에서는 김도래金道來) 선생이 基于韓國傳統木構建築保護的彩畫技法研究 발표하였다.

한국 고단청에 사용하던 접착제와 현대단청에 사용하는 접착제

题目：韩国古丹青中使用的粘合剂和现代丹青中使用的粘合剂

중국 초청 강연 내용

아교 충앙 혼합사용阿膠混合使用)

中国邀请演讲内容

저를 중국에 초청해주신 양홍 선생님과 중국관계자 여러분에게 감사드립니다. 저는 한국의 사찰에서 스님[師僧]으로부터 단청(丹靑)을 배운, 실무경험이 많은 화원입니다. 제가 단청을 처음 배웠던 60년 전(1968~1978년)에는 한국에서 단청 접착제로 아교를 사용할 때였습니다. 그러나 지금은 아교 사용이 극히 제한적입니다.

感谢邀请我到中国访问的杨红老师和中方的有关人士。

我是在韩国寺庙里学习丹青，具有很多工作经验的画员。60年前(1968年~1978年)我第一次学习丹青的时候，在韩国还是使用阿胶粘合剂的时候。但是现在使用阿胶有很大的局限。

그래서 지금은 아교를 사용해본 화원이 몇 명 없고, 아교를 사용해본 대부분의 화원의 나이도 70세가 넘습니다. 또한, 생존해 있는 화원들도 중탕(重湯)이 아닌 직접 가열[直火]한 아교를 사용한 화원이 대부분이기 때문에, 아교에 다른 물질을 첨가하여 단청하는 사람은 없습니다.

所以现在使用过阿胶的画元没有几个，使用阿胶的大部分画员的年纪也已过70岁。而且还健在的画员也并非使用重汤，大部分都使用直接加热的阿胶，因此没有在阿胶上添加其他物质丹青的画员

그렇기 때문에, 아교를 사용하는 방법에 대해서는 나름대로의 기술과 이론을 내세우며 갑론을박하는 경우가 많습니다. 이것은 아교만을 사용하던 시기가 짧고, 방법을 알려준 선생이 서로 다르기 때문일 수도 있습니다.

因此，对使用阿胶的方法，很多人提出自己的技术和主张，进行你争我辩。这是因为使用阿胶的时间较短，而且教使用方法的画师也都不同的原因。

중국 동북아지구 목결구 채화보호 국제연대회 강의내용

저의 경우에도 여러 건물에 아교를 사용한 단청을 해보았습니다. 지금까지의 현장에서 아교를 사용하는 방법은 직접 가열하여 농도를 맞추고 그대로 사용하는 방법이었습니다. 우리의 선생들도 그렇게 해온 것이기 때문에 화원 대부분은 이런 기술 외에 아는 것이 없습니다.

我也曾尝试过在各种建筑里涂上阿胶的丹青。到目前为止使用阿胶的方法是直接加热后调好浓度，而后使用。由于我们的画师也都那么做，所以大部分画员除了这种技术以外，了解的并不多。

不是通过科学方法做试验，而是凭借个人的经验，也许不一定正确，但一定程度上可以了解添加阿胶和未添加阿胶的差异。

1971년 한국의 남쪽에 있는 작은 지방도시인 진주(晉州)의 대아중 · 고등학교(大亞中 · 高等學校)에 반진문(般震門) 단청을 하게 되었습니다. 이때, 학교장 선생님의 소개로 80여세 가량의 은퇴하신 화원을 만나게 되었습니다.

1971年，曾丹青了位于韩国南方的小城市晋州的大亚中•高等学校的般震门。那时候，经校长介绍，见到了一位80多岁的退休的老画师。

이분이 말씀해주신 내용에 따르면, 아교에고목固굳을고柔액흐를고)(*Go-mok*)을 혼합하여 사용하기도 하였고, 충앙蟲昴)(*Chung-ang*)을 넣고 아교를 끓여서 사용하기도 하였다고 합니다. 이러한 방법은 처음 단청을 배울 때 사용하였으나, 지금은 고목을 구하기도 어렵고, 사용방법도 번거로워서 지금은 사용하지 않는다고 하였습니다.

那位先生说，有过混合阿胶和Go-mok使用的，也有放入蟲昴)Chung-ang后煎熬后使用的。这种方法最初是学丹青时使用，但现在很难找到枯树，使用方法也很复杂，所以不能找到枯树时只能使用阿胶。而且很早以前就不再相传，所以现在已无人问津。

옛 화원들

옛 화원들

중국 동북아지구 목결구 채화보호 국제연대회 강의내용

이 기술 외에도, 쌀을 물에 불려서 절구로 찧고 체를 쳐서 풀을 끓여 사용하기도 하였으나, 현장에서는 번거롭고 귀찮기 때문에 아교 한 가지만 사용하기 시작하였습니다.

除了这项技术以外，亦曾使用用水泡米、捣米、筛过后，熬成浆糊使用的方法，这种方法在现场很麻烦，所以开始使用了一种阿胶。如今年轻的画员很难想象出有这种技术。

저는 2014년부터 그 노화사(老畫師)께서 알려준 방법대로, 아교에 첨가제를 혼합하는 방법을 재현하고자 노력해 왔습니다.

从2014年开始，我一直致力于按照那位老画师的方法，再现阿胶里混合添加剂的方法。

과학적으로 실험하지 못하고 개인의 경험에 의존한 결과라서 부정확할 수도 있으나, 첨가제가 혼합된 아교는 강도가 낮고, 냄새가 덜 하고, 아교수가 맑은 차이가 있다는 것을 확인할 수 있었습니다.

但由于不能进行科学实验，仅凭个人的经验，结果也许不太正确，但我发现混合添加剂的阿胶有硬度低、气味少、阿胶水清澈的差异。

한국에서는 2008년 2월 10일 화재로 소실된 국보 제1호 숭례문(崇禮門)의 복원공사가 여러 해에 걸쳐 진행되었습니다. 이때, 한국의 전통적인 재료와 단청 기법을 적용하여 보수하였으나, 단청의 박리박락(剝離剝落) 현상으로 인하여 문제가 되었습니다.

在韩国，2008年2月10日火灾中烧毁的国宝第1号崇礼门，做过多年的修复工程。随着人们对文化遗产认识的不断提高，试着使用古老的技术，但没有取得较好的成果，加上不了解实情一味指责的媒体的作用，造成了人们对文化遗产的不信任现象。

2008년 2월 10일 방화 사건으로 불타는 숭례문

중국 동북아지구 목결구 채화보호 국제연대회 강의내용

어떤 사람은 박락의 원인을 저렴한 안료(顔料)로 파악하였으나. 단청의 박락현상(剝落現像)은 미세먼지나 접착제의 강도(剛度) 및 신축성(伸縮性) 때문에 발생한 것으로 생각됩니다.

有的人说剥落的原因是使用廉价的颜料，但我认为剥落现象是由微尘和粘合剂的强度及伸縮性而造成的。

단청의 박락剝落)

이러한 문제점을 해결하기 위하여 옛 방식을 적용할 필요가 있다고 판단되었습니다. 저는 구전으로 전해오는 기술을 재현하는 과정에서, 단청의 박락현상은 왜 빨리 발생하는가에 대한 답을 얻었습니다. 직접 가열하여 녹인 아교에 곧바로 안료(顔料)를 개어 쓰지 말고, 하루 이틀 지난 후 사용하며, 안료는 아교수(阿膠水)에 충분히 침수(沈水)된 후에 사용하면 박락되는 현상이 현저히 줄어듭니다.

为了解决这些问题，我认为有必要采用古老的方式。我在重现口传下来的技术的过程中，找到短时间内出现丹青的剥落现象的原因。直接加热溶化后的阿胶里不要立即使用颜料，而要过一两天后使用，需颜料在阿胶水中充分浸泡后使用，这样会明显减少剥落现象。阿胶里混合使用的物质也起到很重要的作用。丹青领域也有必要做充分的调查以后，再重现老技术，而后才能很长时间得到国民的信任。

중국 동북아지구 목결구 채화보호 국제연대회 강의내용

아교는 고대에서부터 인류가 사용해온 접착제로, 그 쓰임새는 약재, 먹, 가구 등 무궁무진합니다. 아교는 동물의 가죽[皮革]으로 만드는데, 소[牛], 말[馬], 양[羊], 토끼[兎]와 같은 가축이 대부분이었습니다. 먼 옛날에는 산짐승이나 들짐승의 가죽도 사용하였다고 합니다. 40~50년 전의 아교와 오늘날 시중에 판매되는 아교는 접착력과 생김새에서 차이가 있습니다. 저는 1960년대에 사용하였던 가락아교(傢酪阿膠)를 지금도 가지고 있는데, 다음의 그림과 같습니다.

阿胶是从古代开始人类使用的粘合剂，可用在药材、墨水、家具等方面，其用途无穷无尽。阿胶一般用动物的皮做成，大部分都是牛、马、羊、兔等家畜。据说古代还使用了野兽或野兽的皮。40~50年前的阿胶和今天市面上的阿胶在粘合力和模样上有很大的差异。我至今仍珍藏着20世纪60年代使用过的傢酪阿膠，如下面的图。

아교 사용기법. 아교의 명칭

阿胶的使用技巧，阿胶的名称

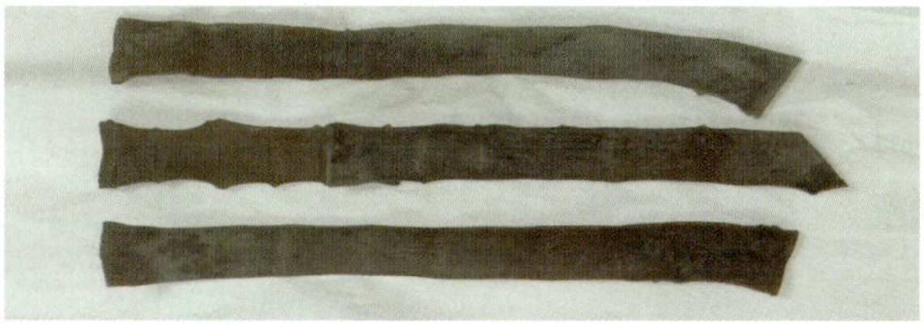

가락아교(傢가구가酪진한유즙락阿언덕아膠아교교) 1960년대 시중에서 많이 볼 수 있든 아교.

傢酪阿膠：1960年代在市面上能见到的阿胶

가락아교(傢가구가酪진한유즙락阿언덕아膠아교교)1980년대 이후부터 가락이 가늘어 진 아교가 나오기 시작 한듯하다.

傢酪阿膠：1980年代以后开始销售的细长条的阿胶

사분아교(沙粉阿膠) : 현재 시중에서 판매되는 아교.

沙粉阿膠：现在市面上销售的阿胶

과거에는 아교가 길고 두꺼워서 중탕(重湯)하여 녹이려면 오랜 시간이 걸렸으나, 사분아교(沙粉阿膠)는 입자가 작아서 잘 녹습니다.

过去因阿胶很厚，要重汤的话，需要经过长时间的加热，但沙粉阿胶粒子小很容易溶化。

중국 동북아지구 목결구 채화 보호 국제연 대회 강의 내용

이때, 아교를 녹이는 일은 대단히 중요합니다. 물과 아교의 비율이 적절하지 않으면 단청에 사용한 안료가 박락되거나 손에 묻어나고, 단청이 오래 유지되는 데 문제가 발생합니다.
아교를 끓일 때에는 중탕냄비를 사용합니다. 그릇과, 그릇이 들어가는 2개의 그릇을 준비해야 합니다.

也找不到粘合力的差异，但此时溶化阿胶的工序很重要。水和阿胶的比例不适度时，在丹青上使用的颜料会剥落或粘在手上，这样长期保存丹青会出现问题。
熬阿胶需使用蒸锅。需要准备能叠放的两个容器。

끓어 넘치지 않도록 큰 그릇에 적당한 양의 물을 붓고, 아교와 물을 적절한 비율로 담은 적은 그릇을 넣습니다. 먼저, 아교를 녹인 다음, 다른 재제(再製)를 혼합하는데, **충앙**(*Chung-ang*)이나 고목(*Go-mok*)을 넣을 경우 잘 섞어줘야 합니다. 만약 첨가물질을 섞는 방법이 정확하지 않다면 아교만을 사용합니다.

大容器里倒入适当量的水，以防水溢出来，而后再放入按适当的比例混合水和阿胶的小容器。首先，溶解阿胶后，再混合其他材料，如放入Chung-ang或Go-mok时，需要充分搅拌。使用添加物质的方法不正确的话，只使用阿胶也可以。

아교를 직접 가열하여 바로 사용할 경우 강도가 높아져서 박락현상이 발생하기 쉽기 때문에 며칠간 숙성시킨 후, 부재료를 넣고 사용하면 박락현상이 현저히 줄어듭니다. 또한, 혼합용재(混合用材)는 아교의 부패(腐敗)를 더디게 하며, 부패한 냄새가 나기 전에 혼합액을 섞으면 냄새가 감소합니다,

直接加热后立即使用阿胶时，会提高强度，容易产生剥落现象，因而需经过发酵几天以后，再添加其他材料，就能明显减少剥落现象。同时，混合用材可减缓阿胶的腐化速度，稍微腐化的阿胶亦可重新煎熬之后，可以与新的阿胶混合使用。此外，未散发腐化的气味之前，搅拌成混合液的话，即可减少异味。

중국 동북아지구 목결구 채화보호 국제연대회 강의내용

즉, 아교를 녹인 후, 안료를 혼합하여 며칠 숙성시킨 뒤에 사용하면 박락현상이 현저히 적어지며, 첨가재료를 혼합할 경우에도 박락현상이 줄어듭니다. 또한, 아교가 일부 부패하였을 경우 아교 표면의 균류를 걷어 내고 새로 중탕하여 녹인 아교를 혼합하여 사용하면 박락현상을 상당히 줄일 수 있습니다. 이러한 공사 전반의 재료 준비부터 작업 공정, 마무리에 이르기까지 여러 화공과 편수의 협력이 이루어져야 하며, 사용하는 재료에 대한 관심이 높아진다면 단청공사의 하자(瑕疵)는 많이 줄어들 것입니다.

即溶解阿胶后，混合颜料，再发酵几天后使用的话，会明显减少剥落现象，混合其他材料时，也会减少剥落现象，但大部分画员不太了解这种方法。此外，阿胶的一部分腐化时，可将去除阿胶表面的菌类以后，重新煎熬后混合阿胶使用的话，可以有效的减少剥落现象。此工序的准备材料到完成各种工序的全部过程中，需要几位画工和帮手的合作，若对使用的材料感兴趣的话，就会制造出很好的作品，这样很大程度上减少丹青工序的瑕疵

옆에 채색(彩色)들은 직접 가열하여 녹인 아교에 갠 안료(顔料)입니다. 안료를 사용하다가 마르면 그대로 두었다가, 다시 사용할 때 청수淸水)을 적당히 넣고 재탕(再湯)하여 풀의 접착강도를 살펴서 아교수(阿膠水)를 혼합하여 사용하면 됩니다.

图片的彩色是直接加热溶化后的阿胶里添加颜料的。使用颜料待干后，放置一下，再使用时可适当放入纯净水，再重新煎熬，然后再试一试浆糊的黏度，适度的混合阿胶水后使用即可。

중국 동북아지구 목결구 채화보호 국제연대회 강의내용

만약 균사(菌絲)가 발생하는 것이 싫다면 아교수를 충분히 붓고 안료가 가라앉으면 겉물을 따라내는 과정을 여러 번 반복한 후에 사용하면 됩니다. 이렇게 제작한 아교의 접착력은 나무에 칠한 후, 손가락으로 문질러서 묻지 않을 정도이며, 법유(法油)를 칠합니다. 접착력이 강하거나 약하면 단청의 수명에 지장이 있게 됩니다. 접착력이 약하더라도 법유로 칠하면 안료에 법유가 스며들어서 오랜 시간 견뎌낼 수 있게 됩니다, 아교의 접착력이 강하면 법유가 안료에 스며들지 못하게 되고, 법유가 건조되면서 채색층(彩色層)을 수축함으로써 태양광을 받는 부분에서부터 박리剝離)박락이 발생합니다.

如果不喜欢菌丝的话，可以充分地倒入一层阿胶水，待颜料沉淀时，再倒出上面的水，这样多次重复上面的程序以后使用就可以。这样制作的阿胶水的粘合剂涂抹在树木上，用手指抚摸时不沾手时，再涂抹法油。如果黏合力较强或较弱，则会影响丹青的寿命。即使黏合力较弱，但涂抹法油的话，法油会渗入到颜料里面，易可耐劳。如果阿胶的粘合力较强时，法油不能渗入到颜料里边，法油会干燥，就会收缩彩色层，这样受到太阳光的部分，就会出现剥离剥落的现象。

2014년에 아교를 녹여 사용하고 남은 것인데, 다시 개어서 사용해도 아주 좋습니다. 첨가제를 넣고 제작한 아교수입니다. 오래된 아교수는 강도와 접착력이 순화(淳化)되어서 오히려 사용하기가 좋습니다.

这是2014年溶化阿胶后使用以后所剩的，亦可再次使用。

这是放入添加剂以后制成的阿胶水。陈年阿胶水的强度和粘合力通过淳化过程，效果反而会更佳。

중국 동북아지구 목결구 채화보호 국제연대회 강의내용

아교와 고수(*Go-soo*)를 혼합하면 아교 본래의 색보다 검고 어두워지므로 적절하게 혼합하여 사용하여야 합니다. 충앙(*Chung-ang*)를 넣고 끓인 후 몇 년이 지난 굳은 아교수이지만, 다시 초어를 혼합하여 가열하였더니, 맑은 아교수가 되었습니다. 주탁(*Joo-tak*)을 아교에 넣고 끓여서 사용하기도 하였다고 합니다.

混合阿胶和Go-soo，比起阿胶原本的颜色更暗黑，因此技术人员应适度的混合使用。放入Chung-ang烧开后，因放置多年凝固而成的阿胶水，再混合chouh重新烧开时，就会变成透明的阿胶水。也有阿胶里边放入Joo-tak以后，烧开使用的。

아교를 끓인 후, 오래 보관해 두고 사용하려면 보관 항아리가 필요합니다. 그림과 같이, 항아리를 불에 그을려 잡균(雜菌)을 죽인 후, 아교에서 생기는 균만 생기도록 1~2년간 보관하면 풀이 부드러워집니다. 단청공사뿐만이 아니라, 불화를 그릴 때도 이런 방법을 사용합니다.

烧开阿胶后，要长时间放置的话，需准备一个能保管的罐子。如图所示，把罐子烤焦了，去除杂菌后，将所剩的阿胶菌放置1~2年的时间，就会变得松软。这种方法不仅在丹青工程，而且画佛画时也可以使用。

중국 동북아지구 목결구 채화 보호 국제연대회 강의내용

片相剝落

粉相剝落

강한 햇빛은 채색의 탈락과 탈색을 앞당깁니다. 단청 한지 오래된 건물을 보면, 가장 먼저 변색 되는 부분은 햇빛이 드는 곳입니다. 직사광선에 의한 화학적 풍화는 채색층의 균열을 유발합니다. 이때, 주기적으로 먼지를 제거하는 등 청소를 실시하고, 아교포수(阿膠布水)를 사용한다면 이러한 손상을 많이 줄일 수 있습니다.

强烈的阳光会加速脱落和脱色。丹青完成后过很长时间的古建筑，首先变色的地方是阳光充足的地方，阳光直射会导致化学风化现象，诱发彩色层的龟裂。这时，应定期去除灰尘等清扫工作，另外实施阿胶布水的话，可以减少这些损伤。

숭례문의 경우에도, 남쪽 부분에서 박락현상이 많이 발생하는 것은 강한 태양광으로 인해 채색층의 수축이 발생하기 때문입니다. 아교를 직접 가열하여 바로 안료를 개어서 사용하는 경우에도 이와 같은 현상이 나타날 수 있습니다.

例如崇礼门的南侧部分发生很多剥落现象，是强烈的太阳光的照射导致彩色层的收缩而造成的。直接加热阿胶后，放入颜料使用时，也可能出现此类现象。

중국 동북아지구 목결구 채화보호 국제연대회 강의내용

채색을 개어서 말린 후 청수 넣고 재탕하여 사용하기

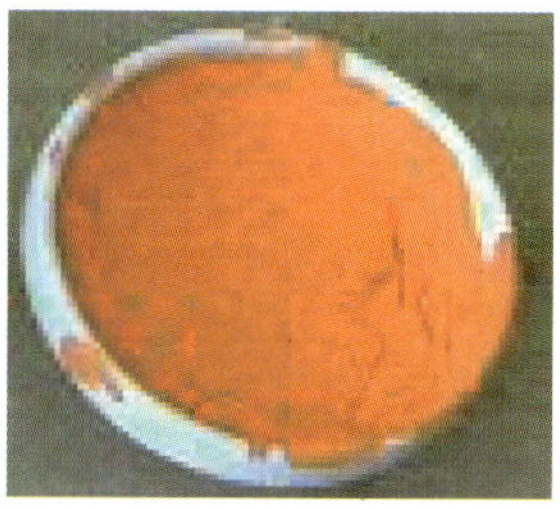

채색을 개어서 乾燥된 채색이다

阿膠를 끓인 후 바로 개어서 乾燥되었다

아교를 끓인 후 바로 개어서 건조되었다

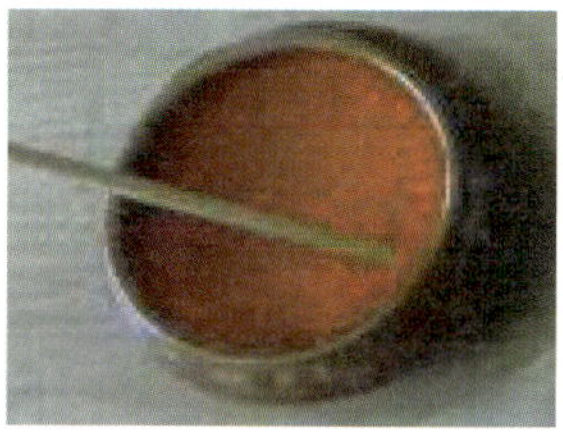
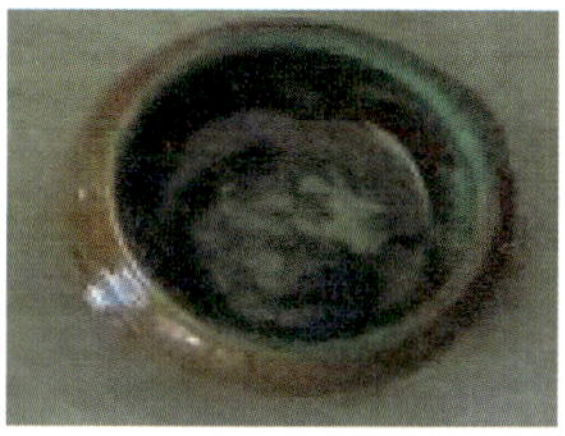

어떤 彩色은 덜 갈라지고 어떤 彩色은 많이 갈라진다. 다시 재탕再湯)하면 점점 덜 갈라 진다

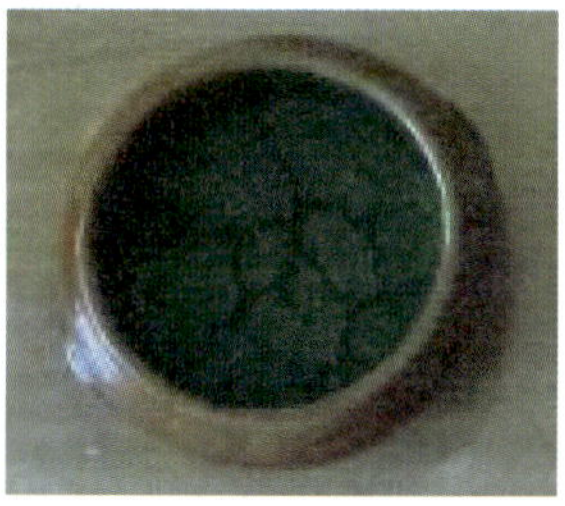

彩色 중 가장 많이 갈라지는 색은지당이다

鬱陵島石間朱 浦港內城山 뇌록등은 우리나라에서 나오는 天然顔料입니다

본래 직불에 아교를 끓여 사용하는데 어떤 이는 상한아교 라고 배척排斥)하여 저자에게 저항도 받았다. 그러나 직접 화원생활을 해 보지 않으면 모를 것으로 생각되어 그 이치理致)를 설명한다. 우리화원은 오늘 아교수로 갠 안료를 내일도 그 그릇에 쓰다가 다시 사용한다. 몇 일이 되어도 굳으면 불에 녹여 다시 사용한다. 이러다보면 저절로 먼저 갠 아교수는 상하는 것이다. 만약 상하지 않게 아교수를 사용하려면 매일 매시간 새로 끓인 아교수를 넣어 사용하고 채기를 깨끗이 씻어 사용해야 될 것이다. 이런 현장은 보지 못하였다. 그러나 요즘 많이 사용하는 포리졸 은 채기에서 굳으면 다시 사용하기가 어렵다. 물이나 기름으로 용해溶解)가 안된다. 이런 접착제는 다음날 쓸 수 있도록 굳지 않게 물을 많이 넣어두거나 뚜껑을 덮어 두기도 한다. 이런 과정을 모르는 경우 실지 실험해보고 경험해 보기를 권한다.

바인더(Binder), 수성 페인트의 단청 채색 사용
装订机(Binder)，水性漆油的丹青彩色使用

대양화학에서 나온 바인다 이다

포리졸 506

포리졸을 개어서 병에 넣고 따루어 쓴다

사용하기 좋은 포리졸(Polysol)

1973~4년경 출시된 화학접착제 포리졸은 물만 혼합하면 되기 때문에 사용이 편리하고 하자(瑕疵)가 없어서 그 사용량이 증가하였습니다.

使用方便的多元溶胶(Polysol)

在1973~74年左右推出的化学粘合剂多元溶胶里混合水即可使用，这样使用方便，也很少出现瑕疵，因而使用量也增加了一些。

수성페인트도 단청에 사용한지 10년이 넘었습니다. 포리졸이나 수성페인트는 사용이 편리하고, 공사에 일시적이나마 하자(瑕疵)가 발생하지 않기 때문에 많이 사용합니다. 과학 문명이 하루가 다르게 발전하는데 단청 공사장에서도 화원들이 채색을 사용하면서 경험으로 터득한 기술을 인정해야 발전할 수 있을 것입니다. 잘못된 판단에 의하여 좋은 접착제와 채색이 있는데도 옛것만 주장하면 안 될 것입니다.

使用水性漆油做丹青的历史也已有10多年。多元溶胶和水性漆油使用方便，且不易出现瑕疵，因此常用这种方法。科学文明日新月异，做丹青的画员也要使用彩色时，积累经验才能有发展。经验少的人凭借错误的判断，不顾有很好的粘合剂和彩色，不能一味坚持过去的老方法。

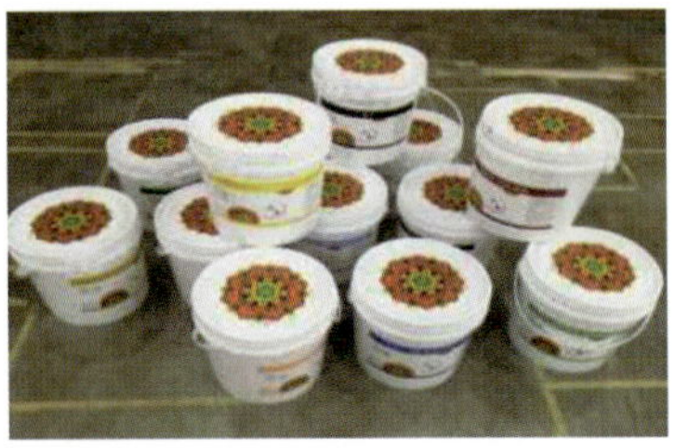
안료준비

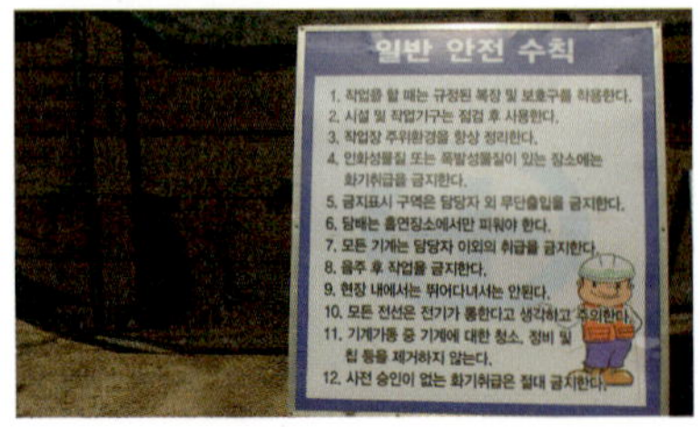

공사 안내문 설치

처마부평고대 뇌록 가칠

수성페인트 포리졸 아교 섞어 사용하기

.

만약 전통적인 방법대로 하고자 한다면, 오래된 건물에는 옛 기술을 재현하도록 하고, 신축건물에는 새로운 기술을 적용하는 것이 좋을 것입니다. 경험이 있는 사람을 무형문화재로 지정하여 대(代)를 이어가도록 하면 될 것입니다. 옛 기술도 중요하니, 나라와 나라 간의 기술자가 교류하여 서로의 기술을 이어 나가도록 하는 것이 좋을 듯합니다.

如果想按照传统的方法去做，在旧建筑中可以重现老技术，在新建筑物上可以应用新的技术，也是一种值得提倡的方法。有必要将有经验的人指定为非物质文化遗产，让其世代相传。老技术也很重要，国家和国家技术者之间应该相互交流，互相相传对方的技术也是一种好方法。

수성페인트, 포리졸, 아교와 섞어 사용하기

混用水性漆油、多元溶胶、阿胶

단청공사 끝난 후 정면正面)

화학접착제는 단청에 많이 사용되었습니다. 특히, 포리졸은 1973~4년부터 단청현장에 보급된 것으로 알고 있습니다. 1970년 후반부터 아교와 같이 병행하여 쓰기 시작하였으며, 최초에는 '모리콜'이라는 이름으로 사용하기 시작하였다고 들었으나, 주변 전문가들은 모두 모른다고 대답하였습니다.

在丹青里广泛使用化学粘合剂。虽然没有留下确切的记录，但据我所知，从1973年-74年期间，在丹青里普及了多元溶胶了。自1970年后半期开始和阿胶一起使用，最初是以“Molycol’"之名使用，但周围的专家都说未曾听说过此方法。

중국 동북아지구 목결구 채화보호 국제연대회 강의내용

도리.장여초 타분

도리.장여초 타분 후

화학 접착제가 나온 후 단청하는 데 번거로움이 많이 줄었습니다. 접착제에 청수(淸水)만 추가하면 바로 안료를 개어서 사용하면 되므로 대단히 편리해졌습니다, 또한, 시공 후에 박락현상이 바로 나타나지 않으므로 하자공사가 많이 줄어들어, 화원(畫員)들에게 많은 사랑을 받았습니다.

化学粘合剂出世后, 丹青减少了许多繁琐的工序。
在粘合剂里添加纯净水即可当成颜料来使用, 工序变得更加简便, 而且短时间内也不会出现剥落现象, 不会出现很多劣质工程, 因而深受众多画员们的喜爱

평고대 이빛 도채

개판 별화 먹기화 도채

처음에는 아교와 같이 혼합하여 사용하였으나, 점점 화학 접착제만 선호하게 되었습니다. 그러나 일부 화원들은 아교포수용(阿膠布水用)으로 사용하고, 시분(示粉)이나 화학 접착제로 안료가 용해되지 않는 특수한 경우에는 아교로 안료를 개고 화학 접착제를 혼합해서 사용하기도 하였습니다.

起初与阿胶混合使用, 后来人们逐渐偏爱化学粘合剂。但是部分画员仍使用阿胶布水用, 有时用示粉或化学粘合剂不能溶解颜料的特殊情况下, 就用阿胶里添加颜料, 混合化学粘合剂使用。

중국 동북아지구 목결구 채화보호 국제연대회 강의내용

창방 안비휘 도채

창방 계풍 별화 시공

일부 안료는 물에 민감한데, 어느 지방의 석간주 안료는 물에 잘 개어지지 않는 경우도 있습니다. 이때, 아교와 포리졸를 혼합하여 사용하면 이상반응(異常反應)이 나타나지 않으니, 마음 놓고 사용하기도 합니다. 화학 접착제는 단청공사에 40여 년간 많은 사랑을 받고 시공되었으나, 탈색이나 박락이 시작되면 채색이 가장자리부터 'C' 자 형태로 말리면서 박리되는 현상 때문에 문제점을 보완하는 것이 우선 과제입니다. 화학 접착제를 쓰기 시작한 7-80년대에는 '대양타치'란 상표에 넘버 508로 출시되었으나, 지금은 '대양화학 바인다 506', '포리졸 506' 등으로 판매 중입니다.

有些颜料对水很敏感，有些地方的柱石不易被颜料溶解。此时，混合阿胶和多元溶胶使用的话，未出现异常反应，亦可大胆使用。40多年来化学粘合剂在丹青方面一直深受众多人的喜爱，但一旦出现脱色或剥落现象，就要先从表面上出现干燥剥落现象，因此首要的问题是解决或缓解这些问题。70~80年代开始使用化学粘合剂，上市的是"DAEYANGTarch"508的品牌，但现在销售"DAEYANG CHEMICAL Binder 506"、"Polysol 506"等品牌。

보호포수保護泡水)(공포부 살미)

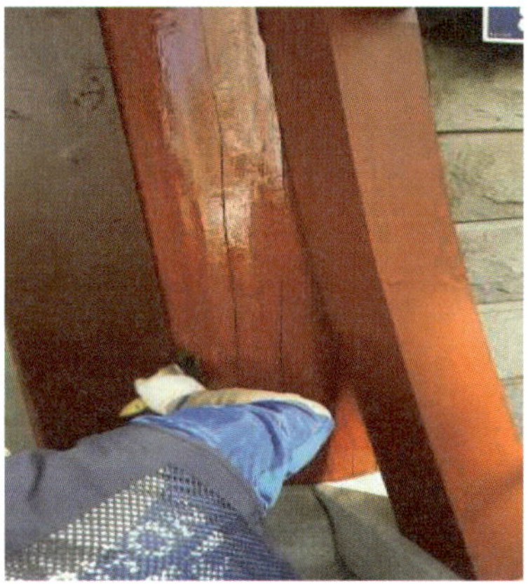

명유塗布) 1회 도포塗布)

중국 동북아지구 목결구 채화보호 국제연대회 강의내용

수성페인트, 포리졸 아교와 섞어 사용하기

混用水性漆油、多元溶胶、阿胶

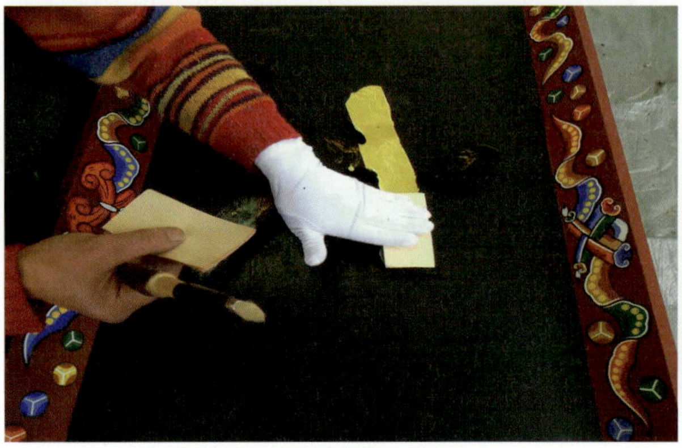

현판도채懸板圖彩)

판문板門) 가칠假漆)

과거에는 비닐봉지에 고무줄로 동여매고 겉상자도 종이상자로 포장되어서 판매되었습니다. 또한, 과거 '대양타치 508'을 사용할 때는 접착력이 강해서 청수를 넣는 비율이 7:3 정도였다면 지금은 1:2나 1:3 정도입니다.

过去用橡胶捆绑塑料袋, 然后用纸箱包装后销售。同时, 过去使用"DAEYANG CHEMICAL Binder 506"时, 具有很强的粘合力, 混合水的比例也为7:3左右, 现在比例仅为1:2或1:3左右。

화원들 각자 자기 경험을 토대로 혼합하여 사용하고 있는 것이 오늘날의 현실이라면, 경험이 많은 기술자의 적절한 사용방법으로 일원화해도 좋을 것입니다. 화학 접착제는 비가 들이치는 곳에서도 아교만으로 채색한 단청보다 견고합니다.

如今画员以自己的经验为基础混合使用材料已成现实, 但与经验丰富的技术人员的正确使用方法作一元化也是一种好方法。被雨浇湿的地方, 化学粘合剂仅使用阿胶也比彩色丹青更加坚固耐劳。

그러나 법유를 칠하고 나서 법유가 채색층에 침투하지 못하여 매기(霉氣)가 발생하는 약점이 있습니다. 화학 접착제로 단청한 후, 포수(布水)하면 광택이 발생하여 반짝거립니다. 이런 것들을 잘 조절하여 사용한다면 더 좋은 접착제로 인식될 것입니다. 그리고 수성 페인트가 우수한 제품이 많이 생산되므로 기둥이나 햇빛이 드는 곳에는 사용하면 풍우에도 견디는 힘이 강하여 오랫동안 하자가 없을 것입니다.

但是, 涂抹法油以后, 法油不能渗入彩色层, 易产生霉气的弱点。用化学粘合剂上色后, 再布水就会发光、发亮。如果把这些东西调好, 就会成为更好的粘合剂。此外, 由于水性漆油推出了很多的好产品, 在柱子或阳光照射的地方使用时, 可抵御风吹雨打, 长时间也不易产生瑕疵。

중국 동북아지구 목결구 채화보호 국제연대회 강의내용

안전 교육

소화기 설치

감독이나 간섭을 받지 않는 단청공사 현장에서는 화원들이 수성페인트를 이미 마음 놓고 사용하고 있습니다. 관리·감독이 심한 공사장에서는 몰래 숨겨 놓고 사용하기도 합니다. 이러한 현상은 관리·감독하는 사람의 단청에 대한 인식의 부재에 의한 것이라고 할 수 있습니다. 이런 현상이 왜 생길까 경험 있는 이의 설명에도, 수박 겉핥기로 알면서 갑질의 고집으로 호통치는 이가 있으니 이런 현상이 나타나는 것입니다. 단청공사를 한 후 3~4년 내로 하자가 발생하면 책임감을 느끼지만, 50~100년 지나서 하자가 발생하면 누구도 책임감을 느끼지 않습니다.

丹青工程不受监督或拘束的现场，画员已大胆使用了水性漆油。有时在严格监督管理的施工现场也偷着使用。这种现象可以看成是监督管理者缺乏这方面的知识而造成的现象。（为什么会出现这种现象?尽管有经验的人做解释和说明，但他们只看表面不看本质，肆意妄为，因而会出现这种现象） 丹青工程完成后3年至4年内出现问题，谁都会认为自己有责任，但过50年或100年后出现问题，谁也不会认为自己有责任。

누군가가 알아주지 않더라도, 화원(畫員)이라면 50년, 100년이 지나도 하자가 없는 단청이 되도록 최선을 다해 작업할 것입니다. 단지, 방법과 기술을 몰라서 그렇게 하지 못하는 것일 뿐입니다. 제가 지금까지 이야기한 것은 저 개인의 경험을 얘기한 것입니다.

无论有没有认可的人，作为画员都为时间流逝50-100年都不出现瑕疵的丹青工作而尽全力的。只是不懂方法和技术而已。这里谈到的只是我个人的经验而已。

끝까지 경청傾聽)하여 주셔서 감사感謝)합니다.

중국 동북아지구 목결구 채화보호 국제연대회 강의내용

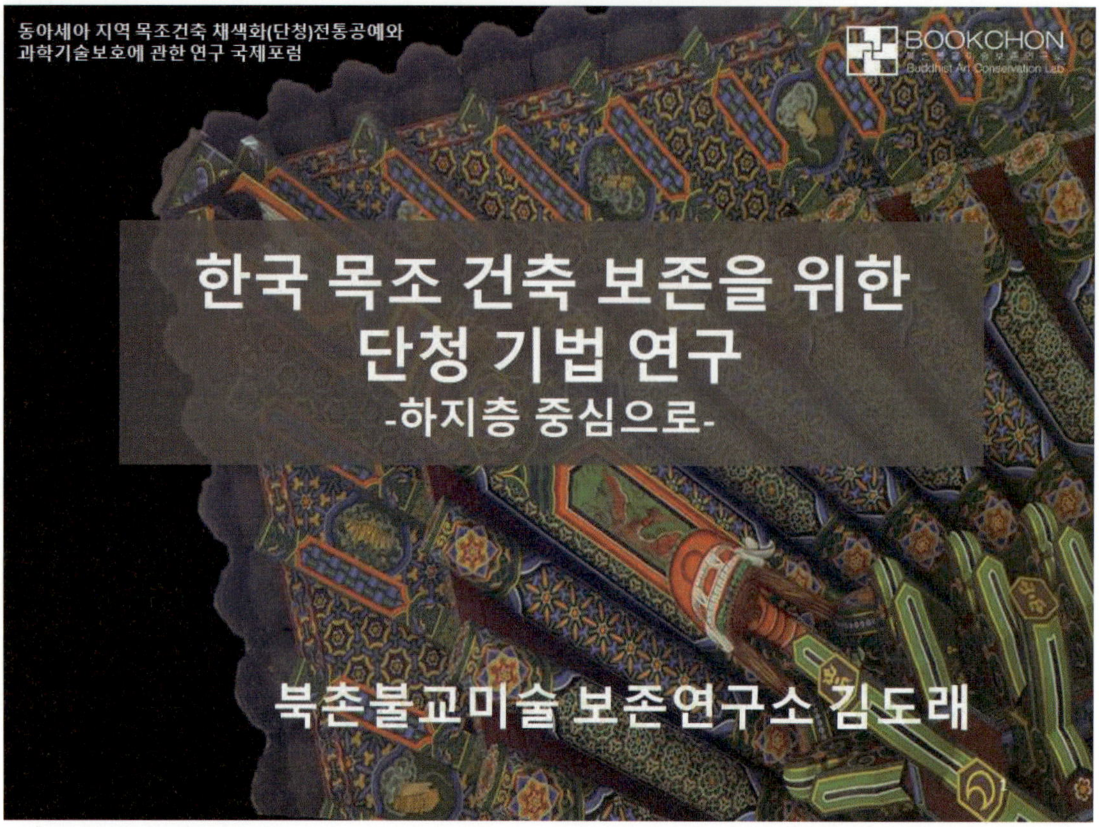

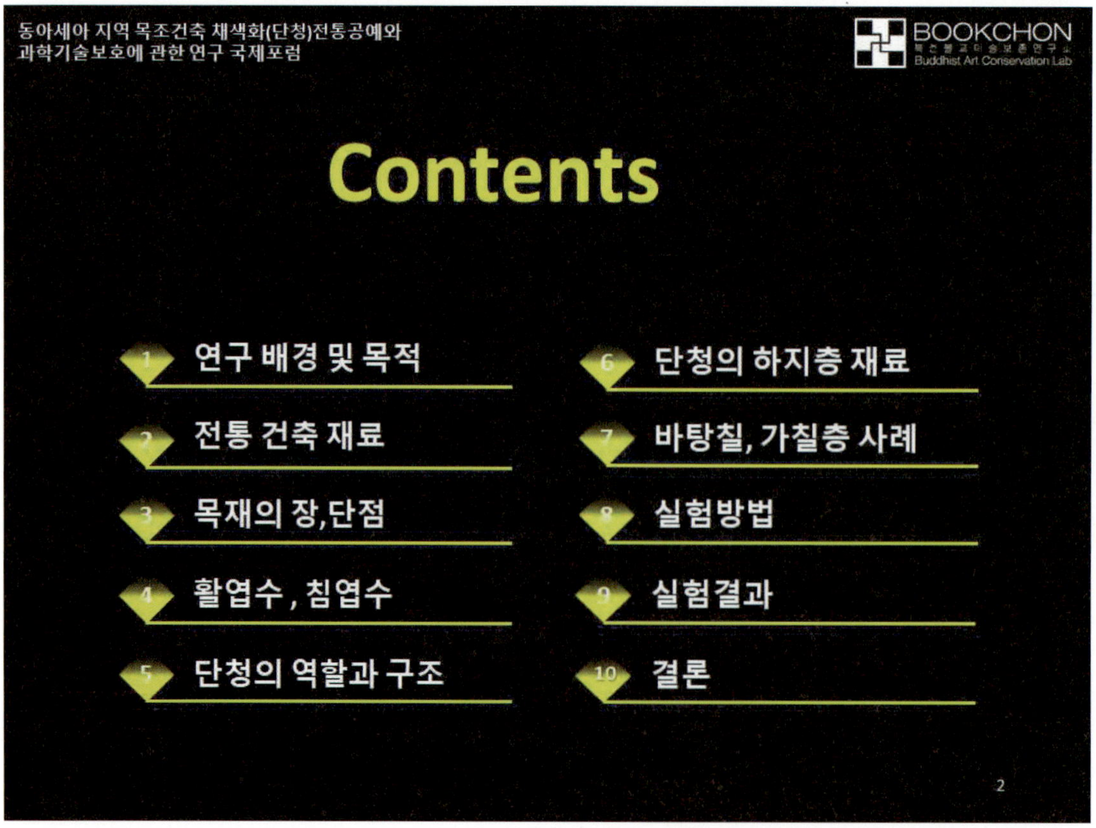

중국 동북아지구 목결구 채화보호 국제연대회 강의내용

중국 동북아지구 목결구 채화보호 국제연대회 강의내용

동아세아 지역 목조건축 채색화(단청)전통공예와
과학기술보호에 관한 연구 국제포럼

BOOKCHON Buddhist Art Conservation Lab

1. 연구 배경 및 목적

경복궁

창덕궁

해인사 용탑선원

종로 대각사

5

동아세아 지역 목조건축 채색화(단청)전통공예와
과학기술보호에 관한 연구 국제포럼

BOOKCHON Buddhist Art Conservation Lab

1. 연구 배경 및 목적

저 자	제 목	발행처	출판일	단청의 목적 관련 내용
장기인, 한석성	단청	보성각	1983	1.건물의 미화 2.내구적인 보호
임영주	단청	대원사	1991	1.건축물의 영구보존 2.재질의 조악성 은폐 3.위풍과 화엄장엄 4.전시 기록
곽동해	한국의 단청	학연 문화사	2002	1.건축물의 수명연장 2.권위와 위풍, 장엄의 목적 3.재질의 조악성 은폐목적 4.기념물적 건축물의 전시 목적
정세윤	화려한 색채 예술단청	한국 문화재 보호재단	2006	1.목재의 보호, 보존을 위함. 2.목재의 조악한 면을 감추기 위함 3.권위를 나타내기 위함 4.종교적 분위기를 고양시키기 위한 목적
김한옥	단청도감	현암사	2007	

중국 동북아지구 목결구 채화보호 국제연대회 강의내용

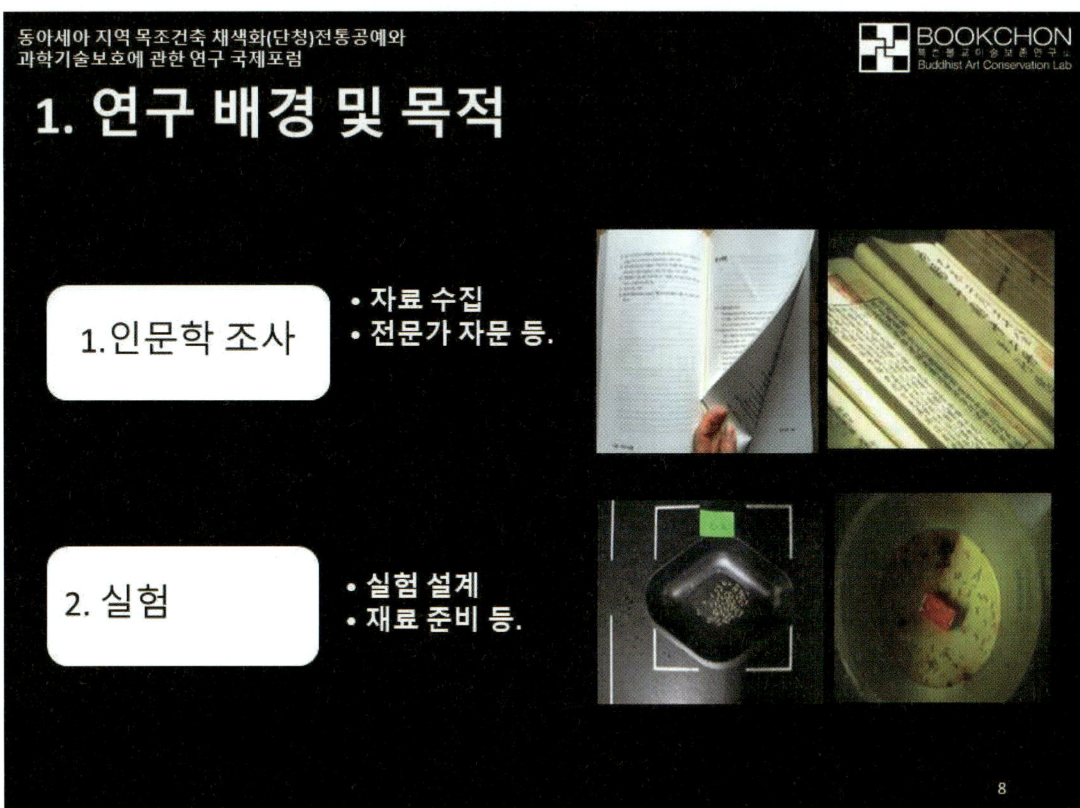

중국 동북아지구 목결구 채화보호 국제연대회 강의내용

중국 동북아지구 목결구 채화보호 국제연대회 강의내용

동아세아 지역 목조건축 채색화(단청)전통공예와
과학기술보호에 관한 연구 국제포럼

BOOKCHON
Buddhist Art Conservation Lab

3. 목재의 장,단점

장 점

- 중량에 비해 높은 강도
- 절연성
- 재생가능
- 가공이 쉬움
- 친근감
- 적절한 환경에서 썩지 않음

이집트 미라 목관 BC 2000
해인사 팔만대장경 약13C
해인사 장경판전 약15C
봉정사 극락전 고려시대(13세기 이전)
부석사 무량수전 고려시대(13세기 초)

11

동아세아 지역 목조건축 채색화(단청)전통공예와
과학기술보호에 관한 연구 국제포럼

BOOKCHON
Buddhist Art Conservation Lab

3. 목재의 장,단점

단 점	
생물학적 열화	비생물학적 열화
미생물	풍(風)-마모　빛(光)-자외선
곤충	불(火)-연소성　물(水)-수축 팽창

목재 부후 4대 조건

영양분+수분+산소+온도

비 오는 날 한옥
눈 오는 날 한옥
부후 된 한옥

12

중국 동북아지구 목결구 채화보호 국제연대회 강의내용

동아세아 지역 목조건축 채색화(단청)전통공예와
과학기술보호에 관한 연구 국제포럼

BOOKCHON
Buddhist Art Conservation Lab

4. 침엽수와 활엽수

침엽수	활엽수

내후성	국산재	수입목재
매우 큼		티크, Belian,Greemgeart, Iroko, Kapur
큼	낙엽송, 느티나무, 밤나무, 박달나무, 신갈나무, 이깔나무, 졸참나무, 참중나무, 편백나무	미국산 white oak, 미주산 마호가니, 아카시, 주목, Selanga batu
보통	가래나무, 계수나무, 다릅나무, 물푸레나무, 삼나무, 젓나무, 종비나무	낙엽송 말래지아산 Keruing, 미국산 pitch pine, 세코이야, 아프리카 m,ahogany, 유럽산 및 아프리카산 호두나무, 지중해산 소나무, 케루잉, Western red cedar, Seraya
작음	고로쇠나무, 분비나무, 비슬나무, 상수리나무, 소나무, 오동나무, 오리나무, 옴나무, 자작나무, 잣나무	가문비나무, 느릅나무, 미국산 red oak, 소나무류, 젓나무, 카나다산 Aspen, Basswood grey poplar, hichory, Jelutong podo, soft maple, silver beech, Western hemlock
매우 작음	가중나무, 거제수나무, 물박달나무, 미루나무, 서어나무, 이태리 포플라, 풍게나무, 현사시나무, 황철나무	버드나무, 라민, 유럽산 너도밤나무, 유럽산 물푸레나무, 유럽산 자작나무, 유럽산 lime, 플라타나스, Alder, Alstonia, Balsa, black poplar, horse-chestnt, llomba, sycamore, Yellow birch

13

동아세아 지역 목조건축 채색화(단청)전통공예와
과학기술보호에 관한 연구 국제포럼

BOOKCHON
Buddhist Art Conservation Lab

4. 침엽수와 활엽수

고려시대 건축재의 수종

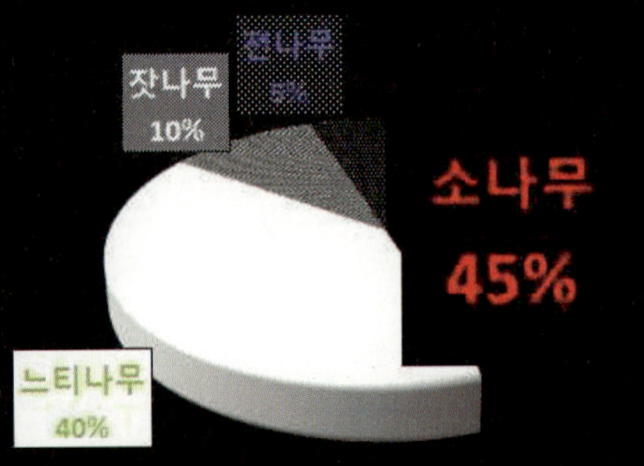

조선시대 건축재의 수종

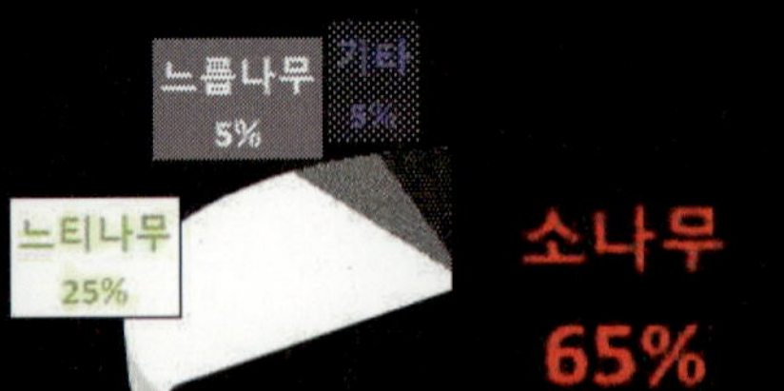

14

중국 동북아지구 목결구 채화보호 국제연대회 강의내용

동아세아 지역 목조건축 채색화(단청)전통공예와
과학기술보호에 관한 연구 국제포럼

BOOKCHON
Buddhist Art Conservation Lab

5.단청의 역할과 구조

	하지층	중지층	상지층
목적	-면의 평활 -생물학적열화의목재보호 -교착력 강화	-가시적 역할	-비생물학적 열화의 목재 보호
	-충 -균	-미화 -목재의 조악성 은폐 -한계성 보정 -벽사의 의미 -기념물적 성격 -위계 분류	-바람(風) -빛(光), -물(水), -오손(汚損)
재료	안료,젤라틴,백반 방충, 항균제 등	안료 염료	기름류, 아크릴 느릅나무껍질, 방염제 등

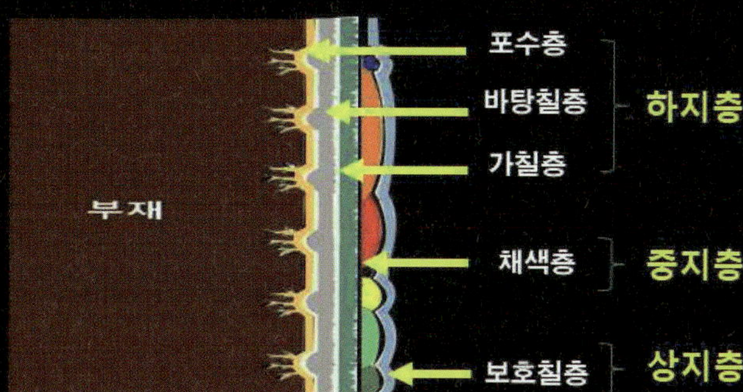

15

동아세아 지역 목조건축 채색화(단청)전통공예와
과학기술보호에 관한 연구 국제포럼

BOOKCHON
Buddhist Art Conservation Lab

6.단청의 하지층 재료

■ 하지층 가칠의 종류

석간주 가칠

뇌록 가칠

(정)분 가칠

장단 가칠

16

중국 동북아지구 목결구 채화보호 국제연대회 강의내용

동아세아 지역 목조건축 채색화(단청)전통공예와
과학기술보호에 관한 연구 국제포럼

BOOKCHON 북촌불교미술보존연구소 Buddhist Art Conservation Lab

6. 단청의 하지층 재료

구분	일반명	주 구성 화학성분
안료	석간주	Fe_2O_3
	뇌 록	$(K, Na) (Fe^{3+}, Al, Mg)_2(Si, Al)_4O_1(OH)_2$
	호 분	$CaCO_3$
	장 단	Pb_3O_4

17

동아세아 지역 목조건축 채색화(단청)전통공예와
과학기술보호에 관한 연구 국제포럼

BOOKCHON 북촌불교미술보존연구소 Buddhist Art Conservation Lab

7. 바탕칠, 가칠층 사례

■ 전통적인 바탕칠 예

- "바탕칠- 목재면에 직접 단청 가칠을 하면 탈락되는 것을 방지하고, 가칠면의 평활성을 돕기 위하여 **백토 ,백분** 등을 도포하고 단청 가칠 할 때도 있다. 이것을 **단청 바탕칠**이라 한다. ....중략 ......

특히 긴 세월이 지나면 목재면과 단청칠 사이에서 박락되는 것을 방지 하기 위하여서 **장단칠** 한 번 하는 것이 좋다고 한다."

『우리가 정말 알아야 할 우리단청』, 한석성 구술, 현암사, 2003,p. 149

구분		준명당	즉조당
가칠		뇌록-440근 / 석간주194근 장단-28봉 / 정분-100근	뇌록-378근 /석간주160근 장단-10봉반/ 정분-84근
단청	적	장단-38봉/주홍19봉 편연지-190장 /석간주21편	장단-42봉/주홍-21봉 편연지-210장 /석간주-10근8량
	청	양청-19봉/양록-38봉 하엽-19봉	양청-21근/양록-42근 하엽-21근
	황	석자황-8봉반	석자황, 동황-각10근8량
처마 연목		양록-22봉	양록-20근
창호		양록-124근 정분-29근7량	양록-110근 정분-21근

경운궁 준명당, 즉조당 중건 도감의궤

18

중국 동북아지구 목결구 채화보호 국제연대회 강의내용

동아세아 지역 목조건축 채색화(단청)전통공예와
과학기술보호에 관한 연구 국제포럼

BOOKCHON
Buddhist Art Conservation Lab

7.바탕칠, 가칠층 사례

을축갑회도/작가미상/1686년/비단

연번	색상	색상이름	분석위치	주성분	추정안료
1	黑	black	테두리 선	Ca,Fe,Cu/Pb	먹
2	黑	black	지붕	Pb,Ca/Fe	먹
3	黑	black	바닥	Pb,Ca/Fe	먹
4	白	white	서까래	Pb	[illegible]
5	白	white	의복	Pb/Ca	[illegible]
6	黃	yellow	병	Pb	[illegible],황색유기안료
7	黃	yellow	서책	Pb	[illegible],확생유기안료
8	黃	brown	처마	Ca/Hg,Pb,Fe,Cu	갈색유기안료
9	黃	brown	자리	Hg,Ca	주사, 갈색유기안료
10	黃	brown	자리	Hg,Ca	주사, 갈색유기안료
11	赤	red	甲자	Hg/Pb	주사, [illegible]
12	赤	red	서까래	Pb,Hg	주사(아래 [illegible])
13	赤	red	공포	Hg/Pb	주사, [illegible]
14	赤	red	기둥	Hg/Ca,Pb,Fe	주사
15	赤	red	현악기	Hg/Pb	주사, [illegible]
16	綠	green	별장혀	Cu/Pb,Ca//Cl	석록
17	綠	green	공포	Cu,Pb/Sn,Zn,Ca//Cl	석록, [illegible]
18	綠	green	의복	Cu,Pb/Sn//Zn,Ca,Cl	석록, [illegible]
19	綠	green	의복	Cu,Pb/Sn,Pb,Fe//Cl	석록
20	綠	green	의복	Cu/Pb,Ca//Cl	석록
이하 생략.....					

19

동아세아 지역 목조건축 채색화(단청)전통공예와
과학기술보호에 관한 연구 국제포럼

BOOKCHON
Buddhist Art Conservation Lab

8.실험방법_항균실험, 방의실험

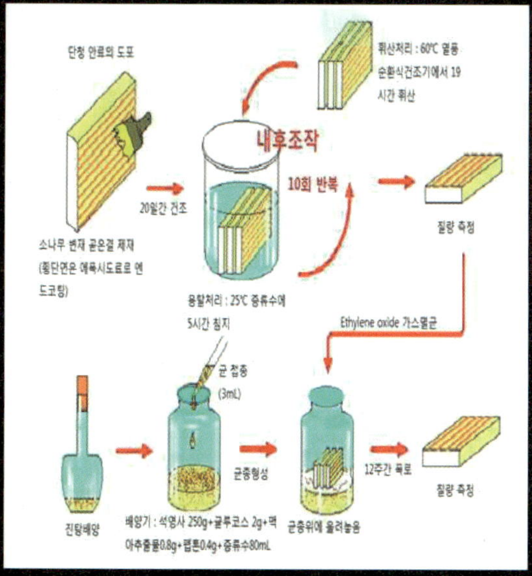

항균효력 시험의 진행과정

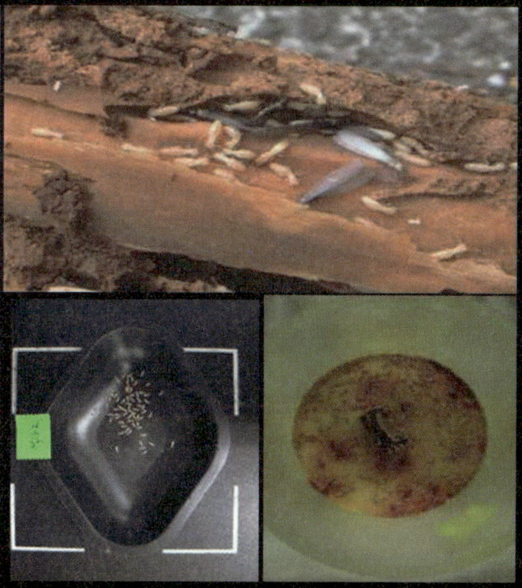

방의 효력 실험과정

20

중국 동북아지구 목결구 채화보호 국제연대회 강의내용

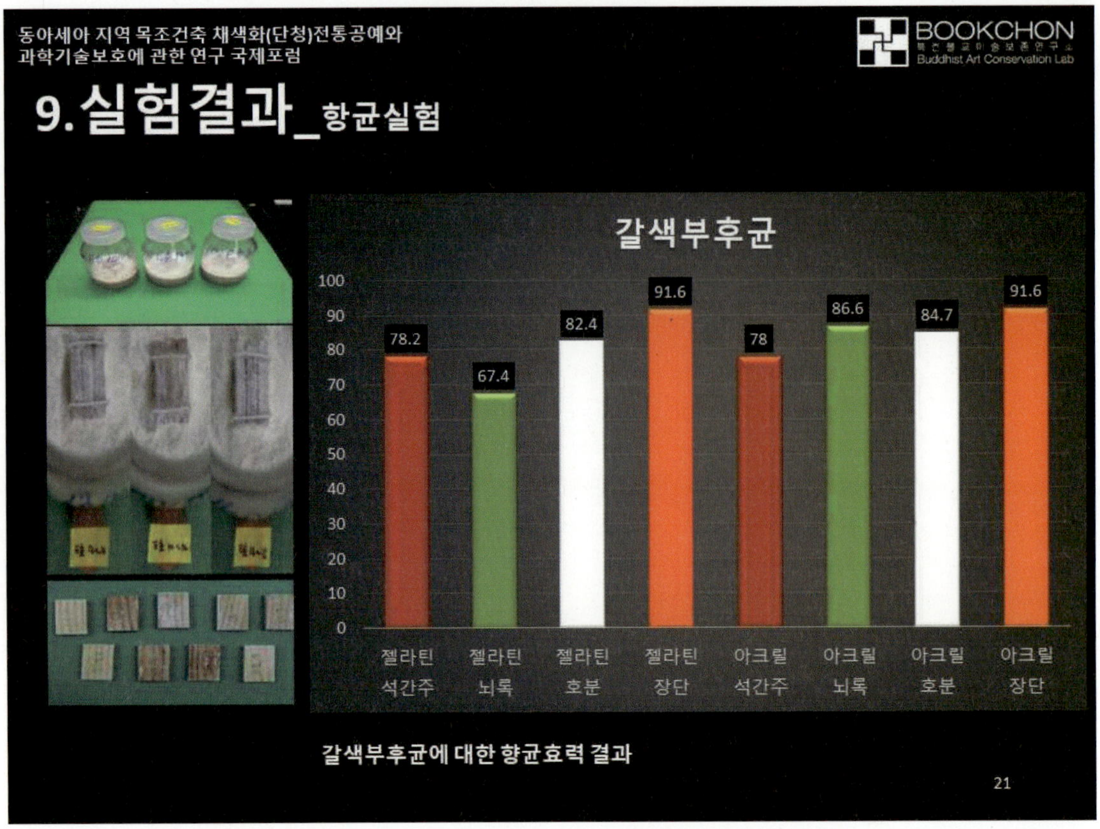

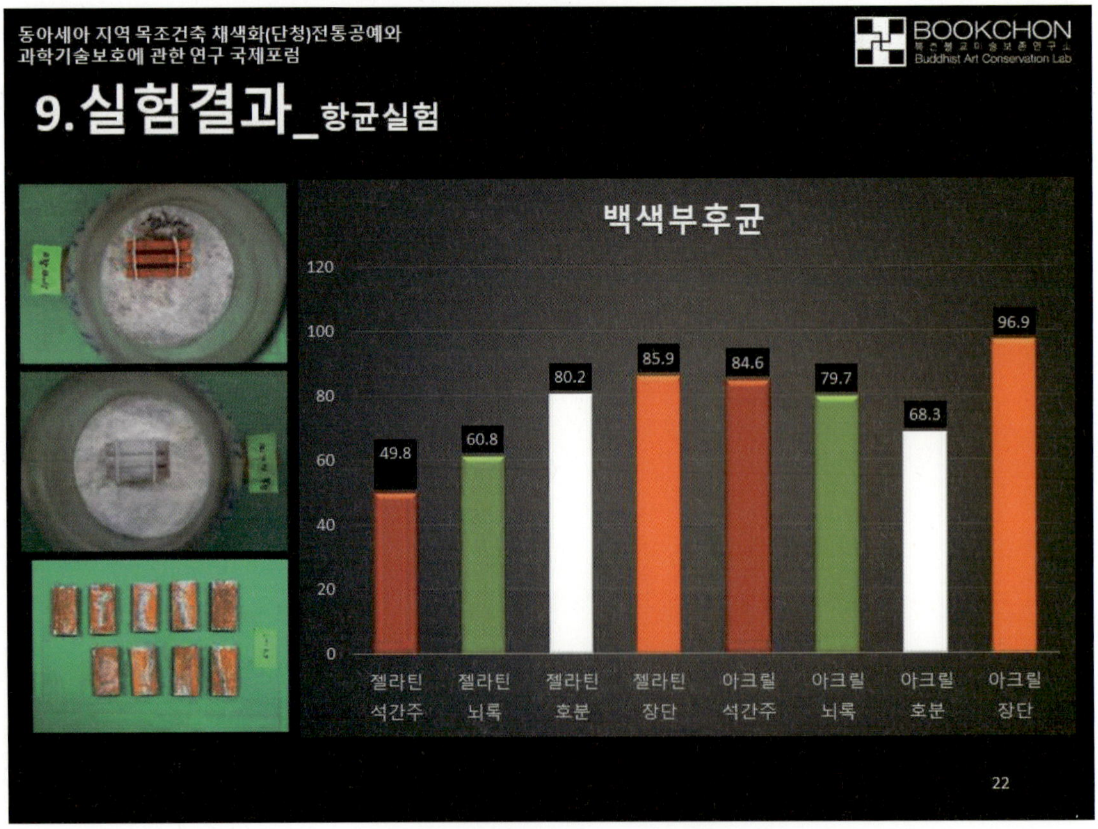

중국 동북아지구 목결구 채화보호 국제연대회 강의내용

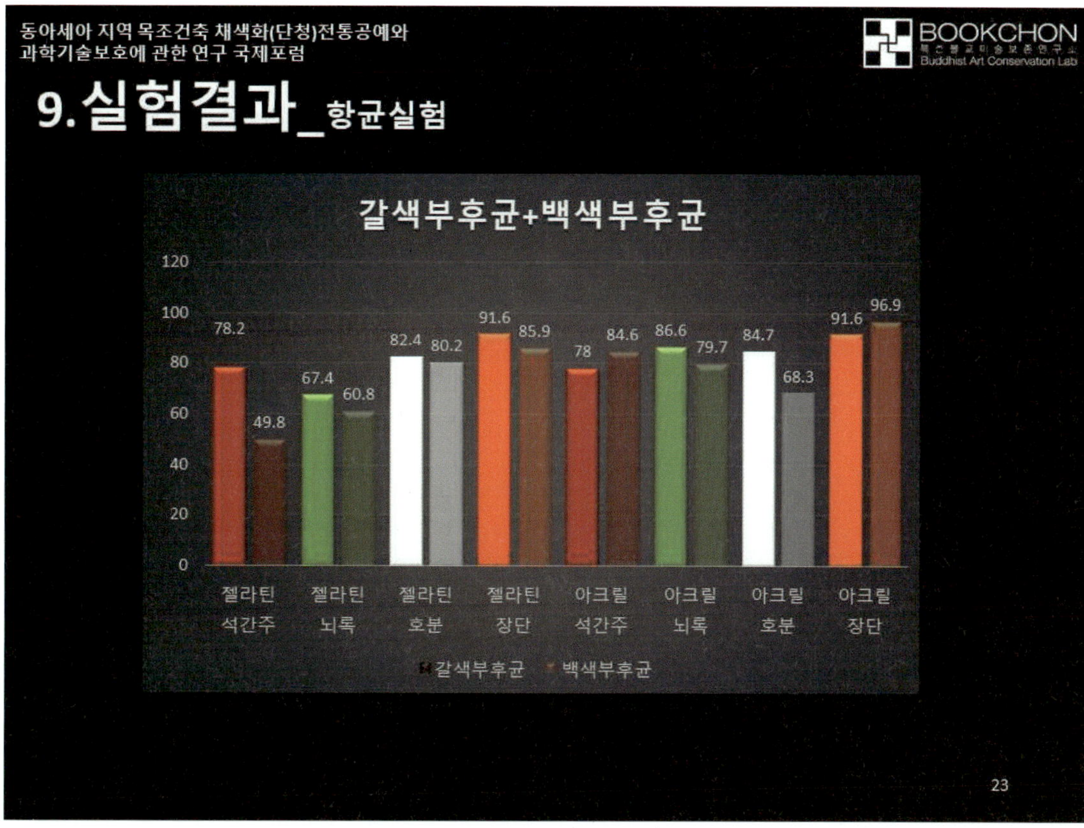

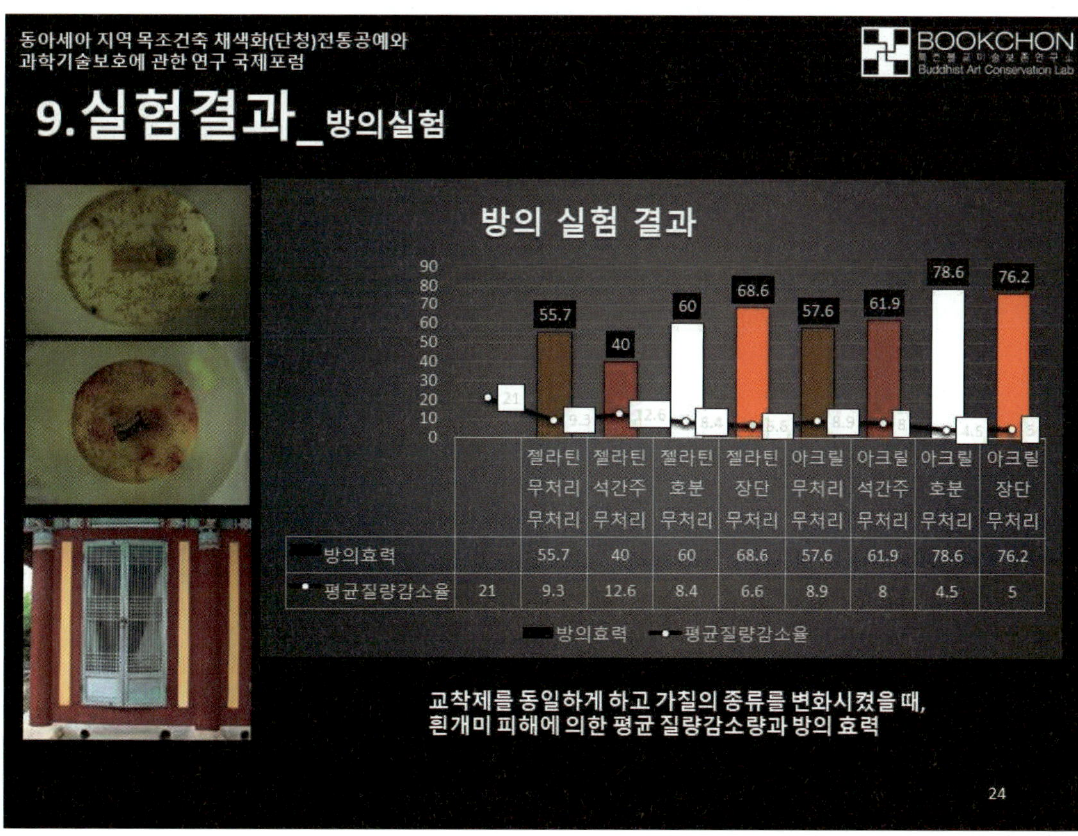

중국 동북아지구 목결구 채화보호 국제연대회 강의내용

동아세아 지역 목조건축 채색화(단청)전통공예와
과학기술보호에 관한 연구 국제포럼

BOOKCHON 북촌불교미술보존연구소 Buddhist Art Conservation Lab

9. 실험결과_방의실험

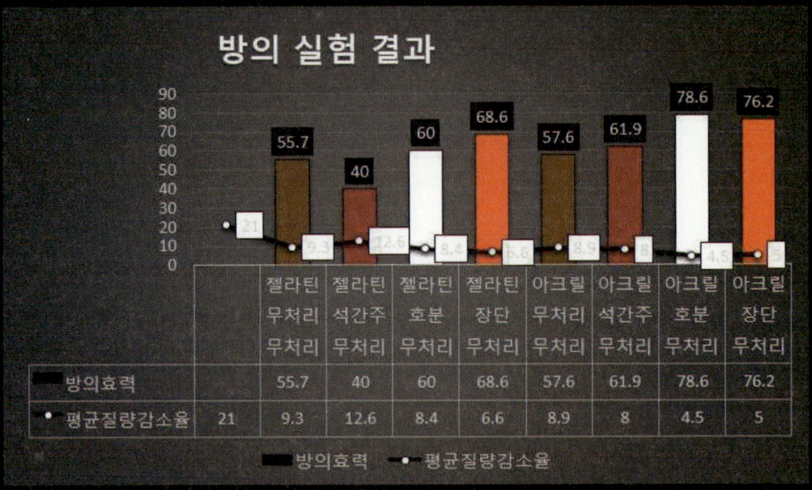

		젤라틴 무처리 무처리	젤라틴 석간주 무처리	젤라틴 호분 무처리	젤라틴 장단 무처리	아크릴 무처리 무처리	아크릴 석간주 무처리	아크릴 호분 무처리	아크릴 장단 무처리
방의효력		55.7	40	60	68.6	57.6	61.9	78.6	76.2
평균질량감소율	21	9.3	12.6	8.4	6.6	8.9	8	4.5	5

교착제를 동일하게 하고 가칠의 종류를 변화시켰을 때,
흰개미 피해에 의한 평균 질량감소량과 방의 효력

25

동아세아 지역 목조건축 채색화(단청)전통공예와
과학기술보호에 관한 연구 국제포럼

BOOKCHON 북촌불교미술보존연구소 Buddhist Art Conservation Lab

10. 결론

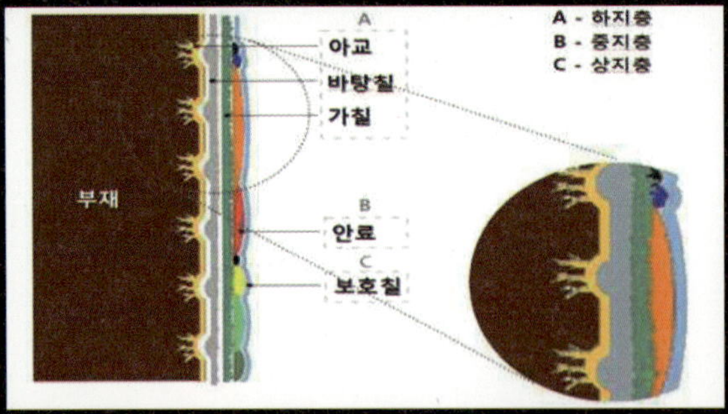

26

중국 동북아지구 목결구 채화보호 국제연대회 강의내용

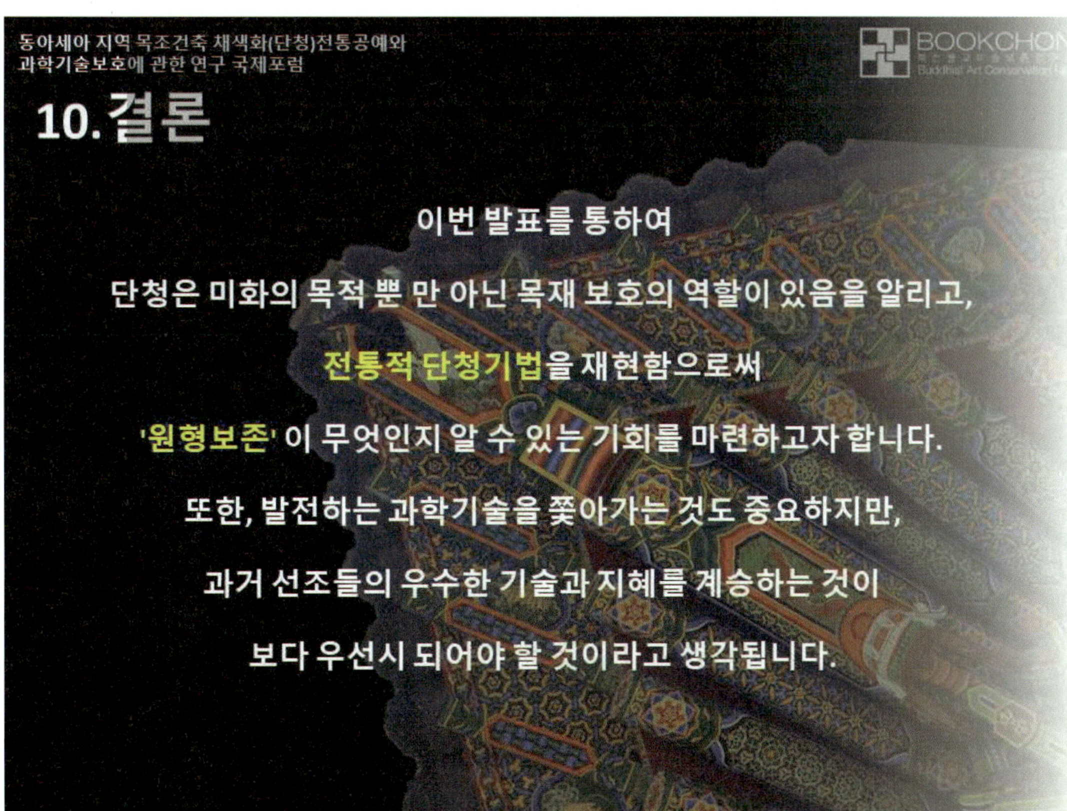

중국 동북아지구 목결구 채화보호 국제연대회 강의내용

<table>
<tr><td colspan="4">東亞地區木結構彩畫保護國際硏對會聽講見之</td></tr>
<tr><td colspan="4">2008년 10월 29일 ~ 11월 1일 행사보다 이번 행사는 많이 줄여서 하였다. 2008년 행사 때는 28개국이 참가하였으나 이번 행사는 몇 개국인지 모르지만 그때보다 적은 나라들이 참가하였다. 시진핑 집권 후 정책적으로 절약하도록 한다고도 들었다. 저자는 중국에서 하는 국제행사에 2번 초청받아 참가하게 된 것을 영광으로 생각한다. 10년 전에는 우리나라 단청문양에 대하여 설명하고 이번 행사에는 접착제에 대하여 설명하였다.</td></tr>
<tr><td>2019년 11월 19일</td><td>집에서 오전8시40분</td><td>인천공항 10시50분착</td><td>12시30분 짐 부침4시 동방항공5시55분 베이징도착. 베이징 1 시간 늦다.</td></tr>
<tr><td colspan="4">중국 주체당국主體當局)에서 안내 하는 분을 보내어서 호텔까지 우리를 인도引渡)함</td></tr>
<tr><td>2019년 11월 20일</td><td>오전10시호텔 출발</td><td>오전10시10분 자금성 도착</td><td>양홍선생님과 반갑게 대면 후 사무실 들렸다</td></tr>
<tr><td colspan="4">우리 내외와 아들 내외가 자금성 경내를 안내자를 붙여 구경하도록 배려慮)해줌
저자는 몇 번을 구경하였으나 우리 식구들은 처음으로 구경하여 웅장한 건물과 단청한 것을 보고 감탄한다. 아들이 중국어를 언재 배웠는지 통역을 하고 다닌다.
저녁 6시 30분 ~ 7시 사이 각국에서 온 분들과 미팅 하였다.</td></tr>
<tr><td>2019년 11월 21일</td><td>오전 8시 자금성 도착</td><td colspan="2">동건비선생이 하얼빈에서 밤차를 타고12시 넘어 호텔 도착하였다고 함. 호텔에서 잠깐 잠잔 후 8시에 만났다,</td></tr>
<tr><td colspan="4">오전 9시 행사 시작 중국 관게자 분들의 인사말 기타 행사 내용 등을 설명한 후 10시 30분 저자의 차례가 되어 준비해간 내용을 발표하였다. 저자가 몇 줄씩 설명하고 동건비가 통역 하였다. 오후 3시 30분 며느리 김도래를 끝으로 준비해간 내용을 발표하였다.
10년 전에 한 행사보다는 많이 축소縮小) 된 행사였다.
연사들의 질의시간이 끝나고 오늘 행사가 모두 끝나고 밖으로 나오니 어둠이 찾아와 달빛 아래 걸어서 식당으로 갔다. 우리 일행에게는 마초걸이란 청년이 항상 보호해주면서 길도 안내해주고 설명도 해주었다.</td></tr>
<tr><td>2019년 11월 22일</td><td></td><td></td><td></td></tr>
<tr><td colspan="4">문화재연구소를 구경하였다 어마어마한 건물에 많은 연구원이 연구하는 것을 보고 놀랐다. 명나라 때 사찰인 지화사를 갔다 이 사찰에 들어가는데 우리가 비행기 타려고 나갈 때 몸수색하고 액스레이 통과하듯이 조사를 하고 사찰 안으로 들어갔다. 몇 년 전에 왔을 때 하고 많이 달라졌다. 문화재를 보호하는데 이토록 중요하게 여겨 방문자들을 일일이 몸수색까지 하는 경우는 여러 나라를 다녀보았으나 이곳 지화사 에서 처음 겪는 일이다. 이런 제도制度)는 우리나라에서도 배워야 할 좋은 제도 같다. 오늘은 각국에서 온 분들이 거의 다 떠났다.</td></tr>
<tr><td>2019년 11월 23일</td><td></td><td></td><td></td></tr>
<tr><td colspan="4">여러 나라에서 온 분들이 다 떠나고 우리만 더 있으라고 하여 호텔에 남았었다.
양홍선생 우리가 묶은 호텔로 와서 우리일행을 차에 태우고 법해사로 갔다. 법해사는 수백년 된 대단히 큰 백송 2그루가 사찰을 지키고 있었다. 사찰에는 기거하는 스님들은 없고 관리하는 분들만 있는 것 같았다. 사찰 안내자가 여성인데 벽화에 대하여 아주 재미있게 설명을 하는 것이 인상적이다. 우리나라 탱화처럼 구도를 잡았으나 벽에 직접 그린 벽화로 정성껏 그린 그림이었다. 영상화면을 계속 틀어주며 벽화에 대한 설명하는 것도 부러웠다.</td></tr>
<tr><td>2019년 11월 24일</td><td colspan="2">오전 9시 15분 호텔에서 출발</td><td>6인용 승합차 → 골동품시장 관광</td></tr>
<tr><td colspan="4">오늘도 여학생 한 분을 보내어 우리를 안내하도록 배려하고 있었다.참으로 고마운 마음이 들었다.</td></tr>
<tr><td>2019년 11월 25일</td><td>오전 7시25분출</td><td>11시 23분 비행기이륙</td><td>집에는 오후 6시 도착</td></tr>
</table>

제 7 장
2018년 중국초청 청견사진

소주잔 부딪치든 친구親舊)

그리운 친구와 소주잔 부딪치면서
정다운 담소談笑)하던 시절이
하염없이 흘러가내

안보면 그리웁고 그리운 친구가
오늘은 어디서 무엇을 하는지
보고십고 보고십구나.

온 세계가 코로나로 재앙災殃)이 되어서
가고 싶은 곳을 못가는 이 시절
하루빨리 지나가라 지나가라.

그리운 친구 소식이 궁금하다
따르릉 따르릉 전화벨 울린다.
그리운 친구의 전화가 아니구나.

다시 오기 어렵다.

운運)

높은 나무에 열매가 매달렸다.
저 열매는 따 먹을 수 없구나.
가다 오다 바라보고 바라본다.
행여 길가에 떨어지지 않을까?
기다리고 기다려도 때가 되지 않아서
떨어지지 않을 것 같구나.
어찌어찌 하다가 바람에 떨어져도
누가열매를 주어먹을지 아무도 모른다.
운이 좋은 길손이 주어먹겠지.

K. H. O

북경 시내의 법해사 유명한 탱화같이 그린 그림이 벽에 직접 그려져 있다.

주첨남극응무막籌添南極應無幕 황후皇后)잠자리

동아지구 목결구 채화보호 국제연대회 관계 당국자와 청강견지

2018, 東亞地區木結構彩畫保護國際研對會聽講見之

2018. 11. 20.

2018. 11. 20.

2018. 11. 21. 저자가 발표한 내용 통역하는 중

遠 堂 관람

동아지구 목결구 채화보호 국제연대회 관계 당국자와 청강견지
2018, 東亞地區木結構彩畫保護國際硏對會聽講見之

2018. 11. 22

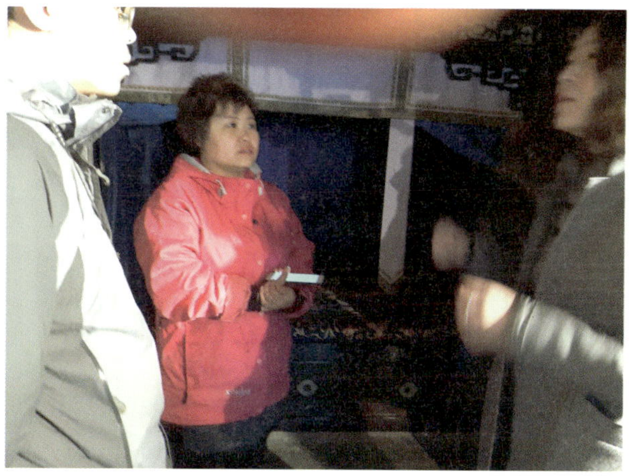

2018. 11. 22

2018. 11. 22 행사 일본인과 도래 사담私談)

행사 끝난 후 聽見한 장소

동아지구 목결구 채화보호 국제연대회 관계 당국자와 청강견지
2018, 東亞地區木結構彩畫保護國際研對會聽講見之

2018. 11. 22. 황후침실이 있는 곳으로 일반인은 못 들어가는 곳으로 행사가 끝나고 대만, 일본인과 우리일행에게 보인 곳이다.

조각품에 손도 못 대게 하였다.

2018. 11. 22. 불화에 사용하던 석채 원석을 나는 고을과 성분을 적어 놓았다.

문보과지부文保科技部) 고궁문물의원古宮文物醫院) 양홍선생

동아지구 목결구 채화보호 국제연대회 관계 당국자와 청강견지

2018, 東亞地區木結構彩畫保護國際硏對會聽講見之

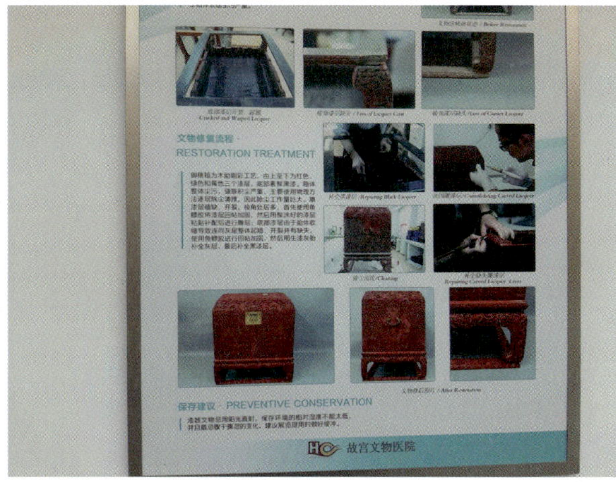

2018. 11. 22

우리나라로 치면 문화재연구소 같은 역할을 하는 곳이다. 어마어마하게 큰 건물인데 연구실마다 몇 명씩 열심히 연구하는 것이 부러웠다.

고궁문물의원이라고 한 간판이 기억에 남는다.

문화재 수리하는 의사들의 흰 가운이 진짜 의사 같았다.

문화재에 관심 있는 분들에게 사진으로나마 관견管見)도록 하였다

동아지구 목결구 채화보호 국제연대회 관계 당국자와 청강견지

2018, 東亞地區木結構彩畫保護國際研對會聽講見之

2018. 11. 22. 위에 흑백사진은 양홍선생의 부친이 있는 사진이라고 하여 촬영하였다.

동아지구 목결구 채화보호 국제연대회 관계 당국자와 청강견지
2018, 東亞地區木結構彩畫保護國際硏對會聽講見之

2018. 11. 23 법해사 입구에는 향나무와 백송나무가 몇백년을 버티고 있다.

2018. 11. 23. 법해사 백송나무와 대웅보전 앞에서 저자의 가족과 양홍선생.

2018. 11. 23.

디지털액자 영상사진이 계속 바꿔지면서 오가는 사람의 시선을 끓고 있었다.

녹음된 음성이 디지털액자(digital picture frame) 화면의 내용을 설명하고 있었다.

동아지구 목결구 채화보호 국제연대회 관계 당국자와 청강견지
2018, 東亞地區木結構彩畫保護國際研對會聽講見之

2018. 11. 23

2018. 11. 23

2018. 11. 23

동아지구 목결구 채화보호 국제연대회 관계 당국자와 청강견지
2018, 東亞地區木結構彩畫保護國際硏討會聽講見之

2018. 11. 23.

2018. 11. 23. 지화사

2018. 11. 23. 지화사

이 곳 지화사智化寺) 들어갈 때는 비행기 타러 갈 때 몸수색하듯 들어가는 사람 손가방까지 X-ray 검사까지 받아야 들어갈 수 있다. 이곳 사찰의 문화재 사랑은 대단하였다. 우리의 숭례문 생각이 나기도 하였다.

동아지구 목결구 채화보호 국제연대회 관계 당국자와 청강견지

2018, 東亞地區木結構彩畫保護國際硏對會聽講見之

2018. 11. 23.

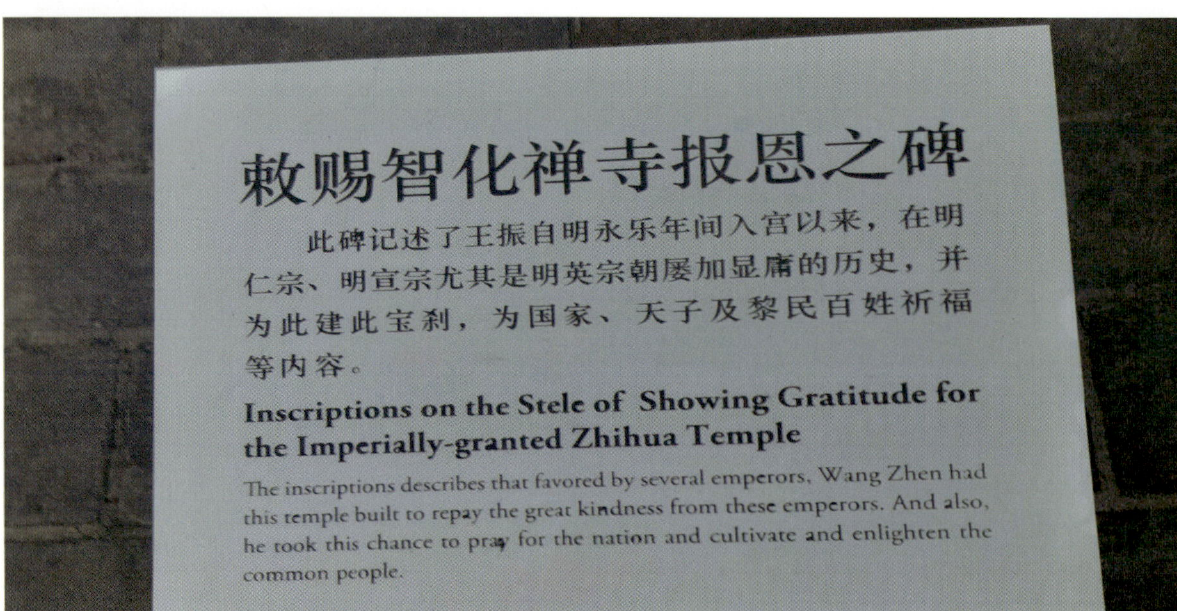

동아지구 목결구 채화보호 국제연대회 관계 당국자와 청강견지

2018, 東亞地區木結構彩畫保護國際硏對會聽講見之

위의 내용은 20세기 30년 미국에 유실되었다가 돌아온 내용을 적은 듯하다.

제 8 장
우리나라 고대국가와 집권자들

日光

저 멀리 찾아오는 아침햇살
눈이 부시게 반짝 인다
온갖 동식물이 반가이 맞이 한다.
우리네 인생도 기분 좋은 아침이다

맑은 하늘 햇빛은 내 마음을
상쾌하게 만들어 준다.
멀리 계신 우리임이 더욱 그립다
점점 가까운 햇살이 마음을 달랜다.

어재는 흐리고 비가 오더니
오늘은 햇살이 반짝 인다
우리네 인생살이도 날씨처럼
기분 좋은 오늘 하루가 될 것이다.

<table>
<tr><th colspan="5">우리나라 古代國家와 執權者들 西紀 2018年 現在</th></tr>
<tr><th>國名=나라이름</th><th>王數</th><th colspan="2">나라建國年代~亡한年代</th><th>存續期間</th></tr>
<tr><td>古朝鮮</td><td>47</td><td colspan="2">紀元前 2333 ~ 紀元前 108</td><td>2,225</td></tr>
<tr><td>新羅</td><td>56</td><td colspan="2">紀元前 57 ~ 935</td><td>992</td></tr>
<tr><td>高句麗</td><td>28</td><td colspan="2">紀元前 37 ~ 668</td><td>705</td></tr>
<tr><td>百濟</td><td>32</td><td colspan="2">紀元前 18 ~ 660</td><td>681</td></tr>
<tr><td>伽耶</td><td>10</td><td colspan="2">42 ~ 562</td><td>490</td></tr>
<tr><td>渤海</td><td>15</td><td colspan="2">698 ~ 926</td><td>227</td></tr>
<tr><td>高麗</td><td>34</td><td colspan="2">918 ~ 1392</td><td>474</td></tr>
<tr><td>朝鮮</td><td>27</td><td colspan="2">1392 ~ 1897</td><td>518</td></tr>
<tr><td>朝鮮高宗時期
大韓帝國</td><td></td><td>1897. 8. ~
1910. 10.</td><td>國權被奪의
13年間</td><td></td></tr>
<tr><td>王 合計</td><td>249</td><td></td><td></td><td></td></tr>
<tr><td rowspan="2">大韓民國建國日</td><td>임시정부수립</td><td>1919. 4. 13.</td><td rowspan="3">헌법 대한민국 임시정부 법통을 계승한다.
*건국일을 하나로 정하지 못하고 있다.</td><td rowspan="3"></td></tr>
<tr><td>초대대통령
국회간접선거</td><td>1948. 7. 20.</td></tr>
<tr><td>大韓民國大統領</td><td>11
2018년 현재</td><td>1948 ~</td></tr>
<tr><td>北韓</td><td>3</td><td colspan="2"></td><td></td></tr>
<tr><td>支配者總數</td><td>263명</td><td colspan="2"></td><td></td></tr>
</table>

신라 왕조계보

몇대	왕명	역사 내용 연대	몇대	왕명	역사 내용 연대
		신라 최초의 왕, 박씨의 시조			1대 혁거세의 맏아들(박씨)
제1대	혁거세거서간 朴赫居世)	B.C. 57 - A.D. 4	제2대	남해차차웅 南解王)	4 - 24
		2대 차차웅의 아들, 석탈해에게 왕위를 양보했다고도 전함			2대 남해차차웅의 사위(석씨). 왜국의 다파나국 출신으로 석씨의 시조
제3대	유리이사금 瑠璃王)	24 - 57	제4대	탈해이사금 脫解王)	57 - 80
		3대 유리이사금의 둘째 아들(박씨)			5대 파사이사금의 아들(박씨)
제5대	파사이사금 婆娑王)	80 - 112	제6대	지마이사금 祇摩王)	112 - 134

신라 왕조계보

몇대	왕명	역사 내용 연대	몇대	왕명	역사 내용 연대
		3대 유리이사금의 맏아들(박씨) 혹은 일지갈문왕의 아들이라고도 함. (삼국사기 기록)			7대 일성이사금의 맏아들(박씨) 왕비는 지마왕의 딸.
제7대	일성이사금 逸聖王)	134 - 154	제8대	아달라이사금 阿達羅)	154 - 184
		4대 탈해이사금의 손자(석씨).			9대 벌휴이사금의 손자(석씨).
제9대	벌휴이사금 伐休)	184 - 196	제10대	내해이사금 奈解)	196 - 230
		9대 벌휴이사금의 손자이자 내해왕의 사촌(석씨). 왕비는 내해왕의 딸.			9대 벌휴이사금의 손자이자 조분왕의 친동생(석씨).
제11대	조분이사금 助賁)	230 - 247	제12대	첨해이사금 沾解)	247 - 261

신라 왕조계보					
몇대	왕명	역사 내용 연대	몇대	왕명	역사 내용 연대
		김알지의 7대손(김씨). 왕비는 석씨 광명부인으로 조분왕의 딸.			11대 조분이사금의 맏아들(석씨).
제13대	미추이사금 味鄒王)	262 - 284	제14대	유례이사금 儒禮	284 - 298
		11대 조분이사금의 아들·손자·증손이라는 여러 설이 있음.			10대 내해이사금의 손자이자 제11대 조분이사금의 외손자.
제15대	기림이사금 基臨)	298 - 310	제16대	흘해이사금	310 - 356
		김씨에 의한 왕위독점세습 이룸. 왕권 강화되어 대군장 뜻하는 '마립간' 왕호를 사용함(왕호는 삼국유사 기록에 따름). 낙동강 유역까지 영토를 확장함. 고구려 광개토대왕 도움으로 왜군 격퇴함.			김알지의 후손(김씨). 왕비는 제13대 미추이사금의 딸. 내물마립간의 태자인 눌지를 제거하려다 오히려 죽임을 당함. 왕호는 삼국유사 기록에 따름.
제17대	내물마립간 奈勿王)	356 - 402	제18대	실성마립간 實聖王)	402 - 417

신라 왕조계보

몇대	왕명	역사 내용 연대	몇대	왕명	역사 내용 연대
		17대 내물마립간의 아들(김씨). 맏아들이 왕위를 계승하는 장자상속제를 확립함. 433년 백제와 연합하여 고구려를 견제함(나제동맹).			19대 눌지마립간의 맏아들(김씨). 왜와 고구려의 잦은 침략에 시달림.
제19대	눌지마립간 訥祇王)	417 - 458	제20대	자비마립간 慈悲王)	458 - 479
		20대 자비마립간의 아들(김씨) 백제 가야와의 동맹을 공고히 하고 민생을 중시하는 정치를 펼침			17대 내물마립간의 증손. 503년 나라 이름을 '신라'로, 왕호를 '왕'으로 바꾸며 왕권을 강화함. 순장법을 폐지하고 울릉도 우산국을 정복함.
제21대	소지마립간 炤智王)	479 - 500	제22대	지증왕 智證王)	500 - 514
		22대 지증왕의 맏아들. 율령 반포, 불교 공인(백성의 사상 통합), 골품제 정비, 상대등 설치 등을 통해 중앙집권적 고대국가 체제를 완성함. 금관가야 병합.			화랑도를 국가조직으로 공인하고, 황룡사 건립하여 신라의 국력 과시. 한강 유역 모두 장악, 대가야 병합, 함흥평야 진출 등 신라 최대의 영토를 개척함(진흥왕 순수비).
제23대	법흥왕 法興王)	514 - 540	제24대	진흥왕 眞興王)	540 - 576

신라 왕조계보

몇대	왕명	역사 내용 연대	몇대	왕명	역사 내용 연대
		24대 진흥왕의 둘째 아들. 거칠부를 상대등에 임명해 국정을 맡김. 방탕한 생활을 하다가 재위 4년 만에 폐위됨			24대 진흥왕의 손자. 행정조직을 정비해 왕권을 강화하고 적극적인 외교정책을 실시함
제25대	진지왕 眞智王)	576 - 579	제26대	진평왕 眞平王)	579 - 632
		26대 진평왕의 맏딸이자 신라 최초의 여왕.			성골 출신의 마지막 왕. 당나라와의 외교 관계를 더욱 강화함.
제27대	선덕여왕 善德女王)	632 - 647	제28대	진덕여왕 眞德女王)	647 - 654
		신라 최초의 진골 출신 왕(폐위된 진지왕의 손자). 당나라와 연합하여 백제를 멸망시켜 삼국 통일의 기반을 다짐.			29대 무열왕의 맏아들. 삼국 통일을 이루어 낸 왕.
제29대	태종무열왕 太宗武烈王)	654 - 661	제30대	문무왕 文武王)	661 - 681

신라 왕조계보

몇대	왕명	역사 내용 연대	몇대	왕명	역사 내용 연대
		30대 문무왕의 맏아들. 전제왕권이 확고하게 자리잡힌 시기			31대 신문왕의 맏아들. 6세의 어린 나이에 즉위.
제31대	신문왕 神文王)	681 - 692	제32대	효소왕 孝昭王)	692 - 702
		31대 신무왕의 둘째 아들. 신라 역사상 가장 태평성대한 시기로 평가됨. 당나라와 우호적 관계를 유지함.			33대 성덕왕의 둘째 아들. 왕실의 전제왕권이 점차 약화됨.
제33대	성덕왕 聖德王)	702 - 737	제34대	효성왕 孝成王)	737 - 742
		33대 성덕왕의 셋째 아들. 전제왕권 재강화를 위해 노력함.			35대 경덕왕의 아들(태종무열왕의 마지막 직계손). 8세에 즉위, 왕권이 약해지고 정치적 반란 사건이 많았음.
제35대	경덕왕 景德王)	742 - 765	제36대	혜공왕 惠恭王)	765 - 780

신라 왕조계보

몇대	왕명	역사 내용 연대	몇대	왕명	역사 내용 연대
		17대 내물왕의 10대손. 신라 하대(下代)의 첫 번째 왕.			17대 내물왕의 12대손. 788년, 독서 삼품과를 실시함.
제37대	선덕왕 宣德王)	780 - 785	제38대	원성왕 元聖王)	785 - 798
		38대 원성왕의 손자			39대 소성왕의 맏아들. 13세에 즉위함. 숙부들이 일으킨 반란에 의해 시해됨.
제39대	소성왕 昭聖王)	799 - 800	제40대	애장왕 哀莊王)	800 - 809
		38대 원성왕의 손자이자 소성왕의 친동생.			38대 원성왕의 손자이자 소성왕/헌덕왕의 친동생.
제41대	헌덕왕 憲德王)	809 - 826	제42대	흥덕왕 興德王)	826 - 836

신라 왕조계보

몇대	왕명	역사 내용 연대	몇대	왕명	역사 내용 연대
		38대 원성왕의 증손자, 조부는 원성왕의 맏아들인 혜충태자 김인겸.			38대 원성왕의 증손자, 조부는 원성왕의 셋째아들인 김예영.
제43대	희강왕 僖康王)	836 - 838	제44대	민애왕 閔哀王)	838 - 839
		38대 원성왕의 증손자, 조부는 원성왕의 셋째 아들인 김예영이며, 제43대 희강왕의 사촌임. (관련인물 : 장보고)			45대 신무왕의 맏아들
제45대	신무왕 神武王)	839 - 839	제46대	문성왕 文聖王)	839 - 857
		45대 신무왕의 이복동생.			43대 희강왕의 손자이자 제47대 헌안왕의 사위.
제47대	헌안왕 憲安王)	857 - 861	제48대	경문왕 景文王)	861 - 875

신라 왕조계보

몇대	왕명	역사 내용 연대	몇대	왕명	역사 내용 연대
		48대 경문왕의 맏아들			48대 경문왕의 둘째 아들
제49대	헌강왕 憲康王)	875 - 886	제50대	정강왕 定康王)	886 - 887
		48대 경문왕의 딸로 신라시대 마지막 여왕			49대 헌강왕의 서자. 후백제와 후고구려의 공격에 시달림.
제51대	진성여왕 眞聖女王)	887 - 897	제52대	효공왕 孝恭王)	897 - 912
		50대 정강왕의 아들(박씨). 국력이 크게 쇠퇴하여 경주를 중심으로한 주변지역만 다스리게 됨.			아버지는 신덕왕. 경명왕 때에는 신라국운이 많이 기우러져가고 있었다. 궁예弓裔)와 견훤甄萱)의 세력에게 여러 지역을 점령당하고 경주지방만 차지하고 있었다.
제53대	신덕왕 神德王)	912 - 917	제54대	경명왕 景明王)	917 - 924

신라 왕조계보

몇대	왕명	역사 내용 연대	몇대	왕명	역사 내용 연대
		54대 경명왕의 동생(박씨). 927년 포석정에서 연회를 하다가 견훤의 습격을 받고 스스로 목숨을 끊음.			신라의 마지막 왕(김씨), 견훤에 의해 왕위에 오름. 경순왕 9년에 자진하여 고려 태조에게 항복함.
제55대	경애왕 景哀王)	924 - 927	제56대	경순왕 敬順王)	927 - 935

출처:[네이버 지식백과] 신라 왕 계보 - B.C.57 ~ A.D.935, 삼국사기 기준 (역대 왕 계보, NAVER Corp.)

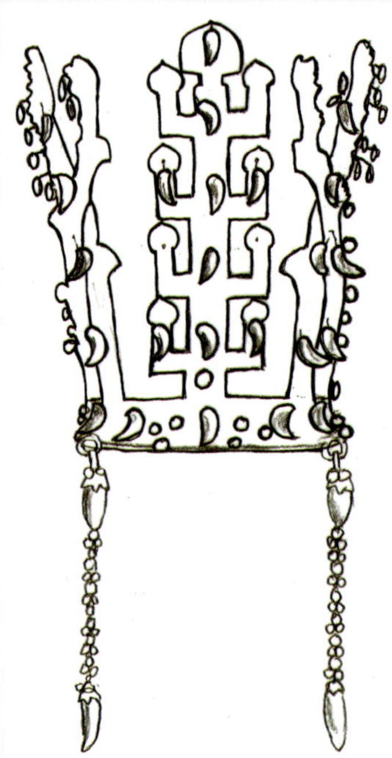

신라 왕관

고구려 왕조계보

몇대	왕명	역사 내용 연대	몇대	왕명	역사 내용 연대
		고구려의 시조			1대 동명성왕의 맏아들. 유리왕 22년, 수도를 졸본에서 국내성으로 옮김.
제1대	동명성왕 東明聖王)	B.C. 37 - B.C. 19	제2대	유리명왕 瑠璃明王	B.C. 19 - A.D. 18
		2대 유리왕의 셋째 아들. <광개토대왕릉비문>에 '나라의 기틀을 다진 왕'으로 기록되어 있음.			3대 대무신왕의 동생(삼국사기 기록)
제3대	대무신왕 神武神王)	18-44	제4대	민중왕 閔中王)	44-48
		3대 대무신왕의 맏아들. 성품이 포악하고 정사를 돌보지 않음. 신하 두로에게 피살됨.			2대 유리왕의 손자. 옥저 정복. 중앙 집권 체제를 정비하여 고대 국가를 완성함(왕위세습확립)
제5대	모본왕 慕本王)	48-53	제6대	태조왕 太祖王)	53-146

고구려 왕조계보

몇대	왕명	역사 내용 연대	몇대	왕명	역사 내용 연대
		6대 태조왕의 동생. 왕의 횡포가 심해 백성들의 원성을 들었음. 차대왕 20년에 명림답부에게 살해됨			6대 태조왕의 막내동생. 77세에 즉위함
제7대	차대왕 次大王)	146-165	제8대	신대왕 新大王)	165-179
		8대 신대왕의 둘째 아들. 왕위의 부자 상속을 확립함. 을파소를 등용함. 진대법을 실시하여 빈민구휼책을 마련함으로써 왕권을 강화해나감			9대 고국천왕의 동생. 도읍을 환도성으로 옮김
제9대	고국천왕 故國川王)	179-197	제10대	산상왕 山上王)	197-227
		10대 산상왕의 아들. 위나라와의 전쟁으로 환도성이 함락되었으나, 위기를 극복함.			11대 동천왕의 맏아들
제11대	동천왕 東川王)	227-248	제12대	중천왕 中川王)	248-270

고구려 왕조계보

몇 대	왕명	역사 내용 연대	몇대	왕명	역사 내용 연대
		12대 중천왕의 둘째 아들. 286년 반란을 도모한 동생 일우와 소발을 처단함			13대 서천왕의 아들. 동생 돌고(미천왕의 아버지)를 죽임. 계속된 흉년에도 화려한 궁실을 지으려 함. 결국 국상 창조리에 의해 폐위됨
第13대	서천왕 西川王)	270-292	第14대	봉상왕 烽上王)	292-300
		13대 서천왕의 손자. 봉상왕을 피해 숨어서 소금장수를 하다가 국상 창조리에 의해 왕으로 옹립. 낙랑군 멸망시킴. 대동강 유역을 확보함.			15대 미천왕의 아들. 백제 근초고왕 군과 평양성에서 싸우다가 전사함.
第15대	미천왕 美川王)	300-3	第16대	고국원왕 故國原王)	331-371
		16대 고국원왕의 맏아들. 율령 반포, 불교 수용, 태학 설립 등을 통해 국가 체제를 정비함. 삼국 중 가장 먼저 중앙 집권 체계를 갖춤			17대 소수림왕의 동생. 재위 기간은 광개토왕릉비에 근거함.
第17대	소수림왕 小獸林王)	371-384	第18대	고국양왕 故國壤王)	384-391

고구려 왕조계보

몇대	왕명	역사 내용 연대	몇대	왕명	역사 내용 연대
		18대 고국양왕의 아들. 백제 공격으로 한강 이북 지역을 차지하고, 신라에 침입한 왜를 격퇴함(신라에 대한 영향력 강화). 재위 기간은 광개토왕릉비에 근거함.			19대 광개토대왕의 맏아들. 평양으로 천도하고, 적극적인 남진정책을 추진함. 남한강 유역까지 진출 후 충주고구려비를 세움. 재위 기간은 광개토왕릉비에 근거함
제19대	광개토대왕 廣開土大王)	391-412	제20대	장수왕 長壽王)	412-491
		20대 장수왕의 손자			21대 문자왕의 맏아들
제21대	문자왕 文咨王)	492-519	제22대	안장왕 安臧王)	519-531
		22대 안장왕의 동생. 왕의 후사를 둘러싼 귀족세력들의 무력충돌 속에서 세상을 떠남.			23대 안원왕의 맏아들. 신라 · 백제에게 한강 유역을 잃음.
제23대	안원왕 安原王)	531-545	제24대	양원왕 陽原王)	545-559

고구려 왕조계보

몇대	왕명	역사 내용 연대	몇대	왕명	역사 내용 연대
		24대 양원왕의 맏아들. 586년 평양 대성산성에서 장안성으로 궁을 옮김.			25대 평원왕의 맏아들. 을지문덕을 시켜 살수에서 수나라군을 섬멸함.
제25대	평원왕 平原王)	559-590	제26대	영양왕 嬰陽王)	590-618
		26대 영양왕의 이복동생. 천리장성을 쌓기 시작하면서 연개소문에게 감독을 맡김. 연개소문에 의해 비참하게 죽음.			고구려 마지막 왕. 연개소문의 추대로 왕위에 오름. 나당연합군의 침공으로 평양성이 함락되고 결국 고구려는 멸망함.
제27대	영류왕 榮留王)	618-642	제28대	보장왕 寶藏王)	642-668
		수나라 친입을 몰아냄,			
	을지문덕 乙支文德)			연개소문 淵蓋蘇文)	출처naver

백제 왕조계보

몇대	왕명	역사 내용 연대	몇대	왕명	역사 내용 연대
		고구려의 셋째 왕자인 온조, 백제를 세우다			1대 온조왕의 맏아들
제1대	온조왕 溫祚王)	B.C 18년~ A.D 28년	제2대	다루왕 多婁王)	A.D 28년~77년
		2대 다루왕의 맏아들  도미부인都彌婦人) 백제 가루왕 때 도미의부인 열부			3대 가루왕의 맏아들
제3대	가루왕 可婁王)	77-128	제4대	개루왕 蓋婁王)	128-166
		4대 개루왕의 맏아들			5대 초고왕의 맏아들
제5대	초고왕 肖古王)	166-214	제6대	구수왕 仇首王)	214-234

백제 왕조계보

몇대	왕명	역사 내용 연대	몇대	왕명	역사 내용 연대
		6대 구수왕의 맏아들. 나이가 어려 정사를 감당하지 못하여 곧 폐위됨.			4대 개루왕의 둘째 아들(삼국사기 기록). 삼국 중 가장 먼저 한강 유역을 차지함. 율령 반포, 관리 등급 마련(6좌평) 등 중앙 집권 체제를 정비하여 고대 국가의 기틀을 마련함
제7대	사반왕 沙伴王)	234-234	제8대	고이왕 古爾王)	234-286
		8대 고이왕의 맏아들			9대 책계왕의 맏아들. 분서왕 7년에 낙랑의 태수가 보낸 자객에게 살해됨.
제9대	책계왕 責稽王)	286-298	제10대	분서왕 汾西王)	298-304
		6대 구수왕의 둘째 아들(삼국사기 기록)			10대 분서왕의 맏아들. 고이왕계의 마지막 백제왕
제11대	비류왕 比流王)	304-344	제12대	계왕	344-346

백제 왕조계보

몇대	왕명	역사 내용 연대	몇대	왕명	역사 내용 연대
		11대 비류왕의 둘째 아들. 백제의 전성기를 이룩한 왕. 왕위의 부자 상속을 확립함. 고구려 고국원왕을 전사 시킴. 가야/왜와는 교류하는 반면 고구려/신라는 견제함			13대 근초고왕의 맏아들
第13대	근초고왕 近肖古王)	346-375	第14대	근구수왕 近仇首王)	375-384
		14대 근구수왕의 맏아들. 불교를 수용하여 백성의 사상을 통합하고 왕권을 강화함.			14대 근구수왕의 둘째 아들. 392년 광개토대왕이 이끄는 고구려군에 패하여 많은 영토를 잃음.
第15대	침류왕 枕流王)	384-385	第16대	진사왕 辰斯王)	385-392
		15대 침류왕의 맏아들. 396년, 광개토대왕이 이끄는 고구려군에 크게 패함.			17대 아신왕의 맏아들. 상좌평(백제의 최고 관직)을 처음 설치함.
第17대	아신왕 阿莘王)	392-405	第18대	진지왕 眞智王)	405-420

백제 왕조계보

몇대	왕명	역사 내용 연대	몇대	왕명	역사 내용 연대
		18대 전지왕의 맏아들. 고구려를 견제하기 위해 중국 송나라와 외교관계를 맺음.			19대 구이신왕의 맏아들(제18대 전지왕의 서자라는 설도 있음). 고구려를 견제하기 위해 신라, 왜, 중국 송나라 등과 우호관계를 형성함
제19대	구이신왕 久爾辛王)	420-427	제20대	비유왕 毗有王)	427-455
		20대 비유왕의 맏아들. 475년 고구려 장수왕에게 한강유역 일대를 빼앗기고 목숨을 잃음.			21대 개로왕의 맏아들. 웅진으로 도읍을 옮김. 병관좌평 해구에 의해 목숨을 잃음.
제21대	개로왕 蓋鹵王)	455-475	제22대	문주왕 文周王)	475-477
		22대 문주왕의 맏아들. 13세의 어린 나이에 즉위, 15세에 죽음.			22대 문주왕의 동생인 곤지의 아들. 신라 왕실과 혼인 관계를 맺어 고구려 남진정책에 대항함. 신진 세력 등용.
제23대	삼근왕 三斤王)	477-479	제24대	동성왕 東城王)	479-501

백제 왕조계보

몇대	왕명	역사 내용 연대	몇대	왕명	역사 내용 연대
		24대 동성왕의 둘째 아들. 고구려에 적극적으로 맞서며 백제를 안정시키기 위해 애쓴 왕. 지방에 22담로를 설치하고 왕족을 파견하는 등 중앙집권 체제를 강화함.			25대 무령왕의 아들. 사비성(지금의 부여)으로 도읍을 옮기고 백제 부흥을 이끈 왕. 554년 신라 진흥왕과의 격전에서 전사함. 이로써 나제동맹관계는 결렬됨
제25대	무령왕 武寧王)	501-523	제26대	성왕 聖王)	523-554
		26대 성왕의 맏아들			26대 성왕의 둘째 아들. 즉위하고 이듬해에 죽음.
제27대	위덕왕 威德王)	554-598	제28대	혜왕 惠王)	598-599
		28대 혜왕의 맏아들(삼국사기 기록). 즉위하고 이듬해에 죽음.			29대 법왕의 아들. [삼국유사]에 무왕과 관련된 서동설화가 전해짐.
제29대	법왕 法王)	599-600	제30대	무왕 武王)	600-641

백제 왕조계보					
몇대	왕명	역사 내용 연대	몇대	왕명	역사 내용 연대
		30대 무왕의 맏아들. 백제의 마지막 왕. 의자왕 초기에는 대야성전투 등 신라에 적극적 공세를 취함. 그러나 660년 나당연합군의 공격으로 백제가 멸망함.			백제명장 百濟名將) 백제유명장군 출생 미상~660
제31대	의자왕 義慈王)	641-660		계백장군	

가야 왕조계보

몇대	왕명	역사 내용 연대	몇대	왕명	역사 내용 연대
		 42년 알에서 낳아서 바로 왕에 오름, 아유타국(인도의 한 국가)공주 허황옥과 결혼함.			수로왕의 아들 모친 허황옥
제1대	수로왕 首露王)	42~199	제2대	거등왕 居登王)	199~259
		거등왕의 아들			마품왕의 아들
제3대	마품왕 痲品王)	259~291	제4대	거질미왕 居叱彌王)	291~346
		거질미왕의 아들			이시품왕의 아들,금토왕金叱王), 김질金叱)왕비 용녀의 사람들을 관리로 등용하여 시끄러웠다, 후에 왕비를 귀양 보내고 백성을 편안히 다스렸다,
제5대	이시품왕 伊尸品王)	346~407	제6대	좌지왕 坐知王)	407~421

가야왕조계보					
몇대	왕명	역사 내용 연대	몇대	왕명	역사 내용 연대
		좌지왕의아들			취희왕의 아들
제7대	취희왕 吹希王)	421~451	제8대	질지왕 銍知王)	451~492
		고이왕 아들			 겸지왕의아들 신라 진흥왕이 쳐들어가자 영토를 바치고 신라로 귀순하였다. 구형왕비
제9대	겸지왕 鉗知王)	492~521	제10대	구형왕 仇衡王)	521~593

발해 왕조계보

몇대	왕명	역사 내용 연대	몇대	왕명	역사 내용 연대
		발해를 건국한 대조영			1대 고왕 대조영의 아들. 중국 당나라와 대립함
제1대	고왕 高王)	698-719	제2대	무왕 武王)	719-737
		2대 무왕의 아들. 당과 친선관계를 맺고 당의 문물을 받아들임.			즉위한지 1년도 채 되지 않아 죽임을 당함.
제3대	문왕 文王)	737-793	제4대	대원의 廢王)	793-793
		3대 문왕의 손자			3대 문왕의 막내아들
제5대	성왕 成王)	793-794	제6대	강왕 康王)	794-809

발해 왕조계보					
몇대	왕명	역사 내용 연대	몇대	왕명	역사 내용 연대
		6대 강왕의 아들			6대 강왕의 아들이자 정왕의 동생
제7대	정왕 定王)	809-812	제8대	희왕 僖王)	812-817
		6대 강왕의 아들이자 정왕/희왕의 동생			1대 고왕의 동생인 대야발의 4대손. 발해를 중흥시킨 군주로 해동성국이라는 칭호를 얻음.
제9대	간왕 簡王)	817-818	제10대	선왕 宣王)	818-830
		10대 선왕의 손자. 당나라의 문화를 받아들이고 10여 차례의 조공을 하였음. 경제 · 문화 교류에 힘씀.			11대 대이진의 동생
제11대	대이진=순진 彝震)	830-857	제12대	대건황 大虔晃)	857-871

발해 왕조계보					
몇대	왕명	역사 내용 연대	몇대	왕명	역사 내용 연대
		12대 대건황의 아들			
제13대	대현석	871-894	제14대	대위해 景王)	894-906
		발해의 마지막 왕			
제15대	대인선 哀王)	906-926			

고려 왕조계보

몇대	왕명	역사 내용 연대	몇대	왕명	역사 내용 연대
		왕건, 고려 건국 고려의 시조. 북진정책. 혼인관계를 통해 호적세력을 포섭함(왕권 안정)후삼국 시대를 통일하여, 한반도의 재통일을 이룩한 고려의 창업주 태조 왕건. 분열과 혼란의 시기에서 탁월한 정치적 식견으로 나라를 세우고, 통일 전쟁을 수행하였다.			태조 왕건의 맏아들. 이복동생들과 왕위 다툼에 시달림. 고려의 제2대왕(재위943~945). 태조 왕건의 맏아들로 즉위 후, 이복동생 요·소와 왕규의 왕권 다툼 속에서 곤란을 겪었다. 자는 승건(承乾), 휘(諱)는 무(武), 시호는 의공(義恭)이다. 태조 왕건(王建)
제1대	태조왕건 太祖王建)	918~943	제2대	혜종 惠宗)	943~945
		1대 태조 왕건의 아들이자 혜종의 이복동생. 서경(평양)으로 수도를 옮기려고 했으나 실패함. 재위기간은 4년 고려 시대의 제3대 왕(재위 945~949). 정적을 제거하며 왕위에 올랐다. 서경으로 천도하려 했으나 개경 세력의 반발과 백성의 원성으로 실패하였다. 거란 침입에 대비하기 위해 광군을 조직했으며 불교 중흥에			1대 태조 왕건의 아들이자 정종의 동생. 왕권 강화를 위해 노비안검법을 제정하고, 과거 제도를 실시함. 광종_고려왕조의 기틀 마련. 광종은 고려 4대 왕으로 고려왕조의 기반을 세운 왕으로 평가받고 있다. 고려 태조의 왕건의 아들로서 왕위에 올라 태조와 혜종, 정종이 이루지 못한 공신세력을 약화시키고 왕권을 강화하여 고려왕조가 500년간 지속하는 데 큰 업적을 남겼다.
제3대	정종 定宗)	945~949	제4대	광종 光宗)	949~975
		4대 광종의 맏아들. 976년 전시과 제정, 6년간 재위함. 고려의 제5대 왕(재위 975~981). 광종의 장남. 어머니는 대목왕후 황보씨. 즉위해 전시과를 제정했다. 뒤에 정치를 등한시하고 음탕한 생활에 빠져 소인과 사귀기를 좋아하고, 군자를 멀리하였다. 휘(諱) 유(伷).			1대 태조 왕건의 손자. 유교를 정치이념으로 채택(최승로의 시무28조 수용), 중앙집권적 국가운영체계의 기틀을 세운 왕. 고려 제6대 왕(재위 981~997). 내치·외교에 많은 치적을 남겼다. 내치 중에서는 관제개혁을 들 수 있고 유교를 국가의 지도원리로 삼아 중앙집권적 봉건제도를 확립했다. 요나라 군대가 침입하자 서희를.
제5대	경종 景宗)	975~981	제6대	성종 成宗)	981~997

고려 왕조계보

몇대	왕명	역사 내용 연대	몇대	왕명	역사 내용 연대
		5대 경종의 맏아들. 전시과를 개정하고 학문을 장려함. 고려 제7대왕(재위 997~1009). 경종의 맏아들. 관리 봉급제도인 전시과를 개정하고 학문을 장려하는 등 치적이 많았다. 이름 송(誦). 자 효신(孝伸). 시호 선양(宣讓). 경종(景宗)의 맏아들이며, 어머니는			1대 태조 왕건의 손자. 거란군의 침략을 불력(佛力)으로 물리치기 위해 대장경(6천여권)을 제작함. 관련사건: 강감찬의 귀주대첩992(성종 11)~1031(현종 22). 고려 제8대 왕. 재위 1009~1031. [개설] 이름은 왕순(王詢). 자는 안세(安世). 아버지는 태조(太祖)의 여덟 째 아들인 안종(安宗)욱(郁)이다. 어머니는
제7대	목종 穆宗)	997~9009	제8대	현종 顯宗)	1009~1031
		8대 현종의 맏아들. 국자감시를 실시함. 현종 때 시작한 국사편찬사업을 완성함. 고려 제9대왕(재위1031~1034). 압록강구부터 동해안의 도련포까지 천리장성을 축성하게 하여 동여진인과 거란인들의 투항이 속출하였다. 국자감시를 실시하고 현종 때 시작한 국사편찬사업을 완성하였다			8대 현종의 둘째 아들. 1044년 천리장성을 완성함. 노비종모법과 장자상속법을 제정함. 고려 시대 제10대왕(재위1034~1046). 거란 침입 이후 북방민족의 침입에 대비하여 1044년 천리장성을 완성시켰다. 예성강의 병선 180척으로 군수물자를 운반하여 서북계 주진의 창고에 보관하게 하는 등.
제9대	덕종 德宗_	1031~1034	제10대	정종 定宗_	1034~1046
		8대 현종의 셋째 아들. 고려시대 중 가장 찬란한 문화황금기를 이룩한 왕. 고려의 제11대왕(재위 1046~1083). 법률 제정으로 내치에 힘썼다. 불교를 신봉했고, 유학도 장려하였다. 동여진의 침입을 토벌했고, 송나라의 선진문화를 수입했다. 고려시대 중 가장 찬란한 문화황금기를			11대 문종의 맏아들. 재위 3개월만에 죽음. 고려 제12대왕. 자 의공(義恭). 휘 훈(勳). 시호 선혜(宣惠). 문종(文宗)의 장자. 인예태후(仁睿太后) 이씨 소생. 1054년(문종 8) 왕태자에 책립되었고, 1083년 문종이 죽자 즉위하였으나 그해에 죽었다.
제11대	문종 文宗)	1046~1083	제12대	순종 順宗)	1083

고려 왕조계보					
몇대	왕명	역사 내용 연대	몇대	왕명	역사 내용 연대
		11대 문종의 둘째 아들. 송나라의 제도를 받아들임. 고려의 제13대왕(재위1083~1094). 군비를 강화하여 요나라의 침입에 대비하였으며 송나라의 제도를 받아들였다. 유학을 장려하였으나, 불교 또한 신봉하여 국청사를 짓는 등 토목공사를 일으켜 백성들이..			13대 선종의 맏아들. 즉위 1년만에 왕위를 숙부(숙종)에게 물려줌. 고려시대의 제14대 왕 (재위1094~1095). 즉위 후 이자의의 난이 있었으나 곧 평정하였다. 신병으로 왕위를 숙부 계림공(鷄林公) 희(熙: 숙종)에게 물려준 뒤, 후궁에서 지내다가 14세에 요절하였다. 휘(諱) 욱(昱)...
제13대	선종 宣宗)	1083~1094	제14대	헌종 憲宗)	1094~1095
		11대 문종의 셋째 아들. 주전관을 두고 주화인 은병을 만들어 통용하게 함.			15대 숙종의 맏아들. 학교를 세우고 국학(國學)에 양현고(養賢庫)라는 장학재단을 설립하는 등 학문 진흥에 힘씀. 고려 제16대 왕(재위 1105~1122). 윤관(尹瓘)에게 여진(女眞)을 경략하게 하여 함흥평야에 9성을 쌓았다. 휘(諱) 우(俁). 자
제15대	숙종 肅宗)	1095~1105	제16대	예종 睿宗)	1105~1122
		16대 예종의 맏아들. 김부식에게 명하여 [삼국사기]를 편찬하게 함. 관련사건: 이자겸의 난, 묘청의 난. 고려 제17대 왕(재위 1122~1146). 이자겸이 난을 일으키자 반란을 평정하고 이자겸을 귀양보냈다. 서경에서 묘청이 난을 일으켰으나 김부식을 서경 정토대장으로 삼아 이를 평정했다. 주 · 현에 학교를.			17대 인종의 맏아들. 정중부, 이의방 등이 무신정변을 일으켜 폐위됨. 고려의 제18대왕(재위 1146~1170). 1170년 정중부 · 이의방 등이 난을 일으켜 폐위되었으며, 거제도로 쫓겨났다. 1173년(명종 3) 김보당의 복위운동이 실패하자 계림에 유폐되었다가 살해되었다. 휘 현(晛). 자
제17대	인종 仁宗)	1122~1146	제18대	의종 毅宗)	1146~1170

고려 왕조계보

몇대	왕명	역사 내용 연대	몇대	왕명	역사 내용 연대
		7대 인종의 셋째 아들. 정권을 장악한 무신 최충헌에 의해 폐위됨. 고려의 제19대 임금(재위 1170~1197)으로 1170년 무신정변 이후 정중부 등에 의해 왕위에 올랐으나, 1197년 최충헌에 의해 폐위되었다. 성(姓)은 왕(王), 이름(名)은 호(晧)이다. 초명(初名)은 흔(昕)이며 자			17대 인종의 다섯째 아들. 최충헌이 실권을 잡았으며, 만적의 난 등 민란이 잇달아 일어남. 고려 제20대 왕(재위 1197~1204). 1154년 평량후에 책봉되었다가 1197년 최충헌이 명종을 폐함으로써 뒤를 이어 옹립되었다. 휘 탁(晫). 초명 민(旼). 자 지화(至華). 시호 정효(靖孝). 인종의 다섯째 아들.
제19대	명종 明宗)	1170~1197	제20대	신종 新宗)	1197~1204
		20대 신종의 맏아들. 최충헌을 죽이려다 실패하여 폐위됨. 고려 제21대 왕(재위 1204~1211). 왕 즉위의 공으로 권신(權臣) 최충헌을 문하시중(門下侍中)·진강군개국후(晉康郡開國侯)에 봉했으나 횡포가 심하자 그를 죽이려다 실패.			19대 명종의 맏아들. 1197년 최충헌에게 쫓겨 강화도로 갔다가 1211년 최충헌에 의해 왕위에 오름. 고려 제22대 왕(재위 1211~1213). 1197년 최충헌에게 쫓겨 강화도로 갔다. 소환된 후 희종(熙宗)을 폐한 최충헌에게 옹립되어 왕위에 올랐다. 자 대수(大華). 이름 숙(璹)·정(貞)·오(祦). 시호 원효(元孝).
제21대	희종 熙宗)	1204~1211	제22대	강종 康宗)	1211~1213
		22대 강종의 맏아들. 몽골의 침입으로 강화로 천도하며 28년간 항쟁함. 1192년(명종22)~1259년(고종46) 고려 23대왕(재위1213~1259). 이름은 철(瞮), 초명은 진(瞋), 질(晊), 자는 대명(大命), (天祐)이다. 강종의 맏아들, 어머니 원덕태후(元德太后) 유씨의			23대 고종의 맏아들. 친몽정책과 개경환도를 추진하다가 임연에게 폐위(1269), 4개월 만에 복위함. 개경환도(1270) 후, 이에 반기를 든 삼별초의 항쟁 일어남. 고려 제24대 왕(재위 1260~1274). 개경 환도를 선언하자 삼별초의 항쟁이 일어났으며 여원(麗元) 연합군에 의해 평정되었다. 원나라에서 매빙사(妹聘使)가 오자 결혼도감을 설치, 원성을 샀다. 자 일신(日新).
제23대	고종 高宗)	1213~1259	제24대	원종 元宗)	1259~1274

고려 왕조계보

몇대	왕명	역사 내용 연대	몇대	왕명	역사 내용 연대
		24대 원종의 맏아들. 고려왕이면서, 원나라의 사위로 살아간 왕. 여몽 연합군의 일본 정벌 고려 25대 왕인 충렬왕은 고려왕이면서, 원 세조 쿠빌라이의 사위였다. 원나라의 부마가 된 첫 번째 왕으로, 충(忠)자로 시작하는 고려왕실의 계보를 열었다. 원 세조의 요청으로 일본 정벌을 위한 동로군을 2차에 걸쳐 파견했다.			25대 충렬왕의 아들. 한국사 최초의 혼혈왕. 개혁을 시도하였으나, 원의 간섭과 권문세족의 반발로 성과를 거두지 못함. 한국사 최초의 혼혈왕충렬왕과 원세조 쿠빌라이칸의 딸 사이에서 태어난 충선왕. 한국사 최초의 혼혈왕이었던 그는 재위 기간 동안 고려보다 원에 더 오래 있었던 반쪽짜리 왕이었다
제25대	충렬왕 忠烈王)	1274~1298, 1296~1308	제26대	충선왕 忠宣王)	1308~1313
		26대 충선왕의 둘째 아들. 심양왕 고(충선왕의 조카)와의 정권다툼에 시달림. 고려 제 27대 왕. 1313년 왕위에 올랐으나 심양왕 고(暠)가 왕위를 노리고 그를 헐뜯어, 5년간 연경에 체류해야 했다. 1325년 귀국하였으나 눈과 귀가 멀어 정사를 못 돌본다는 조적 일당의 거짓 고발 때문에...			27대 충숙왕의 맏아들. 방탕한 행동으로 원나라에 의해 폐위되었다가 복위됨. 방탕한 행동을 일삼았던 원 간섭기의 고려 왕 충혜왕은 주색을 일삼으며 방탕한 행동을 하다가 원나라에 의해 폐위된 고려의 임금이다. 패륜으로 오명을 남긴 그이지만, 한국 상업사에서는 매우 특별한 인물이었다.
제27대	충숙왕 忠肅王)	1313~1330, 1332~1339	제28대	충혜왕 忠惠王)	1330~1332 1339~1344
		충혜왕의 아들. 8세에 즉위해 12세에 죽음. 어머니인 덕녕공주가 섭정을 함. 고려 제 29대왕(재위 1344~1348). 1344년 8세의 나이로 즉위하였으므로 어머니 덕녕공주가 섭정을 했다. 보흥고 · 내승 · 응방 등을 철폐하고 서연(書筵)을 열었다. 또한 권신들이 독점하였던 녹과전(祿科田)을			28대 충혜왕의 서자. 12세에 원나라로부터 왕으로 책봉되었으나 3년만에 폐위됨. 고려 제 30대 왕(재위 1349~1351). 1349년 충목왕을 이어 왕으로 책봉되었다. 외척들의 세도 정치와 왜구의 잦은 침입으로 국정이 문란해지자 충목왕의 후계자로 함께 물망에 올랐던 강릉대군에게 민심이.
제29대	충목왕 忠穆王)	1344~1348	제30대	충정왕 忠定王)	1349~1351

고려 왕조계보

몇대	왕명	역사 내용 연대	몇대	왕명	역사 내용 연대
		27대 충숙왕의 둘째 아들. 고려 재건을 위해 개혁과 반원정책을 단행하였으나, 권문세족 반발, 공민왕 시해로 개혁 중단됨. 고려 재건을 위한 개혁 단행. 고려 말기 어지러운 국내외 정세에서 반원의 기치를 내걸고 나라를 재건하기 위해 많은 노력을 한 공민왕을 한마디로 표현하면 개혁군주이다.			공민왕이 시해되자 10세의 어린 나이로 즉위. 이성계의 위화도 회군 후 폐위되어 강화도로 추방됨. 고려의 제32대 왕(재위 1374~1388). 성은 왕(王), 이름[諱]은 우(禑)이다. 어렸을 때의 이름은 모니노(牟尼奴)이며 왕위에 오르기 전에는 강녕대군(江寧大君)으로 불렸다. 뒷날 여흥군(驪興郡, 지금의 경기도
제31대	공민왕 恭愍王)	1351~1374	제32대	우왕 禑王)	1374~1388
		32대 우왕의 아들. 9세에 즉위, 이성계에 의해 폐위됨 고려의 제33대 왕(재위 1388~1389). 이성계의 위화도회군 후 아버지인 우왕이 강화도로 추방되자 9살의 나이로 왕위에 올랐다. 토지제도를 바로 잡고 전선법(銓選法)을 복구하기도 했다. 이성계에 의해 폐위된 후.			신종의 7대손. 고려의 마지막 왕.1345(충목왕 1)~1394(태조 3). 고려 제34대 왕. 재위 1389~1392. [개설] 이름은 요(瑤). 신종(神宗)의 7대손으로 정원부원군(定原府院君) 균(鈞)의 아들이며, 어머니는 국대비 왕씨.
제33대	창왕 昌王)	1388~1389	제34대	공양왕 恭讓王)	1389~1392

조선 왕조계보

몇대	왕명	역사 내용 연대	몇대	왕명	역사 내용 연대
		고려 우군도통사로서 요동정벌을 위해 북진하다가 위화도에서 회군하여 막강한 권력을 잡았다. 전제개혁을 단행하여 신진세력의 경제적 토대를 구축한 뒤 조선왕조를 개창하였다. 도읍을 한양으로 옮겨 초기 국가의 기틀을 다졌다	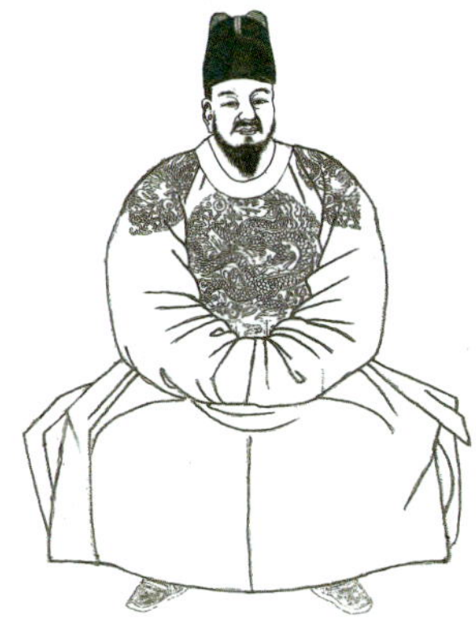		조선 제2대 왕(재위 1398~1400). 제1차 왕자의 난이 수습된 뒤 왕위에 올랐으며, 재임 2년 후 보위를 이방원에게 양위하였고 상왕으로 물러났다. [출생과 세자 책봉] 자 광원(光遠), 휘(諱) 경(曔), 초명 방과(芳果).
제1대	태조이성계 太祖李成桂)	1392~1398,(6년)	제2대	정종 正宗)	1398~1400,(2년)
		1대 태조의 다섯째 아들. 왕권을 강화하기 위해 사병을 없애고 관직 제도를 개혁함. 태종 이방원 새로운 왕조의 기틀 마련. 태종은 새 왕조 개창기에 많은 공을 세웠음에도 불구하고 정도전 등에 의해서 견제되었다. 제1차 왕자의 난을 계기로 재기에 성공, 그러나 왕위에 오르는 과정이나 왕위에 오른 뒤 계속된 피의 숙청을 단행하였다.			3대 태종의 셋째 아들. 훈민정음을 창제함. 정치, 사회, 경제, 문화, 과학, 음악 등 전 분야를 발전시켜 조선의 황금시대를 연 성군. 세종대왕 훈민정음 창제 '성군' 또는 '대왕' 이라는 호칭이 붙는 세종은 우리 역사에서 가장 존경받는 인물이다. 당대에 이미 '해동요순' 이라 불렸으며, 초인·신화화되었다. 세종은 우리 역사상 가장 훌륭한 유교 정치와 찬란한 민족문화를 꽃피웠다.
제3대	태종 太宗)	1400~1418,(18년)	제4대	세종 世宗)	1418~1450(32년)
		4대 세종의 맏아들. 성품이 온화하고 학문을 좋아한 왕. 1414(태종 14)~1452(문종 2). 조선 제5대 왕. 재위 1450~1452. 본관은 전주(全州). 이름은 향(珦), 자는 휘지(輝之). 세종의 맏아들이며, 어머니는 소헌왕후 심씨(昭憲王后沈氏)이다.			5대 문종의 아들. 정치적 야심에 희생된 비운의 소년 국왕. 정치적 야심에 희생된 비운의 소년 국왕. 조선의 제6대 국왕인 단종(端宗, 1441~1457, 재위 1452~1455). 한국사 전체에서 가장 비극적인 운명의 국왕. 조선이 개창된 지 꼭 60년 만에 11세의 어린 나이로 등극한 국왕은 권력의 공백이 빚어낸 투쟁의 희생양이 되었다
제5대	문종 文宗)	1450~1452,(2년)	제6대	단종 端宗)	1452~1455,(3년)

조선 왕조계보

몇대	왕명	역사 내용 연대	몇대	왕명	역사 내용 연대
		4대 세종의 둘째 아들(수양대군). 계유정난을 일으키고 조카인 단종의 왕위를 찬탈함. 계유정난 수양대군으로 더 많이 알려진 조선 7대왕 세조. 그에 대한 역사의 평가는 엇갈린다. 어린 조카인 단종의 왕위를 찬탈하고 수많은 신하를 죽인 피의 군주이면서, 부친인 세종의 위업을 계승한 치적군주의 이미지도 함께 가지고 있기 때문이다			7대 세조의 둘째 아들. 재위 13개월 만에 죽음. 조선 제8대 왕(재위 1468~1469)으로 재위 13개월 만에 죽었다. 재위 중 직전수조법(職田收租法)을 제정하여 둔전(屯田)의 민경(民耕)을 허락하였다. 휘(諱) 황(晄). 자 명조(明照.
제7대	세조 世祖)	1455~1468,(13.	제8대	예종 睿宗)	1468,1469,(1.
		7대 세조의 손자. 조선의 기본 법전인 경국대전을 완성함. 조선 전기의 문물제도를 완성시켰다는 평가를 받음. 조선 제9대 왕(재위 1469~1494). 휘(諱)는 혈(娎), 시호(諡號)는 성종강정인문헌무흠성공효대왕(成宗康靖仁文憲武欽聖恭孝大王)이다. 세조의 장남인 의경세자(懿敬世子) 이장.			9대 성종의 맏아들이자 폐비 윤씨의 아들. 조선 최초의 반정으로 폐위됨. 조선 제10대의 왕(재위 1494~1506). 많은 신진 사류를 죽이는 무오사화를 일으키고 생모 윤씨의 폐비에 찬성했던 윤필상 등 수십명을 살해하였다. 또한 경연을 없애고 사간원을..
제9대	성종 成宗)	1469~1494,(25	제10대	연산군 燕山君)	1494~1506,(12,
		제9대 성종의 둘째 아들이자 연산군의 이복동생. 관련어: 조광조, 기묘사화1488(성종 19)~1544(중종 39). 조선 제11대 왕. [개설] 재위 1506~1544. 본관은 전주(全州)이다. 이름은 역(懌)이다. 자는 낙천(樂天)이다. 성종의 둘째 아들로, 어머니는 정현왕후			11대 중종의 맏아들. 성품이 온화하고 효심이 깊었던 왕, 재위 8개월만에 사망함. 1515(중종 10)~1545(인종 1). 조선 제12대 왕. [개설] 본관은 전주(全州)이다. 이름은 호(峼)이다. 자는 천윤(天胤)이다. 중종의 맏아들로 어머니는 영돈녕부사 윤여필(尹汝弼)의 딸
제11대	중종 中宗)	1506~1544,(38	제12대	인종 仁宗)	1544~1545,(1,

조선 왕조계보

몇대	왕명	역사 내용 연대	몇대	왕명	역사 내용 연대
		11대 중종의 둘째 아들. 12세에 즉위. 관련 사건: 을사사화1534(중종29)~1567(명종 22). 조선 제13대 왕. [개설] 재위 1545~1567. 본관은 전주(全州). 이름은 환(峘), 자는 대양(對陽). 중종의 둘째 아들로 인종의 아우이고, 어머니는 영돈녕부사.			11대 중종의 손자. 당쟁과 왜군의 침입에 휩싸인 왕. 사림의 중앙정계 진출이 활발해짐. 붕당 형성. 1552년(명종7)~1608년(선조 41). 조선 제14대 왕. [내용] 재위 1567~1608. 본관은 전주(全州). 초명은 균(鈞), 뒤에 연(昖)으로 개명하였다. 1552년 11월 11일 한성(漢城) 인달방(仁達坊)에서..
제13대	명종 明宗)	1545~1567,(22	제14대	선조 宣祖)	1567~1608,(41
		14대 선조의 둘째 아들. 조선 중기의 격동기에 실리외교를 택한 군주. 대동법을 실시함. 실리외교를 선택하였다. 이런 그의 정치적 태도는 결국 인조반정으로 축출되기에 이르렀고 끝내 묘호조차 갖지 못한 군주가 되었다. 광해군(光海君, 1575~1641)은 재위기간(1608~1623) 동안 자신의 왕위를 위협하는 정적들을 대상으로 수차례 옥사를 일으켰고, 외교			14대 선조의 손자. 반정으로 왕위에 올라 삼전도 굴욕을 겪은 왕. 인조반정 도덕적 가치를 내세우며 성공한 인조반정이었지만, 인조의 치세를 보면 그의 왕위등극과 함께 백성의 고난이 시작. 물론 인조 또한 마음 편히 왕위에 있었던 것은 아니다
제15대	광해군 光海君)	1608~1623,(15	제16대	인조 仁祖)	1623~1649,(26
		16대 인조의 둘째 아들. 북벌을 국시로 내세웠으나, 북벌의 기회를 얻지는 못함. 효종 북벌을 국시로 내세운 군주 효종은 인조의 둘째 아들로 인조반정 이후 봉림대군에 봉해졌고, 소현세자 급서 후 조선의 17대 왕이 되었다. 정통성의 약점을 안은 효종은 북벌을 추진해 왕권을 강화하고자 하였다			17대 효종의 아들. 남인과 서인의 당쟁(예송논쟁)이 계속되어 국력이 쇠퇴해짐1641(인조 19)~1674(현종 15). 조선 제18대 왕. [개설] 재위 1659~1674. 본관은 전주(全州)이다. 이름은 연(棩)이다. 자는 경직(景直)이다. 효종의 맏아들로 어머니는 우의정 장유(張維)..
제17대	효종 孝宗)	1649~1659,(10	제18대	현종 顯宗)	1659~1674,(15,

조선 왕조계보					
몇대	왕명	역사 내용 연대	몇대	왕명	역사 내용 연대
		18대 현종의 아들. 대동법을 전국에 실시함. 당쟁과 궁중암투가 극에 달함. 관련인물: 인현왕후, 희빈 장씨, 숙빈 최씨. 숙종_환국 정치의 명암조선 후기 당쟁의 격화 속에서 그는 왕권 강화를 위해 세차례 환국을 주도했으며 여러 업적을 남겼다.19대 숙종과 희빈 장씨의 아들. 노론과 소론 당쟁의 절정기.			1688(숙종14)~1724(경종 4). 조선 제20대 왕. [개설] 재위 1720~1724. 본관은 전주(全州). 이름은 윤(昀), 자는 휘서(輝瑞). 숙종의 맏아들로, 어머니는 희빈 장씨(禧嬪張氏)이다. 비(妃)
제19대	숙종 肅宗)	1674~1720,(46,	제20대	경종 景宗)	1720~1724,(4.
		조선의 제21대 왕. 과열된 붕당의 대립을 완화하는 탕평정책을 시행하였으며 균역법을 시행하고 청계천 준설, 신문고 설치 등을 통해 민생정치를 폈다. 문화를 부흥시키고 많은 책을 간행하였으며 사치를 근절시켜 모든 방면에서 조선후기			21대 영조의 손자이자 사도세자의 아들. 탕평책을 계승하고 인재를 고루 등용함. 조선 후기 문화의 황금기를 이루었다고 평가됨. 조선 후기의 개혁과 대통합 실현. 조선의 제22대왕 정조는 지난한 여정을 거쳐 왕위에 올라, 갖가지 개혁 정책 및 탕평을 통해 대통합을 추진하였다. 그러나 그의 갑작스러운 죽음으로 그가 재위기간에 추진했던 각종 정책은 대부분 폐기되었다
제21대	영조 英祖)	1724~1776,(52	제22대	정조 正祖)	1776~1800,(24
		22대 정조의 둘째 아들. 11세에 즉위. 김조순 등 안동 김씨가 세도정치를 하던 시대로 백성들의 생활이 매우 힘들었음. 1811년 홍경래의 난 발생함. 조선의 제23대 왕(재위 1800~1834). 김조순 및 외가 인물들의 권력 강화에 맞서 선왕의 여러 정책을 모범으로 국정을 주도하려고 노력하였다. 암행어사 파견, 《만기요람》 편찬.			23대 순조의 손자. 8세에 즉위. 안동 김씨와 풍양 조씨의 권력 투쟁에 휘말림. 1827(순조 27)~1849(헌종 15). 조선 제24대 왕. [개설] 재위 1834~1849. 본관은 전주(全州)이다. 이름은 환(奐)이다. 자는 문응(文應)이다. 호는 원헌(元軒)이다. 순조의 손자이다
제23대	순조 純祖)	1800~1834,(34	제24대	헌종 憲宗)	1834~1849,(15

조선 왕조계보

몇대	왕명	역사 내용 연대	몇대	왕명	역사 내용 연대
 출처naver 지식백과		22대 정조의 동생인 은언군의 손자. 1844년 강화도에 유배되었다가 19세 나이로 즉위. 1831(순조 31)~1863(철종 14). 조선 제25대 왕. [개설] 재위 1849~1863. 본관은 전주(全州)이다. 이름은 이변(李昪)이다. 초명은 이원범(李元範)이다. 자는 도승(道升), 호는 대용재..			흥선대원군의 둘째 아들. 12세에 즉위. 조선 제26대 왕이자 대한제국 제1대 황제. 고종_대한제국을 탄생시킨 조선의 26대 왕 조선 왕조가 거의 수명이 다해 갈 무렵에 왕이 된 고종 또한 역사적 평가가 인색한 왕 가운데 하나다. 망국의 책임이 그에게 있기 때문일 것이다. 그는 과연 구국의 황제인가? 아니면 망국의 황제인가?
第25대	철종 哲宗)	1849~1863,(14	第26대	고종 高宗)	1863~1907,(44
		26대 고종의 둘째 아들. 조선의 마지막 국왕 1874(고종 11)~1926. 조선 제27대 왕. 재위 1907~1910. [개설] 이름은 척(坧), 자는 군방(君邦), 호는 정헌(正軒). 1874년 2월 창덕궁의 관물헌(觀物軒)에서 고종과 명성황후(明成皇后)의			고종부친고종섭정攝政)
第27대	순종 順宗)	1907~1910,(3		흥선대원군 興宣大院君	1820~1898
 영친왕과태자비이방자					
	영친왕 英親王)	조선왕 초본	출처naver 지식백과출처 국립고궁박물관		

우리나라 역대 대통령 및 북한 통치자

얼굴 사진				
이름	이승만李承晚황해도	윤보선尹潽善,충남	박정희朴正熙구미	최규하崔圭夏강원
생멸	1875,4-1965,7	1887,8-1990,7	1917,11-1979,10	19197~2006,10
몇대	①②③대간선직선	④국회에서	⑤⑥⑦⑧⑨ 직선, 유신	⑩계승
재임	1948,7,~1960,4	1960,8~1962,3.	1917,11~1979,10	1979,12~1980,8
나이	90세	93세	62세	87세
얼굴 사진				
이름	전두환全斗煥합천	노태우盧泰愚대구	김영삼金泳三거제	김대중金大中신안
생멸	19311~	1932,12~	1927,12~2015,11	1924,1~2009,8
몇대	통일주체⑪~⑫	⑬ 직선	⑭직선	⑮직선
재임	1980,9~1988,2.	1988,2~1993,2	1993,2~1998,2	1998,2~2003,2
			82세	87세
얼굴 사진				
이름	노무현盧武鉉김해	이명박李明博일본	박근혜朴謹惠대구	문재인文在寅거제
생멸	1946,9,1.-2009,5	1941,12~	1952,2-	1953,1,24~
몇대	⑯ 직선	⑰ 직선	⑱ 직선	⑲ 직선
재임	2003,2~2008,2	2008,2~2013,2.	2013,2~2015,탄액	

북한 통치자 세습世襲)정치

얼굴 사진			
이름	김일성金日成	김정일金正日	김정은金正恩
생멸	1912,~19947,8,	1942,2,16.~ 2011,12,17	1984,1,8,~
몇대			
재임			

제 9 장
세월따라 사제의 관계도 변한다.

그리운 친구親舊)

그리운 친구여 그간 무엇 하면서 어떻게 지내냐?
편지 한 장 못쓰고 세월만 흘러가서 잊고 있었다,
네가 나에게 소식을 전하니 텅 빈 마음에 돌팔매
같이 가슴속 깊이 내 마음을 때렸다.

흘러가는 세월 속에 그리운 친구여
적회積懷)는 오늘이 끝이 나려나 내 마음
구름같이 흘러가다 나고 지는 생각만 떠다닌다.
유수流水)같이 빠른 세월 어언 몇 년이 흘렀구나.

가물가물 먼 옛날 너와 내가 주고받던
정겨웠던 이야기가 내 마음이 슬프고 그립구나.
흘러가는 구름아 내 마음 도 싣고 가서
그리운 내 친구에게 전해 다오 전해다오.

그리운 옛 친구에게

단운丹云) 씀

숭례문 참화사건慘禍事件)

정부에서 발주하여 문화재 공사를 시작한지도 60여년이 넘었다.

뜻하지 않은 숭례문 화재가 나고 원형대로 복원하려고 각 분야의 문화재 기술자들이 많는 노력을 하였다.

단청의 조그마한 하자가 발생하여 그 부분만 하자처리 해도 될 일을 각 언론과 방송에서 정확히 알지 못하고 떠드는 바람에 문화재 기술자들이 곤욕困辱)을 치뤘다.

지난 일이지만 이런 일을 숭례문 참화사건이라고 부른다.

참화사건이 지나간 후 수많은 문화재 기술자들이 실업자가 되어서 갈팡질팡하고 사회적 변고(變故)가 되어 어떤 이는 기술 자격이 1년 중지(中止)되고 어떤 이는 6개월이 중지되어서 수모(受侮)를 당해야 되는 처참한 문제가 발생하기도 하였다. 이런 일로 사회적 이슈가 되어 매일 언론과 방송에서 떠들어 대는 초유의 일이 벌어지기도 하였다.

개인회사에서 기술자들이 수주한 공사가 없어 공사 수주 시까지 가사를 도우도록 배려하는 것도 처벌하는 것은 국가가 지나친 간섭을 하는 것이다.

법적으로 문제가 되는지 가려보고자 사비를 들려 재판을 청구한 기술자도 있었다. 1심과 2심에서 승소하고 대법원의 결심공판(結審公判)에서도 승소하였다.

문화재 기술자들이 좀 더 자유롭고 책임 있는 활동을 하는 환경이 되면 좋겠다. 문화재 기술자가 면허를 대여한다고 하지만 대여(貸與)가 아니고 공사가 없을 때 휴직하는 기간으로 보아야 될 것이다.

대여貸與)라는 것은 기술 자격증을 남에게 빌려주고 자기는 다른 직업을 가져야 대여가 되는데 일이 없어 잠시 휴직(休職)하는 것을 대여로 몰아가는 것은 기술자들에게는 억울한 생각이 들게 한다.

문화재 일을 하는 기술자 사장님들도 초심으로 돌아가 너무 돈벌이로만 생각하지 말고 공생하면서 문화재를 애호하고 기술자를 대우하는 제도를 만들도록 해주면 후세에 빛나는 이들이 될 것 같다.

문화재 공사해서 재벌 되려고 생각만 안하면 주어진 예산 가지고도 공생할 수 있다고 생각한다.

나라의 문화재 예산이 나의 것이 아니고 기술자 전부의 예산이라고 생각하면 마음이 편해질 것이다.

나라에서도 사명을 가지고 어려운 시험을 보아 문화재 수리 기술자가 된 이들에게 의미 있게 잘 살아가도록 제도를 보완하여 옛날 제도로 환원(還元)해 주어서 모두가 긍지를 가지고 살아가도록 보살펴 주어야 희망 있는 나라가 될 것이다.

앞으로 다시는 이런 숭례문 참화사건 같은 일이 없어야 될 것으로 생각된다.

근래에 저자에게 스승 제자 간이 옛날과 많이 달라졌다고 하는 분들이 많고 옛 사제지간師弟之間)의 생활이 궁금하다는 문의가 있어 옛 선배들에게 들은 이야기와 현재의 생활을 발취(拔取)해 본다. 오늘날의 사제지간은 옛날과 많이 달라졌다.

옛날에는 처음에 입문하면 대부분 스승으로 모시고 평생 동안 유대를 가졌다.

지금도 대부분은 그런 생각을 가지고 지내는 분들이 있다. 그러나 요즘 개중에는 스승을 쉽게 바꾸는 사람도 있다. 스승갈이라고 한다. 왜 그런가?

원인을 생각하게 된다. 먼저 선배 화원들께 들은 이야기를 한다. 예전에는 어느 분이 큰 단청 공사를 수주하게 되면 자기 제자들만이 아니고 다른 계열의 화원을 불렀다고 한다.

다른 계열의 스승을 통하여 그 스승과 제자가 단체로 가서 부른 분의 단청 공사를 도왔던 것이다.

즉 규모가 작은 공사를 맡아 하게 되면 수주한 분과 자기 제자들과 같이 하였으나 큰 공사를 맡아 하게 되면 다른 계열의 화원을 불렀다. 대부분 수주한 분과 그 공사를 무사히 잘 맞추지만 그렇지 않고 데려간 제자가 잘못을 저지르면 집단으로 책임을 지고 그 현장을 떠나는 것이 상식이였다고 한다.

그러나 지금은 단청 공사 현장에서 스승과 제자가 옮겨 다니면서 일을 하는 경우는 거의 없다. 대부분 단체보다 개인적으로 부른다.

한 현장 일이 끝이 나고 다른 현장 공사가 시작이 되는 경우 그 현장으로 많은 화원들이 옮겨서 일을 하는 경우는 있으나 스승과 제자가 동시에 집단으로 옮기는 경우는 없어진 제도라 할 수 있다.

현대 사제지간의 이야기를 해보자. 사회 각 분야가 변하니 단청 현장이나 탱화 현장이 변하지 않는 것은 시대착오인지 모르겠다.

요즘 사제지간에 많이 갈라지는 이유는 일당 즉 돈 문제가 제일 많다.

일당을 스승한데 받을 때는 500원씩 받았는데 다른 곳으로 옮기면 600원이 되기도 하고 700원이 되기도 한다.

처음 스승이 제자를 데리고 있을 때는 단계적으로 임금을 올려 준다. 이것을 참지 못하고 급히 옮기는 경우를 예를 들어 말한 것이다. 물론 전체 화원들 중에 일부를 예로 들 뿐이다. 스승의 공사가 없을 때는 다른 사람의 공사를 하다가 스승이 부르면 오는 것도 좋은 사제지간의 풍습이다.

환경과 여건이 변하면서 생계와 직결되는 돈 문제가 대두擡頭)되니 누가 옳고 누가 그르다고 이야기 하기란 어렵다.

돈 때문에 고생하는 것이 아닌가?

공사를 맡아 하는 경우도 때로는 괄시恝視)도 받고 인간이하의 대접을 받아도 꾹 참는 것은 돈 때문이다. 스승 제자 할 것 없이 돈을 받지 않으면 살아가기 힘든 세상이니 어쩔 수 없다.

단청 공사 현장이란 단순하게 품만 팔아 일당을 버는 곳이 아닌 우리 역사를 지키고 계승하는 곳이라고 생각을 가져야 할 것이다. 그렇게 생각하여 올바른 사제지간의 형성이 주는 문화적 가치는 단청을 발전시키는 것은 물론 후세에 더 크게 평가받을 수 있을 것이다.

몇 년을 같이 일하고도 스승이 돌아가신 후에 찾는 일 없는 것이 요즘 세상인심이다.

어떤 이는 한 스승 밑에서 오래 배우고도 스승갈이를 해서 주위의 눈살을 찌푸리게 하는 이가 있는가 하면 단한번 현장에서 함께 일을 하였지만 선생님이 돌아가신 후에도 마음 깊이 스승으로 모시고 기념비 등을 세워 업적을 기리는 사람도 있을 것이다.

이해득실 따라 요즘 공사 현장에서 일을 같이 해 본 적이 없어도 사제지간으로 지내는 경우도 생기는데 어느 것이 옳고 어느 것이 틀렸다고 딱 잘라 말할 수도 없다.

인간은 완전무결한 인격체가 아니다. 사람의 혀는 간사하여 맛을 기막히게 알아서 맛있는 음식을 찾아다니며 먹듯이 이해득실에 따라 마음도 변하는 것이다.

그러하지만 다 같이 상식선에서 뜻을 모아 주어진 여건에 충실할 때 주위에서 칭송을 받을 것이다.

개개인의 사생활을 흉이나 보고 남이 잘되는 것을 시기 질투나 부리는 사람은 자기발전에 저해(沮害)가 되는 것이다

남과 더불어 같이 가고 현실을 인정하는 마음을 가지면 본인도 편안한 마음이 생긴다.

자기 마음을 스승이나 동료들과 더불어 긍정적으로 다스려 나가면 덕이 된다. 어떤 스승은 배울 것이 많은 분이 있고, 인품과 명성이 뛰어난 분이 있는가 하면 기술도 모자라고 사리사욕만 채우는 이도 있을 것이다. 인간은 예나 지금이나 도덕의 선을 넘으면 사회로부터 지탄을 받게 된다.

스승이 제주가 있고 배울 것이 많으면 그 스승 곁에서 충분히 배운 후 독립(獨立) 하여 커나가는 것이 가장 좋을 것이다.

기술이 부족하면 수주한 공사를 그르치는 경우가 생긴다.

기술이 부족하고 경험이 없는 공사를 맡아 해보지 않은 경우 스승의 애로를 잘 모를 것이다.

공사를 다 해놓고도 트집을 잡고 공사대금을 지불하지 않는 경우도 생기기도 한다.

나름대로 양쪽을 다 생각해 볼 문제이다. 황금만능주의가 판치는 세상에 사제지간의 윤리나 의리에 얼마나 가치를 두고 있는지 각자 스스로 생각해 볼 일이다.

어떤 스승은 공사를 많이 맡아서 쉬지 않고 몇 년을 하는 이가 있으면 좋을 것이나 대부분 그러하지 아니하다. 어떤 경우 가뭄에 콩 나듯 뜨문뜨문 공사를 수주하는 이도 있고 인품도 스승으로 모시기에는 적합하지 않은 분도 있을 것이다.

문화재 공사는 우리나라 현실로 보아 개인이 몇 년씩 할 만한 공사는 없다. 있다가도 없고 없다가도 생기는 것이 정답일지 모르겠다. 스승의 인격이나 기술을 가늠할 수 있듯이 스승 역시 제자를 삼을 때 인격 이하로 말썽이나 부리고 다닌다거나 하는 사람이 있다면 그 사람을 제자로 삼으려고 하지 않을 것이다.

부모야 잘나나 못나나 자기를 낳아준 분이다. 잘되던 못되던 그 천륜(天倫)을 끊을 수 없는 것이지만 사제지간은 남남이 만나 가르치고 배우는 입장이 되어 이해타산이 맞아야 관계를 오랫동안 유지할 수 있는 것이다.

좌우간 서로 인연이 맞아 오랫동안 관계를 맺었으면 좋겠으나 그렇지 못한 경우도 요즘 따라 많아진다.

이런 것을 딱히 못된 버릇이라고 하기도 어렵다. 한 인간이 일생을 살아가면서 한 분의 가르침만을 받는 것은 아니니다.

학교에 다니면서 만나는 선생과는 이해득실의 관계가 적다.

초등학교에서 대학까지 나오는 과정에서 많은 선생의 가르침을 받게 되는데 선생이 어느 반을 맡아 가르치게 되면 사제지간이 자연스럽게 이루어지기 때문이다.

여러분의 선생 중 일생에 큰 감명을 주신 분을 평생 존경하는 스승으로 생각할 것이다. 그러나 단청 공사 현장이나 불화하는 곳에서는 이해득실이 스승과 제자간에 생기게 되기가 쉽다.

학교 선생들과 달리 생각해야 될 점들이 많은 것이다.

어떤 스승이 자기 인생을 살아가면서 감동을 주었는가는 본인이 선택해야 할 문제이다. 그러나 가치 있고 평가받는 훌륭한 문화유산의 전통과 계승은 스승과 제자의 끊임 없는 관계 속에서 이루어지는 것이라 생각한다.

세상만사 돈이 최고야 스승 제자 간에도 돈 때문에 갈라지는 경우가 많으니 어디서 돈벼락을 맞을까?
이런 사람 많으니 슬프다.

서울시 무형문화재 지정인정 신청에 대한 의견서

歷史성 藝術성

우리나라 佛畵는 遺構한 歷史와 傳統을 지닌 우리 민족의 宗敎적 뜻을 가진 그림이다.

우리나라에 佛敎가 들어온 후 불상과 함께 佛畵도 그리게 되었을 것이다.

불교가 들어온 年代를 알아본다,

三國時代에 高句麗 제17대 소수림왕(小獸林王) 2년(372~)에 중국의 전진(前秦)으로부터 승려 순도가 佛像과 佛文을 가져와서 전파하였다.

百濟佛敎는 제16대 근초고왕(近肖古王)(371~346년)때 中國에서 들어와 全盛하기 시작하였다,

新羅佛敎도 제19대 눌지왕(訥祗王) 때 고구려 묵호자(墨胡子)를 통하여 전승된 불교는 제23대 法興王 때 國家의 공인을 받고 널이 퍼졌다,

高麗태조는 佛敎를 국교로 삼아 개성을 비롯하여 전국에 많은 절과 탑을 세웠다.

朝鮮佛敎도 임금 따라 屈曲이 있었다,

三國時代의 佛畵는 不幸이도 유존(遺存) 된 것이 없으나 寺刹그림을 그린 畵家의 尊名은 遺文으로 전해오고 있다,

新羅의 率居는 眞興王 (540~575년卽位한其間)때 분황사 觀音菩薩像 黃龍寺老松圖 단속사 유미거사상등을 그린 것으로 전해오고 있다.

遺存하는 遺物이 없어서 그의 作品을 볼수 없게 된 것이 아쉽다.

高句麗 담징(曇徵)도 영양왕(590-617년 卽位한其間)때 이름난 僧侶였다. 영양왕 21년(610~)百濟를 거처 日本으로 건너가 일본승려 호오균오(法定)와 함께 나라의 法隆寺 金堂 壁畵를 그렸다.

東洋 3대 藝術品의 하나로 일컬어지고 있는 作品이었다.

아쉽게도 1948년 火災로 소실되었다

百濟에는 인사라아(因斯羅我)가 있었다,

高麗 때는 高麗佛畵라는 유명한 그림들이 存在하고 있으나 그린 화가의 尊名은 흔치 않다. 高麗 이녕(李寧)의 이름이 알려지고 있다.

朝鮮時代에는 寺刹의 탱화가 現存하는 경우 연화질(椽化秩=畵記)이 있어서 당시 畵家의 이름을 알 수 있다.

많은 寺刹의 탱화에 나타나는 金魚들을 다 정리하기란 불가능하지만 나름대로 많이 알려진 畵員을 적어 보았다.

朝鮮에는 安 堅, 정선(鄭敾), 金弘道, 金汝文, 金明國, 尙謙, 裕聲, 秀佰, 錦湖. 石翁. 靑潭, 古山, 普應, 松坡, 화응, 예운, 완호. 日燮. 慧覺, 萬奉. 法海, 月州 등의 畵家들이 활동하였다,

위의 몇 분을 빼고 畵僧들이 대부분 이었다.

이런 佛畵의 有形文化財적 가치 있는 作品 들을 보면 작품을 남기고 세상을 뜬 분들은 별 도리가 없지만 지금도 서울시 거주자가 佛畵를 그리는 분이 여러분 있다.

그러나 지금의 畵員(단청, 탱화, 벽화하는 직업을 말함) 계에서 史적 尊名이 거론되는 분들과 비슷한 資質을 가진 분들이 있는지 검토해야 될 것이다,

文化財廳에서는 無形 文化財 制度가 시작된 후 처음에는 丹靑 탱화 壁畵를 한 종목으로 정하여 단청장으로 부르다가 단청장 불화장으로 종목을 나누었다.

서울시 무형문화재 지정인정 신청에 대한 의견서

많은 사람이 佛畵를 職業으로 삼고 평생을 살아가는데 기량 평가도 받아보지 못하고 어느 한 분에게만 기회가 주어진다면 공평한 일이라 생각하지 않고 뒷말이 많아질 것이다.

어떤 종목에는 命脈이 끊어지도록 하는 사람이 없는 경우도 있으나 불화분야나 唱을 부르는 분들의 수는 많은 것으로 생각된다.

많은 사람이 職을 이어 가고 있으니 그 중 기량이 가장 뛰어나고 品性도 원만한 분을 보고 인정유무를 정하는 것이 좋을 듯하다.

기량도 중요하지만 서울시 무형문화재로 인정받으려면 어떤 사람이든 성품이 공인으로 활동하면서 큰 하자가 없어야 될 것이다.

어떻게 활동을 할 것인가도 살펴야 될 것이다.

無形 文化財가 된 후 하든 노력은 접어두고 우쭐대면서 유명인 행세하며 道德的 品位가 떨어지는 行動을 하는 이도 있었다.

기량과 品性을 평가하는 것은 대단히 중요한 要素이다.

개인에 대한 실태는 대면하고 확인하는 과정이 필요하기 때문에 대면을 하기 전 어떤 의견을 내기가 부적절하다.

계보 전승 활동도 서류만으로 판단하기는 무리하다.

작품 활동도 사진을 보고 실재 기량을 알기 힘들다.

이론은 얼마나 알고 있는지 기량 평가도 한번으로는 부족한 경우도 있다.

인간이 文化財로 인정받는 것은 대단한 일이니 조사관도 師弟관계가 되지 않는 3명은 되어서 모두가 만족하다고 인정하는 것이 公平正大 할 것으로 생각한다.

어떻게 하면 많은 사람들이 수긍하고 승복하도록 할 것인가를 연구하여 보는 것도 필요할 것 같다.

사람의 됨됨이를 이삼일 보고 평가하는 것은 어려운 일이니 많은 시간을 두고 그 분야의 여론도 듣고 그분의 행적도 잘 살펴서 그 분야의 반감도 줄여서 정하는 것이 좋을 것으로 생각된다.

인간이 인간을 고르는 것은 참으로 어려운 일이다.

서울시 무형문화재 지정인정 신청에 대한 의견서

壁畵도 엄격히 따지면 벽화장으로 분리해서 한 종목으로 지정 되어야 한다고 생각한다.

옛날 화원들은 단청 탱화 벽화를 골고루 다 잘하는 분들이 많았다.

또한 佛像 改金도 잘하는 분들이 많았다.

그러나 요즘은 細分化 되어 丹靑 하는 사람, 탱화 하는 사람, 壁畵 하는 사람이 전공분야로 나누어 하는 경우가 많아졌다.

어떤 경우 탱화는 잘하는데 丹靑은 못하는 분을 단청장으로 정한다면 모순이다.

지금의 배우는 분야가 옛날과 같지 않은데 한 종목으로 정한다면 모순이 생긴다.

단청은 잘하는데 탱화는 못 하는 분이 있다.

탱화는 잘 그리는데 壁畵는 전혀 못 그리는 분도 있다.

丹靑工事現場에 수십년을 따라다녀도 丹靑出草하나 못 그리는 이도 있다.

丹靑하는 분이나 탱화하는 畵室을 展轉하여도 개인의 資質이 없으면 뒷시중이나 하는 수박에 없다.

個人資質따라 技倆이 다르다.

鄕土성

서울시의 불화장의 종목을 정하는 것은 환영할만하다고 하겠다.

서울시에 거주하는 분이 無形文化財가 되는 것은 대단히 중요하다.

大韓民國 首都에서 행해지는 것은 地方어느 都市에서 선출되는 無形文化財보다 象徵성과 비중이 크기 때문이다.

따라서 佛畵계에서도 이런 분이면 잘 뽑았다고 인정을 하는 분 이 되기를 기대한다.

서울은 역사적으로 오래된 首都이다.

1391년 태조 李成桂(1335~1408년)가 朝鮮王國을 세운 후 首都로 정하였다.

朝鮮太祖 3년에 漢城府 隆熙4년(1910년)京城府 라고 고치고, 1945년 解放과 더불어 서울이라 하였다.

1910년 日本에 의해 강재 합병되어 36년 동안 民族의 受難을 겪기도 하였다.

1948년 大韓民國이 수립 된 후에도 首都는 서울이었다.

朝鮮王國이 首都로 정한지도 619년이 되었다.

한나라의 首都都市가되니 모든 문화가 集中되고 가장 發展 하였다.

이런 관계로 有形文化財는 國寶급 文化財나 寶物급 文化財도 그 수가 많다. 더불어 無形文化財도 여러 분야에 지정이 되어 서울시의 혜택을 받고 있다.

이번에 불화장 종목 지정할 가치가 있는지 여부에 대한 의견을 물어와 종목지정은 당연 하다고 생각 된다.

文化를 선도하는 입장에서 벽화장 종목도 지정이 되면 좋을 것으로 생각한다.

文化財청에서는 이미 불화장으로 인정을 받은 분이 2명이 있다.

서울시에서는 종목이 지정 안 된 상태이니 먼저 종목을 지정 후 서울에 불화하는 분이 많이 있으니 募集한 후 적격자가 있으면 불화장으로 인정하면 좋겠다.

제도개선制度改善)의견서

2017. 2. 23.
문화재위원 김 한 옥

1. 벽화 종목을 따로 정하자.

단청과 벽화가 그리는 기술이 다르니 벽화종목을 지정 하자.

단청에서 불화로 나뉜 지도 10년이 넘었다. 불화가 있는데 그 안에 벽화도 있는 것이지 않는가? 라고 하는 이도 있다. 물론 탱화벽화가 다 불화로 보는 것도 틀린 생각은 아니다. 그런데 현실적으로 보면 진행되는 기술이 같지 않다. 탱화는 출초작업이 이루어지기 때문에 탱화초만 있으면 필력이나 색상에 감각만 있으면 다룰 수 있지만 벽화는 직접 벽에 대고 그리기 때문에 직관성이 뛰어나지 않으면 다루지 못한다. 단청은 목재에 출초를 내어서 대고 타분해서 그리는 것이라면 탱화는 천에 한지를 붙여서 그리고 벽화는 벽에 직접 그리는 기술이니 각기 다른 기술인 것이다. 옛날에는 세가지 기술을 전부 단청이라 하였으나 현재는 불화라는 용어와 더불어 불화장이 생겼다. 불화장이라 하지 말고 탱화장이라고 하고 벽화장을 따로 정해야 될 것이다.

사찰 단청을 하게 되면 벽화를 하는 곳이 별도의 구역으로 나누어진다. 즉 사찰 성전 불전聖殿)에는 벽화를 그리고 요사채, 서가, 창고, 화장실 등에는 벽화를 그리지 않는다. 요사채에 별도 인법당이 있는 경우는 벽화를 그리기도 한다.

대부분 사람들은 단청문양의 뜻을 잘 모른다.

지극히 도식적圖式的)이고 추상적抽象的)이어서 일반인들이 이해하기 어렵다.

그렇다고 함부로 문양을 그리거나 하여서도 안된다.

단청은 먼저 종이에 문양을 그려서 바늘 송곳으로 천공穿孔)을 하고 타분打粉)을 목재木材)에 대고 쳐서 여러 사람이 각기 다른 붓을 사용하면서 이어가는 다인多人)작품이다.

그런데 벽화는 그리는 방법도 다르다.

불전佛殿)에 맞게 경전에 나오는 내용을 그림으로 표현하는 것이다.

대개 벽화는 출초出草)를 내지 않고 벽에 직접 유탄柳炭))이나 분필 연필로 대상을 그리고 채색한다.

그리는 이도 여러 사람이 그리지 않고 한 사람이 대상對象)을 그리고 경우에 따라 조수助手)로 한 사람을 두기도 한다, 그 뿐만 아니고 여러 가지 건축물의 용도에 따라 그 건축물에 맞도록 그리는 것이 벽화이며 직관적直觀的)이다.

그리고 벽화는 보는 이로 하여금 바로 내용이 전달이 된다.

역사적으로 보아도 벽화는 그 당시 시대를 읽을 수 있다.

우리는 고구려 고분벽화를 보고 그 시대 건축과 의상衣裳)을 알 수 있었다.

벽화는 오랫동안 스승 아래 습학習學)을 하거나 본인이 인고忍苦)의 연습을 해야 제대로 된 기술을 이어갈 수 있다.

지금 우리나라에는 벽화만 전문으로 하는 분이 몇 분 안 된다.

제도개선制度改善)의견서

어려운 습화習畵) 과정을 거쳐야 되기 때문에 후계자가 제대로 배우기가 어렵다.

나름대로 벽화를 하는 이도 그림에 소질이 있어 혼자 하는 이가 있지만 전승傳承) 되지 않아 옛 방식대로 하지 못하는 경우가 많다.

국가에서는 벽화 종목을 무형문화재로 지정하여 명예와 급여를 주어 옛 방법을 전수專修)하도록 하면 좋을 것으로 사료된다.

6~70년대에도 단청만 수주受注)하는 00스님과 주로 탱화만 하는 00스님 벽화를 많이 하는 00스님이 있었다.

2. 문화재보호법을 알아야한다.

앞으로 무형문화재로 지정하는 모든 이에게 문화재보호법을 출제하여 무형문화재가 된 이가 문화재를 훼손毁損)하는 일이 없도록 하여야 될 것으로 생각된다.

명예만 가지고 보호법을 제대로 모르니 외려 문화재 훼손하는 이가 있다.

나라에서 주는 무형문화재 피 신청인被申請人)들을 철저히 문화재보호 측면을 검증하여 사명감을 가지고 명예롭게 살아가도록 살펴야 된다고 생각한다.

무형문화재로 지정된 제자만이 이수자 조교로 이어가도록 하는 것도 잘된 제도만은 아니다. 무형문화재 제도가 생긴 후 그분과 아무 관계도 없는데 그 밑에 제자로 이름만 올린 화원이 수없이 많은 것을 보았다. 모 무형문화재스님은 살아 계실 때 단청 한 건 해보지 않고 탱화만 하였는데 그분 아래로 단청만 하던 화원이 80여 명이 되어있는 것을 보고 깜짝 놀란 적이 있었다. 많은 제자가 실력을 갖춘 후 활동하면 좋을 것이나 그렇지 못한 경우가 있고 또한 무형문화재 스승이 아닌 스승한테 배워도 재능과 능력이 뛰어난 자가 있을 때는 이런 자도 기능 위주로 심의하도록 해야 할 것이다.

뛰어난 기능과 품위品位)을 갖추어도 무형문화재 스승을 정하지 않은 자가 적지 않게 있다. 기술이나 재질은 타고나야 되는데 이런 것들이 무시되어서 중요한 인재를 발견하지 못하고 방치되는 일은 슬픈 일이다.

제 10 장
불전(佛殿) 모시는 순서

청도 운문사 범종루 단청 공사 후 촬영한 사진

불전, 전각, 불상, 탱화, 야외 모시는 순서

① 모시는 불전	모시는 불佛), 보살菩薩) 조상	
대웅전大雄殿) 대웅보전大雄寶殿)	석가모니불 아미타불 약사여래불	석가모니후불 영산회상도
	삼장탱화, 신중탱화 감로탱화	지장탱화

석가모니불을 중심에 모시고 석가모니불과 연관되는 내용들을 형상화하여 모신다. 부처가 영축산에서 설법하는 장면을 내용으로 그린 탱화를 모신다.

② 모시는 불전	모시는 불佛), 보살菩薩) 조상	
대적광전大寂光殿) 대광명전大光明殿) 비로전毘盧殿) 화엄전華嚴殿)	비로자나불 석가모니불 노사나불	삼신불 七처九회 화엄변상도

비로자나불을 중심에 모시고 보신 노사나불과 화신 석가모니불을 모신다.

③ 모시는 불전	모시는 불佛), 보살菩薩) 조상	
극락전極樂殿) 무량수전無量壽殿) 아미타전阿彌陀殿) 수관전修觀殿)	아미타불 대세지보살 관세음보살 지장보살	아미타후불탱화 아미타여래영도 십육관변상도 극락회상도

서방정토 아미타불을 주불로 모시고 관음보살과 대세지보살, 지장보살을 협시보살로 모신다. 중생의 무량수명을 빌어주고 왕생극락을 빌어주는 뜻으로 모신다.

④ 모시는 불전	모시는 불佛), 보살(菩薩) 조상		
팔상전八相殿) 영산전靈山殿)	석가여래 미륵보살 제화갈라보살 석가모니후불탱화 팔상탱화	①도솔래의상 ②비람강생상 ③사문유관상 ④유성출가상	⑤설산수도상 ⑥수하항마상 ⑦녹원전법상 ⑧쌍림열반상

석가모니불의 일대기를 팔상으로 묘사하여 모신다.

⑤ 모시는 불전	모시는 불佛), 보살(菩薩) 조상
천불전千佛殿) 불조전佛祖殿)	오십삼불, 천불, 삼천불, 만불 五十三佛, 千佛, 三千佛, 萬佛
다불多佛)사상으로 우주에 많은 부처를 형상화 하여 모신다.	

⑥ 모시는 불전	모시는 불佛), 보살菩薩) 조상	
약사전藥師殿)	약사여래-일광보살-월광보살- 藥師如來-日光菩薩-月光菩薩	약사여래후불탱화 藥師如來後佛幀畵
재앙 소멸 질병치료, 수명장수 중생제도를 해주는 동방 약사여래불을 모신다.		

⑦ 모시는 불전	모시는 불佛), 보살(菩薩) 조상		
원통전圓通殿) 관음전觀音殿)	관세음보살 남순동자 해상용왕	백의관음도 성관음도 십일면관음도	천수관음도 千手觀音圖
어머니같이 따뜻한 마음으로 중생의 소원을 들어주는 관음보살을 모신다. 온갖 고통에서 구제해 준다는 뜻으로 모신다.			

⑧ 모시는 불전	모시는 불, 보살 조상	탱화
응진전應眞殿) 나한전羅漢殿)	석가모니불, 미륵보살, 제화갈라보살 16나한	석가모니(후불 16나한 500나한
석가모니불 번뇌 망상을 멸하고 교법을 수호하는 16제자와 아라한과 깨달은 500명의 성인을 모신다.		

⑨ 모시는불전	모시는 불, 보살 조상	모시는 탱화
명부전冥府殿) 지장전紙匠田)	지장보살, 도명존자 , 무독귀왕, 지옥십대왕, 동지판관, 녹사	지장(후불 시왕, 지옥도 감로탱화
석가모니불이 입멸한 후에 미륵불이 출현하기까지 육도에 몸을 출현하여 고통받는 지옥 중생을 구제하기 전 성불하지 않겠다는 지장보살을 모신다. 극락왕생을 구현한 감로탱화. 지옥의 십왕이 주제한 지옥도가 포함된다.		

<table>
<tr><td>⑩ 모시는 불전</td><td>모시는 불, 보살 조상</td><td>모시는 탱화</td></tr>
<tr><td>용화전龍華殿)</td><td>미륵불, 법화림보살,
대묘상보살</td><td>미륵용화정토,(탱화
미륵하생경변상도</td></tr>
<tr><td colspan="3">56억 7만년 후에 미륵불이 출현한다고 하여 석가모니불이 수기를 주었다고 한다. 미래불인 미륵불을 모신다.</td></tr>
<tr><td>⑪ 모시는 불전</td><td>모시는 불, 보살 조상</td><td>모시는 탱화</td></tr>
<tr><td>조사전祖師殿)
불조전佛祖殿)</td><td>조사상
33조사상</td><td>조사진영, 국사, 대사, 선사, 율사, 공이큰조실, 처사등</td></tr>
<tr><td colspan="3">존재하는 사찰의 공과업적을 남긴 역대스님신도처사 들을 모신다.</td></tr>
<tr><td>⑫ 모시는 법당</td><td>모시는 불, 보살 조상</td><td>모시는 탱화</td></tr>
<tr><td>인법당因法堂)
요사법당寮舍法堂)</td><td>가장 신앙하는 제불(諸佛), 보살(菩薩)</td><td>모시는 부처나
보살에 맞게</td></tr>
<tr><td colspan="3">불전이 따로 없는 작은 절에 승려가 거처하는 방에 제불보살을 모신 당.</td></tr>
<tr><td>⑬ 모시는 각</td><td>모시는 불, 보살 조상</td><td>모시는 탱화</td></tr>
<tr><td>삼성각三聖閣)</td><td>산신, 칠성, 독성</td><td>산신, 칠성, 독성</td></tr>
<tr><td colspan="3">산신 칠성 독성 세분을 한곳에 모신다.</td></tr>
<tr><td>⑭ 모시는 각</td><td>모시는 불, 보살 조상</td><td>모시는 탱화</td></tr>
<tr><td>칠성각七星閣)</td><td>치성광여래불, 일광보살,
월광보살</td><td>칠성여래도, 칠원성군(탱화)
칠성(탱화)</td></tr>
<tr><td colspan="3">칠성각을 세우고 칠성여래를 모신다. 도교가 불교에 유입되어 인간의 길.흉. 복을 뜻한다고 하는 북두칠성을 모신다.</td></tr>
<tr><td>⑮ 모시는 각</td><td>모시는 불, 보살, 조상</td><td>모시는 탱화</td></tr>
<tr><td>산신각山神閣)</td><td>산신조상</td><td>산신(탱화)</td></tr>
<tr><td colspan="3">민간신앙으로 내려온 산신을 불교가 유입하여 산의 신령으로 모셨다.</td></tr>
</table>

<table>
<tr><td>⑯ 모시는 각</td><td>모시는 불, 보살 조상</td><td>모시는 탱화</td></tr>
<tr><td>독성각獨聖閣)</td><td>나반존자那畔尊者)</td><td>독성탱화</td></tr>
<tr><td colspan="3">중생들이 말세에 의지할 16나한 중 한 분인 나반존자를 모신다. 원 이름은 빈도라발라사인데, 생김새에 긴눈썹과 수염이 없는 모양으로 조상하거나 그려진다.</td></tr>
<tr><td>⑰ 모시는 각</td><td>모시는 불, 보살 조상</td><td>모시는 탱화</td></tr>
<tr><td>종각鐘閣)</td><td>범종, 운판, 목어, 법고</td><td></td></tr>
<tr><td colspan="3">범종은 중생을 제도하는 뜻을 가졌다. 운판은 날짐승을 제도하고, 법고는 축생을 제도하고, 목어는 물고기를 제도한다.</td></tr>
<tr><td>⑱모시는 문</td><td>모시는 불, 보살 조상</td><td>모시는 탱화</td></tr>
<tr><td>천왕문天王門)
사천왕문四天王門)</td><td>지국천왕(동) - 광목천왕(서)
증장천왕(남) - 다문천왕(북)</td><td>사대천왕(탱화)</td></tr>
<tr><td>금강문金剛門)</td><td>금강역사, 보현동자, 문수보살</td><td>문을 지키는 신
밀적금강(좌)
나라연금강(우)</td></tr>
<tr><td>⑲ 모시는 야외</td><td>모시는 불, 보살 조상</td><td>모시는 탱화</td></tr>
<tr><td>야외野外)</td><td>불, 보살, 조사 기타</td><td>괘불</td></tr>
<tr><td colspan="3">법회나 제사 행사에 필요한 불, 보살 기타 주신을 모신다. 탱화나 사진을 모실 때는 행사가 끝나면 풍우에 대비해 바로 옮겨 보관해야 한다.</td></tr>
</table>

텅 빈 거리

코로나 전염병이 온 세상을 뒤 흔든다
텅 빈 골목길 코로나가 무섭구나.
인간의 고통과 죽음을 주는 코로나
물러가라 물러가라

코로나 전염병이 온 세상을 뒤흔든다
텅 빈 골목길 코로나가 무섭구나.
코로나가 무서워 새가 되어 날고 싶다.
물러가라 물러가라

제 11 장
단청문양과 안료 설명

인류의 문화터전이 천만년 가거라.

문화재를 아끼는 사람들

한국문화재수리 기술자협회 기념사진 1990. 2. 9.

무형문화재 제48호 김혜각 스님 저자의 스승이다.

박인규 선생 : 단청용어를 저자에게 한자로 일러주신 선생이다.

근近현대現代)단청화사畫師)들

혜각 스님

박인규 선생

사진에서 보는 바와 같이 저자著者)의 스승 慧覺스님이고 한분은 朴仁圭선생이다.

박인규 선생은 한문에 달인達人)이라 단청용어를 가장 정확히 나에게 전달傳達) 해주신 분이다.

1966년 8월15일 지리산 대웅전 단청을 끝내고 기념으로 촬영撮影)한 사진

지금은 고인故人)이 된 분이 많으나 생존生存)한 분도 80살 이상이 된 분들이다.

저자는 이 시기時期) 군에 가서 국방의무를 끝낸 직후直後)라 빠졌다.

이후 대원사 이차공사에는 참석하여 스님께서는 저자를 끝까지 남아서 주련 단청을 마치도록 하였다. 이때 스님은 들기름으로 분을 개어서 주련 글씨를 칠하라고 하였다. 비구니스님 사찰이라 약간 떨어진 방에서 늦가을 텅 빈 방에서 들기름 칠한 생각이 난다.

밤에는 개울물 떨어지는 소리가 잠을 스치게 하던 생각 스님이 진주에 자주 나가셔서 병원에 다니시고 일 끝나고 올 때 중매해주려고 하시던 일들은 평생 지워지지 않는 추억들이다.

박인규 선생은 저자가 1972년 설악산 신흥사 단청공사 1974년에 조계사 대웅전(1차~2차 저자가 하였다) 단청공사에 모셔서 첨차 범서를 쓰시라고 하고 설악산 신흥사 일주문과 사찰 경내 단청을 하면서 단청용어를 설명해주시던 생각이 저자에게 감동적으로 남아서 글을 쓸 때는 선생의 모습이 보인다.

단청문양丹青紋樣) 바로 알기

매화점
梅花点

민주점
棉點占

먹직휘민주점
蓂直暉棉點占

변골팽이민주점
邊蕡蟚蜞棉點占

골팽이蕡撻而와 화문종류花紋種類)

양녹골팽이洋綠蕡撻而) 이것은 녹골팽이라 한다.

장단골팽이章丹蕡撻而)

삼청골팽이三青蕡撻而)

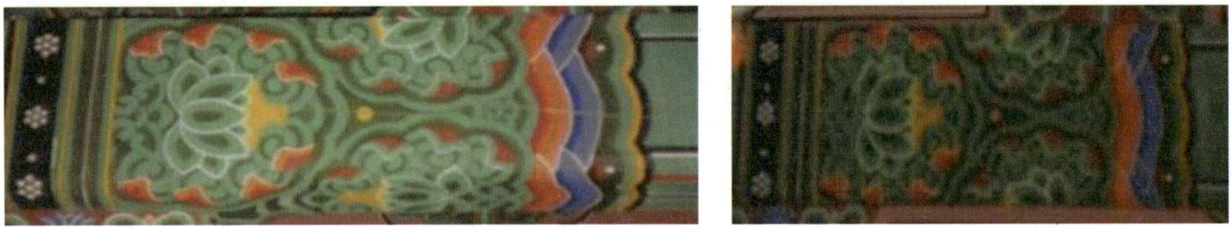
녹화머리초綠花畵頭草)

이것이 녹화綠花)이다.

양녹연화洋綠蓮花

양녹연화洋綠蓮花

양녹모란洋綠牡丹

양녹주화洋綠周花

장단연화章丹蓮花

장단연화章丹蓮花

장단모란章丹牡丹

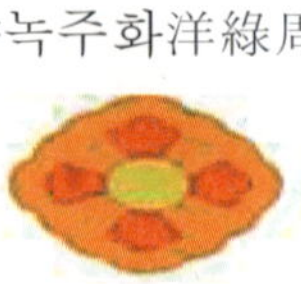
장단주화章丹周花

삼청연화三青蓮花

삼청연화三青蓮花

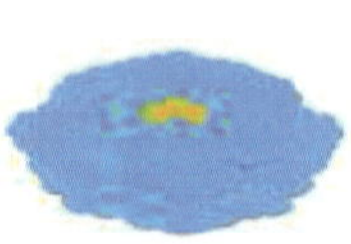
삼청모란三青牡丹

삼청주화三青周花

양녹 골팽이를 녹화로 표기하는데 잘못된 표현이다. 녹화는 꽃모양이 녹색이란 뜻이다. 골팽이가 녹색이면 양녹 골팽이, 또는 녹골팽이라고 한다.

단청 문양 설명丹靑紋樣說明)

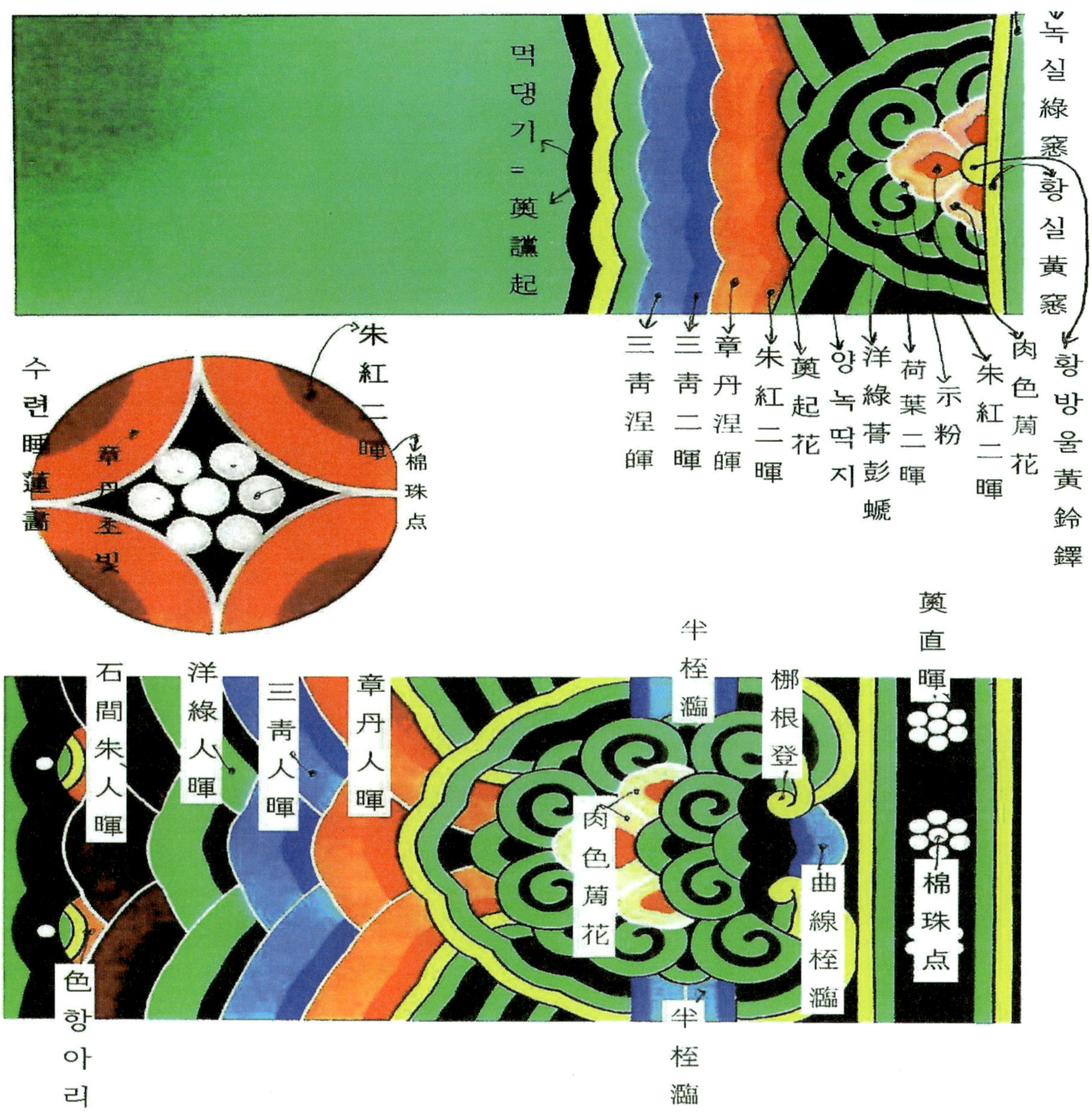

항아리缸—) : 아래위가 좁고 배가 부른 질그릇의 하나.

방울鈴鐸) : 쇠붙이로 둥글고 속이 비게 만들어 그 속에 단단한 물건을 넣어서, 흔들면 소리가 나게 된 물건. ① 구슬같이 동글동글하게 맺힌 액체 덩어리. ② 의존 명사적으로 쓰여, 작고 둥근 액체 덩어리를 세는 단위. ③ 단청에서는 꽃 중심에 동그라미 원圓).

수련睡蓮) : 수련과의 여러해살이 수초 여름에 흰 꽃이 꽃줄기 끝에 한 송이씩 핌. 관상용임. 단청에서는 사잎 또는 오잎 둥근원화 변헤 그려진 모양.

단청 색채와 문양 설명

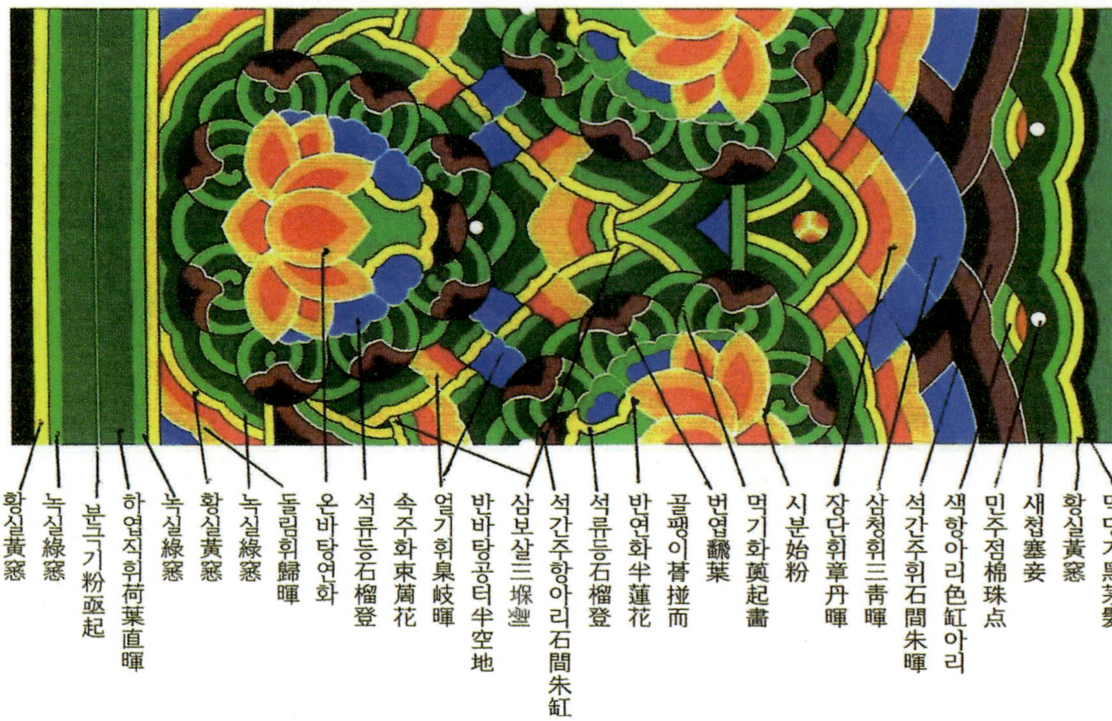

병머리초

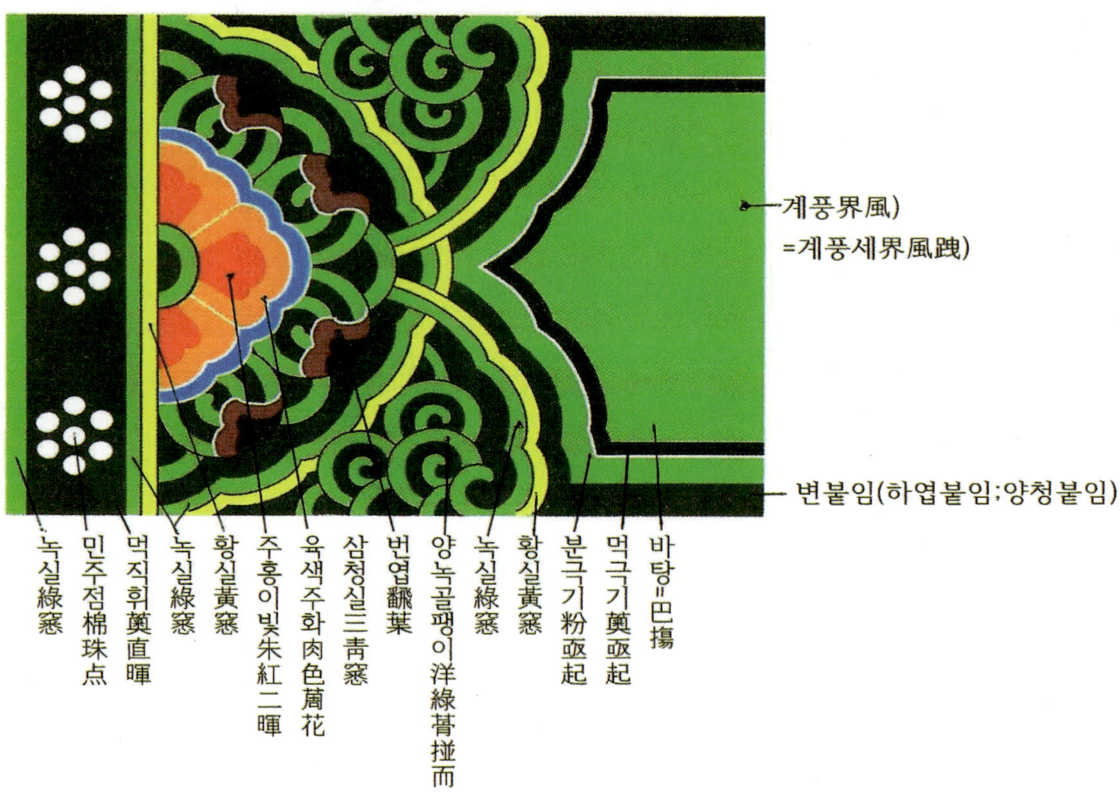

현판 채색 의미 懸板彩色意味)

현판懸板) 바탕칠을 먹으로 칠하는 것은 화재火災)를 예방한다고 선배 화사들이 전해오는 이야기다.

먹은 만드는 과정부터 불에 탄 끄름이거나 재이다. 다 타고 더 탈것이 없으니 상징적象徵的)으로 이런 물질物質)을 발라 화재를 예방豫防) 하고자 하였다.

궁전현판 가邊)에 비스듬하게 송판을 대고 양쪽으로 용조각龍彫刻 · 雕刻)이나 수파련水芭蓮)을 조각하여 붙이는 것도 물의 신인 용이 불을 막도록 하는 의미를 가지고 불 속에서 자라는 파련도 화재를 막고자 하는 뜻으로 보는 것이다.

변 바탕 판에 칠보 문양을 그리는 것은 보물처럼 귀한 건물이니 화재를 막고자 하여 그리는 것이다. 석간주石間朱)돌과 돌 사이에서 나는 붉은 색으로 타지 않는 주토朱土)를 의미한다. 주홍 역시 같은 뜻으로 칠하는데 일견一見) 보기도 좋아서 주홍으로 칠한다고도 하였다.

영건일기營建日記)에도 불을 많이 염려하여 아래와 같은 내용이 전해지는 것이다.

개위묵질 취제화이皆爲墨質 取制火之理)" 먹으로 바탕칠을 하여 불을 다스려야 한다.

묵질금자 이편동위화(墨質金字 · 以片銅爲畵), 먹 바탕에 금으로 된 글씨이고 얇은 동으로 그림처럼 글자를 새겨서 금칠을 하였다는 내용이다.

칠보문양七寶紋樣)

사각보석四角寶石)

원주보석圓珠寶石)

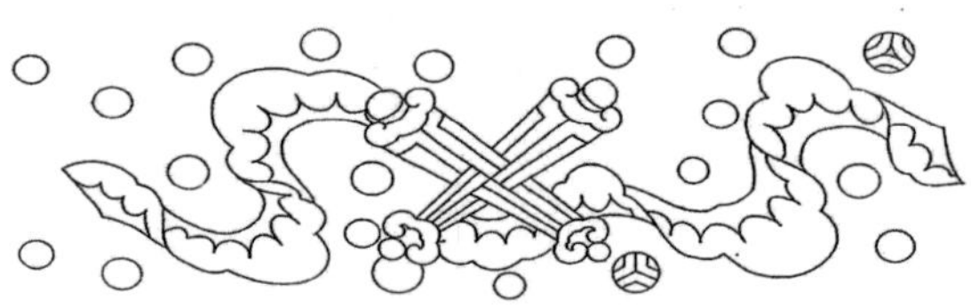

필통보물筆筒寶物)

선자보재扇子寶財).

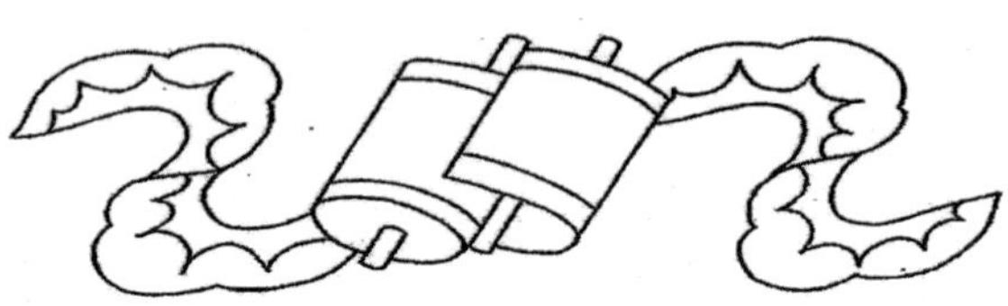

경축마리慶祝痲履)

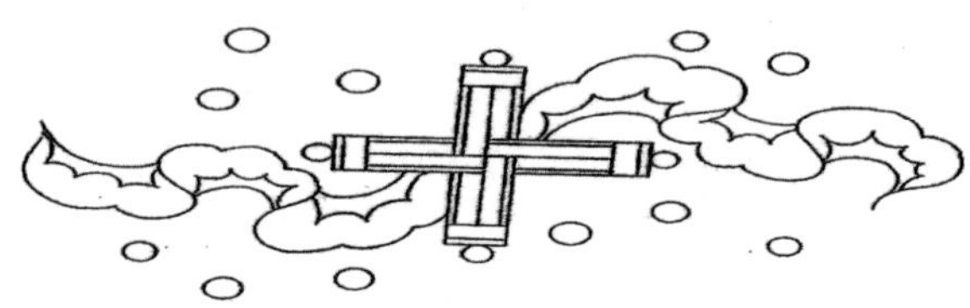

보석함寶石函)

영지靈芝)

사리보재병 舍利寶財瓶)

태극太極)

박쥐금 蝙面草)

운곡무늬雲曲) 각질이빛角質二暉)

운곡무늬雲曲 변행 이빛邊行 二暉)

단청 색채와 문양 설명

주화,연화(蒵오색촉규화주花꽃화蓮연할연花꽃화)의 근원과 원화문양(圓畵紋樣)

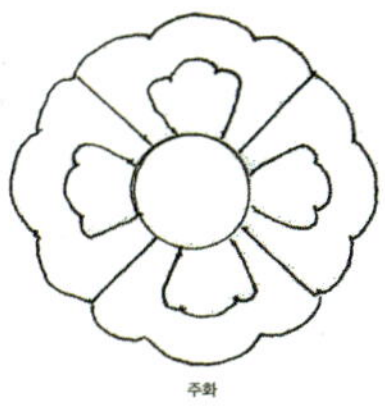
㊀주화
蒵오색촉규화
주花꽃화

㊁주화
主임금주花꽃
화

㊂주화
朱붉을주花꽃
화

주화
蒵오색촉규화
주花꽃화

주화
蒵오색촉규화
주花꽃화

주화
蒵오색촉규화
주花꽃화

수련주화
菱꽃심수蓮연
할연

8잎주화
蒵오색촉규화
주花꽃화

개신주화
蒵오색촉규화
주花꽃화

주화 접시꽃

감꽃

주화를 어떤 이는 접시꽃 이라하고 어떤 이는 감꽃이라 한다.

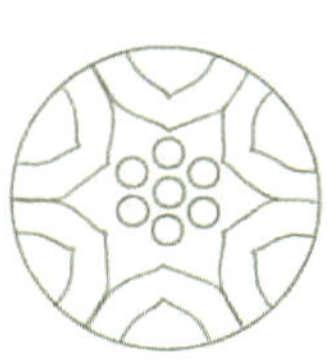
6수련연화
菱꽃심수蓮연
할연

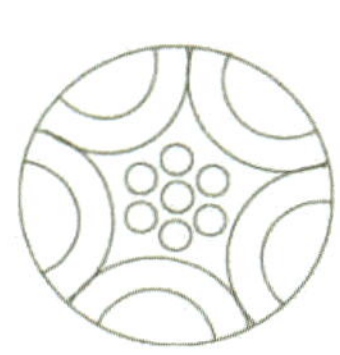
5수련
菱꽃심수蓮연
할연

풍향주연화
風바람풍向향
할향蒵오색촉
규화주蓮花

수련겹골팽이초
菱꽃심수蓮연
할연

살치기 모란

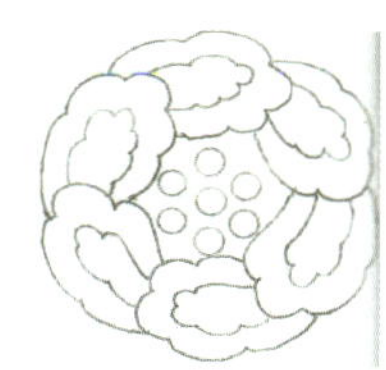
풍향화
風바람풍向향
할향畵그림화

주화를 그리고 한자를 쓰는데 화원마다 각기 다르게 표현한다. 중국 일부에서는 감꽃이라고도 하는데 일리가 있어 보이나 그것도 책을 자세히 보면 짐작으로 그렇게도 본다고 하나 우리나라에서는 그런 용어로 표기된 바가 없으니 근원도 모르면서 우리 용어가 있는데 따라할 필요는 없다. 아래에 보는 바와 같이 접시꽃 잎이 대개는 5잎인데 6잎으로 태어나는 귀한 꽃잎도 있다.

선배 화원들이 어떤 이는 접시꽃으로 애기하고 어떤 이는 임금의 꽃이라 하고 어떤 이는 붉은 꽃이라 애기하여 들은 대로 적어본다. 좀 더 자세히 설명하자면 진주 대아 중고등 학교 단청할 때 지방에서 화원으로 계시던 분은 임금의 꽃으로 말씀하셨고, 양평 박인규 선생님은 접시꽃을 그린 것으로 말씀하시고, 수연스님은 붉은 꽃이라고 하였다.

단청 색채와 문양 명칭

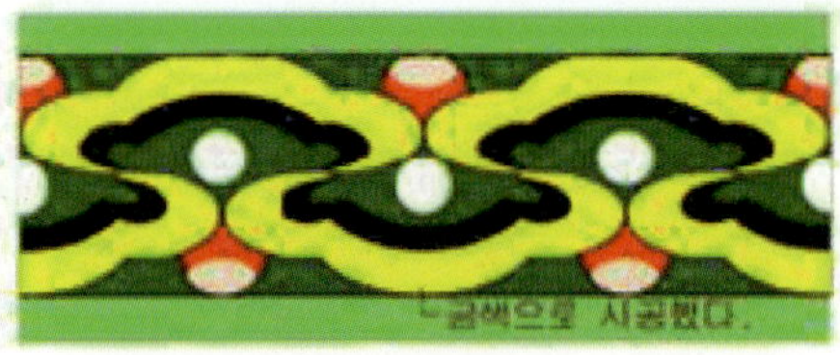

소슬엽초문 연암 | 연화결련초 작고초 | 쇠코문 매기초 | 방울 초엽화문 매기초

착고

부연초

부연단

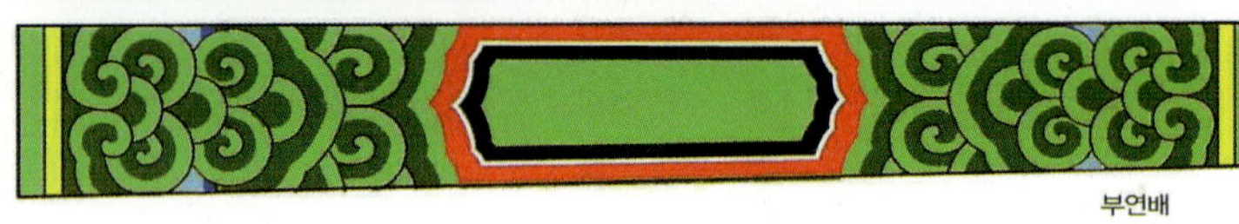

부연배

연화결련초 | 부연초 골팽이 안비휘 머리초 | 上결련주화초

연단초 초렵화문 | 앞목연화바자머리초 서까래초 | 금초 | 뒷목개신주화머리초 | 파련초 촛가지초

평방초

평연화겹장고(쌍장고)머리초

단청 색채와 문양 명칭

서까래초

연단

도리초

도리초

도리초

평방초

평방낯짝

단청 색채와 문양 명칭

창방초

첨차낱짝

첨차

첨차뱃바닥

주두

소로

창방낱짝

사반원문

사반원문

단청 색채와 문양 명칭

대량초

중방초

사반원문

개량박쥐금

점주화문

사반원문

단청 색채와 문양 명칭

개판

한양배

단청 색채와 문양 명칭

첨차와 불벽

사래낯짝

장추녀낯짝

뺄도리낯짝

뺄도리낯짝

평방낯짝

보낯짝

단청 색채와 문양 명칭

얼킨파련문

주화초엽문

수련겹연화문

박지금초문

주의초

단청 색채와 문양 명칭

주화초엽문

파련문

겹연화문

박쥐금초문

주화초엽문

휘돌림삼색문

범서연화문

겹연화문

단청 색채와 문양 명칭

초매기뇌록바탕먹긋기 (모루,금모루 단청)

이매기색긋기 (모루,금모루 단청)

갈모금 (금 단청금박단청)

결연골팽이금 (금 단청금박단청)

십자주화금문 (금단청금박단청)

연결고리문 (.금단청금박단청)

십자주화금문 (금단청금박단청)

십자주화금문. (금단청금박단청)

육색분긋기

육색먹긋기

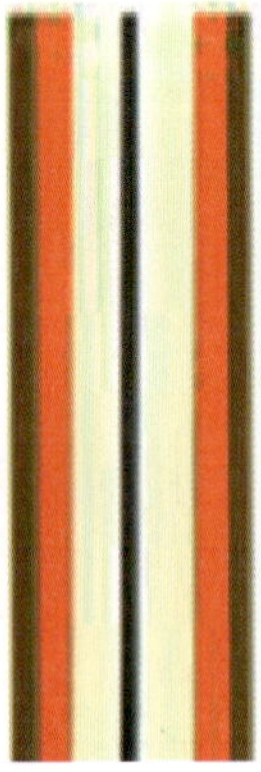

육색먹삼빛긋기

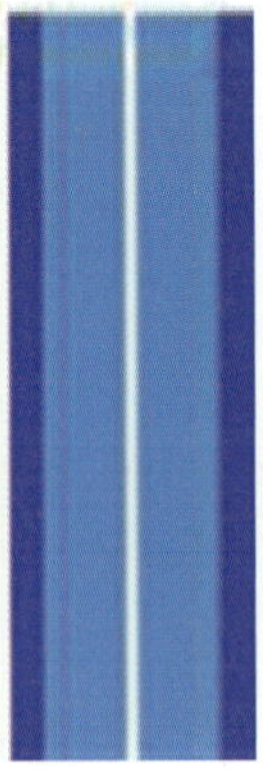

삼청분긋기

산청먹빛긋기

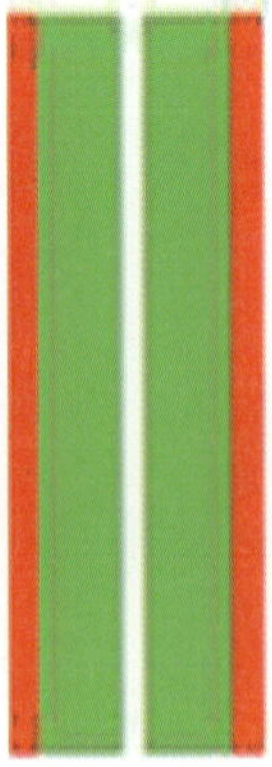

뇌록분긋기

뇌록먹삼빛긋기

(ㄷ)구자긋기
ㄷ터진구

단청 색채와 문양 명칭

광두정직휘 삼청분극기 육색분극기 삼색직휘 녹극기 먹직휘 색금직휘 색금직휘 색금직휘 색금직휘

종다리난초

박쥐문

용보(황량)

중국채화유별 中國彩畫類別

1. 단청유별彩画类别 category of corlored paintings

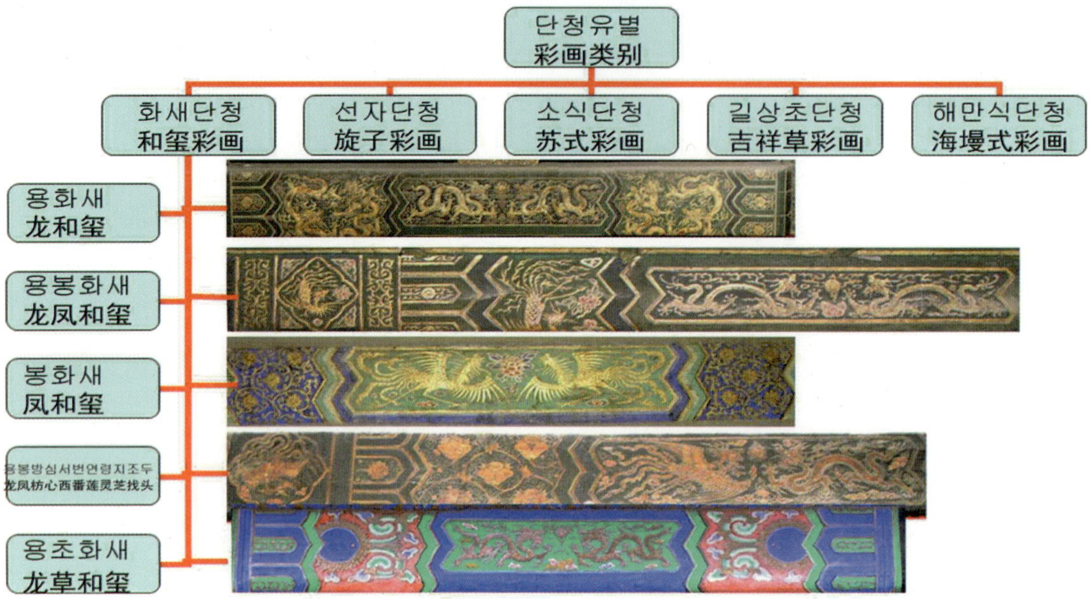

중국채화주법일람채도中國彩畫做法一覽彩圖

연두채화주법일람채도緣頭彩畫做法一覽彩圖

중국채화유별 中國彩畫類別

단청유별 彩画类别 category of corlored paintings

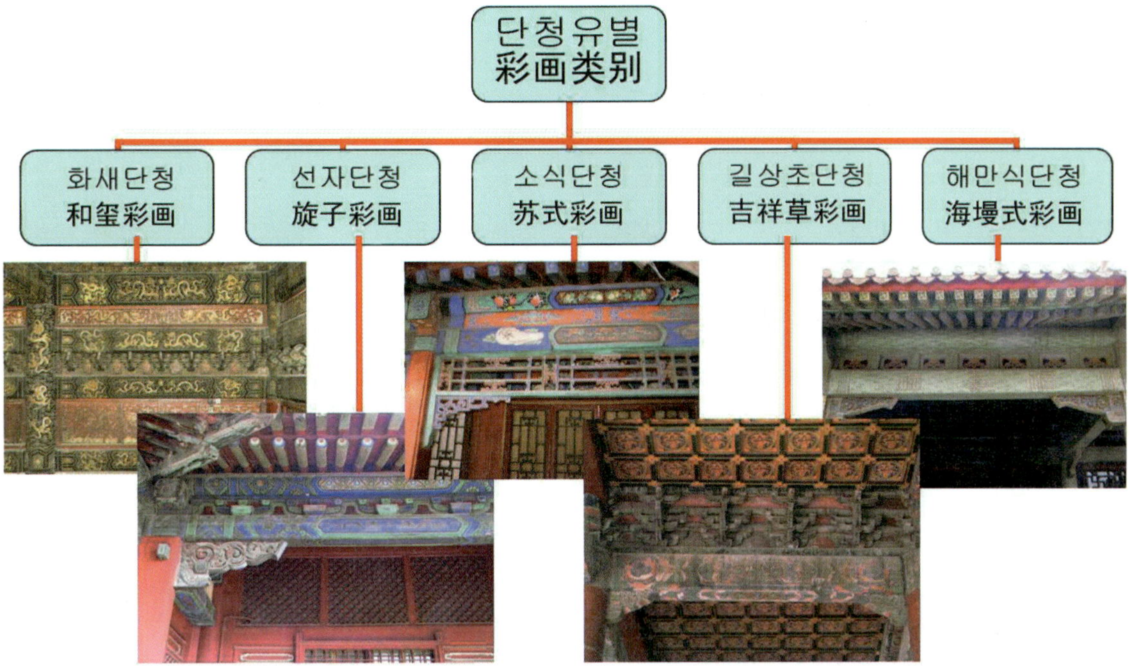

단청색과 빛의 순서

번호	색	빛의 순서
1	장단	장단 주홍 다자 먹
2	삼청	삼청 양청 먹
3	황	황 장단 주홍 먹
4	양녹	양녹 하엽 양청 먹
5	석간주	석간주 다자 먹
6	장단육색	장단육색 주홍 다자 먹
7	주홍	주홍 다자 먹
8	양청	양청 먹
9	하엽	하엽 양청 먹
10	다자	다자 먹
11	먹	
12	지당	지당 황(장단) 삼청(녹) 주홍 양청
13	황토	황토 주홍(석간주) 다자
14	백록	백록 양녹(하엽) 양청 먹
15	주홍육색	주홍육색 주홍 다자 먹
16	미색	미색 장단(주홍) 다자
17	토육색	토육색 주홍 다자
18	뇌록	
19	등자	등자 석간주 다자
20	주사	주사 석간주
21	단사	단사 석간주
22	분삼청	분삼청 양록 먹

우리나라와 중국 칠기끈명칭漆器乼名稱)과 손手)놀림

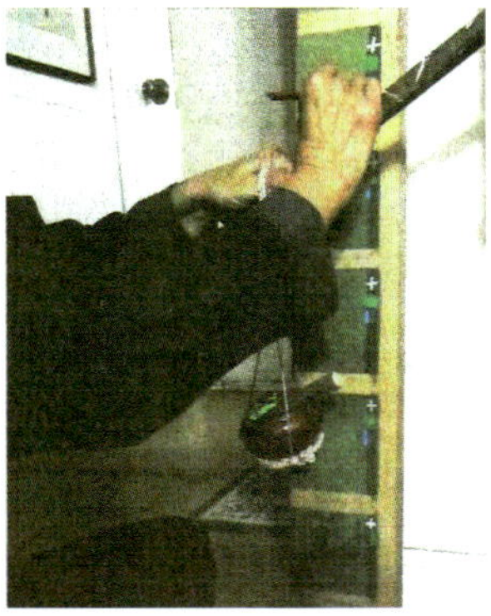

← 우리나라 달로는 엄지손에 끼고 사용하는데 중국 완낙자는 손목에 걸고 사용한다. →

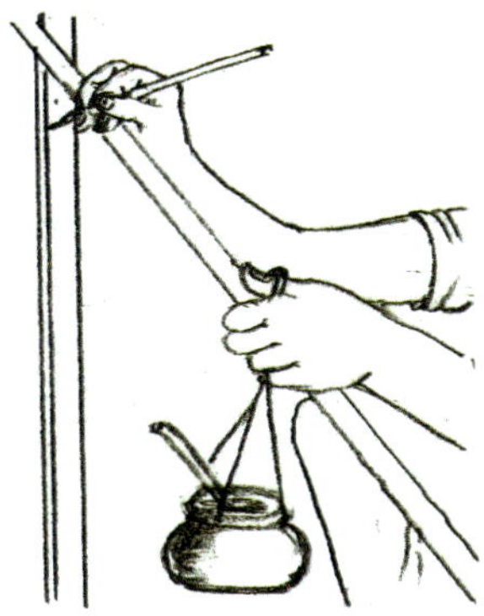

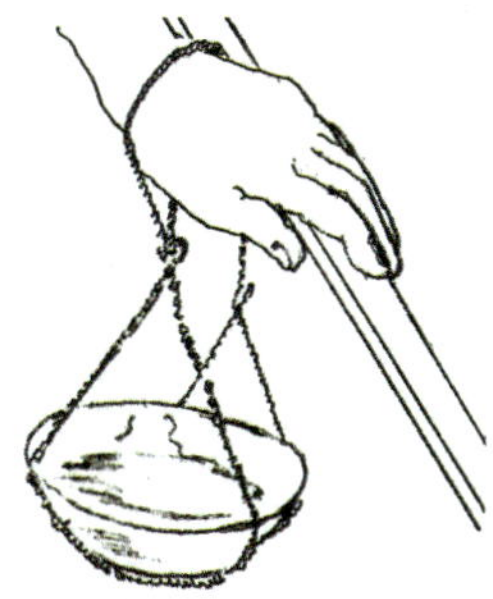

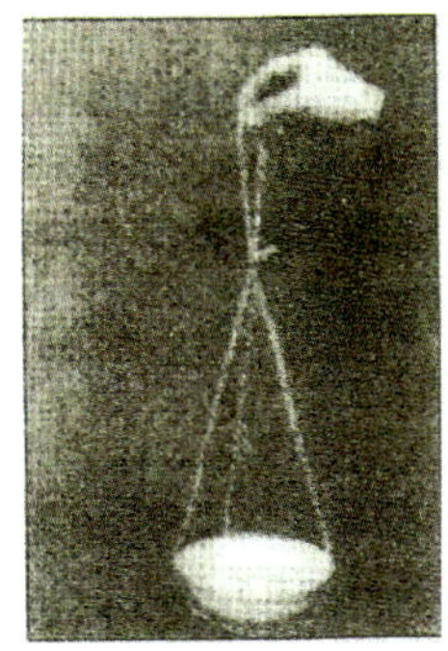

碗络子

우리나라 달로-韃물통달달轤두레박틀로

중국완낙자㊥碗사발완落떨어질낙子아들자)

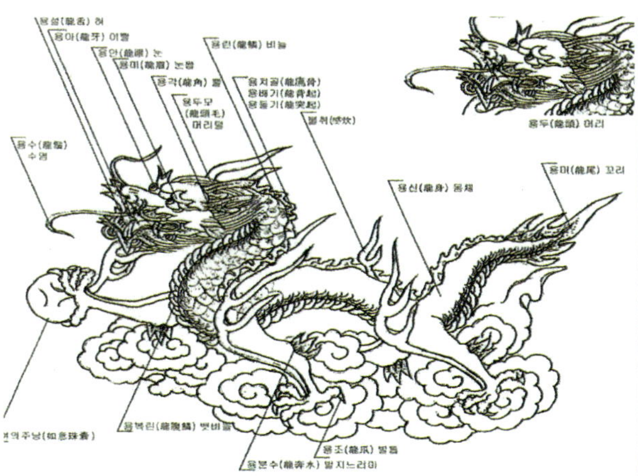

우리나라 용 부위 명칭

龙 部位名称)

머리부터 → 용수(龙须) 용설(龙舌) 용아(龙牙)
용안(龙眼) 용각(龙角) 용두모(龙头毛) 용린(龙鳞)
용치골(龙鹰骨) 용베기(龙背起) 용돌기(龙突起)
불취(燹炊) 용싱(龙身) 용미(龙尾)
아래쪽→ 여의주낭(如意珠囊) 용복린(龙腹鳞)
용분수(龙奔水) 용조(龙조)

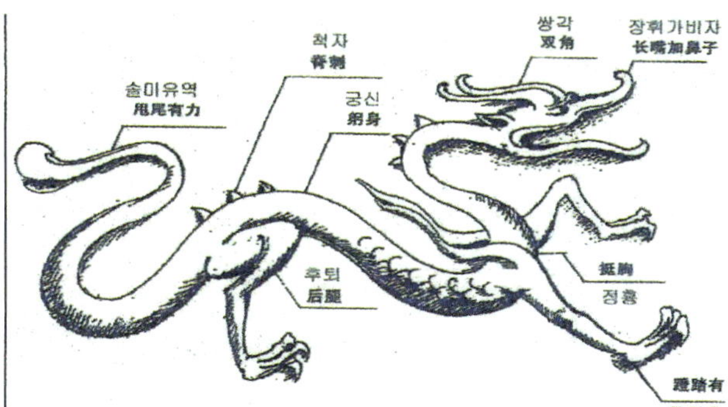

한대화상전적용형특점여현대화용요령극기상사
汉代画像砖的龙形特点与现代画龙要领极其相似

중국 용 부위 명칭

中国龙 部位名称)

꼬리쪽부터→ 솔미유역(甩尾有力) 척자(脊刺)
궁신(躬身) 쌍각(双角) 장휘가비자(长휘加鼻子)
후퇴(后腿) 정흉(정胸) 등답유역(蹬踏有力)
한 대 화상 적 용형 특점 여
汉 代 画像 的 龙形 特点 与
현대 화 용 요령 극기 상사
现代 画 龙 要领 极其 相似

조선왕조실록의궤기록단청안료색상朝鮮王朝實錄儀軌記錄丹靑顔料色相)

仪轨记录色名	색상色相	仪轨记录色名	색상色相
석간주石间朱		뇌록磊绿	
당주홍唐朱红		조뇌록造磊绿	
왜주홍倭朱红		양녹洋碌	
번주홍磻朱红		향양녹乡洋绿	
번주홍燔朱红		석록石碌	
주홍朱红		녹반绿矾	
주토朱土		동록铜碌)	
양주洋朱		※동녹은 구리와 나무열매로 만든다.	열매로 조채
편연지片臙脂		대록大碌	
연지臙脂		삼록三碌	
		하엽荷叶	
향분乡粉		당하엽唐荷叶	
당분唐粉		향하엽乡荷叶	
진분真粉			
정분丁粉		장단漳丹	
		황단黄丹	
흑연자黑烟子		토황土黄	
당묵唐墨		동황同黄	
송연松烟		석자황石紫黄	
진묵真墨		심황深黄	
		황단黄丹	
이청二青		상황단常黄丹	
삼청三青		석웅황石雄黄	
심중청深重青		당황단唐黄丹	
심리청深里青		등황誊黄	
대청大青		토분土粉	
청화먹青花墨		황주주토黄州朱土	
청화青花		금박金箔)	

전통안료 공장 견학

수입에만 의존하던 전통안료가 우리나라에도 공장이 생겨 생산이 되고 있어서 전통 안료 공장을 견학하였다. 단청 자문하는 몇 분과 높은 관심을 가지고 견학하였다. 반가운 일로 생각되었다.

천연석채 설명天然石彩說明)

Realgar
계관석 鷄冠石

장단 색으로 불리는 전통회화의 주황색을 공급하는 천연광물 석황과 공생하나 일광에 오래 노출되면 황색으로 변하는 특색이 있다.

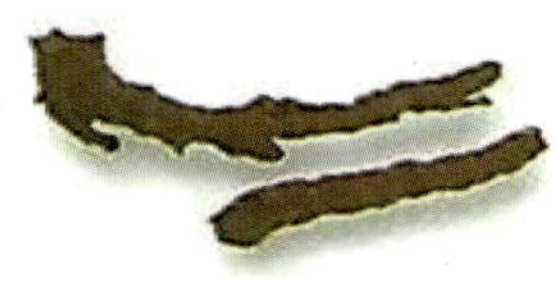

Coral
산호 珊瑚

고대 화학에서 (기부색)을 표현하는 최고급 안료로 애용되었다. 산호말은 천연 호분과 동일하게 탄산칼슘으로 구성되어 완벽한 조색이 가능하다.

Orpiment
석황 石黄

전통회화에서 익숙하게 발견되는 황색의 천연 석채 자황의 원광물질이다. 화학 안료로 표현하기 힘든 천연색이다. 웅황과 공생한다.

Malachite
공작석 孔雀石

석록으로 안료명이 되어 있고 녹색계통의 대표적 광물이다. 고대회화부터 현대까지 널리 사용되며 소성塑性)시 하엽색으로 변성된다.

Azurite
남동광 藍銅鑛

석청이란 안료 이름으로 불려온 청색의 천연 광물이다. 전통회화나 현대회화에서도 많이 사용한다. 염기성탄산동광물로 공작석과 공생한다,

Lapis-lazuli
청금석 青金石

고대에서 근대까지 동·서양 회화에서 청색의 천연 자료로서 필수적으로 사용된 광물이다. 대기가스에 빛이 바라지 않으며 은폐력과 내구성이 좋다

Hematite
적철광 赤鐵鑛

고대 그리스어로 혈액을 뜻하는 hema에서 기원하는 인류의 가장 오래된 안료 중 하나이다. 뛰어난 채색력으로 석간주나 대자의 원료로 사용된다.

Celadonite
뇌록 磊綠石

우리나라 전통단청 가칠에 쓰였던 녹색계통의 석채이다. 포항 뇌성산에서 채광된 기록이 있다, 일광과 대기오염에도 잘 견디는 견뢰도堅牢度)의 석채이다

Cinnabar
진사 辰砂

중국 호남성 진주에서 생산되어 진사라고 명명되었고 입자의 크기에 따라 다양한 명도 차이를 나타낸다. 아교를 교착제로 사용하면 좋은 발색을 얻을 수 있다.

전통안료 색상표傳統顔料 色相表)

天然石彩°

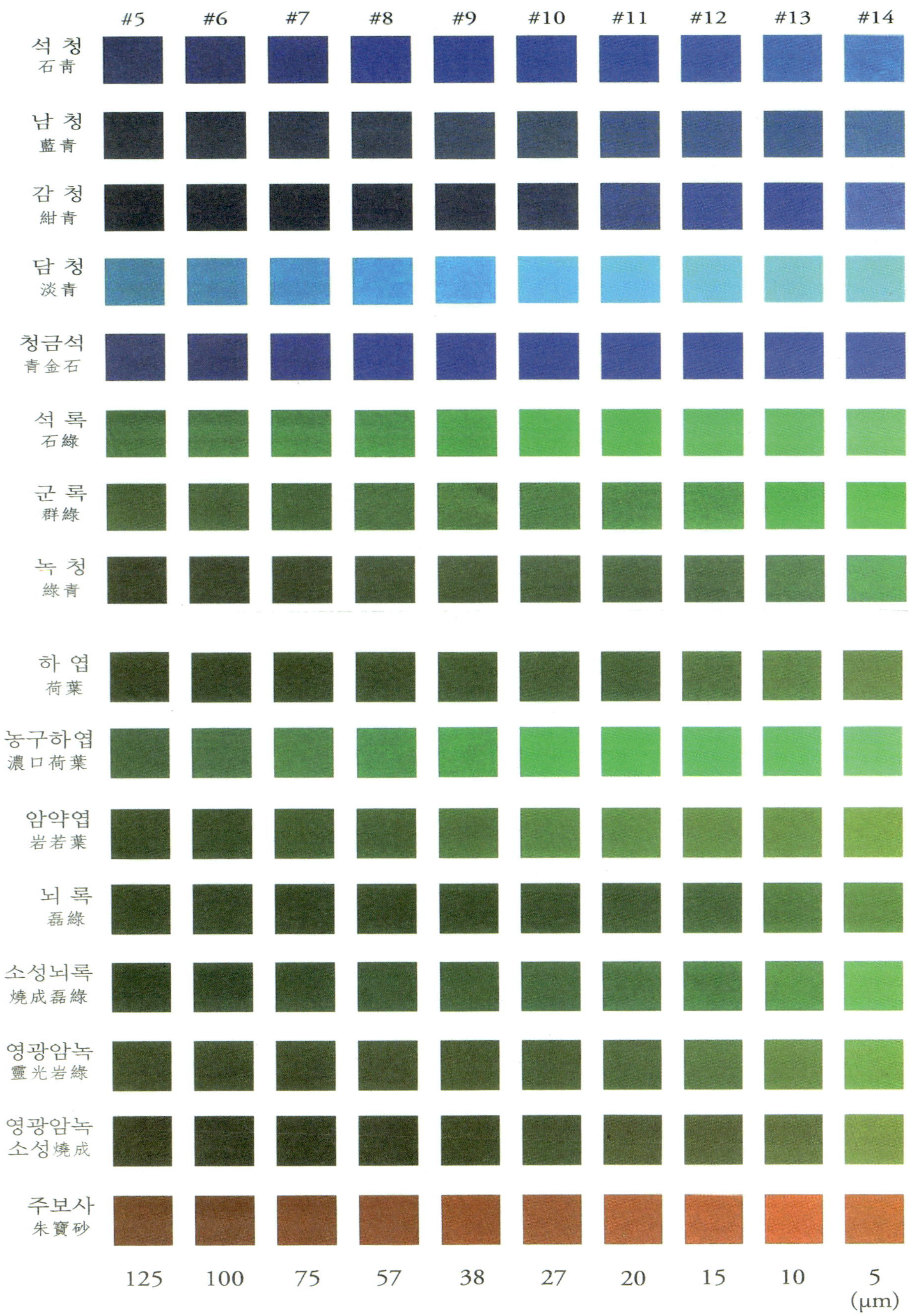

전통안료 색상표傳統顔料 色相表)

(주)가일전통안료

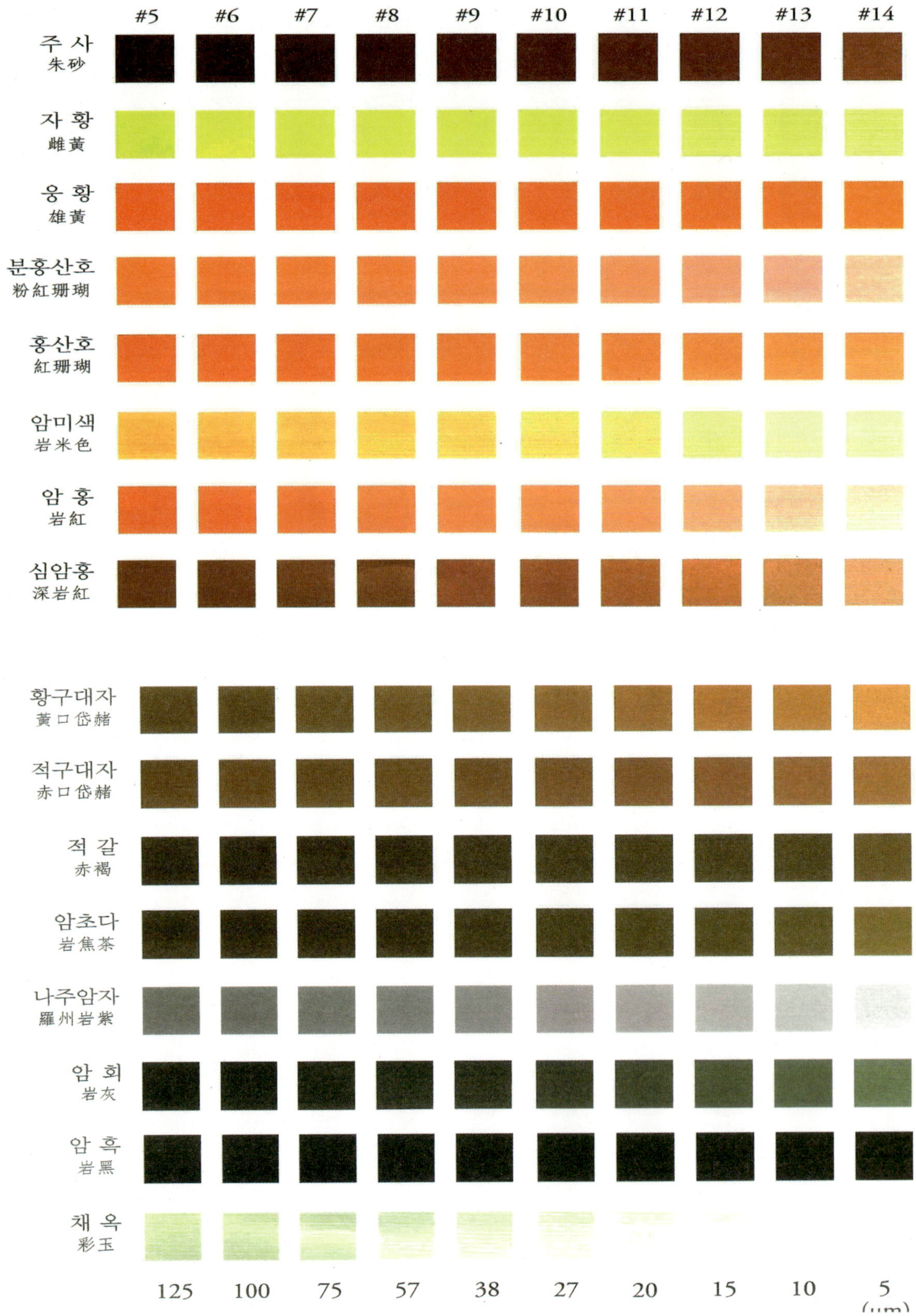

전통안료 색상표傳統顔料 色相表)

天然有·無機●

등 황 藤黃	연 지 Carmine	연 지 Madder Lake	연 지 Lac Dye	연지화 胭脂紅花	연지충 胭脂蟲	양 홍 洋紅	남(쪽) Indigo
포도흑 Vine Black	송연분 松煙粉	상아흑 象牙黑	호분(금봉) 胡粉(金鳳)	호분(백수) 胡粉(白壽)	호분(백설) 胡粉(白雪)		

古代無機●

장단(연단) 長丹(鉛丹)	특제연단 特製鉛丹	은 주 銀朱	화감청 花紺青	밀타승 密陀僧	연 백 鉛白		

天然土彩(天然粉彩)○

화석호분 化石胡粉	백 토 白土	상아색 象牙色	은 회 銀灰	녹금다 綠金茶	녹 토 綠土	고대주 古代朱	석간주(안동) 石間朱
석간주 石間朱	금 다 金茶	적금다 赤金茶	율 다 栗茶	암금다 岩金茶	초 다 焦茶	황 토 黃土	고창황토 高敞黃土
영광황토 靈光黃土	홍 토 紅土	영광홍토 靈光紅土	영광홍토 소성燒成	제천홍토 堤川紅土	제천홍토 소성燒成	단양홍토 丹陽紅土	단양홍토 소성燒成

1.“○” 는 국산(본사제조)입니다.
2.“●” 는 수입 공급 제품입니다.
3. 2016년 12월 現.

근대안료 명칭近代顔料名稱)

번호	한글	한자	번호	한글	한자
①	장단	章丹.张丹	⑫	먹	莫 黑
②	삼청	三青	⑬	황토	黄土
③	황	黄	⑭	백녹	白绿
④	양녹	洋绿	⑮	주홍육색	朱红肉色
⑤	석간주	石间朱	⑯	미색	米色
⑥	장단육색	章丹肉色	⑰	토육색	土肉色
⑦	주홍	朱红	⑱	뇌록	磊绿
⑧	양청	洋青	⑲	번주홍	礌朱红
⑨	하엽	荷叶	⑳	분삼청	粉三青
⑩	다자	多紫	㉑	주사	朱沙
⑪	먹	莫	㉒	지당	**지당**

근대 안료중近代顔料中) 같은 색 명칭色名稱)을 사용하는 색이라도 안료 생산顔料生産)하는 회사會社)에 따라 조금씩 다른 색상色相})으로 출시出市) 되기도 한다.

단청시공丹青施工) 하는데는 큰 차이가 안나니 화원 취양就養)에 따라 사용되는 것이 바람직하다.

중국 채화 색상 명칭中國彩畫色相名稱

조유파려록 罩油巴黎绿	조유군청 罩油群青	계패양녹 鸡牌梁绿	흑연자 黑烟子	심향색 深香色	천향색 浅香色	묵색 墨色
파려록 巴黎绿	분이록 粉二绿	분삼록 粉三绿	니금 泥金	은주자 银朱子	분홍1 粉红1	분홍2 粉红2
석두록 石斗绿	석이록 石二绿	석삼록 石三绿	칠사적금박 七四赤金箔	연백분 铅白粉	토분 土粉	자태백 锌钛白
방대록 仿大绿	방이록 仿二绿	방삼록 仿三绿	구팔고금박 九八库金箔	양석황 洋石黄	낙황 铬黄	등황 藤黄
군청 群青	분이청 粉二青	분삼청 粉三青	화청 花青	서홍 曙红	토황 土黄	석황↔웅황 石黄↔雄黄
석두청 石斗青	석이청 石二青	석삼청 石三青	방석삼청 仿石三青	홍토자 红土子	양화철홍 洋化铁红	자석 赭石
방천대청 仿天大青	방천이청 仿天二青	방천삼청 仿天三青	보람 普蓝	엄은주 广银朱	양은주 洋银朱	상해패은주 上海牌银朱
분자2 粉紫2	분자1 粉紫1	입덕분 立德分	구지색 旧纸色	석황(웅황 石黄(雄黄	연지 胭脂	장단 章丹

아교 명칭과 아교 사용법使用法)

가락아교(傢酪阿膠)1950~1970대 아교

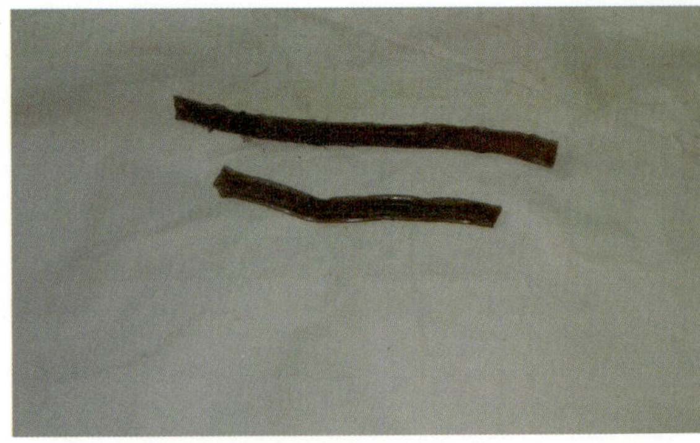

가락아교(傢酪阿膠) 2000~현재

사분아교沙粉阿膠)

끓일 그릇준비

아교수阿膠水) 저장 준비 항아리 소독

아교수阿膠水) 숙성熟成) 항아리

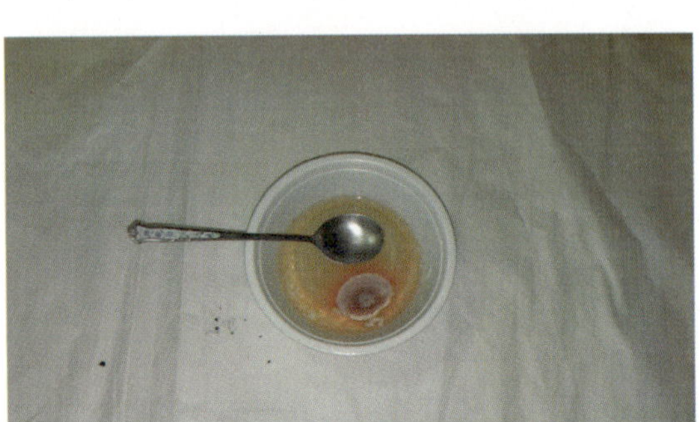

숙성된 아교수阿膠水)

채기彩器)에서 자연 숙성된 채색

단운이 한 탱화

천장벽화

불, 보살 의상 설명

출초불

정상계주(頂上髻珠), 중간계주(中間髻珠), 백호(白毫), 전답(拴鞳), 평나발(平螺髮), 두광(頭光), 후광(後光), 신광(身光), 전답(拴鞳), 겉자락, 속자락

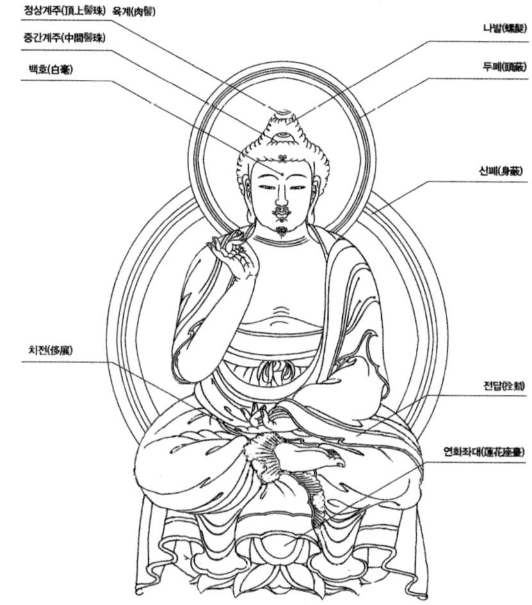

출초,불

정상계주(頂上髻珠), 육계(肉髻,)중간계주(中間髻珠),백호(白毫),치전(侈展),나발(螺 髮),두폐(頭蔽), 연화좌대(蓮花座臺).

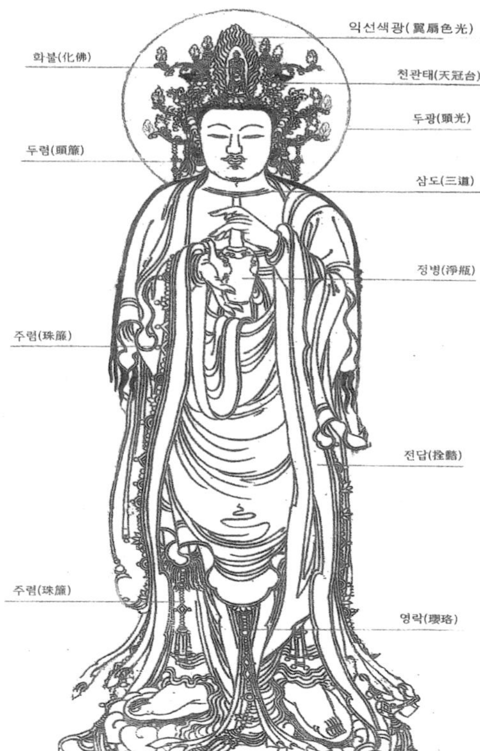

출초, 보살

화불(化佛), 두렴(頭簾), 주렴(珠簾), 주렴(珠簾), 익선색광(翼扇色光), 천관태(天冠台), 두광(頭光), 삼도(三道), 정병(淨甁), 전답(拴鞳), 영락(瓔珞).

출초, 보살

두광(頭光), 천·화관(天·花冠), 연화(蓮花), 유엽치전(柳葉侈拴), 전답(拴鞳), 주렴(珠簾).

천왕 의상 설명

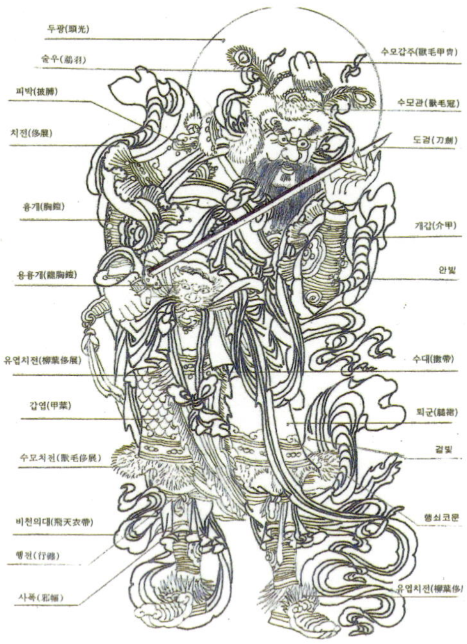

출초,천왕

두광(頭光), 술우(鷸羽), 피박(披膊), 치전(侈拴), 흉개(胸鎧), 용흉개(龍胸鎧), 유엽치전(柳葉侈拴), 갑엽(甲葉), 수모치전(獸毛侈拴), 비천의대(飛天衣帶), 행전(行纏), 사폭(邪幅), 수모갑주(獸毛甲冑), 수모관(獸毛冠), 도검(刀劍), 개갑(介甲), 안빛, 수대(擻帶), 퇴군(腿裙), 겉빛, 행 쇠코문, 유엽치전(柳葉侈拴).

출초,천왕

두광(頭光), 관엽문(冠葉紋), 천관대(天冠台), 불취(燹炊), 여의주(如意珠), 개갑(介甲), 유엽치전(柳葉侈拴), 겉빛, 비천수대(飛天揀帶), 안빛, 패편엽(貝片葉), 관엽문(冠葉紋), 용흉개(龍胸鎧), 천의(天衣), 개갑(介甲), 전답(拴幍), 용(龍), 수대(揀帶), 퇴군(腿裙), 치전(侈拴), 행전(行纏), 사폭(邪幅), 천왕장화(天王長靴).

단청문양 설명

단청휘명칭丹靑暉名稱)

반월휘半月暉)

늘=널휘涅暉)

인휘人暉)

바자휘=파자휘笆玆暉)

역금초繹襟草=역금휘繹襟暉)

바자휘새첩塞妾)문양 인휘새첩塞妾)문양

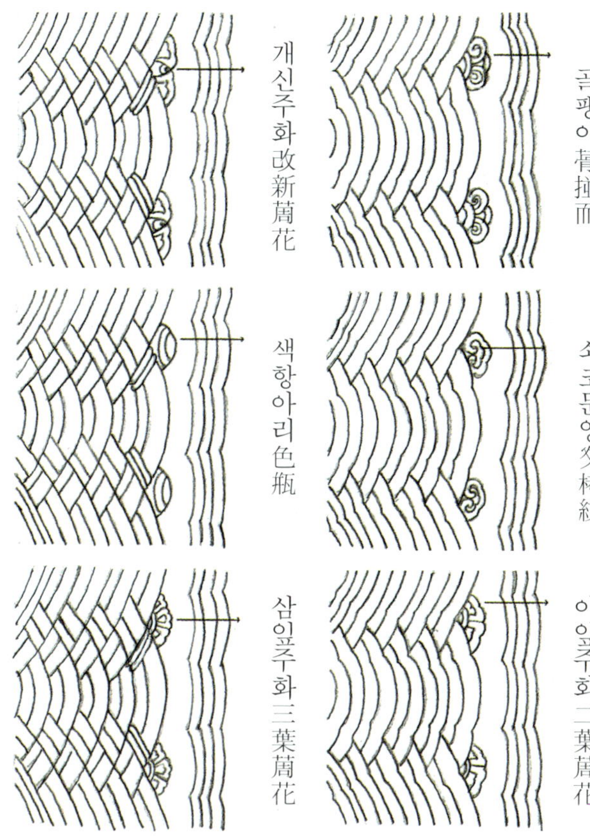

뜻있는 이름

새첩塞변방새妾첩첩=새로 얻은 부인)부부간에도 첩을 두고 사는 것처럼 단청문양에도 첩을 두듯이 휘暉)위에 다른 공간으로 그리면서 생긴 이름이다.

선인화사先人畵師)들의 이름 짓는 센스sense) 가놀랍다.

첩妾)=본처 외에 데리고 사는 여자. 별방. 부실. 소실. 측실.

화반花盤)

단청문양 설명

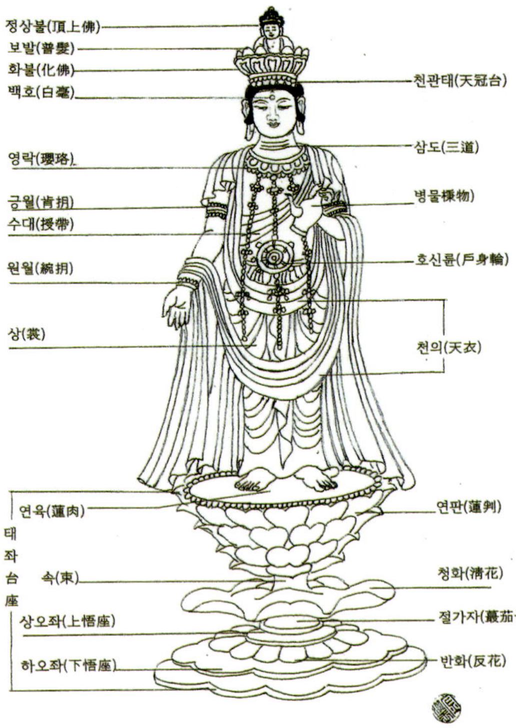

실과 묶음

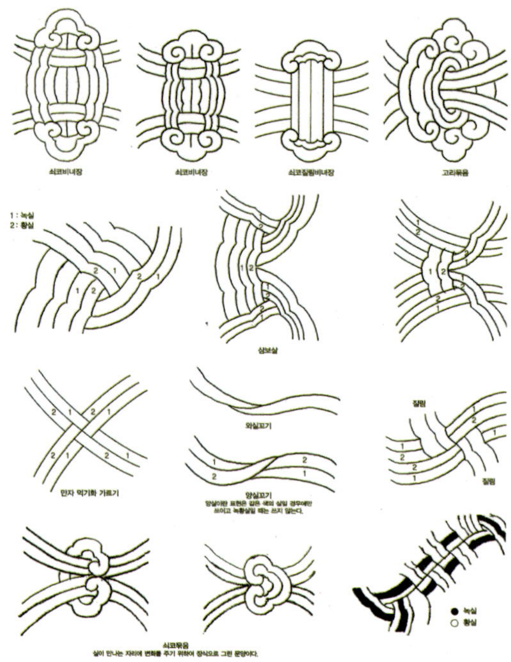

안비휘

날아가는 기러기와 같은 모양으로 김한옥이 전라남도 곡성군 옥과면 성륜사 부연에 처음 그리면서 안비휘라 부르기로 하였다.

바자휘

휘 모양이 돗자리나 울타리를 엮듯 가로, 세로로 엮어 그린 휘의 모양을 말한다. 휘 문양 중 가장 복잡하다.

가즌십자금

가즌십자금 삼각으로접어이렇게그리세요

가즌십자금

신박쥐금

거북금

가즌거북금

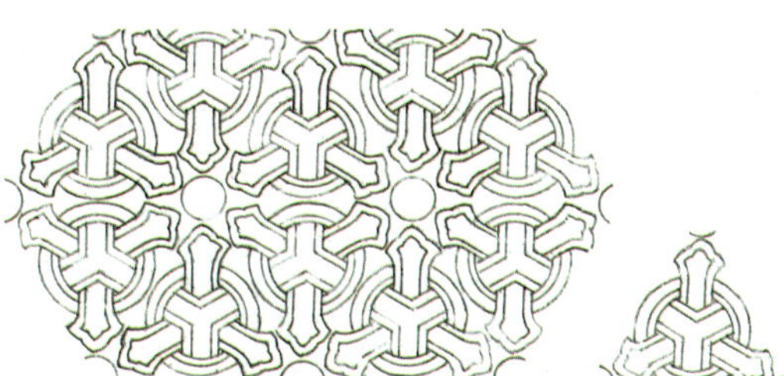

삼지창금

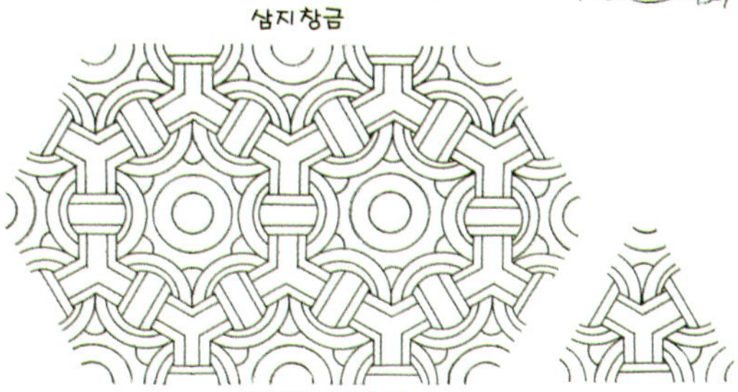

고리줏대소슬금

소슬금

쌍고리줏대금

십자고리소슬금

쌍고리줏대금

물레금

쌍줏대금

쌍고리줏대금

쌀미소슬금

쌀미소슬금

고리소슬금

쌍고리십자금

쌍줏대금

고리줏대소슬금

쌀미소슬금

소슬줏대금

고리소슬금

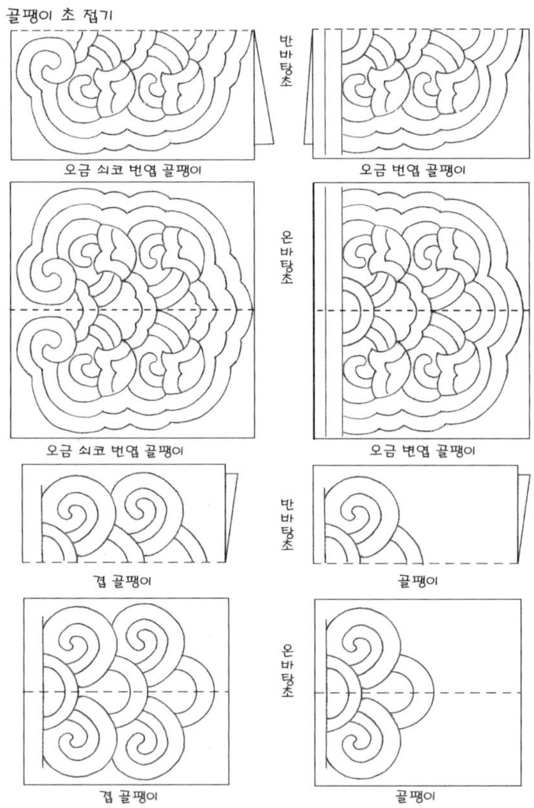

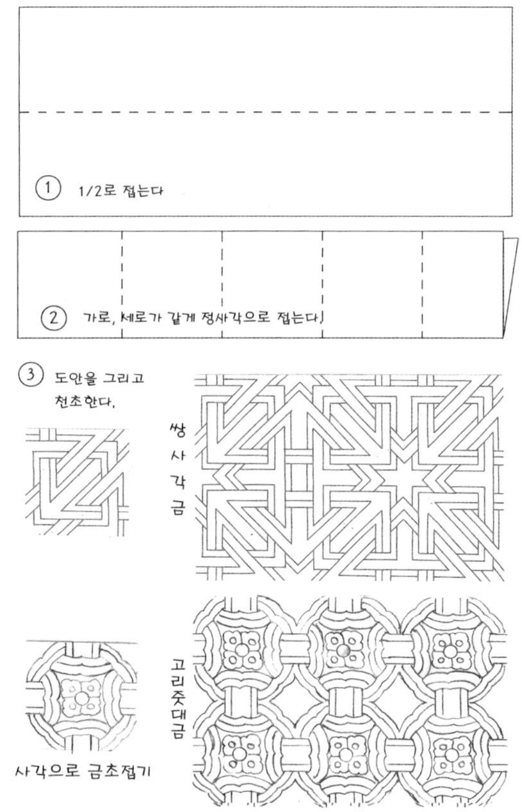

고리줏대금

물레금

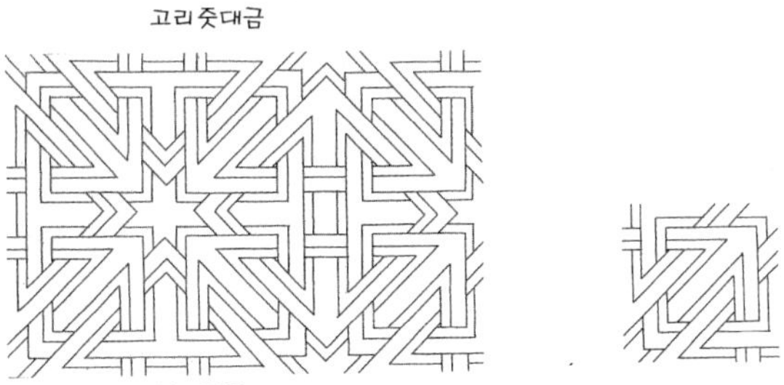
쌍사각금

고리줏대소슬금

쌍십자금

연결고리금

술잔을 비우다가 살아지는 친구

소주잔 비우다가 어디로 가는구나
식당에서 법으로 금하는
남초(남령초)가 그리워
떠나버린 그 녀석을 생각하니
웃음이 절로난다.

소주 한잔 마시면서 시름을 달래주는
남초(남령초)가 그리워
남의 눈을 피하여 화장실을 드나든다.
떠나버린 그 녀석을 생각하니
웃음이 절로난다.

제 12 장
단청 분야 용어 취합
丹靑分野韓中用語聚合

뜬구름

흘러가는 저 구름은 다시 보지 못하고 바람에 날려 지워지고 지워진다.
우리네 마음도 저 구름처럼 생각나고 지워지고 생각나고 지워지고...

단운촬영 글

진주 촉석루 공사하면서 기념촬영 오른쪽 첫 번째 김정석, 박호규 5번째 저자

가은 봉암사 공사 수주 후 공사 전 기념촬영

① 丹青分野韩中用语聚合

백골집白骨家)

한중 문화재 용어 해설 韓中 文化財用語 解說)✍

이 용어들은 한국의 문화재용어와 공사 현장에서 사용되던 용어들을 한자 뜻과 함께 옮겼다. 중국 책에서 사용된 용어는㊥으로 표기 하였다.

가락아교-傢가구가酪진한유즙락阿언덕아膠아교교) 동물의 가죽, 뼈 따위를 고아 굳힌 황갈색의 접착제. 아교 길이가 약 30 센치, 너비가 3 센치가 되는 아교.

가람-伽절가藍쪽남)승가람마僧伽藍摩)의 준말. 승려가 살면서 불도를 닦는 일.

가루라-迦부처이름가樓다락루羅벌일라)불경에 나오는 조두인신鳥頭人身)의 상상의 새.

가루먹-粉가루분末가루말墨먹묵)송연松煙) 태운 분말로 만든 가루 먹. 옛날에는 가루 먹을 아교에 개어 썼으나 지금은 액체 먹을 많이 사용한다.

가릉빈가-迦부처이름가陵큰언덕릉頻자주빈伽절가) 불교에서의 극락정토에 살고 있다는 새. 미녀의 모습에 목소리가 아름답다고 함.

가목㊥-架시렁가木나무목) 비계목.

가사-袈가사가裟가사사)승려가 장삼 위에 왼쪽 어깨에서 오른쪽 겨드랑이 밑으로 걸치는 법복.

가소제㊥-可옳을가塑토우소劑약지을제)플라스틱 등等)에 소성塑性)이 있게 하거나 또는 소성을 증가增加)시키기 위爲)하여 가加)하는 물질物質).

가자㊥-卡음역가子아들자)가자는 일종의 매우 정연한 기하 도형인데 일반적으로 상하가 대칭되고 도안은 권초문 과 비슷하다. 가자의 위치는 고두 에 가까운 조두의 저쪽 켠 에 있는데 바로 왼쪽 조두 안에서 가자는 왼쪽에 치우쳐 있으며 오른쪽 조두 안 에서 가자는 오른쪽에 치우쳐 있다.

가㊥-架시렁가)긴 선반을 가로질러 선반처럼 만든 것. 횃대. 건너지르다. 건축 에서 이리 저리 나무들이 가로 세로 질러져 있을 때. 비계목.

가칠단청-假이를가漆옻나무칠丹붉을단靑푸를청)가칠만 한 단청. 정해진 색만 칠하고 문양을 제한적으로 만 하는 단청이다. 화장실이나 창고, 서고 등 나무 보호나 색상의 보호를 위하여 칠하는 제일 간단한 단청이다.

가칠㊂-加더할가漆옻나무칠)여러 번 칠하는 것. 칠하고 덧칠하는 것. 덧칠하는 칠.

가칠㊁-家집가漆옻나무칠)집에 칠하는 것. 집에 칠하는 모든 칠.

가칠㊀-假이를가漆옻나무칠)①옻칠 이외의 인공적으로 만든 칠. 니스 페인트 따위. ②단청 할 때 애벌로 칠 하는 일. 또는 그런 칠.

가칠장-假이를가漆옻나무칠匠장인장)가칠을 잘하는 사람 가칠만을 하는 사람.

가한㊥-加더할가焊불에말릴한)노톤자를 만들 때 한 쪽은 뾰쪽하게 한쪽은 크게 말 끝부분이 생기는 선 .면.

가해당합㊥-卡음역가海바다해棠아가위당盒합합)고두소형가자로 사각형 소합자小盒子)를 이룬 것.

각량㊥-角뿔각梁들보량)추녀.

각목㊁-刻새길각木나무목)조각한 나무, 나무를 깎거나 새김.나무로 모양을 만듦.

각목㊀-角뿔각木나무목)나무는 원래 둥근데 깎거나 새 김질 한 것. 네모지게 켠 나무.

각수-刻새길각手손수)나무에 조각하는 사람. 조각공.

각연-角모서리각 椽서까래 연)각진 서까래. 둥근 서까래가 아니고 사각이나 육각 등 각이 지게 만든 서까래.

각오-覺깨달을각悟깨달을오) 마치 잠에서 깨는 것처럼 지혜로써 무명無明)을 깨치고 진리를 훤히 깨닫는 것을 말한다. 같은 말로 보리 증오證悟), 깨달음 등이 있다

각층㊥-殼껍질각層층층)껍질 층.

갈모-葛대갈鉾세모진창모)세모진 대나무 창살.

갈모결련-葛대갈鉾세모진창모結맺을결聯이을련) 세모로 연결된 문양이 연속적으로 이어진 문양에 골팽이나 주화문양 등이 그려진 문양.

갈모산방-葛대갈鉾세모진창모散헤어질산.한산할산枋다목방)한옥건물 네 모퉁이 쪽으로 서까래를 치켜 올리기 위하여 덧댄 길게 세모진 부재. 장추녀 옆 도리 위쪽으로 길게 삼각형으로 된 부재.

갈비-曷휠갈界줄비)①단청에서 온 바탕이나 반 바탕 문양이 끝나는 앞뒤 여유 공간이 생겨 녹실로 긋고 하엽으로 메꾸는 곳. ②휘어진 녹줄, 녹실

② 丹青分野韩中用语聚合

가칠단청假漆丹靑

가칠단청假漆丹靑

감로-甘달감露이슬로)①단 이슬. 옛날에 임금이 정치를 하여 천하가 태평하면 하늘이 상서祥瑞)로 내리는 것이라 함. ②범 도리천忉利天)에 있다는 단 영액靈液).한 방울만 먹어도 온갖 괴로움 이 사라지고 살아있는 사람은 오래 살 수 있고 죽은 이는 부활한다 함. ③여름철에 단풍나무, 팽나무, 노나무, 떡갈나무 따위의 나무 잎에서 떨어지는 단 액즙. 진디가 식물세포 안의 탄수화물, 단백질 따위를 흡수하여 포도당이 많은 달콤한 즙을 만들어 배설한 것 임. 이 즙을 얻으려 개미가 떼 지어 모임.

감로탱화-甘달감露이슬로幀그림족자정畵그림화)도리천상을 그림으로 표현 한 탱화. 지옥에서 고통받고 있는 중생을 구제하기 위해 음식을 공양하는 의식 절차를 그린 불화이다.

감새마루-박공, 합각 박공 옆에 지붕마루를 꾸미지 아니하고 수기와를 덮는 정도로 꾸민 내림마루

갑석-甲천간갑石돌석)돌 위에 포개어 얹는 납작한 돌.

갓풀→갖풀-阿언덕아아첨할아膠아교교)쇠가죽을 끈끈하도록 고아 말린 접착제.=아교(阿膠),아교풀 갓쓸(=갓풀).

강룡㊥-降내릴강㊥龍용룡)머리를 아래로 내린 용. 하늘 에서 내려오는 용.

강설전해만반죽문㊥-绛진홍강雪눈설전.海바다해斑아롱질반紋무늬문)묶은 대나무 색으로 세우고 눕혀 그린 단청무늬.

강철이-强굳셀강鐵쇠철魑도깨비리)전설상의 악독한 용의 이름. 이 용이 머물거나 지나간 곳은 몹시 가물어 초목이나 곡식이 다 말라 죽는다 함. 광목천왕 의 흉배에 장식하는 동물.

갖은금단청-錦비단금丹붉을단靑푸를청)단청 종류 중 최고 단청을 말함. 갖은 문양을 다 넣은 최고급 단청=(금단청.금박단청)

갖은금초-錦비단금 草풀초)갖가지 금초, 여러 모양의 금초.

갖은삼포- 기둥과 기둥 사이에 삼포를 얹은 처마의 꾸밈새.

개금㊀-改고칠개金쇠금)불상에 다시 금칠을 올림. 불상이나 보살상 등의 금칠을 고쳐서 다시하다.

개금㊁-蓋덮을개金쇠금)①금으로 부처님을 덮어씌움.②금박지는 불상 의상에 금니는 얼굴에 칠하고 붙이는 행위.③어교, 옻칠, 카슈, 등으로 칠하고 일정한 시간이 지나서 붙이거나 뿌리면 불상이나 보살상 등이 광채가 나고 모양이 좋다.

개명군주-開열개明밝을명君임금군主임금주)사람의 지혜가 열리고 문화가 발달되게 힘쓴 임금.

개백분㊥-開열개.白흰백.粉가루분)행백분行白粉)이라고도 부른다. 각종 색상을 평도한 화문의 한 측 혹은 양측에 비교적 가는 흰색의 옅은 무늬를 그리는 것을 가리킨다. 시분하는 것. 건축의 각량角梁), 패왕권覇王拳), 천삽방두穿插枋頭),각운角雲), 삼차두三岔 등 부위 단청의 변두리와 노(老)의 3가지 상이한 방법을 가리킨다.

개신주화-改고칠개新새신蔄오색촉규화주花꽃화)①주화를 고쳐서 그림. ②휘 모양이 들어가는 단청문의 맨 끝 휘에 쇠첩이 너무 넓어진 곳을 채울 때 많이 그린다. 현장에서는 개십주화라고 하는데 발음이 쌍스런 욕 같아서 단청도감에는 현장 용어을 그대로 쓰니 한두 분이 지적하여 저자임의대로 새 신新) 자로 고쳤다.

개자리-①불기를 빨아들이고 연기를 머무르게 하기 위해 방구들 윗목 속에 깊게 파 놓은 고랑. ② 과녁 앞에 웅덩이를 파 놓고 사람이 들어앉아 화살의 맞고 맞지 않음을 살피는 자리. ③강이나 내의 바닥에 푹 들어가 깊어진 곳.

개채-改고칠개彩채색채)탈색되고 낡은 색을 다시 그림. 예)시왕 개채하다.

개칠-改고칠개漆옻칠칠)①다시 고쳐서 칠함.②글씨를 쓸 때 한번 그은 획에 다시 붓을 대어 고쳐 칠하다.

개칠-蓋덮을개漆옻칠칠)이미 칠한 색 위에 덮어 칠함. 예)너는 어떻게 칠을 했기에 다시 개칠하도록 하냐?

개판-蓋덮을개板널빤지판)<->지붕널①서까래·부연附椽)·목반자 따위의 위에 까는 널빤지.② 장롱 따위의 맨 위에 모양을 내려고 댄 나무

개판초-蓋덮을개板널판草풀초)개판에 그리는 초 .단청종류에 따라 여러 문양이 들어감.

객사-客손객舍집사)①나그네들이 묵을 수 있는 객지의 숙소. ② 조선시대 지방관아의하나로 각 고을마다 두었다. ③궐패를 모시고 초하루 보름마다 망궐례를 올리며 지방관원이 오고가면서 기거하는 집

거멀쇠-巨클거勿말물鐵쇠철) 목재를 한데 대어 붙일 때 띠처럼 둘러매어 죄는 쇠. 이음매 ,맞춤새에 틈서리가 벌어지지 않도록 보강하는 철물.

거북금-龜거북귀錦비단금)거북이 등 무늬모양과 비슷하다고 해서 부르는 금초문양.

③ 丹青分野韩中用语聚合

극기[긋기]단청亟起丹靑

극기[긋기]단청亟起丹靑

거신광-擧들거.身몸신.光빛광) 신광의. 다른 이름.
거치문-鋸톱거齒이치紋무늬문)톱니 같은 문양
거친돌쌓기-마름돌쌓기)석재의 거친 면을 다듬지 않고 접한 단 면 대강 다듬어 쌓는 일.
건당-建세울건幢기당)승려의 수행구도가 원만하여 승려 자격을 주는 뜻으로 당幢)을 세우고 법호를 받는 일. 건당식.=건당의식.
건대-虔정성건帶띠대)능 종묘 향교 단청을 하면서 죽은자 를 기리기 위하여 정성껏 석간주하방에 백대(白帶)를 두르는 것.
건분㊥-乾하늘건粉가루분)마른가루.
건새-지붕 산자 밑에 앙토 하지 않고 그대로 둔 것.
건성㊥-乾하늘건性성품성)건조한 성질. 물기를 그다지 필요로 하지 않는 성질.
건조-乾하늘건燥마를조)물기 없음. 칠한 색이 고화(固化)됨.
건축-建건세울건築쌓을축)집,성,다리 따위를 세우다.
건타라-犍불친소건陀비탈질타羅벌일라)산스크리트어 gandharva의 음사. 식향食香)·심향尋香)·향음香陰)이라 번역. ㊀ 팔부중八部衆)의 하나. 제석帝釋)을 섬기며 음악을 연주하는 신神)으로 향기만 먹고 산다함. ㊁ 건달박健達縛)과 같음. 참고 동의어 : 언달박彦達嚩), 건달박, 건답화乾沓和), 건타라乾陀羅) 참조어 : 팔부중
.**건회료**㊥-乾하늘건.灰재회.料되질할료)마른 회가루. 벽돌가루.
걸-桀홰걸)한나라 말기 폭군의 이름
겉고살-이엉위에 걸쳐대는 새끼.
겉골팽이-外바깥외菁풀줄기골撻부딛칠팽而이을이)바깥쪽으로 그린 골팽이. 중심 골팽이 밖에 그린 골팽이.
겉자락-탱화나 주의초를 할 때 천의나 늘어진 옷 바깥쪽 자락.
게눈각-추녀 바깥 쪽 끝부분 끝에 돌돌말린 듯 조각하는 것. 조각 된 곳.
게눈각-해안각蟹게해眼눈안閣집각)박공널이나 추녀 끝에 나선형으로 조각하는 것. 조각된 것.
격자-格격식격子아들자)①대갓 끝의 대통들 사이에 꿴 둥근 구슬 ②바둑판처럼 가로, 세로 일정한 간격으로 직각이 되게 짠 구조나 물건 또는 그런 형식.
견삭기-羂걸릴견削쇠고리삭機베틀기)비계를 맬 때 사용하는 공구.=깔깔이=따르래기
견색㊥-絹비단견索찾을색) 아름다운 무늬
견우-성 牽牛星)천 〕 염소자리 베타(β) 별. 실시 등급 3등급의 별로, 은하수를 경계로 직녀성과 마주하고 있음.

준말 앞에】견우
결각㊥-結맺을결殼겁질각)껍질로 응결되는 자재
결련직휘-結맺을결聯이을련直곧을직暉빛날휘)일직선으로 된 문양, 실 안쪽에 쇠코 문양이 골팽이나 반주화 등의 무늬를 감싸고 도는 모양의 직선 휘暉).
결련초-結맺을결聯이을련草풀초)쇠코문이 연속적으로 바뀌면서 이어져간 무늬.
결합재-結맺을결合합할합劑약지을제)분말 안료를 접착력이 있는 접착제나 다른 색과 색을 혼합하는 일을 말한다.
겹장고머리초-쌍 장고머리초. 초 내는 부재가 너무 길면 장고머리 문양을 이중으로 냄.
겹집-①여러 채가 겹으로 된 집.②한 개의 종마루 아래 방을 두 줄로 들인 집.
겹처마-重무거울중檐처마첨)처마 서까래위에 부연을 달아 꾸민 처마.
경가자㊥-硬굳을경卡음력자가子아들자)직선형 가지 모양의 무늬가 전환을 거쳐 구성된 가자이다. 대개는 소화 조두 부위에 쓰인다.
경계석-境지경경界지경계石돌석)경계의 표지로 세운 돌. 계석界石).
경말실개㊥-硬굳을경抹지울말實열매실開열개)먼저 색상을 평도平塗)하여 조형을 그리고 다시 묵선 혹은 색선色線)을 그린 후 섬세한 선염, 착색, 가루를 끼워 넣는 등 여러 차례의 작업 절차를 거쳐 완성된 회화법의 하나로 사실성 회화이다.
경연운㊥-硬굳을경煙연기연雲구름운)직선과 면의 전환으로 구성된 연운이다.
경천화㊥-硬굳을경天하늘천花꽃화)직접 목제木制)천화판에 그린 천화天花).천장 반자 꽃문양.
경청연록㊥-硬굳을경青푸를청軟부드러울연綠초록빛록)

④ 丹青分野韩中用语聚合

모루단청貌酉丹靑

모루단청貌酉丹靑 민속촌 가족

계림-鷄닭계林수풀림)①신라의 다른 이름. 숲속에서 이상한 닭 울음소리가 들리기에 가 보니, 나뭇가지에 금빛의 궤가 걸려 있고 그 아래서 흰 닭이 울었는 데 그 궤 속에 신라 김씨 왕조의 시조가 되는 김알지가 있었다는 설화에서 유래한다. 예전에 우리나라를 이르던 말. 지명 경주慶州)의 옛 이름.

계자난간-鷄닭계子아들자欄난간난干방패간)초각한 짧은 기둥으로 꾸민 난간

계주-髻상투계珠구슬주)부처의 정수리에 솟은 상투 모양의 살덩이= 육계肉髻).

계패록㊥-鷄닭계牌패패綠초록빛록)양녹상품명(독일산)

계풍-界지경계風바람풍)양 머리초 사이의 비워 둔 공간. 모루단청은 비워두고 금단청은 문양이 들어간다.

계풍에 먹댕기- 계풍 양 바깥쪽을 먹선으로 그어 주는것.

고계-高높을고髻묶을괄)높게 묶은 머리, 또는 머리에 하는 장식. 상투.

고구려-高옛고句글귀구麗고울려)고대 삼국시대의 한 나라. B.C 37 년부터 A.D 668 년까지 존속함.

고궁㊥-故옛고宮집궁)왕이 살던 옛집. 유래가 있는 오래된 궁전. 옛 대궐.

고금㊥-庫곳집고 錦비단금)금실, 은실 색깔 있는 융실로 무늬를 넣어 짠 비단.

고금㊥-庫곳집고金쇠금箔발박)(98%,고금박)현대 중국산금박은 금 함유량 98%,은 함유량 2%이고 사이즈는 93.3 × 93.3 이며 금박 색채는 황색 가운데에 붉은색을 띠고 색상의 명도는 짙은 편에 치우치며 오랫동안 지나도 쉽게 퇴색하지 않는 특징이 있다. 이 금박의 광택 색채는 청대의 홍금紅金)에 매우 근사하기에 현대 고건 유(油飾) 단청은 일반적으로 98 고금박으로 홍금박을 대체하여 사용한다.

고기물-古옛고器그릇기物만물물)도리 평방 창방 방심 중앙에 반원형 반타원형으로 그려진 선 안에 산수, 용, 봉, 학, 범, 화조, 신선도 집 등을 사실적으로 그리는 그림. 책장 책 고가구.

고남㊥-鈷다리미고藍볼감쪽남)코발트남색. 남색.

고대국가-古옛고代대신할대國나라국家집가)원시사회와 중세 봉건사회의 중간에 해당되는 씨족제가 무너지고 노예 소유자의 권력을 유지하기 위한 기구로 이루어진 국가.

고두대목㊥-箍테고頭머리두大큰대木나무목)단청 중 일부분 문식의 명칭이며 구조재 량단兩端)에 위치하여 줄,띠 모양을 이룬 조형造型)으로서 주고두主箍頭)라고도 한다.우리나라 직휘와 비슷하다.

고두㊥-箍테고頭머리두)름방 맨 끝부분의 단청선을 말함. 머리초 중간과 뒤쪽 2 번째 직선으로 그은 모양이 우리나라 색직휘 또는 먹직휘 문양과 비슷한 문양이다.

고려-高높을고麗고을려)신라 말기에 왕건이 후삼국으로 분열된 한반도를 다시 통일하면서 세운 나라.918~1392 년 까지 475 년간 있었던 나라.

고로력분첩금㊥-轱수레고轳고패로沥스밀력贴붙을첩金쇠금)반자틀 ▦→+중앙 8 잎 연화 초.

고로연미운㊥-轱수레고轳고패로燕제비연尾꼬리미雲구름운)천화 가지의 종, 횡으로 교차된 십자형 단청 도안에 사용되는데 그 중 원형 문식을 고로轱轳)라 부르고 운문으로 구성된 연미 모양의 도안을 연미운 이라고 부른다.

고리금-금초 중의 한 모양. 고리처럼 된 문양의 금초

고막이-①'고막이돌'의 준말.②온돌 구조에서, 마루 밑의 터진 곳을 돌이나 흙 따위로 쌓는 일. 또는 그렇게 쌓은 것.

고미반자-고미받이에 고미서까래를 걸고 산자 엮기 후 흙칠한 반자.

고미집-고미다락이 있는 집.

고부조-高높을고浮뜰부彫새길조)모양이나 형상을 나타낸 살이 매우 두껍게 드러나게 한 부조.

고분-高높을고粉가루분)문양을 호분이나 석고 등으로 도드라지게 한 것. 문양을 도드라지게 한 후 금박을 붙이면 실제 높이보다 높게 보인다.

고사새끼-초가집의 지붕을 일 때 먼저 지붕 위에 잡는 벌이줄

고색단청-古옛고色색)①.세월이 흘러서 탈색 된 단청. ②단청색채를 고색으로 만들어 고색으로 하는 단청.③오래된 단청.

고인돌-支가를지石돌석묘)선사 시대의 무덤의 한 가지. 큰 돌을 몇 개 둘러 세우고, 그 위에 넓적한 돌을 얹었음. 지석묘-支石墓). 돌멘(dolmen).

고주집-高높을고柱기둥주)①한옥에서, 대청 한복판에 다른 기둥보다 높게 세워 지은 집. ②집채의 일부에 평주보다 높게 기둥을 써서 지은 집.

고직사-庫고십고直곧을직舍집사) 관아의 창고를 감수하는 사람이 사는 집

⑤ 丹青分野韩中用语聚合

금모루단청錦貌匳丹靑

금모루단청錦貌匳丹靑

곡구문-曲굽을곡具갖출구紋무늬문)구부러진 선을 가꾸어 만든 문양.

곡담-曲구불곡墻다장=曲牆.곡병)능·원園)·무덤 따위 뒤에 둘러 쌓은 나지막한 담.

곡두문-曲굽을곡頭머리두紋무늬문)곡선을 연속으로 꺽어지게 그린 문양.

곡절-曲굽을곡折꺽을절)①문양이 꺾일 때를 말함.② 휘나 구름 따위를 그리면서 꺾일 때 곡절이라 한다. (=오금)

곡추골팽이-曲굽을곡楸노려볼추菁풀줄기골搓부딪칠팽而말이을이)곡절되게 그린 골팽이 문양

골마루-谷골곡抹지을말樓다락루) ① 안방이나 건넌방에 딸린 골방같이 좁은 마루. ② 집과 집 사이 또는 집의 가장자리에 잇따라 딸린 골처럼 좁고 긴 마루.

골채-骨뼈골彩채색채)①먹선을 그리고 각 색이 먹선 과 일정한 거리를 두면서 칠 하는 행위 ②정한 채색 으로 메우는 행위 또는 메운 것. 예)골채 메꾸다.

골추녀-谷골곡春봄춘舌혀설-회첨추녀)지붕회첨골에 처마도리와 중도리에 걸어 회첨 서까래를 받은 경사재

골팽이㊀-菁풀줄기골蟛방게팽蜞달팽이이)①팽이蟛蜞) (함경도) ②달팽이.(경상,강원,함경) ③고동.(경상, 강원,함경) ④골팽이는 달팽이 껍질 같이 생겨서 나온 용어이다. 단청용어는 문양 생김새를 보고 이름이 지어지는 경우가 많다. 골팽이의 참뜻과 용어의 뜻을 아는 대로 적었다. 어느 것을 한문으로 적어서 쓰는가는 독자가 선택해야 할 것이다.

골팽이㊁-菁풀줄기골搓부딪칠팽而말이을이)①땅속에서 풀줄기가 부딪치면서 나선모양으로 나오는 때를 말함 ②온천지가 봄기운에 땅속에서 풀줄기들이 부딪치면서 생성하는 모양인데 고사리가 처음 나 올 때의 모습이다.③단청문양을 처음 초初) 자가 아니고 풀 초草)자를 쓰는 이유도 땅속에서 나오는 풀이나 연꽃 등의 식물을 뜻하기 때문이다. 풀 초草)자를 씀 ④단청문양의 70% 이상이 골팽이 문양이다. 색상은 대부분 녹색이다. 가끔 장단이나 삼청 등의 색상이 들어가기도 하나 극히 제한적이다.

곱물매-수평길이 1자에 대하여 수직높이 1자잡은 물매 45°

곱팽이-단청 공사현장에서는 골팽이라고 하였는데 책으로 소개되면서 골팽이를 잘못 듣고 곱팽이로 잘못 적은 오기誤記)인 듯하다. 단청 현장에서 발음상 잘못을 지적함.

공방심선자㊥-空빌공方모방心마음심旋돌선子아들자)단청 방심 내에 어떤 문식도 그리지 않는 선자 단청이다.

공안-栱두공공眼눈안)①첨차 상부 소로와 소로 사이에 활형으로 깎아내거나 어깨의 옆면을 조금 파낸 것. ②고대건축의 가옥 지붕 아래 두공과 두공 사이의 부분.

공안㊥-栱두공공眼눈안)고대건축의 가옥 지붕아래 두공과 두공 사이의 부분. 공저는 흰색으로 토주색 공工)자형의 연미燕尾)가 그려져 있으며 공신과 소두小斗)는 주록朱綠)이 서로 엇바뀌어 있는데 이런 화법은 모두 당조 이래의 습관적 방법을 갖고 있다.

공왕운㊥-工장인공王잉금왕云이를운)구름의 조형이 공工)자, 왕王)자 (일부 화법은 일一)자, 이二)자 비슷함)와 비슷한데 흔히 화새 단청, 선자 단청의 조첨방挑檐枋) 정구방井口枋)의 연속 배열된 운문雲紋) 도안에 사용된다.

공터-空빌공攄펼터)①초친 문양에 색을 넣고 남은 빈 터 ②공터는 반자 초나 대량 계풍새 등에 많이 생긴다. 예)연화 반자 초를 치고, 연화는 육색으로 공터는 다자나 먹으로 메꾸어라.(=공터 메꾸기)

공포-栱두공공包쌀포,工장인공包쌀포-포화공)처마의 무게를 받치려고 기둥머리에 짜 맞추어 댄 나무쪽 주두, 소로, 첨차, 쇠서 등을 짜맞추어 장식을 겸하여 처마하중을 받게 하는 것. 예)주심포계 공포, 다포계 공포, 익공계 공포.

공포재-栱두공공包쌀포,材재목재)공포를 이루는 부재의 총칭

과교반자부수㊥-過지날칠과膠아교교矾명반반紫자주빛자赴다다를부水물수)이미 칠한 색상위에 교반수를 덮어서 칠하는 조작 과정이다. 아교포수를 말함.

과량식㊥-裹쌀과梁들보량式법식)대들보를 감싸는 방법. 쌀풀를 삼베 천에 칠하여 감싼다.

과위-果실과과位자리위)수행한 공덕으로 깨달음을 얻은 지위.

과의박대-裹쌀과衣옷의博넓을박帶띠대)품이 넓은 옷과 폭이 넓은 띠로 된 것.

과㊥-鍋노구솥과) 金-총 17 획; [guō]노구솥, 또는 냄비, 대통, 장죽의 담배를 담는 부분, 바퀴 통 쇠

관두㊥-觀볼관頭머리두)고두 관두貫頭)고두. 환투環套)고두라고도 한다. 고두의 세부 문식은 가는 띠 무늬로 교묘하게 휘감아 꽂아 관세음 두식頭飾) 조형을 구성한 고두이다. 문식 화법은 연軟), 경硬)의 상이한 점이 있는데 호형 띠 모양으로 구성된 것을 연관두 고두라 하고 직선형의 긴 띠 모양이 전환되어 구성된 것을 경관 두라고 한다.

⑥ 丹青分野韩中用语聚合

금단청錦丹靑)

금단청錦丹靑)

관엽문-冠관관葉잎엽紋무문)관에 나뭇잎 비슷한 모양으로 그려진 무늬 또는 조각.

관음-觀볼관音소리음)아미타불의 왼편에서 교화를 돕는 보살. 세상의 소리를 들어 알 수 있는 보살이므로 중생이 고통 가운데 열심히 이 이름을 외면 도움을 받게 된다.

관자머리초-貫꿰일관子아들자) 중앙에 황방울이 들어가고 가에 주화가 들어가며 주화 밖으로 골팽이가 돌려져 있는 초이다. 녹실, 황실, 휘가 들어간다. 휘는 너비에 따라 장단휘 이상의 휘도 들어가기도 하고 안 들어가기도 한다.

관투㊥-貫꿰관套덮개투)문식이 각 색채 띠로 한 고리 한 고리 연결된 양식.

광두정㊀-光빛광竇투구두窣뚫을정)직휘 중 하엽이나 양청 등의 색상으로 칠하고 분으로 원을 그리고 작은 이빛에 원을 그리는 그림. 음달 색에서 광채의 구멍이 나듯 한다는 그림

광두정㊀-廣넓을광頭머리두釘못정)못머리를 둥글 넓적 하게 만든 못. 장식용으로 쓰임.

광배-光빛광背등배)회화나 조각에서 불상 뒤에 있는 광명을 상징하는 후광後光). 종교그림에서 믿는 자를 그리고 몸채 뒤쪽에 광선을 표현한 것. 두광頭光)신광身光) 등이 있다.

광유동유㊥-光빛광油기름유,桐오동나무동,油기름유)(varnish)바니스.

광유㊥-光빛광油기름유)바니스 전통 고건 유식에서 사용한 일종의 오동나무 씨 기름 등 재료를 끓여서 만든 수지유이다. 이 기름은 저황색(褚이고 투명하며 일정한 점도 점성을 갖고 있으며 건조하여 막을 형성한 후 비교적 훌륭한 밝기와 인성韌性)을 갖고 있으며 자외선 조사照射)에 강하며 기타 색상의 자재와 조합하거나 혹은 중첩하여 칠해도 쉽게 화학반응을 일으키지 않는다.

광자㊥-線줄선光빛광子아들자)선광자는 자료에서 규선광圭線光)이라 부르고 보검날 같은 곳이 몇 점 있으 며"규圭)"는 바로 보검날 이다. 칼날.

광홍토㊥-廣넓을광紅붉을홍土흙토)산화철 홍색.

괘불-掛걸괘佛부처불)①크게 그려 걸게 한 불상. 괘불 탱화. ②부처를 그린 그림을 높이 거는 것.

괘첨㊥-掛걸괘檐처마첨)처마 근처에 장식용으로 곱게 다듬어져 있는 부분. Canopy lattice, around the top of a canopy bed

교두-翹꼬리긴교頭머리두)살미나 첨차의 밑면 끝을 활형 또는 원호형으로 깎아낸 것.

교룡-蛟교룡교龍용룡)새끼용. 모양은 뱀과 비슷하고 길이는 10자가 넘는다고 함. 우리나라에 밀레 박물관(이십팔각명신도)에 다람쥐 비슷한 머리에 발이 달린 잉어꼬리같이 생긴 뱀 모양이 있다.

교반수-膠아교교礬명반반)아교 끓인 물과 백반녹인 물을 혼합한 액체.

교방-敎가르칠교坊동네방)조선 때 장악원(掌樂院)의 좌방과 우방을 이르러 이르던 이름, 좌방은 아악을 우방은 속악을 맡았음. 고려시대의 기생학교 말엽에는 기생학교가 있는 지역을 이렇게 일렀음 이원梨園).

교잡력분㊥-膠아교교砸깨뜨러질잡瀝물방울력粉가루분)아교를 접착료로 하여 조제한 분이다. 구舊)단청의 괄찰刮擦－긁고 닦기)역분이 있는 구 단청에서 역분 문양紋樣)을 취득하는 일종의 전통 방법이다. 고려지高麗紙-닥나무 껍질을 원료로 만든 두꺼운 종이)에 약간 물을 뿌려 적시고 구 단청 표면에 씌운 후 비교적 연한 가죽으로 종이 면에 대고 반복하여 가볍게 긁어 종이 면으로 하여금 딱 붙게 하고 또 역분 무늬를 두드러지게 한 다음 다시 흑연자黑煙子－검댕) 가루를 넣은 천으로 종이 면에 대고 반복하여 가볍게 닦으면 종이 면에 곧 구 단청의 역분 문양이 나타난다.

구나-驅몰구儺역귀쫒을나)옛날 궁중에서 세모歲暮)에 역귀疫鬼)를 쫓던 일, 또는 그런 의식.

구누화-傴구부릴구僂구부릴누花꽃화)고개 숙인 꽃문양. 단청에서 연화는 대부분 구누화 이다.

구단청답묘㊥-舊옛구丹붉을단靑푸를청踏밟넓을답描그릴묘)고대 건축의 역분. 탁본하여 묘사. 역분이 있는 구단청 에서 역분 문양을 취득하는 전통 방법의 하나이다. 비문을 탁본하는 방법과 매우 흡사한데 고려지에 약간 물을 뿌려 젖힌 후 구단청 표면에 덮은 다음 면화를 넣은 깨끗한 천으로 종이 표면을 반복하여 두드려 종이로 하여금 딱 붙게 하고 또 역분 무늬를 두드러지게 한 다음 다시 흑연자색을 묻인 천보따리로 종이 면을 반복하여 두드리면 단청 역분 무늬가 곧 종이에 나타나는데 이런 방법을 탁본이라고 한다.

⑦ 丹青分野韩中用语聚合

금박금단청金箔錦丹靑

금박금단청金箔錦丹靑

구륵법-鉤갈고랑이구勒굴레륵法법법)인물이나 화조를 그릴 때 많이 이용된다. 먼저 형태의 윤곽을 먹 선으로 그린 다음 그 안을 채색으로 메우는 기법. 형태의 윤곽을 선으로 먼저 그리고, 그 안을 색으로 칠하여 나타내는 화법. [내용] 구륵전채법鉤勒塡彩法)의 준말로, 구륵착색법鉤勒著色法)·구륵선염법鉤勒渲染法) 또는 쌍구법雙鉤法)이라고도 한다 이칭별칭 구륵전채법鉤勒塡彩法), 구륵착색법鉤勒著色法), 구륵선염법鉤勒渲染法), 쌍구법雙鉤法).

구름무늬-雲구름운紋무늬문)구름 모양으로 된 무늬(운문)

구리대-着붙을착固굳을고)현장에서는 착고라고 부른다. 부연과 부연사이를 막아놓은 위(上)로 된 널판.

구사교㊥-勾글귀구丝실사咬물교)머리초 중 정선화 무늬가 접게 그려진 곳.

구천화㊥-舊옛구天하늘천花꽃화)옛날부터 있던 반자에 그린 꽃문양.

구화-傴구부릴구花꽃화)구부러진 꽃

구흑㊥-拘잡을구黑검을흑)초빛색을 먹선이나 이빛색으로 파련초나 당초문 등에 갓 테를 감싸 그리는 것. 초빛색에 이빛색을 넣어 밝고 어둠을 나타나게 하는 것. 빛 넣기, 어둡다. 어둡거나 검다.

국극-國나라국劇신할극)한국의창극을달리이르는말

국부㊥-局판국部거느릴부)전체 가운 테 의 한 부분. 국소.

국칠㊥-國나라국漆옻칠)중국에서는 대칠이나 생칠, 진칠이라고도 불른다. 중국에서 나오는 천연 칠이다.

국화㊀-菊국화국花꽃화)국화과에 딸린 관상용의 다년생 풀. 장수, 상서로운 풀로 숭상되는 아름다운 꽃이 피는 풀.

국화㊀-國나라국花꽃화)그 나라의 상징으로 삼는 가장 사랑하고 귀하게 여기는 꽃.

군의-裙치마군衣옷의)인도의 전통적인 복장으로 허리 아래에 치마처럼 둘러 입는 옷.

군청-群무리군靑푸를청)Ultramarine.짙은 남색 물감. 단청 ㊀단청현장용어는 양청이라고 함.

군청㊀-群무리군靑푸를청)아름다운 광택이 나는 짙은 남빛의 물감. 천연으로는 탄산 석회석 화학철강에 조금씩 나고 인공적으로는 백도토白陶土) 탄산소다, 유황, 목탄, 규석 따위를 섞어 낮은 온도로 가열하여 만듦. 울트라마린. 합성법은 카올린에 황·황산나트륨. 규조토硅藻土)·목탄 등을 첨가한 다음, 약 800℃의 온도에서 몇 시간 가열하고, 이것을 자연 냉각시킨 다음 분쇄하여 얻는다. 군청은 산에는 약하나 내광성·내열성·내 알칼리성 등이 강하고 또 투명성 이나 피복력 등이 우수하기 때문에, 시멘트·석회·합성수지·수성도료. 인쇄잉크 등의 착색원료로 쓰이고, 그 밖에 백색 안료에 들어 있는 노란색을 없애기 위해 제지·농약·세제·녹말 등의 청색화에 사용된다. 군청은 프러시안블루와 함께 청색 안료로서 가장 수요가 많다.

굴도리-圓둥글원道길도里마을리) 둥글게 만든 도리.↔납도리.

굴도리집-원형 나무 생긴 대로 도리가 둥글게 지은 집

굴절-屈굽을굴折꺽일절)①휘어서 꺾이다. ②생각, 말 등이 어떤 것에 영향을 받아 본래의 모습과 달라지다.③물, 빛이나 소리가 한 매체에서 다른 매체로 들어갈 때 경계면에서 그 방향이 꺾이는 일 ④단청의 굴절 골팽이, 굴절휘, 굴절녹실, 굴절 황실 등이 있다.

굴피집-굴피나무·상수리나무·참나무 등의 두꺼운 나무껍질로 지붕을 인 집

굽바침-주두나 소로의 굽을 돋우어 바친 것.

궁창-穹하늘궁蒼푸를창)문 아래쪽에 널판을 댄 곳.

궁창-문의 아래에 낮게 끼워댄 널

권면-券문서권面낯면)아치형 면.

권수문-卷풀이름권, 오금권, 접을권 鬚수염수紋무늬문)다른 물건에 감겨서 자체自體)를 유지 하려고 잎 사이에서 나온 가느다란 덩굴손. 호박, 오이의 덩굴 등. 덩굴진 문양.

권수초-卷풀이름권,오금권,접을권 鬚수염수草풀초) 다른 물건에 감겨서 자체自體)를 유지하려고 잎 사이에서 나온 가느다란 덩굴손. 호박, 오이의 덩굴 등. 덩굴진 풀.

권초력분첩금㊥-卷문서권草풀초沥스밀력紛가루분贴붙을첩金쇠금)반자틀 ▦→+중앙 8잎 연화초 다음 원형처럼 생긴 문양.

권초문㊥-卷풀이름권,오금권,접을권草풀초紋무늬문) 풀잎덩굴이 돌돌 말려서 자라나는 듯한 문양, 계속 연결하여 길게 할 수 있는, 꼬이거나 비틀거나 할 수 있고 얼마든지 길게도 할 수 있다 .추상화, 형식화된 화초문이다. =권초卷草).우리나라 권수문卷鬚紋)

⑧ 丹青分野韩中用语聚合

단청연구원

동국대학원

권초화훼㊥-卷쇄뇌권草풀초花꽃화卉풀훼)권수초 문양에 여러 화훼 문양이 들어간 문양

귀갑문-龜거북귀甲갑옷갑紋무늬문)거북이 등에 생긴 문양 같다하여 부르는 무늬.

귀긋기뱃바닥 부재 뱃바닥 귀퉁이에 긋기 하는 것. 단청 현장에서는 사용 안 함. 예)첨차 뱃바닥 긋고 귀퉁이는 ㄷ자로 그어라. 벽의 귀퉁이에 극기 亟起).

귀두-鬼귀신귀頭머리두)재앙을 물리치기 위하여 종마루 양쪽 끝에 세운 도깨비 머리 모양의 장식.

귀면-鬼귀신귀面얼굴면)귀신의 얼굴. 사래 끝에 붙이는 귀신 얼굴을 그린 장식이나, 기와 등에 조각하거나 그린 문양. .단청 공사현장에서는 나태懶怠)라고 한다.

귀부-龜거북구趺책상다리할부)거북 모양을 한 비석의 받침돌.

귀솟음-건물의 귓기둥이 중간 기둥보다 조금 높게 만든 것.

귀틀집-① 큰 통나무를 '井' 자 모양으로 귀를 맞추고 틈을 흙으로 메워 지은 집. --------• ~에 사는 화전민.② 원시인이 살던 통나무 집.

귀포-隅모퉁이우包쌀포) 모퉁이 기둥 위에 짜여진 공포.

귀한대제공-隅모퉁이우限한계한大큰대一)모서리 기둥위에 도리와 45°각도로 짜여진 제공

귓기둥-隅모퉁이우柱기둥주)건물의 모퉁이나 구석에 세운 기둥

규룡-叫부를규龍용룡)모양은 이룡과 비슷하고 소처럼 두개의 뿔이 있고 물에 산다고 한다

규분㊥-糾얽힐규粉가루분)청조씩 단청 방법의 하나. 도색은 진한 부분부터 연한부분으로 흰색까지 자연스럽게 통과한다. 회화 중 선염 단청과 같다.

규선광㊥-圭홀규線줄선光빛광)-귀선광=龜거북귀,線줄선,光빛광)이라고도 한다.

규형쌓기-圭호홀규形모양형積쌓을적)성벽을 쌓을 때 위로 올라가면서 점차 뒤로 물려 쌓아 곡선이 되도록 쌓는 법.

균류-菌버섯균類무리류)①넓은 의미로는, 엽록소를 갖지 않은 은화식물隱花植物) 곧 박테리아 종류 점균류

균분㊥-均고르를균分나눌분)노통자를 만들 때 원으로 자른 풀라스틱이나 유지油紙)를 8등분하여접은 부분, 일종의 간단한 퇴훈을 하는 기교인데 그 퇴훈은 선명한 층차가 없고 흰색으로부터 짙은 대로 점차 과도하여 색채를 성염하듯 한데 이 방법은 대개 각 부위에서 사용되고 조각 무늬의 윤각에 따라 진행하며 도안의 입체적인 효과를 부각 시키며 또 대목의 국부 도안에도 간혹 사용한다.

균사-菌버섯균絲실사) 균류의 몸을 이루는 섬세한 실올모양의 세포, 또는 세포로 된 열列), 흰빛으로 엽록소가 없으며 기생하는 주체 속에 분포함 곰팡실 팡이실 褶

균습-菌버섯균 褶주름습)균산의 아랫면에 있는 방사상의 주름, 균사菌絲)의 결합에 의하여 된 것이며 무수한 포자낭 이 있어 포자를 냄. 버섯살.

균용-菌버섯균茸무성할용)포자가 사방으로 퍼진 상태.

그레질-기둥이나 재목 따위에 그 놓일 자리의 바닥의 높낮이를 그레로 그리는 일. 기둥자리를 잡을때 자연석주초돌일 경우 많이 사용한다.

극기[긋기]-亟빠를극起일어날기)①양쪽 머리초 사이, 부연 뱃바닥, 도리, 첨자, 벽 등에 정해진 채색으로 장척을 대고 선을 그어주는 것.②극기라 함은 그림 문양을 제일 빨리 일으킨다는 말이니 제일 간단하고 빠른 공정을 말한다. 예)먹긋기, 분긋기, 주홍긋기, 장단긋기, 육색긋기, 하엽긋기, 양청긋기, 다자긋기. 초매기긋기, 이매기긋기, 부연긋기, 서까래긋기, 도리긋기, 첨차긋기, 평방긋기, 창방긋기, 뺄도리긋기, 사래긋기 등 부재의 몇 곳을 빼고는 전 부재에 긋기를 해야 한다.

극기단청[긋기]-亟빠극起일어날기丹붉을단靑푸를청) 건축의 모든 부재에 가칠 후 부연은 먹 바탕에 민주점으로 찍고 연단은 수련菱蓮)이나 주화 또는 5잎 연화 문양이 들어가고 장추녀, 뺄도리, 평방, 창방, 단斷)에는 태평화로 그리고 그 외의 부재에는 극기로 하는 문양이 들어가는 단청 중 가장 빨리 할 수 있는 단청이다. 극기 단청이나 모루단청에는 뇌록색이 노출되어 있다.

극락전-極다할극樂즐거울락殿큰집전)아미타불을 본존本尊)으로모셔 둔 법당.

극조기-隙틈극무이를조起일어날기)불화나 인물화 끝마무리를 하면서 금선이나 분선, 황선 등으로 먹선, 수먹선水黄-黑線) 등을 가늘게 쫓아가며 그리는 것.

⑨ 丹青分野韩中用语聚合

외국의 문화와 예술 (노르웨이)

근두분㊥-跟발꿈치근頭머리두粉가루분)한편만 흰 선을 그리는 방법. 한쪽만 시분 하는 것↔단가 분또 양쪽 색긋기 하고 중앙에 분 긋기 할 때를 말함. 단청 세부 화양 한 측에 가는 흰선 무늬이다. 문양이 들어간 후 시분하는 것.

금교유㊥-金쇠금膠아교교油기름유)진쟈우유] 아교로 감싼 후 두 가닥(두줄긋기)을 긋고 금의 광택을 돋보이도록 하는 접착제. 금박 붙일 때 사용하는 접착제.

금교㊥-金쇠금膠아교)금박지를 붙이려고 아교나 어교를 준비하는 것.

금나㊥-擒사로잡을금拏붙잡을나)차기를 주체로 '권법 던지기 기법'을 주체로 하는 솔각摔角),관절과 통각痛覺)을 공격하는 금나擒拏)로 분류되는데, 권법의 공방 기술에는 솔각 및 금나 기술을 다분히 포함 하고 있다.

금단청-錦비단금丹붉을단靑푸를청)여러 종류의 단청 중 상급으로 하는 단청 비단무늬처럼 아름답게 하는 단청.

금락색㊥-金쇠금落떨어질낙索찾을색) 금사슬.

금련수초㊥-金쇠금.蓮연련.水물수.草풀초)천화 단청의 원광 내에 3송이의 금색 연꽃과 녹색 수초水草)를 주제 무늬로 한 천화

금로,묵노급색노㊥-金쇠금老늙을노및墨먹묵老늙을노及미칠급色빛색老늙노)"노老)"는 또 수형노隨形老) 라고도 부르며 건축 구조재 외형의 축도縮圖)이다. 고건축 단청 각종 방법의 노의 통칭이다.

금모루단청-錦비단금貌모양모唒피할루丹붉을단靑푸를청)

금박단청-金쇠금箔발박丹붉을단靑푸를청)=**갖은금단청**

금박지-金쇠금箔발박紙종이지)금을 녹이거나 두드려 종이처럼 얇게 만든 것, 옛날에는 금박지 사이에 간지가 한 장씩 들어서 양초 칠을 해서 금박지를 대나무 집게로 올려서 간지에 대고 문질러 살짝 붙인 후 사용하였다. 지금은 기술이 발달하여 그럴 필요 없이 대집게로 집어 사용한다.

금박장-金쇠금箔발박匠장인장)조선 시대에 금박金箔)을 만들던 장인이다. 금을 두드리거나 압연하여 매우 얇은 금박 조각으로 만들어 옷감·부채·현판 등의 장식에 사용하였다.

금선대점금선자㊥-金쇠금線실선大큰대點점점金쇠금旋돌선子아들자)단청주체 프레임 대선, 세부 선화의 선안, 치화심, 능각지. 보검두 등에 역분 첩금하는 선자단청이다.

금선대점금㊥-金線大點金)一청조 선자채색화 방법 중의 하나인데 윤곽선에 역분, 금선을 사용하고 화심과 능형 바탕에 금박을 입히며 화판은 퇴훈하지 않는다.

금용㊥-金쇠금龍용룡)고분(高分)한 후 금박을 붙친 용. 금색으로 칠한 용. 금의 정련, 온도계,

금탁마-金쇠금琢졸탁磨갈마)㊥삼실이나 삼베를 붙이고 다듬어 연마 하는 것.

금탁묵석년옥선자㊥-金쇠금琢다듬을탁墨먹묵石돌석碾맷돌년玉구슬옥旋돌선子아들자)단청 주체레임 대선 및 세부 선화旋花) 외부 윤곽선의 전부 및 선안旋眼), 치화심梔花心), 능각지菱角地), 보검두寶劍頭)에 역분 첩금하며 주체 프레임 대선 옆 및 선화 등 화문花紋)내에 훈색暈色)하는 선자 단청이다.

금탁묵㊥-金쇠금琢다둠을탁墨먹묵)휘황 찬란하고 화려한 도안 효과를 표현하는 일종의 방법인데 찬퇴할 도안보다 윤곽에 대한 역금 금박, 즉 찬퇴할 도안 운필의 외부 입히는 절차를 추가하여 밖으로부터 안으로 퇴훈 층차는 금백, (역분=금입히기) 연함, 진함, 순서이고 퇴훈 층차가 많기 때문에 도안은 정연하고 섬세하며 정교하고 아름다워 보인다.

금탁묵찬퇴도안㊥-金쇠금琢다듬을탁墨먹묵攢모을찬退물러날 퇴圖그림도案책상안)외부 윤곽선에 역분 첩금을 운용하는 것을 그 특징으로 하는 도안이다. 세부도안의 찬퇴활 범주에 속한다.

긋기[극기]뱃바닥-한양뱃바닥, 부연뱃바닥, 장추녀 뱃바닥,

기단-基터기壇단단)건물, 비석, 탑등의 밑에 한단 높게 만든 지단.

기둥초-柱기둥주衣옷의草풀초)기둥 상단에 그린 초, 기둥은 상단에만 문양을 그리고 중앙이나 아래쪽은 석간주로 칠한다. 기둥 전체에 용문양을 그리기도 한다.

기룡-夔조심할기龍용룡)생김새는 소와 같고 푸른 몸에 뿔이 없고 발이 하나이다. 이 짐승이 물에 드나들 때는 바람이 일고 그 빛은 해와 달과 같고 그 소리는 우레와 같다고 한다. 이 짐승 가죽으로 북을 만들면 500 리까지 들린다고 한다.

기룡문㊥-夔조심할기龍용룡紋무늬문)권초 도안으로 구 성된 추상화, 형식화된 일종의 용문이다. 초룡草 龍)이라고도 부른다.

⑩ 丹青分野韩中用语聚合

도봉산 물가에서 만봉스님과

기린갈-騏천리마기 鱗반디불린 褐털로짠베갈)야자과에 속하는 등본식물이고 줄기 높이 20m 직경 2~4cm 가량이고 덩굴의 외면에 껍질이 비늘같이 달라고 붉은 빛깔의 진이 분비된다. 붉은 빛깔의 열매는 붉은 진을 분비하며 그 진은 안료 또는 약제로 쓰인다. 기린갈 에서 뽑아낸 빛깔의 수지를 굳히면 아교와 비슷하며 약제로 쓰인다.

기봉문㊥夔조심할기鳳봉황새봉새봉紋무늬문)중국 옛 동기銅器) 등에서 볼 수 있는 무늬. 기봉夔鳳)의 몸뚱이가 길게 되어 용과 같이 생긴 것. 몸뚱이 상부가 퇴화退化)하여 작은 날개를 달고 있는 점이 용과 다름.

기와-蓋덮을개瓦기와와)흙이나 시멘트 따위로 만든, 지붕을 이는 데 쓰는 물건.--------• ~를 굽다--------• ~를 벗기다--------• ~ 를 올리다--------• 지붕에 ~를 이다.◦ [속담][기와 한 장 아껴서 대들보 썩힌다] 조그마한 것을 아끼다가 오히려 큰 손해를 본다.

기와잇기-蓋덮을개瓦기와와葺기울즙)산자를 엮은 위에 기와를 덮는 일.

기왓골-蓋덮을개瓦기와와谷골곡)기왓고랑'의 준말.----• ~이 묻히도록 많은 눈이 내렸다. 수키와와 수키와 사이

기운문-起일어날기雲구름운紋무늬문)뭉게구름이 피어나는 현상을 그린 문양.=구름문양.

기층㊥-基터기層층층)기초를 이루는 밑층. 여러 층으로 된 구조에서 밑바탕으로 되는 층.

기화-起일어날기畵그림화)그림을 일으킨다는 말. 기화 시분. 시아계示娥屈)해 줌으로써 그림을 일으킨다. 그림을 살린다는 뜻.

기화시분-起일어날기畵그림화施베풀시粉가루분)먹기화와 시분을 하여 그림을 일으키는 것이다.

기화시분용붓-起일어날기畵그림화施베풀시粉가루분用쓸용筆붓필)시아계示娥屈)할 때 쓰는 가는 붓. 세필細筆).

긴장혀-長長舌-통장여)도리와 같이 길게 건너지른 장혀.

길상문-吉길할길祥상서로울상紋무늬문)사람이 살아가면서 행운과 다복을 발하여 길하리라 생각하고 그린 무늬.

까치구멍집-토담집이나 귀틀집의 용마루 좌우 끝 합각머리에 작은 구멍을 낸 집.

꽃살문[꼳쌀-]-花꽃화紋무늬문門문문)건물 문살에 꽃

나근등-椰나무이름나根뿌리근登오를등)①덩굴나무가 뿌리에서 나오듯 그림 그릴 때도 처음 뿌리에서 시작한다는 뜻이다. ②단청초를 낼 때 처음 그리기 시작하는 곳. 초기에는 반골팽이였으나 후기로 오면서 버선본이나, 나비 모양으로 바뀌었다. 초를 내면서 벌어지는 시작점이라는 뜻에서 椰나무이름나)대신 나를羅벌릴나)로 사용하는 경우도 있다. ③신용어로 낙은동 이라고도 하나 잘못된 용어이다.

나발-螺소라나髮터럭발)①곱슬곱슬하여 소라껍데기 모양으로 보이는 머리털 ②나사(소용돌이)모양으로 빙빙 틀어 돌아간 형상을 한 부처의 머리털.=나계螺髻)=나모螺毛).

나의-羅비단나衣옷의)①비치는 비단 옷. 비치는 옷 ②속이 보이는 얇은 천의.③관음보살두건(頭巾)을 그릴 때 많이 그린다. 고려 불화에서 많이 나타난다.

나작[나짝]-椰나무이름나斫벨작)①나무 부재 중 잘린 쪽이 노출된 곳.②나무를 자른 곳, 나무를 베어 낸 곳. ③마구리 또는 부연단, 연단이라고도 한다. 단청현장에서 많이 사용한다. 예)부연-서까래-도리-평방-창방나짝 등의 말이 있다

나태㊀-懶게으를怠게으를태)느리고 게으름. 나태懶惰).

나태㊁-懶귀신쫒을나 怠게으을태)모든 귀신을 쫒는다고 하여 그리는 그림. 게으른 귀신도 쫒아 낸다는 뜻. 기와장에 귀면과 같은 문양그리기도 하고 궁창에도 그렸다. 단청 현장이 아닌 곳에서는 귀면이라 하고 단청 현장에서는 나태라고 하였다. 화마火魔)를 먹고 산다는 설도 있다.

나팔꽃 메꽃과의 한해살이 덩굴풀. 열대 아시아 원산. 잎은 심장 모양이면서 세 갈래로 갈라졌음. 여름에 남자색·백색·홍색 등의 꽃이 핌. 씨는 견우자(牽牛子)라 하여 약용함. 견우 牽끌견牛소우). 견우성

낙랑군-樂즐길락浪물결랑郡고을군)한사군의하나 B.C108 년 한무제가 위만조선을 멸망시키고 평양 토성리 근처를 치소로 하여 청정강 이남 자비령 이북을 차지하여 세웠다.1935 년 고적 연구회에의 하여 봉니封泥),동인銅印),채화, 칠기, 동촉, 마구, 무기, 금속장식품, 도기류陶器穪)등이 발굴되어 낙랑시대 문화연구 자료로 학계에 크게 이바지 하였다.

낙묵탑색중㊥-落떨어질낙墨먹묵搭탈탑色빛색)사실성 회화의 일종 화법인데 먼저 먹을 떨군 후 각종 연하고 투명한 물빛으로 덮어서 물들인다.

⑪ 丹青分野韩中用语聚合

임영주, 김영일, 임석환, 김한옥, 신우순, 정병국

김성규, 김한옥, 김창균

낙수면-落떨어질낙水물수面낯면) 타, 비의 오개석에 빗물이 흘러내리는 면.

낙양㊀-銘깎을낙樣모양양)기둥상부의측면과 창방하부에 돌려 붙인 파련각 한 장식.

낙양㊀-落떨어질낙樣모양양)종각이나 누각 ,창방아래 양쪽 기둥사이로 조각하여 만든 긴 부재.ㄇ자형으로 대개 파련 조각한 경우가 많다.

낙은동-나근등의 오기誤記). 신조어. 예부터 단청현장에서는 나근등이란 용어가 있었는데 잘못 전달된 듯함.

낙화장-烙지질락,낙畫그림화匠장인장)나무·대나무·상아 따위의 표면에 인두로 지져서 그린 는 사람, 그림. 또는 그 기법.

낙황㊥-铬깍을락黃누를황)크롬황

난간궁창-난간 동자주 사이에 끼워 막아 놓은 널.

난간-欄난간난干방패간杆뽕나무간)층계나 다리의 가장자리에 종횡으로 나무나 쇠로 만들어 세워 놓은 구조물.

난간마루-난간을 세운 마루.

난간법수-欄난간난干방패간法법법首머리수)난간의

난녹㊥-铬깍을락綠초록빛록녹)化〉크롬〔克羅米〕크롬녹

난시준-어지러울난柴섶시皴틀준)그 선의 마치 싸리나무 가지가 이리저리 마구 뻗은 것 같다 하여 붙여진 이름이며, 그리는 방법은 머리(시작)쪽에 뭉툭하게 붓을 대어 시작하고 끝을 가늘게 그리되 삐치지 말고 끝에서 붓을 멈추는 방법으로 그리는 것이다.

난심㊥-蘭난초난心마음심)인품.

난액㊥-闌남초난額이마액)－송조시기 액방을 난액이라 불렀음.

남사당놀이-남사당패가 관객 앞에서 풍물·버나·살판·어름·덧뵈기·덜미의 여섯 가지 놀이를 차례로 펼쳐 보이는 일

납대분㊥-拉끌납大큰대粉가루분)굵은색 분으로 그리는

납대흑㊥-拉끝납大큰대黑먹흑)직선자에 의해 검은색선을 그리는 것을 납대흑이라 부른다. 우리나라 먹긋기.黑亟起)를 말함.

납도리-角뿔각 道길도里마을리) 모나게 만든 도리. ↔굴도리.

납도리집-둥근나무를 사각으로 치목治木)하여 도리로 사용한 집

납도리집-둥근나무를 사각으로 치목治木)하여 도리로 사용한집

납훈색㊥-拉끝납暈현기증날훈色빛색)직선자에 따라 짙은 색상위에 다른 색상의 줄, 띠무늬를 그린다. 우리나라 색긋기. 분긋기와 비슷하게 하는 것.

내림마루-지붕면에 따라 경사져 내린 마루의 총칭

내림새-唐당나라당草풀초瓦기와와)암기와의 한끝에 반달 모양의 혀가 붙은 기와로 빗물이 흘러내리기 편리한 기와 암키와.↔막새.

내목도리-內안내目눈목道길도里마을리)공포를 짜고 건물 내부로 건 도리.

내수성㊥-耐견딜내水물수性성품성)외계로부터 침입하는 수분이나 습기를 막아 견디어 내는 성질. 파라핀, 아마인유, 카제인, 젤라틴, 지방비누, 수지비누같은 것은 이 내수성을 가지고 있음. 물 견딤성.

내수㊥-耐견딜내水물수)물에 견디어 냄. 물이 묻어도 젖거나 배지 아니하는 것.

내외삼출목-內안내外밖외出날출目눈목)공포에 있어 서첨차가 내.외부로 세 번씩 나가 도리를 받친 것.

내유성㊥-耐견딜내油기름유性성품성)기름 성분. 기름 성분으로 인하여 오래 견디는 물질.

내조㊥-耐견딜내.潮조수조)습기를 견디어 냄.

내첨㊥-內안내檐처마첨)안쪽첨마.

내탁-內안내托밀탁)평지에 성곽을 쌓을 때 안쪽에 구축한 성벽.

내포-內안내包쌀포)건물의 내부에만 짜여진 공포.

내후성耐견딜내 候기후후 性성품성)외부의 기후 조건에 견디는 성질.

너새-①지붕의 합각머리 양쪽으로 마루가 지도록 기와를 덮은 부분. 당마루. ②지붕을 이는데 기와처럼 쓰는 얇은 돌조각. 돌기와. 너와.

너와집-너새집,널기와집)너새집'의 변한말. 나무토막을 쪼개어 만든 널빤지로 지붕을 이은 집.

노궤기㊥-老늙을노机책상궤틀기궤器그릇기)낡은 기계.

노금변㊥-老늙을노金쇠금邊가변)주요하게①천화 단청의 방광方光)으로부터 천화판 가장자리까지의 부위. ②목 조각 작체의 대초지자로 부터 작체 가장자리까지의 부위를 가리킨다.

노둣돌-하마석)말에 오르거나 내릴 때 발돋움에 쓰려고 대문 앞에 놓은 큰 돌. 하마석下馬石).

⑫ 丹青分野韩中用语聚合

동국대학원

동국대학원

노방자-老늙을노房방방子아들자)낡은 집,

노㊥-老늙을노)"노老)"는 또 수형노隨形老)라고도 부르며 건축 구조재 외형의 축도縮圖)이다. 고건축 단청 각종 방법의 노의 통칭이다.

노통자㊥-老늙은이노筒대통통子아들자)가루주머니에 매어놓은 부분. 분주머니.

녹색가칠-綠초록빛록色빛색假이을가漆옻칠)①녹색으로 한 가칠. ②요즘은 양록 가칠만 하고 초를 친다.

녹색주화-綠초록빛록色빛색葋오색촉규화주花꽃화)양록으로 그린 주화. 녹색으로 그린 주화문양.

녹실-綠초록빛녹竂구멍을나르는실)단청 문양에서 연화머리초나 주화머리초문양 등 을 그리고 골팽이를 그린후 일정한 간격으로 실선을 그어주는 선. 조선 초기까지는 녹실만 그리다가 중기로 오면서 황실이 그려졌다,

녹화록화-綠초록빛록花꽃화)예전에는 녹골팽이를 녹화 라고 하지 않았다. 양녹골팽이라고 하였다. 연화나 주화나 꽃문양을 녹색으로 그리면 녹화이다. 양녹색으로 흔히 그렸다. 이런 꽃문양을 보고 녹화라고 하는 것이다.

녹화머리초-綠초록빛록花꽃화~)녹색 연화나 주화, 모란꽃 등을 넣어서 머리초에 그린 것이 녹화머리초이다. 옛날 장단이나 주홍이 귀하던 시절에 연화나 주화 같은 꽃 모양을 양녹으로 그려 녹화머리초란 이름이 나왔다. 머리초 주 문양 중 녹색으로 그린 꽃문양이 있어야 녹화머리초이지 녹골팽이를 그린 머리초는 녹화머리초가 아니라 녹 골팽이 머리초이다.

녹화철-錄기록할철畵그림화徹통할철)그림을 그리고 기록 하는 문서.(=연화질-연화소)

뇌록-磊돌무더기뇌綠초록빛록)단청문양을 그리기 전에 칠하는 채색, 칠한 채색. 긋기단청이나 모루단청에는 뇌록색이 노출되어 있다. 한국의 뇌록산지로는 포항시 장기읍 뇌성산이 있다. 현재는 문화재 시방서의 조합에 따라 조채하여 쓴다.※뇌록색이 지금은 일정하게 만들어 쓰이지만 옛날에는 시공 화원에 따라 조채과정이 자유로 웠다. 00스님은 하엽, 황토, 양청을 넣고 만들었고,00스님은 양청, 호분, 황토만 가지고 만들어 쓰셨다. 이렇게 만들어 쓰면 탈색과정에서도 섞은 색이 같이 변하니 거부 반응이 없다. 요즘 단청은 시아닌이란 물감을 섞어 문제가 많다. 탈색이 같이 되어야 하는데 섞은 색 중 유일하게 시아닌만 변하지 않고 다른 색은 변하여 남은 색이 우중충하고 푸르죽죽하여 아주 촌스런 색이 되어 버린다. 보는 이로 하여 요즘 단청이 옛날보다 못하다고 하는 소리를 듣게 된다. 저자 개인도 뇌록에 시아닌을 섞어 쓰는 것은 문제가 있다고 생각한다. 모루단청이나 긋기는 뇌록색이 생명이니 연구해 볼 일이라 생각한다.

뇌문-雷우레뇌紋무늬문)①번개무늬.②휘돌림 무늬.

뇌신㊥-雷우뢰뇌神귀신신)뇌택 가운데 뇌신이 있고 용의 몸에 사람머리에 자신의 배를 두드린다고 한다. 뇌택에서 큰 발자국을 밟고 복희를 낳았다고 한다.

누각-樓다락루閣문설주각)사방이 탁 트이게 높이 지은 다락집. 대각臺閣)

누-壘진루)베이스(base-보루,성채,보성).작은성

누마루-樓다락루抹지을말樓다락루)다락처럼 높게 만든 마루.

누조석-漏샐누槽구유조石돌석)물이 흘러 내리도록 홈을 판돌. 성루의 배수에 쓰인다.

누필점화-樓구부릴누筆붓필占점점畵그림화)통붓을 옆으로 비스듬이 잡고 붓끝 부분을 누르고 그린 문양. 대개 산수화에서 바위나 산맥을 그릴 때 누필점화라 한다.

누화-僂구부릴누花꽃화)옆으로 보이는 꽃 모양.

늘휘-涅막을널皹휠휘)간단한 단청 초를 낼 때 주로 그린다. 머리초에 이어서 마감을 하기 위하여 가르지 않고 휘면서 그리는 휘를 말한다. 녹실이나 황실 바로 옆을 따라 그린다.

능각지㊥-菱마름능角뿔각地땅지)두편의 두로판頭路瓣). 사이에 끼인 작은 삼각형인데"능지"라고도 부른다.

능금직문㊥-綾비단릉錦비단금織짤직紋무늬문)비단무늬.

능방-[檁枋ㅡ아키트레이브(architrave)]

능선㊥-楞네모질릉綫줄선)단청 부위 조형 명칭으로서 횡적 구조재는 방심과 차구 사이에 위치해 있고 종적 구조재는 방심으로 부터 구조재까지의 두 가장자리에 위치해 있다

능인전-能능할능仁어질인殿큰집전)[명사][불교] 능히 인仁)을 행하는 사람이라는 뜻으로, 석가모니를 달리 이르는 말. 석가모니 모신 불전.

니스 ㊥-淸맑을 청 漆옻 칠)니스

니트로셀로라카㊥-硝초석초.基터기)니트로셀로락카

다갈색㊥-茶차다褐털옷갈色빛색)붉은 기운에 비하여 검누른 기운이 더 짙은 갈색 연색鳶色). 다자색.

다듬돌쌓기-석재 면을 평탄하게 다듬어 돌을 쌓는 일.

다라니초-陀비탈질타羅벌릴라尼여승니草풀초)범서나 신묘장구대다라니를 쓴 초.

⑬ 丹青分野韩中用语聚合

수승대 거북바위

수승대 돌다리

다라니-陀비탈질타羅벌릴라尼여승니)①범문梵文)으로 된 긴 구句)를 번역 하지 않고 그대로 읽거나 외우는 일. 총지總持).②주문을 외어 재액을 제거하는 일.③천장 귀틀에 여러 가지 빛깔로 무늬나 그림을 그려 넣은 단청. ④다라니주呪) 불법 그대로의 간단한 문구.

다자-多많을다紫자줏빛자)석간주에 먹을 타서 만드는 색으로 석간주의 이빛색 이다.

다첨㊥-多많을다.檐처마첨)처마가 여러 개 인 것.

다포계공포-多많을다包쌀포系이을계_)주심과 주심 사이도 공포를 배치한 양식의 공포.

다포집-多많을다包쌀포)[다폳찝]공포拱包家집가-閣문설주각)를 여러 개로 받친 집. 공포를 많이 올려 지은집.기둥과기둥사이포를 많이 꾸며지은 집.

단가분㊥-單홑단粉가루분)단청문양이나 그림을 한쪽만 시분하는 것.

단가훈-單홑단加더할가暈무리훈)단선 긋기나 단선 빛 넣기.

단과㊥-團둥글단窠보금자리과丙駭)외형이 원형에 근사한 도안인데 일반적으로 기타 무늬와 조합하여 쓰임.

단도㊥-單홑단道길도)초친 후 바늘구멍으로 호분가루 자욱이 나타나는 분선.

단룡㊥-團둥글단龍용룡)둥굴게 그린 용.

단벽-丹붉을단碧청강석벽)단청의 옛 용어.

단색채-單홑단色빛색彩채색채)한가지 색채. 한 가지 색으로 칠한 것.

단선㊥-單홑단線줄선)외줄. 한 줄로 된 도선導線). 단선單軌)↔복선형.

단실[단색실]-單홀로단色빛깔색窯구멍을나르는실絲실사)한 가지 채색의 실. 단청의 경우 녹색실만 사용하면 단색 실이라 한다. 현장에서는 단색실 이란 용어는 잘 쓰이지 않는다. 예)녹골팽이니 녹실만 하라. 삼청 골팽이니 삼청실만 하라.

단여-短짧을단欐들보려)기둥 윗머리 사개통 들보나 도리를 받치기 위해 먼저 얹는 짧은 나무.(=단연短椽)

단엽-單홀로단葉입엽)①홑잎. ②.홑꽃잎. ③잎사귀, 나를 도안화한 무늬 ④단엽

단영㊥-丹붉을단楹기둥영)붉은 기둥

단장혀-短짧을단舌혀설-단여)도리 밑에 건너지르지 않고 짧게 받쳐 댄 장혀.

단조고두㊥-單홑단条가지조箍테고头머리두)머리초 뒤 쪽 직휘와 뒷목 공터부근 우리나라 직휘 같은 초. 먹선.

단㊥-段조각단)조각

단지㊥-丹붉을단墀지대뜰지湛)색으로 된 섬돌 위 뜰.

단청기저색㊥-基터기底밑저色빛색)단청하기 전 목재 부분을 땜질하고 사포로 고른 후 칠하는 색. 즉"단청 바탕색. 지장색"이다. 단청작업 중 어떤 때에 유만으로 아교를 대체하여 만잡滿砸)역분을 만든다.

단청-丹붉을단靑푸를청)대궐이나 절 등의 벽, 기둥, 천장 내, 외부 목재 따위에 여러 가지 빛깔로 그림과 무늬를 그림. 예)고궁의 단청은 아름답다.

단청종류-丹붉을단靑푸를청種종류종類나눌류)하下) 등급에서부터 ①가칠단청仮漆丹靑) ②긋기단청亟起丹靑) ③모루단청貌叵丹靑) ④금모루단청錦貌叵丹靑) ⑤금단청錦丹靑) ⑥금박금단청金箔錦丹靑)=갖은 금단청)과 같음.

단청지장색㊥-地땅지仗의장장色빛색)단청지장색은 특정된 범위 내에서 세부화문에 대해 의지, 부각 작용을 일으키는 색상이다. 청공부 ≪공정작법칙례≫58권"화작 용료"중의 해만포도미색지장"에서 볼 수 있는데 가리키는 것은 미색을 배경색으로, 사실적으로 그린 해만식 포도이다.

단화문㊥-團둥글단花꽃화紋무늬문)전체 조형이 원형, 타원형 혹은 능형에 가까운 문식의 통칭이다.

단휘-홀로된 휘, 독립휘.

단흑㊥-炭숯탄黑검을흑) 검정 먹, 가루 먹, 카본 블랙.

닫집법전-法법법殿숫컷전)법전 안의 옥좌 위나 법당의 불좌 위에 만들어지는 집 모형. 당가唐家)라고도 한다.

달개집-원채의 처마 끝에 지붕을 덧달아 이어내린 집

달대달풀의 줄기-《갈대의 줄기와 비슷함》.

달대-釣낚을조木나무목)위에 부재에 아래 부재를 달아매는 부재.

달로-韃물통달달轆두레박틀로)채기를 달아매고 쓰는 도구. 옛날에는 버드나무나 싸리나무를 노끈으로 감아 달로 로 쓰다가 철사가 나와서 편리해 졌다. 철사를 원형으로 휘어서 끝을 실로 매고둥글게 휘어진 철사에 실을 총총히 감아서 중심실 세 줄을 매어서 상단을 엄지손가락에 끼우고 쓴다.

달음달이-達통달할달陰그늘음達이을달以할이)①밝고 그늘진 것을 그림으로 잘 나타내는 기법 ②탱화의 음양기법을 뛰어나게 잘하는 경우, 잘한 경우. 예)ㅇㅇ스님은 출초가 최고이시고, ㅇㅇ스님은 달음달이가 최고이시다. 두 분이 합작한 최고의 탱화이다.

⑭ 丹青分野韩中用语聚合

군인 K.H.O

1968. 3. 1. K.H.O

군인 K.H.O

담징-曇흐릴담徵부를징)579-631.고구려의 승려 화가. 영양왕 21년(610년) 백제를 거쳐 일본에 건너가 수도에 정진하며 불법을 강론하는 한편, 채화, 공예 및 종이, 먹 등의 제법을 가르쳤다. 특히 회화에 뛰어났으며 그가 그린 나라 호오류우사의 금당벽화는 1943년 소실되고, 사진으로만 남아 볼 수 있다.

담채-淡묽을담彩채색채)빛을 엷게 도채 하는 그림물감 또는 엷게 채색한 것.↔진채

당간-幢기당竿장대간)당幢)을 달아 세우는 대. 높은 깃대

당간지주-幢기당竿장대간支가를지柱기둥주)당간을 받쳐 세우는 두 개의 기둥.---• 절 입구에 ~만 남아 있다.

당골벽-도리에 거린 서까래 사이사이를 막아 바른 벽.

당기다-①끌어 가까이 오게 하다. ②줄을 팽팽하게 하다.

당채-唐당나라당彩채색채)당나라에서 나는 채색. 지금의 중국색.

당청-唐당나라당靑푸를청)당나라 시대의 푸른 물감.

당초문-唐당나라당草풀초紋무늬문)덩굴무늬.권수초문.

당파창-鏜쇠사슬당鈀쇠스랑파槍창창)끝이 세 갈래로갈라진 창. 당파창 문양은 세 갈래로 갈라진 창끝 문양이 상하로 되어 있다.

당홍-唐당나라당紅붉을홍)중국산의 자주빛을 약간 띤 붉은 물감

대공-臺돈대대工장인공)들보 위에 세운 마룻보를 받치는 짧은 기둥.

대-臺돈대대)장대將臺),성城),둔屯),술戌) 등의 동서에 높이 쌓아 올린 장수의 지휘대. 높이 쌓아서 사방을 바라볼 수 있게 만든 곳.

대량-大클대樑들보량)대들보. 건물 내부에 앞뒤 기둥에 걸친 큰 대들보, 대량에 용초를 그리고 공터는 먹으로 메꾸어라. 그 외에도 풍혈초 등에도 주문양이 들어간 후 빈 곳에 정한 색을 넣는 것을 공터라 한다.

대록㊥-大큰대綠초록빛록)명사는 ≪공정작법칙례≫ 58 권"화작용료畵作用料)"에서 볼 수 있다. 이 색상 은 주요하게 천연광물질 남동색 및 일정한 양의 과파록鍋巴綠)으로 합성되었고 합성한 색상은 천연 남동색 보다 짙고 색채는 중후하고 부드러웠으며 오랫동안 지나도 쉽게 퇴색하지 않고 기타 색상과 화학 변화를 쉽게 일으키지 않는 특징이 있다. 이 색상은 일찍 품절되었다.

대룡문㊥-大큰대龍용룡紋무늬문)고건축 단청에서 이미 사람들에게 익숙해진 각종 형태의 용문을 가리킨다.

대목㊥-大큰대木나무목)목 구조재, 대목을 상가와 하가로 두 부분으로 나눈다, 상가대목은 처마 밑의 도리. 받침, 각목, 각량, 포두량 등 비교적 큰 부재를 가리키고, 하가대목은 주로 기둥, 문턱과 문틀 등 비교적 큰 부재를 가리킨다.

대목㊥-大큰대木나무목)큰 건축물을 잘 짓는 기술을 가진 목수↔소목小木)'木=(木手)'

대백분㊥-大큰대白흰백粉가루분)즉 흰색이다. 청대 단청에서는 정분[定粉](중국,연가루)을 운용하여 흰색으로 한다.

대번초㊥-大큰대飜뒤칠번草풀초)단가훈의 형식인데 금탁목 방법이라고도 한다.

대분㊥-大큰대粉가루분)흰색 큰 선. 분극기[긋기]=粉亟起)

대색㊥-大큰대色빛색)단청의 소색에 상대하여 하는 말이다. 단청 가운데서 사용량이 비교적 많고, 색상이 비교적 짙으며 주요하게 큰 면적의 기저색을 칠하는 각종 색상이다. 단청에 많이 들어가는 색. 도안의 윤곽선이 무슨 색깔이든 그 도안 내의 바탕색은 모두 먼저 같은 색상이지만 명도明度)가 비교적 옅은 소색小色)을 평도平塗)한 후 도안의 중부 혹은 한 측에 일정한 너비의 소색을 남겨 훈색으로 하는 동시에 이 소색과 같은 색상의 짙은 색을 눌러서 그린다. 이 작법을 찬퇴라고 한다.

대선㊥-大큰대線줄선)굵은 선, 대, 소 색 면적의 큰 면적의 비교적 짙은 기저색과 각종 작은 면적의 비교적 옅은 기저색을 평도 하는 것을 가리킨다.

대성전-大큰대聖성인성殿큰집전)성균관 안에 공자나 대현의 위패를 모신 전각. 종교적 특권이 주어진 성 베드로 대성전, 요한 라테라노 대성전등 일곱 성당을 일컬음《원래는 초기 기독교 회의 직사각형 성당의 이름》

대안-黛눈썹먹대顔얼굴안)인물을 그릴 때 얼굴이나 눈섭을 그릴 때를 말한다.

대웅전-大큰대雄수컷웅殿큰집전) 석가모니불을 본존本尊) 불상으로 모신 법당.〔참고〕 대웅전은 '아미타불'을 본존으로 하는 '극락전極樂殿)', '비로자나불'을봉안奉安)하는'대적광전大寂光殿)'과 함께 삼대불전佛殿)의 하나임.

대의-大클대衣옷의)①비구가 입는 삼의의 하나 가사 중에서 가장 큰 것으로 설법을 하거나 걸식을 할 때 입음 ②불화에서는 부처나 보살 권속들의 겉옷. 대개, 좁은 평방에 사용하는 경우가 많다.

⑮ 丹青分野韩中用语聚合

해외관광

외국

대자㊥-代대신할대赭붉을흙자)산화철(Fe_2O_3)이 주성분인 무기안료로써 주토朱土). 이것은 중국 산서성, 옛 대군代君)에서 나오는 석이라고 하여 대자代赭)라고 불렀다. 대자는 적철광에서 나온다. 값이 싸고 피복력이 강하여 영원히 퇴색되지 않는다. 석간주와 비슷함.

대천㊥-大큰대天하늘천花꽃화)단청하는 큰 반자.

대철대오㊥-大큰대徹통할철大큰대悟깨달을오)갑자기 완전히 깨닫다. 대오대철 크게 깨달아서 번뇌-煩惱)와 의혹疑惑)이 다 없어짐. 대오대철大悟大徹)하다.

대첨차-大큰대檐처마첨遮막을차)소첨 보다 조금 길게하여 그 위에 얹어 짠 처마

대체량㊥-大큰대体몸체量헤아릴량)큰 규모.

대칠㊥-大큰대漆옻칠) 천연칠, 생칠, 토칠, 국칠 이라고도 부른다. 중국 특산이기에 일반적으로 중국칠이라고도 부른다. 천연수지 도료의 일종으로 옻나무껍질을 베어 피부에 상처를 주어서 흘러나오는 일종의 흰색 점성 유액인데 가공을 거쳐 만들어진 도료이다. 옻칠.

덤벙주초-둥글넓적한 자연석을 그대로 놓은 주춧돌-호박돌 주초, 자연석 주초 등을 일컷는다.

덧서까래-虛빌허架시렁가椽서까래연)지붕 물매를 잡기 위해 서까래 위에 덧거는 서까래.

도감-圖그림도鑑거울감)비슷한 동류의 차이를 한눈으로 식별할 수 있도록 사진이나 그림을 모아 설명한 책.

도금-鍍도금할도金쇠금)금, 은, 니켈, 크롬, 주석의 얇은 금속막을 다른 쇠붙이에 입히는 일산화 방지와 장식을 위해서 한다. 예)은으로 도금한 숟가락.

도독부-都도읍도督감독할독府마을부)도독부]중국에서, 군정을 맡아 다스리던 지방 관아. 또는 외지를 통치하던 기관. 당나라 때는 고구려, 백제가 멸망한 뒤 그 옛 땅에 9도독부, 5도독부를 각각 두고, 신라 땅에까지 계림 도독부를 두었다.

도드락다듬-고운 정 다듬 한위를 도드락망치를 쳐서 다듬는 일. 도드락망치의 날면은 약5cm각에 각추형의 돌기가 25-100눈 까지 있다.

도료-塗진흙도料재료료)물체 겉에 발라 썩지 않게 하거나 아름답게 하는 재료.

도리-道길도里마을리)서까래를 받치기 위하여 기둥과 기둥 위에 건너지르는 나무.

도막㊥-塗진흙도.膜막막)도막(paint film)은 칠막 이라고도 부른다. 도료를 바닥재에 시공한 한갈래 혹은 여러 갈래의 도층塗層)으로 형성된 고체형태의 연속막이다. 일반적으로 도막은 여러 갈래의 도층으로 구성되고 칠하는 물건의 요구에 따라 도층의 층수를 결정한다.

도색㊥-塗진흙도色빛색)색깔이 나게 칠을 함.

도석화-道길도釋풀석畫그림화)도교, 불교의 관계인물을 화제로 한 종교적인 그림.

도성-都도읍도城성성)① 서울.----•~을 옮기다----•~이 함락되다.

도승모㊥-道길도僧중승모帽모자모)승려 모자

도식㊥-塗진흙도飾꾸밀식)도료, 페인트칠을 하는 것.

도안-圖그림도案책상안)미술품, 건축물, 상품 등을 만들거나 꾸미기 위하여 고안한 것을 설계하여 그림으로 나타낸 것.

도자철판㊥-镀도금할도鋅구둘자鐵쇠철板널판)노통자를 만들는 재료. 철판.

도주-塗칠할도朱붉을주)붉은 색칠

도채공-塗진흙도彩채색채工장인공)채색을 칠하는 일을 업으로 삼는 사람.

도채-塗진흙도彩채색채)채색 칠하는 일

도포-塗진흙도布베포)약이나 칠이나 페인트 같은 것을 겉에 바르다.

도행판-圖그림도行갈행板널빤지판)목수나 석공 등이 널판대기 넓적한 돌 종이 등에 평면도 지붕틀 그때그때 필요한 그림을 그려서 보면서 작업하는 간단한 그림.

도화-塗칠할도畵그림화)-함부로 그리다

도화서-圖그림도畵그림화署관청서)조선시대 그림에 관한 일을 맞아보던 관청.

독성각-獨홀로독聖성스러울성閣문설주각)독성인 나반존자를 봉안(奉安)한 전각(殿閣) [천태각天台閣)]

독성-獨홀로독聖성스러울성)나반존자那畔尊者)를 달리 이르는 말.

독성탱화-獨홀로독聖성스러울성幀그림족자정畵그림화)

돈-墩돈대돈-돈대,공심돈)성내의 높은 곳에 쌓은 대.

돌림띠-벽·천장 따위의 가장자리를 마무르거나 장식하기 위해 길게 돌려 댄 띠.

돌확-石돌석確굳을확)돌로 만든 조그만 절구.----• 밀을 ~에 넣고 갈다.

동.서무-東동녘동.西서녘서廡집무)유현의 위패를 모시고 제사 지내는 집. 또는 유생들이 공부하며 유숙하는 집

⑯ 丹青分野韩中用语聚合

용인사찰

동국대학원

동.서재-東동녘동.西서녘서齋재계할재)명륜당앞 좌우에 있는 집으로 유생들이 글공부하는 곳.

동귀틀-童아이동귀耳귀이機틀기)장기틀과 장귀틀 사이에 건너지르고 마루널을 끼는 귀틀

동물질교㊥-動움직일동物물건물質모양질膠아교교) 동물 가죽으로 만듦.

동바리-童아이동子아들자)가로재를 받쳐 괴는 수직으로 세운 짧은 기둥

동바릿돌-동바리를 받치는 작은 주춧돌.

동박㊥-銅구리동箔발박)구리로 만든 박지.

동유-桐오동나무동油기름유)오동나무 씨에서 짠 건성 기름. 인쇄잉크, 도료의 원료로 쓴다.

동유㊥-桐오동나무동油기름유)개오동 나무 기름.

동유칠-桐오동나무동油기름유漆옻칠)동유에 활석 등을

동자석-童아이동子아들자石돌석)① 사내아이의 형상을 새겨 무덤 앞에 세우는 돌.② 돌 난간의 중간에 세우는 짧은 돌 기둥. 동자주(柱

동자주-桐오동나무동子아들자柱기둥주)①동자기둥 ②동자석.

동홀림-東동녘동惚황홀할홀琳아름다운옥림)촛가지 뱃바닥이나 추녀 끝부분에 가로로 무지개 색 같이 여러 색을 넣은 것이다.

되물매-수평 길이와 수직 높이가 같은 물매. 45°경사.

된물매-경사가 심한 물매. 보통보다 경사가 심한물매.

두겁돌-위에 뚜껑처럼 올려놓은 돌. 경계임을 나타내기 위하여 표지로 세운돌.

두공-枓주두두栱두공공)공청空廳) 불벽佛壁)에 있어서 장화반長花盤)대신 쓰는 나무.

두공㊥-斗말두拱두손맞잡을공)주두나 대접두(대접받침)위에 짜이는 공포부재의 총칭. 한국·중국·일본 등의 전통 목조 건축물에서 사용하는 특유한 지붕받침.

두광-頭머리두光빛광)모시는 인물의 머리 부분에 빛을 나타낸 것

두렴-斗꾀일두蠊보배렴)비단천이 늘어진 듯 그리고 보배구슬이 주렁주렁 꿰인 한 모양을 그린 무늬. 기둥 상단에 많이 그린다.

두록㊥-頭머리두綠푸를녹)국화를 그리는 전용 안료이며 광물질 안료에 속한다,

두벌대-二두이 段구분단臺돈대대)'두벌장대'의 준말.

두색㊥-頭머리두色빛색)일반적으로 색깔의 명도가 비교적 짙은 각종 색깔을 가리킨다. 두색은 이색二色), 삼색三色) 등 옅은 색에 상대하여 말하는 것이다. 이빛, 삼빛 색.

두석장-豆콩두錫주석석匠장인장)가구에 붙이는 각종 장석의 제작자를 말한다. 〈경국대전 經國大典〉 공전조의 기록을 보면 조선시대에는 일찍이 금속공예가 분업화되어 두석장·은장·입사장·금박장·환도장·치장·조각장 등의 장인들이 국가기관에 소속되어 있었다. 문갑·탁자·미닫이 같은 소목가구에는 수자문·환희천지·쌍희문·쌍용문 등의 장식문양...
문화재 지정 : .. 중요무형문화재 제64호

두속㊥-頭머리두束묶을속)묶은 머리.

두폐-頭머리두蔽가릴폐)부처나 보살상의 머리 뒤에 **둥글게 그리는 광선.**

두현㊥-肚배두弦시위현)한 세트의 짐승이 있는 자각량 밑면의 어린魚鱗)모양의 도안 문식을 가리킨다.

둔테-문둔테'의 준말. 대문장부가 돌게 구멍을 뚫어서 상하인방에 대는 나무.

둘레 ①물건의 가로 둘린 테두리 바깥언저리 ②주위 둘레 ③단청에서 방석둘레.

둘레먹댕기- 둘레실을 그리고 먹댕기로 마무리하는 먹선.

둘레실-단청 주 문양을 그리고 둘레에 녹실이나 황실 등의 실로 둘레를 장식 하는 각색의 실.

둥근연화-圓둥글원平평평할평蓮연할연花꽃화)①둥근 모양의 연화. 연단이나 도리부리, 둥근 부재 또는 반자 등에 많이 그리는 연화 그림 ②=원연화圓蓮花)= 평연화平蓮花).

뒷마루-退물러날퇴抹지을말樓다락루)집의 뒤쪽에 있는 마루.

뒷목-後뒤후木나무목樑장식목)모루단청 이하의 단청에서는 사용하지 않음. 얼금 단청 이상에만 부연이나 서까래에 들어가는 무늬. 부재 뒤쪽을 말함

뒷칸-용변을보는 처소處所)

드림-①길게 매달아 처지게 하는 물건 예)드리게 드림을 단 축하 화분. ②기드림의 준말. ③증정贈呈)의 뜻으로 적은 말.

들기름칠-法법법油기름유漆옻칠)단청한 부위에 수명이 오래 가도록 하기 위하여 들기름을 바르는 것. 습기가 많은 곳은 매기黴氣)가 많이 끼므로 주의해서 칠해야 한다.

들보-칸과 칸 사이의 두 기둥을 건너질러서 도리와는 ㄱ자, 마룻대와는 十자 모양을 이루는 나무. 예) 도리를 얹다.

등각-等무리등覺깨달을각)①부처의 다른 이름 ②수행이 꽉 차서 지혜와 공덕이 바야흐로 불타의 묘각과 같이 지려고 하는 자리. 곧 보살의 가장 높은 자리. 등정각等正覺).

⑰ 丹青分野韩中用语聚合

kho 배종호

kho유년

kho군인

kho

등각호-等무리등.覺깨달을각.號이름호) ①부처의 딴 호칭.

등라-藤등나무등蘿벌일라)담쟁이, 다래, 칡, 등나무 등, 덩굴식물의 통틀어 일컬음. 들깨로 짠 기름. 법유(法油)

디딤돌-步걸음보石돌석) ① 디디고 다닐 수 있게 드문드문 놓은 평평한 돌. 보석步石).--------• 여울의 얕은 곳에 징검다리 ~이 놓이다. ②마루 아래 따위에 놓아 디디고 오르내릴 수 있게한 돌. ③어떤 일을 이루는 데에 바탕이 되는 것의 비유.

딱지-골팽이와 골팽이 사이골을 매운 반형, 골팽이 무늬의 한 부분 문양.

땜단청-①집을 보수하고 난 후 보수한 곳에만 다시 하는 단청. ②오래된 단청이 퇴락되어 그 부위에 만 하는 단청.

땜질보수-집이 세거나 부분적으로 상하여 부분만 보수하는 것.

뗀돌-채석장에서 떠낸 돌을 대강 석재크기로 잘라 낸 돌

뜬붓질-장척이나 손등을 대지 않고 붓질하는 행위.

뜬장혀-浮뜰부長길장舌혀)도리 밑에 붙지 아니하고 통장혀. 단장혀 밑에 떠있는 상태로 부재 간을 연결 하는 장혀.

뜬창방-浮뜰부昌창성할창枋다목방-별창방)용마루나 중도리 아래 있는 대공 또는 동자주에 가로 건너지른 창방. 그 밑에 벽이나 평방 가로재가 없이 돈 것.

띠장-帶띠대杖지팡이장)판벽에 있어서 널을 박아대는 가로댄 부재.

라크깍지진디㊥-인도나 동남아 열대 지역에서 서식하는 깍지벌레.

마구리-①길쭉한 토막, 상자 따위의 양쪽 머리의 면. 부연, 서까래, 장추녀, 사래, 도리, 평방, 창방, 면面)

마노-瑪옥돌마瑙옥돌노)=석영, 단백석. 옥수의 혼합물 수지상 광택을 내며 때때로 다른 광물이 침투하여 고운 무늬를 나타낸다.(=석영. 단백석)

마루적심목-宗마루종積쌓을적心마음심木나무목)마룻대의 전후 서까래위에 눌러 박은 재

마루틀-귀틀-마루 tuì 退널을 깔아대는 또는 짜서 만든 틀.

마아준-馬말마牙어금니아皴주름준)말의 이빨과 비슷하다 하여 붙은 이름인데. 대체로 원기둥 모양에 가까운 산이나 바위를 그릴 때 일자점一字점点)과 같은 점을 평행으로 찍어 나가면서 그리는 준이다. 주로 각이진 수직 암벽을 표현하는데 사용된다.

막돌쌓기-산이나, 들이나, 강변에서 자연으로 파쇄된 돌을 사용하여 다듬지 않고 쌓는 일.

막새-①처마 끝을 잇는 수키와《한 끝에 둥그런 혀가 달리고 전자篆字) 또는 그림 무늬가 있음》. 드림새. 막새기와.↔내림새. ②처마 끝에 나온 암키와와 수키와.

막자-膜막막尺자척)그림물감을 저어서 쓰는 도구.

막장-귀서까래를 추녀에서부터 시작하여 마지마으로 면서까래 옆에 거는 서까래.

만다라-曼끌만陀비탈질타羅벌릴라)①우주법계法界)의 온갖 덕을 망라한 것이 라는 뜻으로 부처가 증험證驗)한 것을 그린 불화佛畵) ②부처나 보살의 상을 모시고 예배하여 공양하는 단. 증험證驗).

만다라화㊀-曼끌만陀비탈질타羅벌릴라畵그림화)단청에서 만다라화는 줄기가 대부분 갈라지는 원으로 되었고 잎은 번갈아 가면서 줄기 사이를 오르내리게 그리고 꽃은 연화, 주화, 모란 등을 제한 없이 그린다.

만다라화㊀-曼끌만陀비탈질타羅벌릴라花꽃화)①성화聖畵)로서의 흰연꽃白蓮花). ②연꽃. ③흰 독말풀. ④자루 괴불주머니.

만자㊥-卍만자만字글자자)卍의모양으로 된 물건이나 또는 표지.

만자㊥-萬일만만字글자자)고두만자를 문식 내용으로 한 고두이다.

만자㊥-萬일만만字글자자)수많은 글자.

만잡력분㊥-滿찰만砸깨뜨러질잡瀝물방울력粉가루분)유만을 접착료로 하여 조제한 역분 이다.

만㊥-滿가득찰만)만은 백면. 석회수. 돈혈豚血). 회유灰油)로 배합한 것을 말한다.

말굽서까래-馬말마蹄굽제椽서까래연) 추녀에 붙는 서까래위 끝이 말굽처럼 타원형으로 되는 귀 서까래.

망대-望바랄망臺돈대대)적이나 주위의 동정을 살피기 위하여 높이 세운 대. 망루望樓). 관각觀閣).----• ~에 오르다.

망새-望바랄망斯이사할사-드림새)① 전각·문루門樓)와 같은 큰 건물의 지붕 대마루 양쪽 머리에 얹는 기와. 치미鴟尾). ②집의 합각머리나 너새 끝에 얹는 용의 머리처럼 생긴 장식. 용두龍頭).

망판-望바랄망板널판)서까래에 평평하게 펴놓는 나무판

맞배지붕 지붕의 완각이 수직으로 잘려진 지붕. 옆면이 八자 모양으로 된 지붕. 박공지붕, 삼각형 지붕.

⑱ 丹青分野韩中用语聚合

가은봉암사단청공사휴식중

강원도 홍천 서봉사에서 벽화 그리는 K.H.O

맞배집-맏빼ㅡ]지붕이 맞배지붕으로 된 집. 박공집. 뱃집. 지붕 양쪽 끝에 박공이 달린 집.

매기㊀-黴곰팡이필매氣기운기)장마 때 습기가 있는 곳에 생기는 검푸른 곰팡이.

매기㊁-邁멀리갈매岐높을기)=평고대, 초매기, 이매기. 나무를 길게 부연 상단 끝이나 서까래 상단 끝 쪽에 댄 부재.

매안학득-瞶곁눈질할매眼눈안學배울학得얻을득)① 곁눈질로 학문을 배우는 행위. ②직접 선생님에게 배우지 않고 남이 하는 것을 보고 자기 나름대로 연구하는 행위. ③남이 하는 일을 직접 배우지 않고 보기만 하면서 자기도 비슷하게 따라 하는 일. ④서당에서 스승이 학동들을 가르치는 것을 옆에서만 보고 자기도 비슷하게 배우는 행위.⑤공사장에서 공사하는 것을 슬금슬금 보았다가 자기도 비슷하게 하거나 더 잘하거나 또는 더 못하는 행위.

매화-梅매화나무매花꽃화)①매화나무. ②매화꽃.

매화점-梅매화나무매花꽃화占점점)민주점棉點占)을 찍고 이빛 점을 찍어야 매화점이다. 즉, 민주점 방울에 주홍이나 삼청을 찍으면 매화점이 되는 것이다.

매흙- 초벽·재벽이 끝난 다음 벽 거죽에 바르는 보드라운 잿빛의 흙.

머거불-지붕마루의 마구리에 대는 수키와.

머름-遠멀원音소리음)모양을 내기 위해 미닫이 문지방 아래나 벽 아래 중방에 대는 널조각. 창 밑의 하인방과 창틀 사이 머름동자를 세우고 널로 막아 댄 부분.

머리단청-흔히 모루단청을 말하면서 "머리를 모로라고 하는 것이 아닌가?"라고 의문을 나타내는 사람이 있다. 머리단청이라고 하면 이해는 간다. 병머리든 장구머리든 골팽이 머리든 한 머리나 두 머리가 갈라져 있을 때 하는 소리로 해석할 수도 있다. 그러면 머리단청이라고만 해야지 모루단청이다. 모로단청이다 라고 하는 소리가 왜 나오는지는 알아야 된다. 사전을 보아도 모로는 옛 모루라고 하니 단청은 옛 용어나 현장에서 쓰던 용어가 우선되어야 그 뜻이 더할 것이다.

머리-頭머리두部거느릴부) ①사람이나 동물의 목위 부위. ②단체의 우두머리. ③단청에서는 그림 중 양쪽머리 또는 한쪽머리. ④어느 모양의 머리.

머리초-頭머리두紋무늬문草풀초)녹실이나 황실 따위의 실이 안 그림을 싸고도는 모양이 어떤 사물과 생김이 비슷할 때 부르는 이름. 예를 들어 녹실과 황실이 병 모양이면 병머리초, 장고모양이면 장고머리초이다. 그 외에 녹골팽이 머리초, 주화머리초, 연화머리초, 쇠코머리초, 기둥머리초 등. 머리초 중심에 연꽃을 그리고 주위에 필요한 문양이 들어가는 연꽃 중심의 머리초. 머리초에 이어서 마감을 하기 위하여 가르지 않고 휘면서 그리는 휘를 말한다. 녹실이나 황실 바로 옆을 따라 그린다.

먹극기[먹긋기]-墨먹묵亟빠를극起일어날기)먹으로 극기[긋기] 하는 행위. 그림 그릴 때 먹 선으로 그리는 선.

먹기화-墨먹묵起일어날기畵그림화)세필로 먹선을 그어 그림을 시아계(示裓屆) 하는 행위. 먹선을 하여 그림을 일으키는 행위. 먹기화하고 시분하는 행위.

먹기화시분-양록골팽이는 먹기화만 하고 각 휘에는 먹기화와 시분을 같이하기도 한다.

먹댕기[먹당기]- ①단청을 마무리 하면서 황실 옆에 먹선으로 그어 주는 것. ②머리초나 방석초 가에 일정한 먹선으로 일정하게 당기는 것. ③여러 색실 중 마지막 넣는 먹실을 당기는 것.

먹띠 단청에서 기둥 등의 윗부분에 먹선으로 **돌려 그리는 먹직휘**

먹-墨먹묵) ①벼루에 물을 붓고 갈아서 글씨를 쓰거나 그림을 그리는데 쓰는 검은 물감. 아교 녹인 물에 반죽하여 굳혀서 만듦. ②먹물의 준말

먹분긋기[극기]-墨먹묵粉가루분亟빠를극起일어날기)먹

먹선-墨먹묵遾가는모양선)①목수가 나무에 먹으로 선을 긋는 것. ②그림을 그릴 때 먹선으로 그리는 선.

먹실-墨먹묵窸구멍을나르는실)먹통 속의 실. 목수나 석공의 도구로 먹통 속의 실.

먹직휘-墨먹묵直곧을직暉빛날휘) 먹띠 양 가장자리로 녹실, 황실, 먹댕기 가 들어가는 문양.

먹휘-墨먹묵暉빛날휘)①먹으로만 그리는 휘. 긋기단청 일 경우 기둥 상단에만 먹으로 하는 휘. ②모루단청 또는 금단청에 직휘를 넣는 부재에 먹으로 칠하고 민주점 을 찍는 휘.

멍에- ①마소의 목에 얹어 수레나 쟁기를 끌게 하는 '∧' 모양의 막대. ②'행동에 구속을 받거나 무거운 짐을 짐'의 비유.---•~를 지다. ③거룻배·돛단배 따위의 뱃전 밖으로 내민 창막이 각목의 끝부분

멍에-지면에 설치한 동바리 기둥 위에 얹히어 장선을 받는 가로재.

멍에창방-이 층으로 지은 집에서, 아래층 서까래의 위 끝을 받쳐 가로질러 놓은 재목.

⑲ 丹青分野韩中用语聚合

저자가 봉암사공사를 맡아 하던 중 기념으로 찰각..고인이 된 분도 있다.

면깍기-①대패질.②묶은 나무가 때가 끼어 깍아 내는 행위.③기름류나 니스 또는 접착제만으로 칠할 때 나무결이 보이도록 하고자 할 때 칼이나 대패, 헤라 등의 도구로 깎는 것.

면닦기- ①단청하기 전에 청소하는 것.②와이어 브러쉬(Wirebrush)나 솔로 미리 탈색이나 박락된 곳의 색을 털어내는 것. 건축의 먼지나 때가 낀 곳을 닦아 내는 행위.

면-面낯면,밀가루면).표면. 나무 자른 끝. 사람얼굴.

면상필-面얼굴면像형상상筆붓필) ①잔글씨를 쓰는 붓의 하나. ②불화나 인물화에서 얼굴의 수염이나 눈썹 등을 그리는 데 쓰이는 얇은 고급 붓.

면석-面낯면石돌석)탑기단의 대석과 갑석사이를 막아댄 넓은 돌.

면실유-棉솜면實열매실油기름유)목화씨에서 짜낸 반건성유. 단청에 쓴다고 전해지나 저자도 실무에서 사용해 본적은 없다.

면주점[민주점]-棉목화면點점찍을주占점점)관용어慣用語)로 현장에서는 민주점이라고 부른다. 목화면솜을 붓대나 둥근 나무에 감아서 실로 매고 백색점을 찍는 것을 면주점 이라고 한다. 관용음慣用音)으로 현장에서는 민주점이라 부른다.

명륜당-明밝을명倫인륜륜堂집당)성규관 향교에 유학을 강론 하는 집.

명당-明밝을명堂집당) ①임금이 조현朝見)을 받던 정전正殿). ② 무덤 아래에 있는 평지《혈穴)의 바로 앞》. ③명당자리.

명반-明밝을명礬명반반)탱화할 때 명반수를 포수해 쓰면 채색이 윤이 나고 탱화 수명이 연장되어 많이 쓴다. 명반=백반수(白礬水)을 물에 푼 액체 소독 살충제로 쓴다.

명실㊥-明밝을명室집실)밝은 실내.

명유-明밝을명油기름유)들기름에 무명석無名石)을 넣어 끓인 기름. 칠하거나 물건을 결는데 쓴다.

명음화법-明밝을명陰그늘음畵그림화法법법)초빛은 밝은색에 속하고 이빛은 어두운색에 속한다. 하여 초빛색과 이빛색이 이루어지는 것을 명음화법이라 한다.{고려 뿐 만 아니고 신라, 당唐)때도 이미 생긴 화법으로 보인다]

명패-命목숨명牌패패)①오래전 임금이 삼품 이상의 벼슬아치를 부를 때 보내던 나무패.②탱화의 인물들이 손에 들고 있는 패.(=홀).

명협-冥어두울명莢콩껍질협)중국 요임금 때 났었다는 상서로운 풀. 초하루부터 보름까지 매일 한 잎씩 났다가 열여섯 날부터 그믐까지 매일 한 잎씩 떨어지므로 이것으로 달력을 만들었다고 한다. 작은 달에는 마지막 한 잎이 시들기만 하고 떨어지지 않았다고 하여 달력 풀 또는 책력풀이라고 하였다.

모각연화-皃모양모刻새길각)조각된 연화.

모끼연-木나무목只다만지椽서까래연-목기연)지붕 양편 마구리에 대는 부연附椽)의 서까래. 목계木枅).

모단[목단]-牡수컷모丹붉을단)미나리 아제비 과에 딸린 갈 떨기나무. 키는 1-2미터 잎은 대형의 깃꼴겹잎 낙엽 관목. 잎은 우상 복엽 이며 5월에 꽃송이가 핌. 목단꽃 .낙엽 활엽 관목. 관상용으로 재배하는데 잎은 크며 붉고 큰 꽃이 핀다. 뿌리의 껍질을 약재로 쓴다.(=목단)

모로단청-毛털모老늙은이로丹붉을단靑푸를청)한문 뜻을 그대로 해석하면 늙은이의 털의 단청이 된다. 대단히 잘못된 용어이다. 이전에는 이런 용어를 현장에서 들을 수 없었다. 책이 잘못 나온 후 이런 용어가 퍼져 나갔다. 오기되어 부른지도 반세기가 가까우니 고쳐 부르는 것은 여렵겠다, 지금 세대들이 책으로 공부한 세대들이 대부분이니 한번 부르던 명칭은 고쳐 부르기가 어렵다. 그러나 용어 자체의 뜻과 내려오는 유래라도 전달하고자 적어 둔다.

모루단청-貌모양모匧피할루丹붉을단靑푸를청)초매기는 뇌록 바탕에 먹, 분 극기만 한다. 이매기에는 상단에 장단칠하고 하단에 양녹칠 한 후 중앙으로 먹, 분 극기를 한다. 개판에는 주로 운문 방석초가 많이 들어가지만 경우에 따라서 여러 문양을 넣을 수 있다. 착고에는 쇠코문양 간단한 골팽이 문양. 부연, 앞목에만 외줄 골팽이 늘휘나 인휘 문양이 그려진다. 서까래, 앞목에만 반주화 머리초나 반연화 머리초 정도의 문양이 그려지고 늘휘나 인휘가 들어가는 정도이다. 첨차 먹분극기, 색붙입한 문양을 넣고, 소로, 주두는 먹, 분긋기에 색붙임 정도가 그려진다. 도리, 평방, 창방은 양쪽 옆으로만 문양을 그린 단청이다. 계풍 사이는 극기만 한다. 개판에는 주로 방석초 운문이 많이 들어가지만 경우에 따라서 여러 문양을 넣을 수 있다. 도리, 평방, 창방 머리초 문양에도 간단한 반 주화에 한줄씩의 둘레골팽이만 들어가는 것과 반연화 에 속주화, 나근등, 항아리, 황실, 녹실, 휘도 늘휘와 인휘까지만 사용되는 것을 모루단청으로 보아야 될 것이다. 내부 반자의 경우 단團).주화 단團).연화 단團).운문 간단한 학鶴).문 목단화문 정도 상량이나 대량도 머리초이면서 주화나 연화문양에 외줄 골팽이로 장식하고 인휘나 늘휘정도 문양이 들어간 단청이다

⑳ 丹青分野韩中用语聚合

탱화작업

관음탱화

기타 부재에는 먹, 분 극기 색 극기 분 극기와 바탕색 은 뇌록 색과 기둥이나 기타부재는 석간주로 칠하는 단청이다. 금모루나 금단청에 비하여 간단한 중급 종류의 단청이라 할 것이다. 주화 나근등 항아 리 황실, 녹실, 휘도 늘휘와 인휘까지만 사용되는 것 을 모루단청으로 보아야 될 것이다.

모루-貌모양모⿰皮피할루) ①그림 모양을 한쪽 옆 또는 양 쪽 옆으로 피하여 그렸다는 뜻. ②부연이나 서까래는 한쪽으로 도리, 평방, 창방은 양쪽으로 피하여 그린 그림. 또는 어떤 물체가 한쪽이나 양쪽으로 있는 현상.

모사-摸찾을모寫베낄사)①사물의 형체를 그대로 그리다. ②어떤 그림을 보고 그것과 똑 같이 그린 그림.

모사채색법-摸찾을모寫베낄사彩무늬채色빛깔색法법법)문양모사와 채색을 쓰는 법.

모임집-우진각집) 한채의 지붕 네 귀에 추녀를 달라 용마루까지 올려 지붕 4면으로 빗물이 흐르게 지은 집.

모전석탑-模법모磚벽돌전石돌석塔탑탑-모전탑)돌을 벽돌 크기로 다듬어 쌓은탑

모접기-모치기,면접기,귀접기)모서리를 깎아 접거나 둥글게 모양을 내고 맞게 하는 일. 출초 낼 때 종이를 목부재 에 대고 접기 할 때.

모준-牛소우毛터럭모皴주름준)왕몽이 만든 준법으로 소의 등을 부드럽게 감싸는 듯한 호선弧線)의 모양으로 그리는 준을 말하며, 둥근 느낌의 바위를 그릴 때 가는 붓으로 짧고 고슬고슬한 쇠털처럼 그려내는 기법이다. 수목이 없는 화성암의 묘사에 사용된다.

목간-木나무목幹줄기간)나무줄기.

목골㊥-木나무목.骨뼈골)나무틀.

목곽묘-木나무모槨덧널곽묘=석실墓무덤묘)관을 외곽부분을 나무로 짜만든 무덤.

목근㊥-木나무목.筋힘줄근)나무가옥 건축 중의 중요한조직구조이다.

목단-牡수컷모丹붉을단)목단이라고 하지 않고 모란이라고 많이 한다.

목리-木나무목理다스릴리)①나뭇결 ②연륜

목면-木나무목.面낯면)나무가 짤린 면. 낯짝

목문-木나무목.門문문)나무로 짠 문. 나무문

목어-木나무목魚고기어)① 목탁木鐸) ②불교 경전을 읽을 때 두드리는 제구《나무로 곁은잉어처럼 만들고 배쪽을 파내어서 그곳을 막대기로 두드리면 소리가 난다.

목이지문-木나무목耳귀이枝가지지紋무늬문)나무에 돋은 버섯. 나무에 돋은 버섯 같이 그려진 무늬.

목탑-木나무목塔탑탑)나무로 만든 탑.

몰골법-沒가라앉을몰骨뼈골法법법)윤곽선을 처음부터 사용하지 않고 직접 수묵 또는 채색으로 대상을 한 붓에 그리는 기법. 송대宋代)의 화조인 서희徐熙)서숭사徐崇嗣)부자가 창시 함.

묘갈-墓무덤묘碣비갈)무덤 앞에 세우는 위가 둥그스름한 작은 돌비석.

묘-廟) ①'종묘宗廟)'의 준말. ②'문묘文廟)'의 준말.

묘법-描그릴묘法법법) 실제로 그림을 그릴 때 사용하는 여러 가지 기교.

묘사-描그릴묘寫베낄사)보고 들은 것이나 마음에 느낀 것을 그림이나 소설 따위에서, 예술적, 객관적으로 재현함. 그려냄.

묘우㊥-廟사당묘宇집우)불상이나 유명한 사람의 신위神位)를 모신 집.

묘홍묵㊥-描그릴묘紅붉을홍墨먹묵)홍토자紅土子)색을 운용하여 화보를 두드린 가루 흔적이 빗나가거나, 선명하지 못한 등 흠집에 대해 잘못을 교정하거나 혹은 보충하여 그리는 작업. 잘못 나온 초 분선을 바로 잡는것.

무기-無없을무機틀기)①생명이나 활력이 없음.↔유기(有機). ②'무기 화학'의 준말. ③'무기 화합물'의 준말.

무기안료-無없을무機틀기顔얼굴안料되질할료)무기질인 광물질 색소로 된 안료.

무량갓-지붕의 용마루를 꾸미지 아니한 건물.(서울 창덕궁 대조전)

무명석-無없을무明밝을명石돌석)암석에 붙어서 나는 흑갈색의 광물. 보통 쌀알 만 한 작은 덩이이며 윤이 난다. 출혈 소화불량 따위에 약재로 쓴다.

무석인-武굳셀무石돌석人사람인)무덤 앞에 세우는, 돌로 만든 무사의 상. 무관석. 무인석武人石).↔문석인.【준말 앞에】무석武石)

무형문화재-無없을무形모양형文글월형化될화財재물재)무형의 문적인 소산으로 역사적 또는 예술적으로 가치가 큰 것《연극·음악·무용·공예 기술 따위》. ↔유형 문화재.

㉑ 丹青分野韩中用语聚合

대흥사

화원촌놈들

만봉 스님과 놀이 가서 1960,

묵선대점금㊥-墨線大點金)선자단청: 선화의 선안, 치화심, 능각지 보검두에 역분 첩금하는 선자단청이다.
묵선점금㊥-墨먹묵.線줄선.點점점.金쇠금)우리나라 단청으로 원대 및 명대의 일종, 청대"선자점금旋子點金)단청'과 비슷한 단청이다.
묶음-①한데 모아서 묶어놓은 덩이.②꽃이나 푸성귀 따위의 묶어 놓은 덩이를 셀 때 쓰는 단위.③단청 문양에서는 실이나 끈으로 묶은 것처럼 보이는 그림.
문루-門문문樓다락루)궁문宮門)·성문 위에 지은 다락집.
문묘-文글월문廟사당묘)공자孔子)를 모신 사당. 근궁. 성묘聖廟). 공자묘
문선-門문문線줄선,門문문扇부채선)문의 양쪽에 세워 문짝을 끼워 달게된 기둥.
문설주-門문문楔문설주설柱기둥주)문의 양쪽에 세워 문짝을 끼워 달게 된 기둥. 선단.【준말 앞에】설주.
문식-紋무늬문飾꾸밀식)무늬로 건축이나 가구를 꾸미는 것, 문양을 그리거나 조각하고 채색 칠하는 것,
문양-紋무늬문樣모양양)무늬. 예)'다양한 문양의 도자기', 다양한 단청의 문양'
문양초-文무늬문樣모양양草풀초)단청, 탱화, 또는 목수들의 그림, 도자기 그림에 채색하기 전의 그림.
물갈기-잔다듬한 돌면을 금강사나 숫돌로 미끈하게 갈아 마무리 하는 것.
물결무늬-水물수契맑은물결결紋무늬문)①물결이 치는 것 같이 보이게 그린 그림. ②물이 뛰다
물레금 물레바퀴 같이 그려진 금초.
물림깊이-암기와와 웃장이 밑장에 겹쳐지는 길이.
물붓-水물수筆붓필)음영을 나타낼 때 물 붓을 사용한다. 화조화花鳥畵)나 인물화, 불화 또는 산수화 등 그림 전반에 발음질할 때 많이 사용한다.
미구기와-물림턱에 달린 수키와.
미구-수키와의 언강이 달린 부분
미부㊥-尾꼬리미.部거느릴부)꼬리부분.
미색-米쌀미色빛깔색)①쌀의 빛깔. ②좀 노르께한 빛깔. 황색과 분을 섞어 만든다.
미석-尾꼬리미石돌석)석성石城)의 상부 여장밑에 difgdms 판석을 약간 돌출 시켜쌓은 돌
미자격㊥-米쌀미字글자자格격식격)격자 안에 米자형 허 선으로 된 칸인데 가로 허선, 세로 허선과 두 갈래 대각의 허선으로 조성됨.
미점준-米쌀미點검은점점皴주름준)준법이라기보다 점법이라고 할 수 있으며 송대 미불 부자가 사용한 화법으로 우점준과 유사하나 점의 방향을 옆으로 굵게 찍는 기법으로 주로 안개 자욱한 산수나 부드러운 풍경을 나타낼 때 많이 쓰인다. 점의 굵기에 따라 산지의 윤곽을 그리지 않고 횡으로 중첩하여 입체감을 나타내는 대미법과 윤곽을 그린 후 섬세하며 가늘고 적은 횡점을 병행하여 찍어 가는 소미법으로 나누어진다.
민주점 면주점-棉목화면點점찍을주占점점)의 관용어慣用語).
민주점봉-_棒나뭇가지끝봉)둥근 나뭇가지나 붓대 끝에 솜을 말아서 실로 매고 점을 찍을 때 쓰는 단청용 도구.
민흘림기둥-기둥 아래는 굵고 위로 가면서 가늘게 된 기둥.
밀타승-密비밀할밀陀비탈질타僧중승)납을 산화시켜 만든 누른 빛깔의 가루. 일산화연一酸化鉛)의 별칭으로 이질 종기 따위의 살충약으로 쓰인다. 색상의 농도에 따라 금金)밑타 은銀)밀타 등이 있다. 밀타승은 일산화연인데 토산품 회사에서 판매한다.
밀타유-密비밀할밀陀비탈질타油기름유)밀타승을 들기름에 녹여서 만든 유화용油畵用) 채료.
밀풀-麥보리맥糊후추호)밀가루로 쑨 풀.
바디-판소리에서, 명창이 한 마당 전부를 다듬어 놓은 소리의 본
바디장-베틀이나 가마니틀 따위에 딸린 기구의 하나《대오리로 만들어 베나 가마니의 날을 고르며 씨를 쳐서 짜는 구실을 함 베틀이나 가마니 따위를 잘 짜는 사람.
바디-판소리에서, 명창이 한 마당 전부를 다듬어 놓은 소리의 본.
바라문교-婆할미파羅벌일라門문문敎가르칠교)브라만교(불교에 앞서 고대 인도에서 경전인 베다의 신앙을 중심으로 발달한 종교
바라지-방에 햇빛이 들게 하려고 바람벽의 위쪽에 낸 작은 창. 바라지창.
바른층쌓기-돌 한켜마다 가로줄눈이 수평되게 쌓는 일.
바름질-㖂희읍스러울발陰음기음質굳을질) ①한쪽은 어둡고 한쪽은 밝게 그린 그림. ②색상을 한쪽은 진하고 한쪽은 엷게 그린 그림. ③명암을 나타내는 그림을 그릴 때 쓰는 말.
바림=바름)-색칠할 때에 한쪽을 진하게 하고 다른 쪽으로 갈수록 차츰 엷고 흐리게 하는 일. 그라데이션.
바자-笆대울타리파玆돗자리자)대나무로 돗자리 같이 역어 만든 울타리, 가로 세로 역은 모양.
바자휘-笆대울타리파玆돗자리자暉힐휘)휘 문양이 가로, 세로 돗자리나 울타리 엮듯 엮어 그린 휘의 문양.

㉒ 丹青分野韩中用语聚合

일본

태국

바탕색-①물체가 본디 가지고 있는 빛깔. ②그림 그릴 때 바탕에 맨 먼저 칠하는 색깔. ③단청에서는 뇌록바탕, 양녹바탕, 하엽바탕, 주홍바탕, 먹바탕 등이 있다.

바탕아교포수-阿언덕아膠아교교泡물거품포水물수) ①아교를 끓여서 목재에 칠하는 것. ②헝겊, 종이 등에 아교 물을 바르는 일. ③단청하기 전 목재부위를 깨끗이 청소한 후 아교포수하고 바탕색칠을 해야 한다.

바탕칠- 단청문양이 들어가기 전에 하는 칠. 여러 색 중 처음 들어가는 채색 칠하는 것.

박고㊥-博넓을박.古예고)소식 단청 등 단청의 방심에 원형 타원형에 반쪽 태 문양을 그리고 그 태안의 부위에 서적, 두루마리 그림, 각角), 정鼎), 병瓶) 등 유형의 완상용 기물에 그린 조형 회화를 가리킨다. 우리말로 계풍새에 풍연초 같으나 중국의초는 대부분 반형문半形紋)이다.

박공-마룻머리나 합각머리에 '∧' 모양으로 붙인 두꺼운 널빤지. 박공널. 박풍牔風)

박공널-朴후박나무박工장인공板널빤지판)맞배지붕의 양쪽옆면 지붕 끝머리에 붙인 널판. 삼각으로 되어는데 아래로 내려오면서 점점 넓혀지고 아래쪽은 대부분 둥글게 되었다.

박공-牔박공박栱기둥머리공) 마루머리나 합각머리에 八자 꼴로 붙인 두꺼운 널. 박풍牔風),박공판.

박공장식-좌우 박공판이 맞닿는데 보강과 장식을 겸하여 박아대는 철물.=지내철, 방환, 현어가 있다.

박석-薄엷을박石돌석)넓적하고 얇은 돌.

박풍㊥-博넓을박風바람풍)건축 옆 합각머리나 맞배지붕의 양쪽 끝머리에 풍우를 막기 위해서 두꺼운 널판을 댄 것.

반가부사유형-半반반跏책상다리할가趺책상다리할부思생각사維벼리유形모양형)대좌에 앉아 왼발은 내리고 오른발은 왼발 위에 얹어 이른바 반가좌半跏坐)를 하였으며 오른손은 들어서 턱에 대고 이른바 사유형思惟形)을 보이고 있다. 보관寶冠)을 쓰고 목걸이·두광頭光) 등 장엄구를 추었으며 천의天衣)는 두 팔에 걸쳐서 길게 대좌에 이르고 있다.

반광-礬명반반光빛광)명반수를 칠하면 마른 후 반짝반짝 잔잔한 소금이 들러붙은 듯 광이 나는 것을 말함.

반단과㊥-半團窠一丙駭窠)외형이 원형에 근사한 도안인데 일반적으로 기타 무늬와 조합하여 쓰임.

반랍표겹지자㊥-半반반拉끝납瓢바가지표招딸겹池못지子아들자)납표잡지자=半拉瓢卡)라고도 한다. 바가지 모양의 선화가 그려진 연미지에 꽂아 장식한 지자이다.

반록화-半절반반綠초록빛록花꽃화)①꽃모양을 반쪽만 녹색으로 그린 문양. ②연화나 주화를 반쪽만 녹색으로 그린 것.

반룡㊥-蟠서릴반龍용룡)구불구불한 용. 구불구불 살아 움지기는 것 같은 그린용.

반바탕머리초-½ 로 접은 초지 중앙을 자르고 사용한 머리초. 대개 좁은 평방에 사용하는 경우가 많으나 매우 제한적으로 사용한다.

반바탕초-초를 그릴 때 ½로 접은 종이에 그리는 경우 접은 상태가 반바탕이고, 춋구멍을 뚫고 펴면 온바탕이 된다. 즉, 머리초에서는 대개 ½로 접어서 그리는데, 초를 그린 후 접은 곳을 초 뚫고 펴면 중앙엔 온바탕이 되고 상하 옆으로는 반바탕이라 한다.

반생지㊥-礬명반반生날생紙종이지)한지를 가에만 풀로 붙이고 중앙 부위를 뜨게 하여 문양 모사지로 사용하는 종이.

반원형㊥-半반반圓둥글원形모양형)원으로 된 형상, 원.

반월휘-半절반반月달월暉빛휘)휘 모양이 반달처럼 생긴 휘. 간단한 서까래 무늬로 쓰인다. =반달휘, 반둘래휘)

반자-盤소반반子아들자)방이나 마루의 종이나 나무로 반반하게 만든 천장.

반자초-盤소반반子아들자草풀초)반자에 단청할 초. 반자에 그릴 그림을 그린 초.

반자틀-盤소반반子아들자角뿔각木나무목)반자를 들이느라고 긴 나무로 짜서 만든 틀.

반주홍磻朱紅-磻강이름반朱붉을주紅붉을홍)강가나 깊은 산 계곡에서 나는 붉은 돌로 만든 질이 거칠고 안 좋은 주홍색. 석간주색에 가까운 주홍색.

반주화머리초-半절반반萵오색촉규화朱花꽃화)주화문양을 반으로 들어가게 그린 머리초. 모루단청에 사용된다.

반죽좌단청㊥-斑아롱질반.竹대죽.座자리좌)해만 형식으로 표현되며 반죽문(斑竹紋)을 제재로 한 단청이다. 대나무 반쪽을 붙여 놓은 것처럼 문양을 그린 단청.

반지㊥-礬명반반.紙종이지)명반수(水)를 칠한 종이.

반질림-半절반반桎중방막힐질瀌골림)①연결 골팽이와 골팽이 사이를 막아 주거나 머리초에서 녹실이나 황실을 자르고 골팽이나 딱지를 막아주는 단휘斷暉). ②한쪽으로만 빛을 그린 독립된 휘揮).

반칠량가-半반반七일곱칠樑들보량架시렁가)앞쪽은 칠량뒤쪽은 일고주칠량량-한일고高높을고柱기둥주七일곱칠樑들보량)고주 하나를 써서 꾸민 칠량지붕틀.

㉓ 丹青分野韩中用语聚合

단청작업 김현기

반탑㊥-反돌이킬반.搭탈탑)포복 포복의 개구가 하방(下方)에 위치한 것.

반홍礬紅-礬명반반紅붉을홍)도자기에 쓰는 붉은 채색, 반 녹반綠礬)을 태워서 만듦.

반화㊥-反되돌릴반花꽃화)좌대 아래 둥글게 화문을 그리거나 조각된 곳.

반화㊥-礬명반반畵그림화)명반수水)를 칠한 후 그린 그림.

받침장-처마끝 암기와(내림새)의 밑에 까는 기와.

발계-髮터럭발.髻상투계) 묶은 머리.

발비-서살목) 서까래 위에 산자檄子)를 얹고 그 위에 덧까는 잡살뱅이 나뭇조각.

방고래-방의 구들장 밑으로 나 있는, 불길과 연기가 통하여 나가는 길. 갱동炕洞).준말 앞에】고래.

방고자선㊥-方모방鼓북고子아들자线줄선)우물반자 틀 4각 둘레 두(二)선중 안쪽 선.

방구매기-초가지붕에서, 양쪽 추녀 끝보다 처마의 중간이 조금 배부르게 하는 일. 귀에 오는 이엉을 둥글게 덮기 위해서 함.↔일자매기

방부재-防막을방腐썩을부材재목재)건축 재료나 침목枕木) 같은 것을 박테리아, 버섯 등의 작용으로 썩는 것을 막기 위하여 약품 처리한 것. 미생물의 활동을 막고 물건이 썩지 않게 하는 용액.

방석초-方모질방席자리석草풀초)둥근 방석 모양으로 녹실이나 황실이 골팽이를 두른 모양의 초, 대개 주화 문양에 양녹 골팽이를 하고 녹실이나 황실이 배치되고 휘둘림이 들어가기도 하고 들어가지 않기도 하는 단청의 그림 문양.

방수㊥-防둑방水물수)물이 새거나 스며들거나 넘쳐 흐르는 물을 막음.

방습-防둑방濕축축할습)습기(濕氣)를 방지하는 일. 습기를 막음.

방승㊥-方모방勝이길승)비단을 접어서 마름모꼴을 만들어 옆으로 거듭 포갠 머리 장식물의 하나, 또는 그런 모양.

방심㊥-方모방心마음심)단청의 문식 조형 명칭이다. 능선 이내의 가운데에 위치해 있으며 두 고두 사이 전체 길이의 1/3을 차지하며 좁고 긴 조형을 이룬다. 우리나라 단청에서 계풍세 라고 하는 곳.

방연제-防막을방燃불사를연劑약지을제)나무에 칠하여 불에 타지 않게 하는 용액.

방원고자선㊥-方모방圓둥글원鼓북고.线실선)천장 반자초에 둥근 원을 그리고 원 안에 용봉을 그리는 태. 둥근원圓)

방위신-方모질방位자리위神귀신신)동, 서, 남, 북 중앙을 지키는 신으로 각각 청제青帝), 백제白帝), 흑제黑帝), 황제黃帝)라고 부르며 청룡, 주작, 백호, 현무, 황룡의 동물로 나타내기도 한다. 오방을 청, 백, 적, 흑, 황의 색채로 표시하는 것은 춘, 하, 추, 동의 계절과도 관계가 있고, 따라서 방위, 색채, 계절은 서로 일련의 관련이 있다고 할 수 있다.

방자㊥-枋다목방子아들자)각목, 각재.

방㊥-枋다목방)각재.

방초박이-防둑방草풀초ㅡ)수막새가 빠지지 않도록 박는 못.

방초정-숫기와가 흘러내리지 않도록 박아 대는 못.

방충제-防막을방蟲벌레충劑약지을제)나무에 칠하여 벌레들이 침입하지 못하게 하는 약.

방침㊥-防둑방浸담글침)스며들거나 젖는 것을 방지하는 것.

배:산임수-背등배山묘산臨임할임水물수)지세地勢) 산을 등지고 물을 바라보는 지세地勢)라는 뜻으로, 풍수지리설에서 주택이나 건물을 지을 때 이상적으로 여기는 배치.

배기-背등배鰭지느러미기)등지느러미.

배접-褙속적삼배接사귈접) ①종이나 헝겊 또는 얇은 널조각 따위를 여러 개 겹쳐서 붙임. ②손발의 튼 곳에 헝겊 따위를 밥풀 칠해서 단단히 붙임.

배첩장-褙속적삼배貼붙을첩匠장인장)서화나 자수를 족자, 액자, 병풍, 서첩 따위로 꾸미는 일. 또는 낡거나 훼손된 작품을 원형에 가깝게 복원하는 일.

배판-背등배板널판뒷면)뒷면.

배흘림기둥-기둥의 중간이 굵고 밑이나 위로 가면서 가늘게 된 기둥 상하上下)가 가늘고 중앙이 굵은 기둥.

백골집-白흰백骨뼈골ㅡ)①단청을 하지 않은 궁전.②아무칠도 하지 않은 집

백록-白흰백綠초록빛록)양록에 호분이나 지당을 섞은 채색. 백녹색의 토색이나 자연석채.

백묘-白흰백描그릴묘)동양화에서 진하고 흐린 곳 없이 먹선만으로 그리는 화법. 가는 선을 사용하므로 흰 여백이 많이 남아 백묘라 부른다. 농담표현이나 채색을 하지 않는다.(=백묘법,백묘화)

백분㊥-白흰백粉가루분)즉 흰색이다. 청대 단청에서는 정분[定粉](중국 연가루)을 운용하여 흰색으로 한다.

㉔ 丹青分野韩中用语聚合

먹댕기顭撞起)

석간주가칠石間朱加漆)

백악㊥-白흰백堊백토악)탄산개(碳酸钙) 탄산칼슘소석회

백연유㊥-白흰백鉛납연요)염기성탄산염. whitelead(铅白).

백제-百일백백濟건널제)삼국시대의 한나라 마한馬韓) 54국의 하나인 백제伯濟) 에서 나온 이름으로 한반도 서남에 위치하여 고구려, 신라와 더불어 있었던 나라이다.

백주-㊥바이주=白흰백酒술주)소주, 맑은술 흰 빛깔의 술, 배갈. 소주.

백토-白흰백土흙토)① 빛깔이 희고 부드러우며 고운 흙. 백악白堊).② 잔모래가 많이 섞인 흰 빛깔의 흙.

백호-白흰백毫가는터호)부처의 32상(相)의 하나. 눈썹 사이에 난 터럭으로서 광명을 무량세계에 비친다고 한다. 불상에는 진주, 비취, 금 따위를 박아 표시하였다.

백활㊥-白흰백活살활)소화의 방심, 포복, 지자 등 조형부위 내에 흰색 기저색을 칠한 지자地子)위에 각종 사실성 회화를 제도하는 것을 가리킨다.

뱃바닥- 단청할 때 쓰는 말. 부재중 위나 옆이 아닌 곳. 예)부연뱃바닥,한양뱃바닥,도리뱃바닥,첨차뱃바닥, 사례뱃바닥, 대량뱃바닥 등.

번안-翻날번안案책상안)①안건을 뒤집어 놓음. ②남의 작품을 원안으로 하여 이리저리 고치어 지음.

번엽골팽이-덮을번葉입엽葺풀줄기골揑부딪칠팽而이을이)골팽이 초에 번엽이 그려진 그림.

번엽-飜날번.뒤칠번葉입엽)골팽이 뒤집힌 모양으로 된 무늬. 풀줄기가 나면서 씨앗이 벌어질 때 모양.

번엽-藩덮을번葉입엽)골팽이 둘레를 자르면서 그려진 잎 모양의 무늬.

번엽-繁새발쑥번葉입엽)쑥대밭. 쑥 입과 비슷한 무늬.

번와-翻날번瓦기와와燔구울번一)기와를 다시 잇는 일.

벌치- ①벌판 밭에 심어 놓은 참외. ②단청에서는 부연 양쪽 옆구리, 첨차 옆구리.

범문룡㊥-梵불경범紋무늬문龍용룡)화새범문=범문자, 불탑 등 불교와 관련된 문식), 용문을 주제 문식으로 한 화새 단청이다.

범상-梵불경범像모양상)불경에 나오는 것을 형상화形像畵)한 모양

범서-梵불경범書글서)①범어로 기록한 불경. ②불경.

범입수㊥-凡법범立설입水물수)바니스.

법기㊥-法법법器그릇기)불도를 감당하여 능히 수행할 수 있는 소질이 있는 사람. 불연佛緣)이 있는 사람. 불법을 배울만 한 재기材器) 곧 부처가 될 사람. 불전에 공양할 때 밥을 담는 그릇. 불구佛具).

법륜-法법법輪바퀴륜)[불교] 사륜의 하나. 전륜왕의 금륜金輪)이 산과 바위를 부수고 거침없이 나아가는 것에 비유하여 부처의 교법을 이르는 말이다.

법유-法법법油기름유)들기름.

벽긋기-壁벽벽線실선선=亟빠를극起일어날기)①기둥에 붙여 세우는 네모진 굵은 나무. ②단청에서는 벽에 타분실을 쳐서 분가루가 나타나게 하는 것과 어떤 채색을 정하여 극기한 모양. 벽에 한줄 또는 두 줄로 극기하는 것. 문자 쌍줄 귀접기 등등. 쌍줄 극기↔외줄 극기

벽돌문-甓벽돌벽紋무늬문)색이 다른 네모진 돌이 깔린 것 같은 바둑판무늬.

벽련목-劈쪼갤벽鍊불일련木나무목)통나무를 네모지게 대강 다듬은 뗏목《길이 3m, 폭 30cm 정도, 산판에 서 4각 지게 대강 다듬은 목제

벽련-劈쪼갤벽鍊불일련)통나무를 네모지게 대강 다듬은 뗏목《길이 3m, 폭 30cm 정도

벽선-壁벽벽線줄선)기둥에 붙여 세우는 네모진 굵은 나무. 단청에서는 극기선.

벽의-壁벽벽衣옷의)tapestry－벽을 장식하는 직물.

벽첩-壁벽벽婕예쁠첩)벽 극기 중 먹을 그은 후 벽 가장자리 쪽으로 예쁘게 육색이나 삼청색 등으로 칠하는 행위. 벽 변두리에 정해진 색을 예쁘게 그린 것.

벽화-壁벽벽畵그림화) ①장식으로 벽에 그린 그림. ②벽에 건 그림.

변상도-變변할변相서로상圖그림도)①형상을 바꿈 또는 그 변한 형상. ②(불)부처의 법신이 한 모양으로 드러나지 않고 여러 모양으로 달리 보이는 모양. ③(불)극락의 장엄한 모양과 지옥의 참상을 그린 그림.

별당-別나눌별堂집당)① 몸채의 곁이나 뒤에 따로 지은 집. ② 절의 주지나 강사講師) 같은 사람이 거처하는 곳. 퇴설당. 교궁校宮) ↔방구매기 ----• ~에서 좌선하다 참선하는 방.**별화**-別다를별畵그림화)단청이나 탱화를 할 때 주 문양과 달리 그리는 그림. 별도로 그린 그림.

병머리초-녹실이나 황실 따위의 실이 안쪽의 그림을 싸고도는 모양이 병 모양과 비슷하여 부르는 이름. 예)골팽이 머리초, 주화머리초, 연화머리초 등

㉕ 丹青分野韩中用语聚合

장정일

丹青工事亟起場面

병-瓶병병)①액체 등을 담는 그릇. 유리, 사기 등으로 만드는데 아가리가 좁음. ②액체 따위를 병에 담아 그 분량을 세는 단위.

병풍석-屛병풍병風바람풍石돌석)능陵)의 위쪽 둘레에 병풍 같이 둘러 세운 긴 네모꼴의 넓적한 돌.

병합-竝아울을병合합할합=합병合倂)-하다. 타-되다

병행-竝아울을병行다닐행) ①둘 이상의 사물이 함께 나란히 진행되거나 같이 감. ②두 가지 이상의 일을 한꺼번에 아우러서 행함. ③화음중의 두 소리가 서로 같은 방향으로 진행하는 일.

병희목기청칠-丙烯木器淸漆)프로필렌목기니스

보개-寶보배보蓋덮을개) ①상륜相輪)의 보륜과 수연 사이에 있는 닫집 모양의 부분. ②보주寶珠)등으로 장식된 천개天蓋)

보개천장-寶보배보蓋덮을개天하늘천障가로막을장) 궁전이나 불전 등에서 한 가운데를 높게 하여 보개처럼 만든 천장.

보계-㊁寶보배보界지경계)극락정토.

보계㊥-㊀寶보배보髻상투계)보살이나 천부天部)의 불상 머리위에 있는 상투.

보-樑들보량)기둥또는 벽체 위에 수평으로 걸친 구조부재.

보록-㊁寶보배보錄기록할록)보배로운 기록, 귀중한 기록. 보살, 부처의 그림. 불교에 관계되는 회화.

보록-㊀褓포대기보綠초록빛록)불보살 앞가슴 허리띠 아래로 녹색으로 된 의상.

보머리-빼도리樑들보량頭머리두)보를마추고 그끝이 밖으로 내밀어진 부분

보명㊥-寶보배보明밝을명)구슬.

보상화문-寶보배보相서로상華꽃화紋무늬문)보상화를 주제로 하는 장식적 덩굴무늬의 하나. 당나라 때부터 흔히 사용되었음. 경주 임해전 터에서 보상화문전이 발견되었음.

보상화-寶보배보相서로상華꽃화)불교 그림이나 불교조각에서 덩굴무늬의 주제로 사용된 가상적 오판화. 불교에서 쓰이는 이상화된 꽃이며 원명은 만다라화이고 백련화를 가리킴.=보상화문.

보선화㊥-寶보배보仙신선선花꽃화)보상화寶相花)라고도 하는데 고대 길상 도안 중의 한 가지이다. 그 화두는 주요하게 모란꽃, 연꽃을 소재로 추상화, 형식화를 거쳐 구성되고 가지와 잎은 우리나라 권수문초卷鬚草)로 구성되었다. 청대 단청에서는 주요하게 천화天花) 및 연망椽望) 등 부위에 사용되었다.

보아지-기둥머리에 끼워 보의 짜임새를 보강하는 짧은 부재部村).

보유자-保지킬보有있을유者놈자)보유하고 있는 사람.----• 판소리 기능 ~----• 세계 신기록

보주길상단청㊥-寶보배보珠구슬주吉길할길祥상서상草풀초) 명대 말기 후금後金) 동북지역 황제 무덤 등 건축에 흔히 채용되었고 청대 초기에는 황궁성문 등 건축에 사용되었던 보주寶珠), 대권초大卷草)를 주제 문식으로 하는 일종의 관식 단청이다.

보현보살-普넓을보賢어질현)보통 석가여래의 오른쪽에 있으며 이덕理德), 정덕定德), 행덕行德)을 맡고 있다. 고대 인도어로 비수 발타, 또는 삼만다발타라三曼多跋陀羅)라 한다.

복수㊥-福복복壽목숨수)고두 기복문夔福紋), 수자문壽字紋)을 내용으로 한 고두.

복원단청-复갈복原근원원丹붉을단靑푸를청)원래 되어 있던 단청 문양과 같게 하는 단청.

복원復元,復原-复갈복元으뜸원原근원원)원래대로 회복하다. 예)복원공사가 시작되다. 훼손된 문화재를 복원하다.

복자㊥-袱보자기복子아들자)후에 말하는 포복.

복화반-覆뒤집힐복花꽃화盤소반소반)화반의 모양이 아래쪽이 넓고 위쪽이 좁은 것.

봇돌-① 아궁이 양쪽에 세우는 돌.② 너와집의 지붕 위를 덮은 널빤지를 눌러놓는 돌봇도랑'의 준말.

봉-鳳새봉)화새 봉문을 주제 문식으로 한 화새 단청이다.

봉분-封봉할분봉墳무덤분)흙을 쌓아 올려서 무덤을 만듦. 또는 그 쌓아 올린 부분. 성분成墳).

봉황-鳳새봉凰암봉황새황)상상의 상서로운 새. 닭의 머리에 뱀의 목, 제비의 턱, 거북의 등, 물고기의 꼬리모양을 함. 몸과 날개의 빛은 오색찬란하며 오음의 소리를 냄. 수컷은 봉, 암컷은 황이라 함.

부고두㊥-副버금부箍테고頭머리두)대목 단청 국부 명칭이며 고두의 외선外線)으로부터 구조재 끝부분에 위치해 있다. 방심조두 뒷목 쪽에서 첫 번제 고두.

㉖ 丹青分野韩中用语聚合

丹青工事亟起場面

丹青工事亟起完城

부넘기-솥을 건 아궁이의 뒷벽《불길이 방고래로 넘어가게 된 곳》

부도-浮뜰부層층층) ①부처. ②고승高僧)이 죽은 뒤에 그 유골을 안치하여 세운 둥근 돌탑. 승탑僧塔).③ 승려.

부레-魚고기어鰾부레표) ①물고기의 뱃속에 있는 얇은 혁질의 공기 주머니. 이것을 벌렸다, 오므렸다함에 따라 물에 뜨고 잠기고 함. 어표魚鰾). ② 부레풀의 준말.

부레풀-魚고기어膠아교교)민어 부레 말린 것을 끓인 액체. 찬 곳에 두면 묵같이 엉긴다.

부련=수련-府곳집부蓮연밥련)단청에서의 연꽃은 꽃잎을 뾰쪽하게 솟아 그리지 않고 반원으로 간단하게 그리고 중앙에 황방울 이 없고 먹으로 메꾸어 민주점만 찍은 간단한 연꽃무늬이다. 주로 서고 가칠단청 긋기단청의 연단에 많이 사용한다.

부룡-浮뜰부龍용룡)구름에 뜬용. 궁전이나 절의 법당 같은 곳의 천장에 만들어 놓은 용모양의 장식.

부룡조각-浮뜰부龍용룡彫새길조刻새길각)사찰이나 궁전 등의 닫집 천장에 용 모양을 깎아 조각해 달아 놓은 것.

부리초-부연, 서까래, 빼도리, 뺄목, 평방, 창방 등의 단면인 곳에 치는 초.

부벽준-斧도끼부劈쪼갤벽皴주름준)북종화에서 주로 사용된 기법이며, 바위의 표면 처리에 많이 쓰이는데, 붓을 옆으로 비스듬히 뉘어 재빨리 들면서 끌어당겨 마치 도끼로 찍어 갈라진 바위의 날카로운 질감을 나타낸 기법으로 산과 바위의 굳세고 뻣뻣한 형상을 표현하거나 단층이 부서진 효과를 낼 때 사용된다. 선과 점의 형태에 따라 소부벽준과 대부벽준으로 구분된다.

부섭지붕-서까래의 윗머리를 다른벽에 지지시켜 달아낸 지붕.

부시-罘토끼그물부罳병풍시)참새, 비둘기 같은 새가 앉지 못하게 하기 위하여 처마 날개 끝에서 둘러치는 그물망 또는 철망.

부연개판-附붙을부椽서까래연蓋덮을개板널판)부연 위에 덮어 까는 널조각.

부연뱃바닥-부연의 아래쪽 면.

부연-浮뜰부椽서까래연-附椽·婦椽)처마 서까래의 끝에 덧얹어 건 네모지고 짧은 서까래《처마가 번쩍 들리게 하여 모양을 내기 위해 씀》. 며느리서까래

부연착고-附붙을부椽서까래연着붙을착固굳을고)부연 뒤쪽에 부연과 부연 사이를 막은 널판.

부연초-附붙을부椽서까래연草풀초)부연에 그리는 단청 문양.

부운-浮뜰부雲구름운)뜬구름.

부의-附붙을부議의노할의)토의에 부침.---• 본회의에 안건을 ~하다.

부조-浮뜰부彫새길조)모양 형상을 도드라지게 새긴 조각. 돋을새김. 예)불상이 부조 된 판식.

부하다-附붙을부)①종이나 헝겊 따위를 덧붙이다.② 나무 조각을 맞대거나 가로대어 부레풀 따위로 붙이다.③탱화를 그리기 전에 종이와 천을 배접하는 과정을 말한다.

분가루-粉가루분)①지당이나 호분가루. ②화장품인 분의 가루. ③분처럼 하얀 가루.

분말㊀-噴뿜을분沫거품말)거품을 내뿜음. 또는 그 거품.

분말㊁-粉가루분末끝말)가루.

분삼정선㊥-分나눌분三석삼停머물정綫줄선) 삼정선 三停線): 청대 단청 구도 규칙에 따라 횡적 구조재의 전체 길이에서 2개의 부고두 너비를 덜어낸 후 나머지 전체 길이를 균일하게 삼등분한 것을 분삼정 이라고 부른다. 삼등분 사이의 수직선을 삼정선이라 부른다.

분삼청-호분이나 지당과 양청을 섞어 만든 색. 삼청보다 밝은색.

분색-分나눌분色빛색) 색깔을 분리하는 것.

분선-粉가루분線줄선)하얀색으로 그은 선. 분 긋기와 같은 뜻.

분수-奔달릴분水물수) 지느러미, 용 지느러미

분째기- 뱃바닥 목부재 중 중앙에 먹긋기 하고 양쪽에 분으로 긋기 하는 것.

분첨자㊥-粉가루분尖뾰쪽할첨子아들자)가루에 접착력이 섞여진 액체 혼합재를 넣고 째서 나오게끔 뾰쪽하게 만든 부분. 그 내용물을 쓰도록 만든 도구.

불교삼국-佛부처불教가르칠교三석삼國나라국)불교를 국교로 하는 라오스, 캄보디아, 타이를 이는 말. 인종이 서로 비슷하며, 국경도 인접하여 있다.

불로초-不아닐불老늙을로草풀초)먹으면 늙지 않는다는 풀. 선경(仙境)에 있다고 한다.

㉗ 丹青分野韩中用语聚合

단청작업중

불모-佛부처불母어미모)①석가모니의 어머니. ②부처를 그리거나 조각하는 사람. 불상을 다루는 사람을 높여 부르는 존칭 또는 그 사람. 어머니가 아이를 낳듯 화원이 부처를 만들거나 그려 낸다고 하여 나온 말이다.

불발기-세 쪽 또는 네 쪽 장지의 한가운데를 교창交窓)이나 완 자창 모양으로 짜고 위아래 부분은 채광이 되게 종이로 안 팎을 싸서 바르는 방식.

불벽-佛부처불壁벽벽)①화반花盤)과 화반 사이의 빈 곳을 매우는 토벽(土壁). ②공포와 공포사이의 평방 위의 벽. 법당 같은 곳엔 흔히 불상佛像)을 그리기 때문에 붙은 이름이다.

불취-熨불이이글이글할불炊불땔취)=불치. 불을 땔 때 이글이글 불꽃이 타오르는 것 같은 화형火形)을 말한다. 용을 그리고 네발의 앞쪽에 용 발가락에서 무릎위로 나뭇가지처럼 빼어 그린 것을 불치라 한다. 색상은 장단이 기본색이며 주홍으로 발음한다.(=불치)

불팔보㊥-佛부처불八여덟팔寶보배보)윤輪),나螺),산傘),蓋),화花),관罐),어魚),장長)8 가지 도안을 가리킨다.

불화-佛부처불畵그림화)①탱화幀畵)나 불교적 교리에 맞게 그린 그림들. ②부처 보살의 그림.

붙임혀- 추녀의 양쪽 옆에 붙이는 반쪽의 서까래. 또는 부연

비각-祕숨길비閣문설주각)중요 문서 등을 보관해 두던 궁중의 창고.

비갈-碑돌기둥비碣비갈)비碑)와 갈碣).갈은 간단하고 머리쪽을 둥글게 굴린 작은 비석

비개석-碑돌기둥비蓋덮을개石돌석-가첨석) 비신碑身) 위에 얹는 지붕 모양의 돌. 가첨석加檐石).

비계-飛날비階섬돌계)건물을 지을 때 디디고 다니도록 나무나 쇠파이프를 얽어서 널을 걸쳐 놓은 시설.

비극㊥-蜫진드기비克이길극)락카.

비금㊥-飛날비禽날짐승금)용 ,천마 같은 짐승이 날아 다니게 그린 그림. 날짐승.

비남비녀-非아닐비男사내남非아닐비女계집여)남자도 여자도 아닌 사람 형태의 보살상.

비녀장-①바퀴가 벗어나지 못하게 굴대 머리에 끼는 못. ②인방 구멍을 내어 꽂은 굵은 나무못. ③단청에서는 비녀장 비슷하게 그린 문양을 말한다.

비로전-毘도울비盧밥그릇로殿큰집전)명사][불교]비로자나 불을 모신 법당.

비수㊥-飛날비獸짐승수)날개 달린 상상의 동물.천마 등.

비좌-碑돌기둥비座자리좌)비신碑身)을 세우는 대좌臺座).

비천상-飛날비天하늘천像형상상)하늘을 나는 선녀, 신선 또는 천인, 천녀를 그린형상.

비측㊥-臂팔비側곁측)보살이 팔에 끼는 장신구裝身具)

빗반자-[빋반자]천장바닥을 한 쪽으로 경사지게 만든 반자.

빛넣기- 단청을 할 때 초빛, 이빛, 삼빛이 있는데 초빛을 그린 후 이빛 ,삼빛을 넣을 때 빛을 넣는다고 한다. 예)주홍으로 이빛을 넣어라. 다자로 삼빛을 넣어라.

빼주기-초틀림이 이어져 나가는 사이나 골팽이나 파련 사이에 빼죽이 나오게 그리는 형상 또는 조각된 부위. 주로 육색으로 채색한다. 때에 따라 삼청이나 다른 색이 무난할 때도 있다.(=배주기,뾰족이)

뺄도리=빼도리-出날출木나무목道길도理다스릴리)굴도리나 납도리가 기둥 밖으로 짧게 나온 도리, 도리 끝. 풍판이 의지하도록 뱃집의 양쪽가의 기둥 위에 얹어 밖으로 길게 내밀게 한 도리

사경四넉사經날경)-①시경·서경·역경·춘추의 네 경서經書).② 좌씨춘추左氏春秋)·곡량춘추穀梁春秋)·고문상서古文尙書)·모시毛詩) 의 네 경서.

사경四넉사京서울경)-고려 때의 남경(南京; 서울)·동경(東京; 경주)·중경(中京; 개성)·서경(西京; 평양)의 총칭

사경寫베낄사經날경)- 후세에 전하거나 공양을 위하여 경문(經文)을 베끼는 일.

사고두㊥-死죽을사箍테고頭머리두)소고두素箍頭머리두)라고도 한다. 단청 고두의 두 갈래 고두선 사이에 번거롭고 자질구레한 문양을 그리지 않는데 다만 고두선 내측에 흰색선을 끌어 장식하거나 혹은 훈색을 더 끌어 장식하며 또 고두의 중부에 모두 흑로黑老) 방법을 끌어 장식하는 방법이다. 사고두 문양에는 선극기綫亟起)만하고 복잡한 문양이 안 들어간다.

사고-史역사사庫곳집고)고려 말기부터 조선 후기까지 실록 따위 역사에 관한 기록이나 중요한 서적을 보관하던 정부의 서고

사관-史역사사官벼슬관) ①역사 초고를 쓰던 벼슬. 또는 그 관원. 곧 예문관藝文館)의 검열檢閱)또는 승정원承政院)의 주서注書)를 이르는 말. ②중국 고대문서의 기록을 맡아 보던 관리.

㉘ 丹青分野韩中用语聚合

단운 원행스님 김준웅

도월 단운

사괴석쌓기-四넉사塊흙덩이괴石돌석積쌓을적)20 cm각 내외의 네모진 돌로 쌓는 일. 내민 줄눈으로 하며, 화방벽 쌓기, 담장 쌓기에 사용함.

사당-祠사당사堂집당)조상의 신주神主)를 모셔 놓은 집. 가묘家廟). 사우祠宇).----•～에 위패를 모셔 놓다.

사라-紗깁사羅벌일라)①얇은 비단.(=사라능단). ②머리 에 쓰는 비단 천.

사랑채-舍집사廊복도랑軒추녀헌)사랑으로 쓰는 집채. 바깥 주인이 거처하는 집.

사래-蛇맴사羅새그물라,나) 추녀 끝에 잇대어 댄 네모지고 짧은 서까래

사래-舍집사庲집래)①집의 모서리를 덮은 서까래. ② 추녀 끝에 이어서 댄 네모지고 긴 서까래.

사량집-四넉사樑들보량_)들보 네 개를 세로로 평행하게얹은 지붕틀의 꾸밈새 마루도리를 걸지 않고 전후도리를가깝게 걸고 서까래를 수평으로건 집 한칸 또는 한칸 반 사이에 전면은 오량집처럼, 후면은 삼량처럼 지은 집.

사록㊥-砂모래사綠푸를록) 샌드그린(sand green) 개구리 껍질의 녹색과 비슷하며 광택이 있음.

사리공-舍집사利날카로울리孔구멍공)사리를 장치하기 위하여 탑재에 파놓은 구멍

사리-舍집사利·날카로울리奢利)산 śarira〕①부처나 성자의 유골《후세에는 화장한 뒤에 나오는 구슬 모양의 것을 일컬음》. 사리골舍利骨). 불사리佛舍利). ②부처의 법신法身)의 자취인 경전經典)

사모집-四넉사募모일모亭정자정) 네모반듯한 정자. 사각정(四角亭). 추녀마루가 지붕중앙으로 몰아 지은 집

사반원문-넉사半절반반圓둥글원紋무늬문)원이 ¼로 돌며 나누어 진 듯 원안을 돌며 그려진 무늬.

사분아교-沙모래사분粉가루분아교阿언덕아膠아교교)아교를 모래알처럼 가루로 만든 아교,=분말아교.

사분합문-대청 마루 앞에 다는 네짝으로 된문.

사성-莎사초사城성성)①풍수지리에서, 묏자리의 뒤에 작은 맥이 혈穴)의 가를 에워싼 두둑.② 무덤 뒤를 반달형으로 두둑하게 둘러쌓은 토성土城).

사신-四넉사神귀신신)네 방위를 맡은 신. 동의 청룡靑龍),남의 주작朱雀),서의 백호白虎), 북의 현무玄武)를 말한다.

사실㊥-寫베낄사實열매실)진실하게 있는 그대로 사물을 묘사하는 것.

사천화㊥-死죽을사天하늘천花꽃화)건축물 천장에서 뜯어내지 못하는 천화를 가리킨다.

사포-砂모래사布베포)금강사, 유리가루, 규석가루 등을 발라 붙인 천이나 종이. 녹을 닦거나 가구의 표면을 반드럽게 하는데 사용한다.

사합원㊥-四넉사合합할합院집원)베이징의 전통 주택 양식으로, 가운데 마당을 중심으로 사방이 모두 집채로 둘러싸여 있음.

사합자㊥-死죽을사盒합합子아들자)경합자硬盒子)라고도 부른다. 합자 도안의 외부 윤곽은 대부분 직선으로 그린다는 데서 유래된 것이다.

사휘-四넉사暉빛날휘)휘 문양 중 네 번째로 그려지는 휘이다. 색상은 녹색이다.

삭가자㊥-數자주삭茄연줄기가子아들자)좌대 중심부의 둥근 받침대.

산계량㊥-山메산界지경계梁들보량)용마루끝부분의 경계선 들보인데 네 경계선 들보위에 받쳐진 짧은 기둥에 의해 지탱되며 이를 빌어 가옥 용마루 부분의 중량을 감당함.

산신-山뫼산神귀신신)산신령山神靈).

산신탱화-山뫼산神귀신신幀그림족자정畵그림화)산신령을 그린 족자. 산신각에 산신탱화만 모시는 경우가 있는가 하면 삼성각 등에는 칠성, 산신, 독성을 모시기도 한다.

산예-狻사자산猊사자예)사자의 탈을 쓰고 춤을 추는 가면극. 원래 인도에서 행해지던 동물들의 의장무擬裝舞)로써 서역과 동방각국에 널리 유행되었고, 우리나라에서는 삼국사기'의 악지樂志)'에는 노래와 사자 비슷하게 그린 동물 그림이 있음. 사자춤.

산운㊥-散흩을산雲구름운)흔히 화새, 선자 등 종류 단청의 용봉문이 그려진 부위에 사용되며 주요하게 용봉문 이외의 빈 자리를 보충하는 작용을 하며 상이한 조형의 분산된 운문이다.

㉙ 丹青分野韩中用语聚合

이인기

이한식

棉珠点 박원달

산자-撒물뿌릴산子아들자)지붕 서까래 위나 고물 위에 흙을 받치기 위하여 엮어 까는 나뭇개비 또는 수수깡 산자발. 예)싸리나무 산자를 받다.

산자-橵산자산子아들자)지붕 서까래 위나 고미 위에 흙을 받치기 위해 엮어 까는 나뭇개비나 수수깡. 산자발.

산탁-山뫼산托밀탁)산의 경사면에 의지하여 쌓을 때 안쪽을 필요가 없이 바깥쪽만 싸게 되는 일.

산화-山묘산花꽃화)人자형 지붕 가옥의 양측면의 높은 벽

살광-부엌의 벽중터에 들인 선반(←현반懸盤))

살미-山뫼산彌두루미)궁궐이나 성문 따위의 기둥 위 도리 사이에 장식하는, 촛가지를 짜서 만든 물건. 보밑을 받치거나 좌우 기둥 중간 도리, 장여에 직교하여 받쳐괸 쇠서모양으로 내민 공포부재.

살색-肉고기육色빛색)①부처나 보살, 미인도 기타 인물을 그리면서 만들어 쓰는 색. ②단청할 때는 육색을 다른 말로 살색이라고 한다.

살치기-모란꽃이나 연꽃을 그릴 때 속빛을 넣지 않고 빛 대신 붓으로 가는 선만 나타나게 그리는 그림. 모란꽃은 안쪽에서 바깥으로 치고 연화는 바깥 끝에서 안쪽으로 살을 친다.

삼교육완령화㊥-三석삼交사귈교六여섯육碗홀완棂격자창령花꽃화)청조 궁전 건축의 문과 창문 격자문무늬 장식의 하나.

삼남㊥-三석삼藍바구니남쪽남)짙은 남색.

삼도-三석삼道길도)삼악도(三惡道)삼도 내. ①사람이 죽어서 저승으로 가는 길 중도에 있다고 하는 내. 이내에는 여울 셋이 있는데, 각기 물살이 달라, 전생의 업業)에 따라 건너는 곳이 다르다고 한다. 이냇가에 할아범과 할멈의 두 귀신이 있어서 지나가는 이의 옷을 벗겼다고 한다. ②극선極善)도 없고, 극악極惡)도 없는 사람이 죽어서 저승길로 가는 도중에 있다는 내. 삼도천.

삼량집-三석삼樑들보량家집가)보를 석 줄로 놓아 한 칸통으로 집을 짓는 방식 도리 세개로 짜인 집.

삼무탁㊥-三석삼裹길이무柁키타)회화 작품에서 밖으로 3개의 간면看面)을 드러낸 구조재에 대한 속칭이다

삼문육완령화㊥-三석삼交글원문六碗사발완棂격자창령花꽃화)-청조 궁전 건축의 문과 창문 격자문 무늬 장식의 하나.

삼보살-三석삼堺막을보剥쪼갤살) ①막힌 황실이 세 갈래로 쪼개어서 뻗어가는 문양. ②온바탕, 반바탕 초 문양이 갈라질 때 황실이 세 갈래로 닿는 곳.

삼보칠㊥-三석삼寶보배보漆옻칠)1948년,영명永明)페인트공장은 중국에서 처음으로 알코올산 수지 칠을 성공적으로 연구 제작했는데 이름을'삼보칠'이라 명명했다.

삼분두-三석삼分나눌분頭머리두)보머리,장여뺄목 등의 끝을 모양나게 세 번 꺾어 잘라낸 형식.

삼빛-三석삼暉빛날휘)휘 중에서 삼색이 들어갈 때 쓰는 말로 초빛, 이빛, 삼빛 등이다. 초빛은 같은 색상 중 명도가 가장 밝은 색. 이빛은 초빛보다는 어둡고, 삼빛은 이빛보다 어두운색이 들어간다. 예)장단 이빛은 주홍 삼빛은 다자이다.

삼색㊥-三석삼色빛색)이색에 상대해서 하는 말인데 일반적으로 명도가 선명하게 이색보다 진한 색. 또는 어떤 채색의 색깔을 말하기도 한다. Levels 옅은 색깔을 가리킨다. 3가지 각기 다른 색.

삼성각-三석삼星별성성閣집각) 칠성, 독성, 삼신을 모신 신당神堂)② 삼성인(환인, 환웅, 환검)을 모신 성당聖堂)

삼원색-三석삼原근원원色빛색)①그림물감에서 모든 빛깔의 바탕이 되는 빨강, 노랑, 파랑의 세 가지 색.

삼족오-三석삼足발족烏까마귀오) 태양새이고 세 발 달린 까마귀 같은 상상의 새. 태양을 일컫는다.

삼청골팽이 삼청으로 튼 골팽이.

삼청삼록㊥-三석삼靑푸를청三석삼綠초록빛록)삼청과 삼록은 국화國畵)를 그릴 때 사용하는 전용 안료이다.

삼청-三석삼靑푸를청)①동양화에서 진채(眞彩)의 하나. 하늘빛같이 푸른 빛. ②단청에서는 양청과 호분이나 지당을 섞어서 만들어 쓰는 색. 양청보다 밝은 색. 양청색의 초빛색.

삼청실- 삼청으로 그린 실 문양.

삼청연화- 삼청으로 그린 연화.

삼청주화- 삼청으로 그린 주화

삼청훈색㊥-三석삼靑푸를청暈무리훈色빛색)우리나라 삼청과 달리 삼청은 국화를 그릴 때 사용하는 전용 안료이고 훈색은 iridescence.

㉚ 丹青分野韩中用语聚合

옛화원古畫員 배종호황길창 K,H,O 옛화원古畫員

삼촌견방홍금㊥-三석삼寸마디촌見볼현方모방紅붉을 홍金쇠금)청대 관식 단청에 사용한 적이 있는 금박 품종의 하나인데 사이즈는 3평방촌이고 금박은 황색 가운데에 붉은색을 띠고 색상의 명도는 짙은 편에 치우치며 오랫동안 지나도 쉽게 퇴색하지 않는 특징이 있고 이 품종은 일찍 이미 품절되었다.

삼포-三석삼包쌀포)세 겹으로 된 공포栱包).다포계 공포에서 1출목 제공으로하고 쇠서는 보밑에 2개를 얹고, 첨차는 주심에서 대소첨을 출목에서는 소첨을 얹어서 짠 것(포작수)=2출목수)+1

삼품㊥-三석삼品물건품)서화의 삼품, 신품神品], 묘품妙品], 능품能品])의 여섯 가지 즉 해석류화海石流花), 아화寶牙花), 태평화太平花), 보상화寶相花), 모란화牧丹), 연하화蓮荷花).

삼휘-三석삼暉빛날휘)휘 문양 중 세 번째에 그려지는 휘이다. 색상은 황색이나 휘가 삼휘로 끝나는 경우 석간주로 한다.

상간배치지법㊥-相서로상間사이강配나눌배置둘치之갈지法법법)서로 엇갈아 배치하는 방법.

상간지법-相서로상사이간間之갈지法법법)서로 엇바뀌는 법

상광좌㊥-上윗상框문테광座자리좌)좌대 속束) 하단 위쪽.

상대웅전-上大雄殿) <->하대웅전下大雄殿)경내법당을 높은곳에 세워서 사용중, 여건상 법당이 더 필요하여 아래지역에 법당을 세우면 上, 下로 나누어부른다.

상륜-相서로상輪바퀴륜)① 불탑 꼭대기의 수연水煙) 바로 밑에 있는, 청동으로 만든 아홉 층의 둥근 테. 구륜九輪). 공륜空輪).② '상륜탑'의 준말.

상생㊥-像모양상生날생)비단이나 으름덩굴 따위로 사람이나 동식물의 겉모습을 본떠 만든 공예품.

상연-上위상椽서까래)연오량五樑) 이상의 집에서, 마룻대에서 양쪽으로 급경사 지게 건 서까래.

상완㊥-上윗상腕홀완)위팔 어깨에서 팔꿈치까지의 부분

상이-相서로상異다를이)서로 다름. 차이差異).

상㊥-裳치마상)불화佛畵)에 나오는 神像)치마.

상청하록㊥-上윗상青푸를청下아래하綠초록빛록)건축의 동일한 입면의 수직방향 구조재의 단청 고두의 설색 규칙이다. 예를 들어 상방上方) 구조재 고두가 청색이면 하방 구조재 고두는 녹색이다.

새발장식-창문, 가구등 올거미의 맞춤새를 연결보강하여 장식으로 대는 철물, 새의 발처럼 만들어 문짝에 박는 쇠 장식.

새우흙-산자 또는 개판위에 보토를 깔고 바닥기와-암기와)를 깔 때 그 좌우 또는 밑의 빈틈에 다져 넣는 진흙.

새첩-塞변방새妾첩첩)끝 휘와 녹실 사이를 하엽 색으로 칠한 것. 그림에서도 첩은 그림의 중심이 안 되고 변방으로 내몰아 그렸다고 한다. 쇠첩鞢諜)

색괴㊥-色빛색塊흙덩이괴)색상 조각, 소프트웨어에서 색상 설치를 하는 사각형.

색긋기[극기]-色빛색極빠를극起일어날기) ①먹이나 분 긋기 외에 정해진 색으로 긋기 하는 것. ②장단, 주홍, 다자 등의 색으로 부연, 한양뱃바닥, 첨차뱃바닥 양쪽 가를 긋기 해주는 것

색대-色빛색帶띠대)색띠.

색분-色빛색.粉가루분)채색가루.

색붙임-정해진 색을 먹긋기 한 다음 바깥쪽으로 칠하는 것. 예)삼청으로 붙여라. 육색으로 붙여라.

색상명도㊥-色빛색相서로상明밝을명度버도도)색상의 밝기 정도를 가리킨다.

색상㊥-色빛색相서로상)색채가 나타내는 질적인 모습이다.

색수차㊥-色빛색收거둘수差어긋날차)렌즈계系)를 통하여 물체의 상像)을 맺게 할 때에, 그 물체로부터 나오는 광光)의 빛깔에 따라 상像)의 위치가 바뀌는 일. 좋지 못한 망원경으로 볼 때에 물체가 빛깔을 띤 것처럼 보이는 것도 이것 때문임. 수차收差).

색실-각종 채색으로 되어있는 실을 일컫는 말이나 현장에서는 쓰이는 일이 거의 없다.

색즉시공공즉시색-色빛색卽곧즉是옳을시空빌공空빌공卽곧즉是옳을시色빛색) 현실의 물질적 존재는 모두 인연에 따라 만들어진 것으로 불변하는 고유의 존재성이 없음. 본성인 공空)이 바로색色), 즉 만물萬物)이라는 말. 만물의 본성인 공이 연속적인 인연에 의하여 임시로 다양한 만물로서 존재한다는 것이다.

색직휘-色빛색直곧을직暉빛날휘)장단직휘, 하엽직휘, 삼청직휘 따위의 색으로 한 직휘. 먹직휘 등의 직휘.

색칠-色빛색漆옻칠)빛깔이 나게 바르는 칠. 또는 빛깔을 바름. 옻칠. 안료와 페인트, 니스를 칠을 하는 것. 또는 칠한 것.

㉛ 丹青分野韩中用语聚合

옛화원古畫員

색파련-色빛색芭파초파) ①파련 문양을 단색으로 그리지 않고 각종 채색으로 한 문양. ②촛가지 엽 파련초에 여러 채색으로 그린 단청

색항아리色빛색瓶병병)단청 머리초문양 휘 끝자리 새첩塞妾)에 그리는 문양

생유㊥-生날생.油기름유.)날 것으로 짠 기름. 익히지 않은 날고기에서 짜낸 기름. 열처리하지 않은 생기 름.

생유지장㊥-生날생油기름유地땅지仗무기장)벽돌가루와 혈료로 만든 땜질용 반죽.

생칠㊥-生날생漆옻칠)불에 달이지 아니한 옻칠. 정제 하지 아니한 옻나무의 진.

서기발광-瑞상서서氣기운기發열발光빛광) 탱화에 부처님을 그리고 육계肉髻)에서 양가로 뻗어 그리는 것이다. 수분水粉)으로 안개처럼 연하게 하여 양선이 육계 쪽은 가늘고 양옆으로 점점 넓어지면서 휘어지게 그린다.=서기瑞氣)

서번련㊥-西서녘서番차례번蓮연연)추상화, 형식화된 자연계 서번련 도안이며 권초문 가지와 잎 그리고 화두花頭)도안이 그려져 있다.

서역국-西서녘서域지경역國나라국)역사 중국 서역 지방에 있던 여러 나라를 통틀어 이르는 말.

서원-書글서院담원) 조선 때, 선비들이 모여 학문을 강론講論)하고, 석학碩學)이나 충절로 죽은 사람을 제사 지내던 곳

서천서역국-西서녘서天하늘천西서녘서域지경역國나라국)아시아 남부, 인도 반도 대부분을 차지하는 공화국)'인도印度)의 옛 이름.

석간주-石돌석間사이간硃주사주) ①밤색. ②붉은 산화철이 많이 섞여 빛깔이 붉은 흙.

석고-石돌석膏기름고)백색 판상(板狀), 주상(柱狀) 결정의 석회질 광물.

석곽묘-石돌석槨덧널곽묘=석실墓무덤묘)돌덧널무덤. 곽실을 석재로 만든 묘.

석등-石돌석燈등잔등)돌로 네모지게 만든 등. 석등롱. 장명등.

석류등-石돌석榴석류류登오를등)단청문양 중 석류 모양을 연화 위에 올려 서 그린단청 문양.

석류-石돌석榴석류류)[성뉴] ①석류나무의 열매 ②석류나무 열매의 껍질. 설사 복통 등을 다스리고 촌충 구제약으로 쓴다. ③웃기떡의 하나.

석물-石돌석物만물물)돌로 만든 장식물이나 상징물의 총칭. 무덤 앞에 돌로 만들어 놓은 여러 가지 물건석인石人)·석수石獸)· 석주石柱)·석등石燈)·상석床石) 따위》.*석인석수.

석쇠문-쇠코뚜레 비슷하게 생긴 무늬.

석실-石돌석室집실)돌방. 돌로쌓아 만든 묘실.

석웅황-石돌석雄수컷웅黃누를황) ①조금 탁한 누른 빛의 그림물감.[=석황石黃)] ②광천으로 나는 비소화합물. 빛은 등황색 또는 황색 염료. 화약에 쓴다.

석장물림-三석삼張베풀장重무거울중疊겹쳐질첩-삼겹이음)암기와를 아래위로 겹쳐 이어 올라갈 때 3장이 겹치도록 하는 것,

석장생-石돌석長길장柱장승생)돌로 만들어 세운 장승.

석채-石돌석彩무늬채)돌에서 나온 안료. 돌을 깨어 만든 채색.

석출㊥-析가를석出날출)분석(分析) 하여냄. 수용액水溶液)에서 고체가 분리하여 나오는 일. 또는 액상液相)중에 고상固相)이 나타나는 일

석탑-石돌석塔탑탑)돌로 쌓은 탑. 돌탑.--------• 5층~.

석황-石돌석黃누를황)석웅황石雄黃)

선도-線줄선道길도)그림의 선. 그림 그릴 때 붓이 가는 길.

선돌-立설입石돌석) 선사 시대에, 자연석이나 약간 다듬은 돌을 기둥 모양으로 하나 또는 여러 개를 세운 거석(巨石) 기념물. 입석(立石). 멘히르(menhir).

선령-仙신선선靈신령령)신령

선묘-線줄선描그릴묘) 선線)으로만 그림. 또는 그런 그림

선방-禪선위할선房방방) 참선參禪)하는 방. 선실禪室).

선법㊥-線실선法법법)투시 및 경말 실개 화법을 운용하여 제도한 중국 고건축 풍경화이다. 많이는 소화의 포복, 방심 및 영풍판迎風板) 등 부위에 사용된다.

선사시대-先먼저선史역사사時때시代대신할대)역사 시대 이전의 역사. 유사 이전.

선염-渲바림선染물들일염)바림. 바름 하는 것.

선자-扇부채선子아들자)부채. 부채살. 선자추녀의 준말.

선자연-扇부채선子아들자椽서까래연)선자추녀에 부채살처럼 댄 추녀. 선자라고 부르기도 한다↔말굽추녀.

선자연-扇부채선子아들자椽서까래연-선자서까래)선자추녀에 부챗살 같이 댄 서까래. 선자 서까래.

㉜ 丹青分野韩中用语聚合

옛 화원古畫員

선자㊥-旋돌선子아들자)단청주체 화문의 조형은 둥근 소용돌이 모양을 특징으로 한 일종의 청대 관식 단청으로서 주요하게 전당-殿堂) 건축을 장식하는데 사용되었다. 우리나라 골팽이 문양과 비슷하고 양녹이나 삼청 색에 먹선으로 그리고 백선으로 운필運筆)하여 그린 문양이 많이 들어간 단청. 금색 바탕에 갈색으로 그린 단청. 용이나 봉이 들어가고 금박을 입혀서 화려한 고급 단청을 말한다.

선자㊥-旋돌선子아들자)동으로 만든 쟁반, 술을 데우는데 쓰는 그릇

선형㊥-線줄선퓓거푸집형)선의 유형, 선의 사이즈

선형㊥-線줄선形모양형)선의모양.선線)과 같이 가늘고 긴 형상. 선상線狀)=식)잎의 모 양의 한가지 가늘고 길며 한쪽 긑에서 디른 쪽 끝까지 폭이 거의 같고 좁은데, 양쪽 가장자리는 대체로 평행함. 소나무나 잣나무의 잎 따위.

선화량로판화법㊥-旋돌선花꽃화兩두량路길로瓣외씨판畵그림화法법법)화법 및 삼로판三路瓣) 두로頭路),이로판二路瓣)으로 구성된 선화를 양로판화법이라고 한다. 두로, 이로, 삼로판으로 구성된 선화를 삼로판 화법이라고 한다.

선화㊀-旋돌선花꽃화)메꽃과에 딸린 여러해살이의 덩굴풀. 줄기는 가늘고 길며 다른 것에 감겨 올라감. 잎은 어긋나고 화살촉 모양이며 잎자루가 긺. 6-8월에 잎겨드랑이에서 나온 긴 꽃꼭지 끝에 나팔꽃모양의 큰 꽃이 한 개 달려서 낮에만 엷은 홍색으로 피고 저녁에 시듦. 보통 일본 홋카이도에 분포함. 뿌리 줄기에, 또는 속근 이라 하여 식용 및 약용하고 잎도 먹음. 고자화鼓子花) 돈장초豘腸草) 메꽃 미초美草).선복旋葍).

선화㊥-㊂(旋돌선花꽃화)메꽃 나팔꽃)싹이 땅속에서 처음 나올 때처럼 돌돌 말린 무늬. 우리나라 골팽이 초와 비슷한 중국 단청 무늬. ✍

선화㊥-㊀鮮적을선花꽃화)천화 사계화四季花)천화, 백화도百花圖)천화라고 속칭한다. 각종 사실寫實) 화훼花卉)를 주제 무늬로 한 천화를 가리킨다.

선화㊥-㊀線줄선畵그림화)먹이나 어떤 한 색깔로만 그린 그림. 금선화, 먹선화, 홍선화, 분선화. 황선화 등.

설장구- 농악에서, 일어서서 장구를 어깨에 걸어메고 치는 장구.

성가퀴-城성성堞성가퀴첩)-성첩,여장,치첩,타)성 위에 낮게 쌓은 담《몸을 숨겨 적을 감시하거나 공격하는 곳》. 성첩城堞). 여장女墻).

성곽-城성성墎성곽곽)—廓둘레곽)① 내성과 외성.----• ~을 쌓다.

성균관-成이룰성均고를균館객사관) 조선 때, 유교의 교육을 맡아보던 관아. 학궁(學宮). 태학太學).

성루-城성성樓다락루-성각)성곽의 곳곳에 세운 다락집. 성각城閣). 성랑城郞)

성막물질㊥-成이룰성膜막막)물과 같은 액체뿐만 아니라 그 속에 녹아 있는 물질들도 자유롭게 통과할 수 있는 막을 말한다.

성-城성성)적을 막기 위해 높이 쌓은 큰 담이나 튼튼하게 지은 큰 건물. 또는 그런 담으로 둘러싼 지역.----• ~을 지키다----• ~을 쌓다----• ~을 겹겹이 포위하다----• ~을 함락시키다

세그먼트 공법-precast segmental method, P.S.M. 공장에서 제작된 조각을 현장으로 옮겨 가설 장비를 이용해 상부 구조를 완성하는 공법

세살문-살을 성기게 대어 거칠게 만든 문짝.

세회㊥-細가늘세灰재회) 가늘게 갈아 만든 회가루, 벽돌가루.

셸락㊥-shellac 蟲벌레충膠아교교)벌레 분비물로 만든 재료, 특히 인도 등 열대 국가에서 서식하는 깍지벌레

소결㊥-燒사를소結맺을결)제련과정에서 작은 광석, 분말 물질을 녹는 점 이하의 온도로 가열했을 때 서로 밀착하여 고결하는 현상.

소고두㊥-素힐소箍테고頭머리두)휘어진 고두.

소금버캐-소금이 엉기어서 굳어진 덩이.

소란반자-小작을소欄난간란ㅡ)반자틀을 '井' 자 여럿을 모은 것처럼 소란을 맞추어 짜고 그 구멍마다 네모진 개판蓋板) 조각을 얹은 반자. 현란懸欄).

소란-小작을소欄난간란)문지방, 소반 따위에 나무를 가늘게 오려 붙이거나 바탕을 파서 턱이 지게 만든 물건. 소란대.

소로-小작을소櫨두공로)접시 받침.

소루-로-小작을소累묶을루,小작을소櫓방패로)작은 접시받침. 장여나 공포재의 밑에 받쳐 괸 네모지고 위는 넓고 아래는 좁게 만든 부재.

㉝ 丹青分野韩中用语聚合

옛 화원古畫員

소목작㊥-小작을소木나무목作지을작)중국 고대건축에서

소분㊥-小작을소紛가루분)가는 흰 선.

소색㊥-小작을소色빛색)단청의 대색에 상대하여 하는 말이다. 단청 가운데서 사용량이 비교적 적고, 색상이 비교적 옅으며 흔히 훈색으로 사용되는 각종 색상이다.

소색㊥-小작을소色빛색)황등 색깔을 소색이라고도 한다.

소식㊥ ㊀-蘇차조기소式법식)강남소항蘇杭)지역에서 기원한 형식

소식㊥㊁-蘇차조기소式법식)단청구도構圖)형식이 다양하고 문식 제재(題材) 내용이 광범하며 장식 효과가 생활에 비교적 접근하는 특점이 있는 일종의 청대 관식 단청으로서 주요하게 원림園林) 건축을 장식하는데 사용되었다.

소점금선자단청㊥-小작을소점点점점金쇠금旋돌선子아들자)다만 선화의 선안, 치화심에 만 역분 첩금하는 선자단청이다.

소조㊥-塑흙빛을소造지을조)찰흙. 석고 따위로 조각의 원형을 만듦. 조소.

소첨차-小작을소檐처마첨遮막을차)주두위 또는 출목 쇠서위에 가로대는 짧은 첨차로서 그 위에 대첨이 얹힘.

소탕회㊥-掃쓸소蕩쓸어버릴탕灰재회)압마회壓麻灰).

속고살-지붕에 이엉을 이을 때 덮는 ㅅ자형으로 엮은 이엉.

속골팽이-內안내骨뼈골挫부딛칠팽而이을이) ①단청 문양을 그릴 때 대개 나근등을 그리고 위에 연화를 받치는 골팽이. ②나근등 없이 연화, 반주화 받침으로 그리는 골팽이. ③이중 색으로 그리는 골팽이 중 겉색과 다른 안쪽 골팽이.(=일명 받침골팽이)

속빛입연화-內안내暉빛날휘立설입蓮연할연花꽃화) 입연화의 속 빛이 나타나게 그린 것. 예)장단연화 속빛은 삼청.

속자락-①기둥머리의 단청 따위에 그리는 무늬의 한 부분.↔겉자락. ②불화나 신선도 등에서 옷의 안쪽 천의자락.

속㊥-束묶을속)대좌 허리 중심부에 잘쑥한 그림이나 조각부위.

솔거-率거느릴솔居있을거)신라 진흥왕 때의 화가. 어려서부터 그림을 잘 그렸으며, 특히 황룡사의 벽화 노송도老松圖)에는 새들이 날아들어 신화神畵)라고 불렸고 그밖에 분황사의 관음보살상觀音菩薩像), 단속사斷俗寺)의 유마거사상維摩居士像), 삼성사三聖寺)의 단군화상檀君畵像)이 있었다. 그러나 지금은 모두 전해지지 않는다.

솟대-①과거에 급제한 사람을 위해 마을 어귀에 높이 세우던 붉은 장대. ② 농가에서 섣달 무렵에 새해의 풍년을 바라는 뜻으로 볍씨를 주머니에 넣어 높이 달아매는 장대. ③민 〕 솟대쟁이가 올라가 재주를 부리는 장대.

솟을화반-從좇을종花꽃화盤소반소반)창방과 장여 사이에 인자형으로 맞버티어 짠 대공.

송금㊥-宋송나라송錦비단금)청식 단청 중에서 송대 금문錦紋)화법 풍격의 특점을 가지고 있는 각종 금문에 대한 통칭이다. 흔히 선자 단청 방심에 많이 쓰인다.

송유-松소나무송油기름유)①솔가지를 잘라 불에 구워 받은 기름. ②테레빈유(turpentine)

쇄대색㊥-쓸쇄大큰대色빛색)청녹두 종류의 색깔.

쇠서받침 전각의 기둥 위에 붙이는 소의 혀와 같이 생 긴 장식. 준 쇠서.

쇠서-㊁牛소우舌혀설)공포에서 보 방향으로 얹어 첨차와 직교하여 짜여 지며 끝을 소 혀의 모양으로 의장하여 오려낸 부재. 앙서仰舌)와 수서垂舌)가 있다. 쇠서모양으로 뻗어 내린 촛가지. 쇠서받침은 구조적 명칭임.

쇠서-㊀韉늘어질쇠犀코에뿔난소서)①소의 혀 ②쇠서받침의 준말.

쇠시리-기둥 모서리나 문살의 표면을 모를 접어 두 골이 나게 하는 일.

쇠첩-韉늘어질쇠諜염탐할첩)①사이가 벌어진 곳에 하엽색 으로 칠한 것. ②끝 휘와 녹실사이를 하엽색으로 칠한 것. 새첩塞妾).

쇠코골팽이-夊천천히걸으쇠拷북나무고_)중심을 골팽이로 그리고 둘레에 쇠코문을 그린 문양.

쇠코둘레초-夊걸을쇠栲북나무고-)쇠코문양이 돌아가 면서 둘러선 단청문양. 쇠코화와 비슷한 문양.

쇠코문-夊걸을쇠栲북나무고紋문늬문)단청 용어에는 대부분 생김새를 가지고 지은 이름이 많다. 여의(㊥如意)문 이라고도 하나 우리나라 단청현장에서는 쓰지 않던 말이다.

㉞ 丹青分野韩中用语聚合

옛 화원古畫員

한석성 선생

옛 화원古畫員

쇠코파련-쇠코문양과 파련이 같이 그려진 문양.

쇠코화-쇠코문으로 꽃처럼 만든 문양.

수골청상-秀빼어날수骨뼈골淸맑을청像모양상)뛰어난 인상人像). 맑고 청순하게 생긴 미녀 상.

수구문-水물수ㅁ입구門문문) ①성안의 물이 흘러 나가는 수구에 있는 문. ②'광희문'의 다른 이름. ◦ [속담][수구문 차례] ㉠여럿이 둘러앉아 술을 마실 때 순배가 나이 많은 사람에게 먼저 가는 것을 조롱하여 일컫는 말. ㉡늙고 병들어 죽을 때가 가까운 사람을 두고 하는 말.

수대㊂-繡수놓을수帶띠대)수놓은 끈. 수놓은 띠

수대㊀-獸짐승수帶띠대)=짐승 띠. 짐승 가죽 끈.

수대㊥㊂-壽목숨수帶띠대)별-삼광조<동물>

수대㊥㊀-綬인끈帶띠대)가슴 부위에 묶은 끈.

수라-修닦을수羅새그물나)①아수라阿修羅) ②싸움을 잘하는 용맹스런 귀신의 이름.

수련-菱꽃심수蓮연할연)긋기나 간단한 모루 단청 할 때 연단에 치는 연단초이다. 모양은 연단 가장 자리에 반달형 잎문이 다섯 잎 또는 여섯 잎이 들어가고 중앙은 먹이나 하엽으로 넣은 후 민주점을 찍어 준다.

수먹-水물수墨먹묵)단청이나 탱화를 할 때 진한 먹물에 물을 타서 연하게 쓰는 물감. 먹에 물만 타면 번지는 경우가 있으므로 접착제를 섞어 쓰면 수명이 오래간다.

수미단-須턱수염수彌그칠미壇제단단)절의 불전佛殿) 안에 부처님을 모셔두는 단.

수비-水물수飛날비)곡식의 가루나 그릇을 만드는 흙 따위를 물에 넣고 휘저어 잡물을 없앰. 또는 그런 일을 하는 사람. 단청할 때는 거친 안료를 물에 가라 앉혀서 고운가루를 가려 내는 행위.

수서-垂드리울수舌혀설)끝이 아래로 삐죽하게 휘어 오른 쇠서.

수아㊥-水물수牙어금니아)물결무늬.

수은-水물수銀은은)상온常溫)에서 유일하게 액체 상태로 있는 은백색의 금속.

수자㊥-壽목숨수字글자자)한자 수壽)자를 가리킴

수지-樹나무수脂기름지)①나무의진 ②천연 수지와 합성수지의 총칭.

수지-樹나무수脂기름지)나무의 진. 복잡한 유기산有機酸)및 그 유도체誘導體)로 된 누른 고체로서 물에 녹지 않으나 알코올. 에테르 등에 녹음. 주로 침엽수針葉樹)에서 분비分泌)되며 바니시나 전기 절연재료의 원료로 쓰임.

수화-繡수놓을수畵그림화)수를 놓아 만든 그림.

수화-繡수놓을수花꽃화)도자기의 몸에 수놓은 꽃과 같이 도드라지게 한 무늬.

숙동유㊥-熟익을숙桐오동나무동油기름유)볶아 짠 오동나무기름.

순각반자-巡돌순閣집각盤소반반子반자)각 출목도리, 장여 상호간의 사이를 출목첨차 위쪽에서 막아댄 반자.

순각-楯난간순桷서까래각)포집의 불벽과 첨차 사이나 또는 첨차와 첨차 사이의 공간 따위를 막은 판자.=순각 천장.

순각-巡돌순閣집각-楯난간순桷서까래각) 포집의 불벽佛壁)과 첨차檐遮) 사이 또는 첨차와 첨차 사이를 막는 판자.

순산청칠㊥-醇진한술순전국술순酸초산淸맑을청漆옻칠)알키드수지 니스.

순절-徇재빠를순絶끊을절)순간의 판단으로 억울하다고 생각되어 목숨을 끊는 행위. 궂은일을 당한 가엾은 사정으로 목숨을 끊는 행위.

숫키와-牡수컷모瓦기와와夫아비부ー)두 암키와 사이를 엎어 잇는 기와.↔암키와.

습화-習익힐습畵그림화)그림을 익히기 위하여 밑그림으로 그린 그림을 대고 연습하는 행위. 연습용 그림. 시왕초, 천장초, 보살초, 천왕초, 천장을 습화 하면 그림에 도통한다고 옛 선배 화원들은 이야기를 많이 하였다. 눈을 감고도 그린다고 한다. 한번들 해보세요. 그림 공부가 많이 됩니다.

승기-乘탈승驥천리마기)말이나 짐승을 탄 그림이나 조형.

승룡-升오를승龍용룡)높이 오르는 용. 하늘로 오르는 용.

승청강록㊥-昇오를승靑푸를청降내릴강綠초록빛록) 화새단청의 상이한 자세의 용문, 봉문의 화법과 그가 처한 부위의 기저색(基底色) 사이의 배치 규칙이다. 예를 들면 조두 내에 승룡을 그릴 경우 조두의 기저색은 청색이어야 하며 조두 내에 강룡, 혹은 강봉을 그릴 경우 조두의 기저색은 녹색이어야 한다는 등등이다.

㉟ 丹青分野韩中用语聚合

옛 화원古畫員

김혜각스님

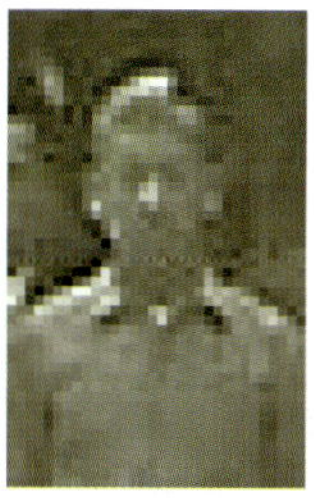

박인규선생

옛 화원古畫員

시계풀-時때시計꾀계花꽃화)시계풀과에 딸린 여러해 살이 덩굴풀. 브라질 원산으로 관상용으로 온실에서 재배한다. 잎은 어긋나고 손바닥 모양으로 잎이 다섯 갈래로 갈라졌으며 긴 잎자루가 있다. 여름에 모양이 시계의 수자판과 비슷한 꽃이 햇빛을 향하여 피고 길이 약 7센티미터의 길둥근 열매를 맺는다. 약 400종이 있으며 남아프리카 아시아 오스트레일리아 등지에 분포 한다.

시분(施놓을시粉가루분) ①도채된 다른 색 위에 분으로 그려 주는 것. ②먹기화를 하고 먹기화를 따라 화문이나 휘 문양에 분으로 그려 주는 것. ③그림 채색 중 가장 밝은색인 분으로 시아계 해 주는 것.

시여원인(施베풀시輿수레여願원할원印도장인)남에게 거저 물건을 베풀어 줌. 구여(救與). 베풀기를 원함.

신광-身몸신光빛광)모시는 인물의 머리 아래쪽 몸의 뒤 쪽에 비치는 광채를 나타낸 것.

신기①-神귀신신器그릇기)대기大器) ②임금의 자리.

신룡-蜃큰조개신龍용용)교룡과 비슷하고 기운을 토하여 신기루를 일으킨다고 한다.

신쇠-靴신화金쇠금)큰 대문 아래 문장부로 끼우는 쇠.

신운-神귀신신韻운운)고상하고 신비스러운 운치.

신중단-神귀신신衆무리중壇제단단)불법을 수호하는 화엄신장을 모신 단.

신중-神귀신신衆무리중)화엄신장華嚴神將)

신중탱화-神귀신신衆무리중幀그림족자정畵그림화)신장을 그림으로 그리어 벽에 거는 족자.

신천화㊥-新새신天하늘천花꽃화)반자에 예전에 없던 새로 도안하여 그린 꽃.

신폐-身몸신蔽덮을폐)불, 보살 몸의 후편에 광채가 나는 것을 뜻하여 둘러 그리는 그림이나 조각.

실사-窸구멍을나르는실絲실사) ①고치, 삼, 솜털 등을 가늘고 길게 뽑아 꼰 것. 바느질에 쓰인다. ②단청에서는 여러 형태의 주문양이 들어가면서 문양과 문양사이나 방석 초, 바깥쪽으로 그려주는 가는 그림 선. 녹실, 황실, 삼청실, 육색실, 금실 등이 있다.

실사화-實열매실寫베낄사畵그림화)실물, 실경, 실황 등을 그리거나 찍음.

실외처마㊥-外바깥외檐처마첨)실외에 있는데 예를 들면 복도의 난간, 대외의 문창 등, 심장(尋杖) 난간 상부에 가로로 방치한 구조재인데 최초에는 원형이고 후에 점차 사각형, 육각형과 기타 일부 특별한 형식으로 발전되었음.

심고주-心마음심高높을고柱기둥주)건물간 사이 중앙에 세운 기둥.

심방목心-마음심枋다목방木나무목)일각대문의 기둥 밑에 가로댄 나무

심방-心마음심枋다목방) 일각 대문 따위의 두 기둥 위를 가로지른 도리 같은 나무.

심벽-心마음심壁벽벽)흙으로 둑을 쌓을 때, 물이 밖으로 새지 않도록 진흙 같은 재료로 속을 다져 그 가운데 넣는 벽.

심초석-心마음심礎주춧돌초石돌석)목조탑의 중심기둥을 받치는 긴 주춧돌.

심홍㊥-深깊을심紅붉을홍)진한 다홍색. 심홍색深紅色).

십우도-十열십牛소우圖그림도)십우十牛)을 나타낸 그림. 소를 본심에 비유하여 열 가지로 설명함. 곧, ①심우尋牛)-자기의 본심인 소를 찾음, ②견적見迹)-소 발자국을 발견, ③견우見牛)소를 발견함, ④득우得牛)소를잡아당김, ⑤목우牧牛)길들어따라옴, ⑥기우귀가騎牛歸家)소등에타고 집찾아감, ⑦망우忘牛)소몰고 내집으로 오니- ⑧인우구망人牛俱忘)-소 나 자기나 다공空)이라고 깨달음, ⑨반본환원返本還源)-우주의 본래 모습을 알게됨, ⑩입전수수入垂手)-중생을 제도하러 거리로 나섬의 열가지.

십우-十열십牛소우)자기의 본심을 찾아 진리를 깨닫는 순서

십이신-十열십二두이神귀신신)①열두 신장. ②구나驅儺)할 때 쥐, 소, 호랑이, 토끼, 용, 뱀, 말, 양, 원숭이, 닭, 개, 돼지의 형상의 탈을 쓴 나자儺者). ③동양 오행설에서 12방향을 수호한다는 신상.

십이지석-十열십二두이支가를지石돌석)12개의 지지 신상을 새긴 석의石儀) 무덤 앞에 돌로 만들어 놓은 수호 신상의 총칭.

십자금-十열십字글자자錦비단금)한문의 十자 모양 같이 생겨서 십자금이라 한다. 대단히 간단하고 보기 좋아서 많이 사용한다.=십자금초).

십장생-十열십長길장生날생)죽지 않고 오래 산다는 열 가지 사물. 해, 산(山), 물, 돌, 구름, 소나무, 불로초不老草), 거북, 학, 사슴.

싼물매-경사도가 보통보다 적은물매.

쌍가분㊥-雙쌍쌍夾낄협粉가루분)단청 세부 화문의 양측에 그린 가는 흰선 무늬이다. 우리나라 쌍줄분극기. 쌍선시분과 비슷한 극기문양.

쌍고록자㊥-雙쌍쌍轱수레고辘도르래록钱돈전)원문.

㊱ 丹青分野韩中用语聚合

근대화원

옛화원

쌍괄-雙두쌍髻묶을괄)두 갈래 상투. 동자상이나 동녀상에서 많이 볼 수 있다.

쌍구법-雙두쌍鉤갈고리구法법법)쌍포雙苞)라고도 하며 붓을 잡는 방법의 하나로 단구법單鉤法)과 대조되는 방법이다. 중국 당나라의 서예가 한방명韓方明)은 《수필요설授筆要說》에서 "서예의 묘는 붓을 잡는 데 있다. 두 손가락으로 붓대를 싸매면 다섯 손가락도 마땅히 힘을 균등하게 하여야 하고, 요점은 손가락의 사이를 조밀하게 하고 손가락을 굽히고 눌러가면서 붓을 움직이니 이를 저송抵送)이라고도 하여 입으로 전해 주는 말이 되었다"라고 하였다. 이 방법은 엄지손가락을 밖으로 향하게 하면서 붓대를 눌러주고, 검지와 중지는 안으로 향하면서 갈고리처럼 굽힌다. 무명지는 밖으로 들어올리고, 새끼손가락은 무명지 아래쪽에 붙여서 움직임을 도와주는 역할을 하여 다섯 손가락이 모두 작용할 수 있도록 하여야 한다. 오지법五指法)도 쌍구법雙鉤法)의 일종이다 쌍구현완雙鉤懸腕)은 검지와 중지를 둥글게 굽혀 마치 갈고리처럼 만들어서 엄지손가락과 서로 힘을 균등하게 하고 손가락 끝으로 붓대를 잡는다. 이렇게 하면 붓대가 똑바로 서게 되어 큰 글씨를 쓸 때는 팔위를 사용하고 작은 글씨를 쓸 때는 팔아래를 사용하여 종이에 팔이 닿지 않고 붓을 놀릴 수 있다. 초학자에게 적당한 방법이다.

쌍구분㊥-双쌍쌍勾굽을구粉가루분)도암 외 부신색 회선으로 그리는 녹과선이다

쌍선㊥-雙쌍쌍線줄선)쌍으로 나란히 있는 두 줄. 두선.

쌍실-雙쌍쌍窸구멍을나르는실)황실 중앙에 먹으로 갈라 기화한 무늬.

쌍조고두-双두쌍쌍条가지조箍테고头머리두)조두 문양이 둘이고 고두가 있는 문양.

쌍줄긋기-雙쌍쌍窸구멍을나르는실㮚빠를극起일어날기)벽에 두 줄로 긋기하는 것.

쌍희자문-雙쌍쌍囍쌍희희字글자자紋무늬문)기쁠 희자 두자가 나란히 놓여 있는 글자 모양.

아교-阿언덕아膠아교교)동물의 가죽, 뼈 따위를 고아 굳힌 황갈색의 접착제.

아교포수-阿언덕아膠아교교泡거품포水물수)아교 끓인 물을 나무나 탱화천, 탱화지 등에 칠해주는 것.

아마-亞버금아麻삼마)아마과의 한해살이 풀. 중앙아시아 원산 1m 안팎의 키, 잎은 어긋나며 피침형(披針形).늦봄에 벽자색의 다섯 잎 꽃이 핀다.

아마인유-亞버금아麻삼마仁어질인油기름유)아마유. 아마 씨에서 짜낸 기름. 달걀 모양으로 황색 또는 갈색의 건성유로 도료, 인주, 인쇄잉크. 고무 대용품 따위를 만드는데 쓰임.

아연백㊥-锌강할자白흰백)=산화아연.(酸化亞鉛)

아연황-锌강할자黃누를황)크롬산아연으로 이루어진 누른빛 도료.

아오묵선자단청㊥-雅맑을아五다섯오墨먹묵旋돌선子아들자) 단청에 무금無金)이며 전부 색깔로 구성된 선자 단청이다. 청대 선자 단청 방법의 일종이다

아크릴-Acrylic ①아크릴산 수지樹脂)의 준말. ②아크릴 섬유의 준말.

아크릴에멀젼-Acrylic emulsion 아크릴수지는 아크릴 에멀젼은 유화제를 포함한 수중에서 아크릴 모노머를 중합반응시켜 생성되는 고분자의 총칭으로 점성을 갖는 유백색의 액체이다. 수분 증발에 의해 아크릴 폴리머의 미분자가 결합하여 무색투명한 필름을 형성하며, 내후성이 우수하기 때문에 자동차, 건축용 및 플라스틱 접착제, 각종 도료 등에 사용된다.

아키트레이브-[ARCHITRAVE]-고전건축의 entablature의 인방 또는 최하부를 지칭하는 용어로 일반적으로 주두의 바로 위에 돌 또는 목재를 수평으로 걸쳐지는 부분을 의미함

안골팽이-內안내莕풀줄기골揎부딛칠팽而이을이)속골팽이. 연화받침 골팽이. 주화받침 골팽이.

안공-둘이상의 나무를 붙일 때 한꺼번에 물어 죄어서 고정시키는 연장.

안료광유㊥-顏얼굴안料헤아릴료光빛광油기름유) 각종 안료 바니스

안료-顏얼굴안料헤아릴료)①그림물감. ②광물질 또는 유기질로서 물, 알코올 등에 녹지 않는 착색제着色劑)의 총칭. 도료(塗料), 인쇄잉크, 화장품의 원료로 쓰임.

안비휘-鴈기러기안飛날비暉햇빛휘)날아가는 기러기의 모습 같은 모양. 전남 옥과 성륜사 부연에 처음 그리면서 김한옥이 안비휘라 부르기로 하였다. 문양을 그린 후 마땅한 이름이 없어서 고민하다가 지은 이름임을 밝혀 두고자 한다. 기러기는 반가운 행운을 부른다고 한다.=연미휘燕제비연尾꼬리미暉햇빛휘)

안상문-眼눈안象코끼리상紋무늬문)안상연眼象緣)안에 새긴 장식

㊲ 丹青分野韩中用语聚合

화원회식

대목수로 유명한 임덕창 선생과..

안상㊀-眼눈안狀형상상)사람의 눈처럼 생긴 모양.
안상㊀-眼눈안象코끼리상)안상연 안에 새긴 장식.
안쓸림-오금)기둥을 세울 때 기둥 위가 건물의 안쪽으로 조금 기울게 세운 것.
안초공-按누를안草풀초工장인공)기둥머리의 내외로 평방에 직교하여 끼워서 공포를 받는 부재. 기둥머리에 얹어서 주심포柱心包)를 받치는, 꽃무늬가 새겨진 널빤지.
안허리-지붕평면에서 선자연 초장에서 막장까지 점차 휘어 들어가게 한 것.
알매흙-가와를 이을 때 산자 위에 까는 흙.
알추녀-추녀 밑에 덧받침으로 대는 짧은 추녀.
암기와-女계집여瓦기와와牝암컷빈一바닥기와)평면이 장방형이고 가로단면이 오목한 원호로 된 편평한 밑받에 까는 기와.
암문-暗어두울암)위에 누각이 없는 문. 성벽에 누(樓) 없이 만든 문.
암채-岩석굴암彩채색채)바위, 돌에서 채취한 안료로 석황, 석청, 석록 등이 있다.
압골팽이-押누를압-)항아리선 위로 딱지가 1개 있고 딱지 없이 골팽이가 골팽이를 눌러서 그린 문양.
압마회㊉-壓누를압.麻삼마灰재회) 삼(麻皮)층 부위에 부착하는 회.
압흑노㊉-壓누를압검을흑늙을노)도암의 종신을 흑색으로 칠하는 단청.
앙각선㊉-秧모앙角뿔각線줄선)약간 솟은 듯하게 보이는 선.
앙곡-끝머리가 휘어 오른 것.
앙련-卬나앙련蓮연밥련)연꽃이나 잎이 솟은 듯이 표현된 모양. 단청에서, 꽃부리가 위로 향한 연꽃무늬. 연잎무늬, 연조각등의 모양이 솟아 오른 듯한 것.
앙서,앙설-仰우러를앙舌혀설)쇠서 끝이 위로 오른 장식. 촟가지 쇠서.
앙서-昻오를앙舌혀설)끝이 위로 삐죽하게 휘어오른 쇠서.
앙토-仰우러를앙土흙토)서까래와 서까래 사이 산자 橵子)를 엮어 놓은 것에 흙을 바르는 일.
앙토-仰우러를앙土흙토)치받이2.서까래위에 엮은 산자 밑에 바르는 진흙.
앞머리초-머리초를 낼 때, 앞머리초와 뒷머리초가 있을 때 쓰는 말.
앞목초-前앞전頭머리두草풀초)부연, 서까래 초에 앞쪽과 뒤쪽 초를 말할 때 쓰는 용어. 한 건물 부재 중 앞, 뒷목이 구분되는 때 쓰는 말. 예)서까래앞머리초↔뒷머리초, 부연 앞머리초↔뒷머리초.
액방㊉-額이마액枋다목방)한식 목조 건물의 기둥 위에 가로질러 연결하고 평방 또는 화반 소로 등을 받는 가로재. 우리나라 창방.
약연-藥약약碾멧돌연)한약재를 갈아 가루로 만드는 기구. 단단한 나무, 쇠, 돌 따위로 만듦.=연研))
양녹-洋큰바다양祿초록빛록)진채眞彩)의 하나 석록石綠)과 같은 진한 초록색. 우리나라 단청 채색 중 가장 많이 사용하는 색이다. 일본재품의 수입이 많았으나 요즘은 생산이 단절되어 수입하지 않고 조채하여 사용한다. 예전에 수입한 양록은 독성이 강하여 화원들의 피부에 질환이 생기는 경우가 있었다. 부부간 오해도 생기는 일이 있었다.) 양녹은 방축 효과가 강한 안료顔料) 이다.
양녹유㊉-洋바다양綠초록빛록녹油기름유)전통 고대 건축 페인트 중에 대량으로 사용되는 녹색 페인트인데 바니스와 양녹을 혼합하여 만든 것. 양녹은 수입 산성 녹색 안료의 옛 명칭이고 상품명은 계패록 (독일산)과 파리록(독일산)인데 크롬옥사이드 그린(chrome oxide green-氧化鉻綠) 이 있다.
양녹㊉-洋큰바다양綠초록빛록)청대에 외국으로부터 수입한 고건축 단청에 사용되는 일종의 가는 과립형, 채도가 비교적 높은 녹색 화학 공업 안료인데 예를 들면 독일에서 수입한 계(鷄)표녹, 파리녹 및 일본녹, 호주녹 등이다.색상은 태평양 바닷물의
양마석-羊양양馬말마石돌석)무덤 주변에 세우는, 돌로 만든 양.
양말㊉-洋큰바다양抹지울말)사실상 회화의 일종 화법인데 서양화 회화기법을 흡수하여 선을 묘사하지 않고 각종 색상을 직접 칠해서 완성한다. 달음달이와 같은 기법이다.
양방㊉-梁들보양枋다목방)두 기둥을 받쳐주고 가로로 연결해 주는 장식물인데 두 기둥을 받쳐서 열어줄 뿐만 아니라 또한 직립直立]을 유지하게 하는 건축 목조木彫]의 주체 부분.
양방㊉-梁대들보양枋다목방)가옥 꼭대기를 받치는 주요 구조재의 통칭임.

㊳ 丹青分野韩中用语聚合

碑閣

碑閣

양성-陽볕양城성성-兩두양城성성)지붕마루의 수직면에 회사반죽 또는 회반죽을 바르고 굳어지는 것. 반죽한 흙이나 회반죽이 굳어지는 것.

양유㊥-亮밝을량油기름유)광을 내는 기름.

양청-洋큰바다양靑푸를청)①당청唐靑)보다 진한 물감.②군청색. ③코발트블루.(cobalt blue)양청은 또 불청佛靑), 운청雲靑), 군청群靑)이라고도 부른다. 울트라마린이라고도 한다. 그 조성은 $3NaAl \cdot SiO^4 \cdot Na^2S^2$ 와 같이 나타내는 규산염이며, 푸른빛의 분말이다. 황이 규산염속에 콜로이드 상태로 분산되어 있기 때문에 발색發色)되는 것으로 생각되고 있다. 분말의 알갱이 크기와 성분의 차이에 따라 색조色調)가 다르기는 하나, 일반적으로 아름다운 청색을 나타낸다. 옛날에는 천연광석인 유리로부터 만들어냈으나, 천연유리는 자원이 부족하고 값이 비싸기 때문에 1928년 그 합성법이 발명되었으며, 현재는 전부 합성되고 있다.

양청㊥-洋큰바다양靑푸를청)청대에 외국으로부터 수입한 일종의 가는 과립형. 채도가 비교적 높은 남색 화학 공업 안료이며 독일에서 순전륭順全隆)표 양청을 수입한 적이 있다. 청대 초, 중기에는 다만 첩금하지 않은 소화의 대색 및 어느 소색의 배합에만 사용되었고 청대 말기 이래 양청은 점차 천대청天大靑)을 대체하여 각종 단청에 사용되었다.

어간장지-대청이나 큰방의 중간을 막은 장지.

어람-魚고기어.籃대바구니람)물고기를 담는 바구니.

언낭-수키와의 웟장안에 끼이는 턱을 내어 조금 물리게 한 부분

얼금단청-금무루 단청과 같은 단청이다.=금모루 단청.

얼음문-泠찰랭凍얼동紋무늬문)갈라진 얼음장의 모양을 그린 무늬.

여모중방-대청앞 마루바닥에 가로지른 인방.

여의문㊥-如어조사여意뜻의紋무늬문)우리나라의 쇠코문과 비슷한 문양이다. 다른 나라에서 부르는 용어를 우리나라에 전파하려면 우리용어가 없어야 되는데 우리나라에 쇠코문이란 용어가 있다. 다른 나라 용어를 선호하려면 저자가㊥자 표기한 용어를 다 써야 되지 않을까? 우리 것을 소중히...

여의주낭-如어조사여意뜻의珠구슬주囊주머니낭)여의주를 감싼 주머니.

여의주-如어조사여意뜻의珠구슬주)용의 턱 아래 있다는 구슬. 이 구슬을 얻으면 무엇이든 마음대로 만들어 낼 수 있다고 한다. 보주로 마갈어摩竭魚)의 뇌속에서 나온 것이라고도 하고 또는 불사리가 변한 것이라고도 한다. 마갈어는 인도 신화에 나오는 물고기 이름.

여의㊥=如어조사여意뜻의)①일이 뜻과 같이 됨. 마음먹고 바라던 바와 같이 되다. 불여의[↔不如意)] ②불독경佛讀經),설법說法)때 강사인 스님이 지니고 있는 도구. 뼈, 나무, 대, 쇠 따위로 만들며 긴 자루 끝에 구름 모양을 조각한 뭉치가 달렸다.

여장-女계집여墻담장)성가퀴

역금휘-繹실역을역襟실금韗휠휘) ①양옆으로 또는 상하로 들어가고 나오기도 한 휘. ②엮은 모양의 휘.

역대,소분㊥-瀝물방울력.大큰대.小작을소.粉가루분)비교적 굵은 흰색 가루 띠는 역대분 이고 비교적 가는 가루 띠는 역소분이다. 시분과 극기.

역대분-瀝거를역大큰대粉가루분)아래는 뾰쪽하고 위로 갈수록 굵어지고 3-4센티미터 위쪽은 주머니처럼 생겼다. 손으로 짜면 걸죽한 액체가 나오는데 그 선이 마른 후 사포질하여 금박지를 붙이면 튀어나오게 보이고 광채가 난다. 역대분이 걸쭉하여 굵은 윤곽선을 짜는데 적합한 것이다.

역대분㊥-瀝물방울력大큰대粉가루분)방원 고자鼓子)선을 두 줄로 칠한다. 방형이 먼저고 원형을 다음으로 한다.

역분기㊥-瀝거를역粉가루분器그릇기)역분 할 때 쓰는 기계

역분㊥-瀝물방울력粉가루분)고건축 단청의 전통 공예이다. 토분자, 청분靑粉), 동물질 아교 등 자재로 죽 모양의 풀 재료로 조제하고 특별 제조한 역분 도구를 통해 단청문식의 방향에 따라 수공으로 눌러 밀어내어 가루 미음으로 하여금 문식을 따라 평면에서 튀어나온 반 부조浮彫)식 입체화문을 떨구어 만드는 조작과정이다.

역분㊥-瀝스밀역粉가루분) 역분은 단청의 그림 선을 부각시키는 일종의 공예이며 역분 자재는 걸쭉한 연고 상태이다. 탤컴파우더, 아교액 및 소량의 바니스로 배합하여 만든다. 시분 또는 백색선.

역소분㊥-瀝물방울력小작을소粉가루분)고자鼓子)중에 있는 꽃무늬와 내각 부분의 문양.

연가자㊥-軟부드러울연卡지킬잡음역자가子아들자)구불구불한 호형 가지모양의 무늬가 휨을 거쳐 구성된 가자이다. 많이는 소화 조두 부위에 쓰인다.

㊴ 丹青分野韩中用语聚合

김달기(金達基) 1854.6~1961.5.20. 김종대(金鐘大)1901.1.3.~1986.7.21. 김영일(金泳一)1944.10.25~ 경남출신

연개판-椽서까래연蓋덮을개板널판)서까래를 덮은 널판.

연골-椽서까래연砭편편할골)서까래와 서까래 사이를 흙으로 편편하게 바른 곳.

연금-撚비틀연拎누를금)비틀어지고 눌려져 있는 모양.

연-碾맷돌연)①분말기.②옛날 채색을 갈아 쓸 때 사용하던 용구. 옛날에는 석채나 가루먹을 많이 갈아 썼다.

연단-椽서까래연斷끊을단)서까래 끝.

연단초-椽서까래연耑시초단草풀초)서까래 마구리에 치는 초.

연도-羨넓을이道길도)고분, 능침에서 묘실로 들어가는 복도. 널길.

연도-緣인할연道길도) ①혹은 짙은 데로부터 옅은 데로 나누어 그리다. 초빛, 이빛같이. ②연은 가장자리라는 뜻으로 연도는 가장자리를 따라 그린 경계선이다

연두㊥-椽서까래연頭머리두)연단(椽耑)초. 서까래머리초

연등천장-서까래 사이의 개판 또는 앙토 밑이 그대로 치중이 되게 한 반자.

연등금-椽서까래연登오를등錦비단금) ①서까래 앞목과 뒷목 사이에 치는 금초. ②금초 문양 중 연등금.

연등초-椽서까래연登오를등草풀초) 연꽃 모양이나 나근등 이나 골팽이 위에 오른 연화초.

연마-研갈연磨갈마鍊불릴련練익힐련)①여러번 갈고 닦음. ②고체의 표면을 갈아서 반들반들하게 하는 일. ③학문이나 기술을 연구하여 닦음.

연마재-研갈연磨갈마材제목재)돌이나 금속 따위를 갈고 닦는데 쓰는 매우 단단한 물질.

연망㊥-椽서까래연望바랄망)서까래와 망판望板-지붕널).

연목초-椽서까래연木나무목草풀초)①서까래초. ②서까래치는 모든 초.

연미지㊥-燕제비연尾꼬리미地땅지)겹지자(招_) 단청의 두 지자차구 사이에 형성된 연미형과 비슷한 빈자리이다.

연미휘-燕제비연尾꼬리미暉햇빛휘)제비 꼬리처럼 휘 문양이 중앙은 들어가고 양 옆으로 넓어지면서 나오는 휘. 일명 안비휘.

연밥 연꽃의 열매. 연실(蓮實)연밥 먹이다.

연백분-煉불릴련白흰백粉가루분)크림(creamy) 모양의 분.

연봉-蓮연밥련雷꽃봉오리뇌 ①피기 시작하는 연꽃 봉오리. ②'연봉잠'의 준말. ③꽃이 피기 시작하는 연꽃의 봉오리를 나타낸 단청무늬.

연봉-蓮연꽃연峯산봉우리봉) ①피기 시작하는 연꽃의 봉오리. ②연봉잠, 잠簪):금 등으로 연봉을 본떠 만들고 산호를 물린 여자의 머리장식품)의 준말. ③단청에서는 피기 전의 꽃모양을 그리거나 조각한 것을 말한다.

연연운㊥-軟부드러울연煙연기연雲구름운)호선과 호형면의 훰으로 구성된 연운이다.

연옥장㊥-碾맷돌연玉구슬옥裝꾸밀장)들보, 두공면에 청색 혹은 녹색 첩훈을 외연으로 안에는 담록색 혹은 심청색 장식.

연운㊥-煙연기연雲름운구)연한 데로부터 짙은 데로 구성한 포복식 소화의 변두리와 방심식 소화의 활빈구(活貧口) 바깥 테두리이다. 초빛 색과 이빛 색으로 되는 그림. 기화 시분선 등이다.

연임대-撚비틀연拰누를임帶띠대)끈이나 띠가 복잡하게 엉키고 엮어진 모양.

연자-碾맷돌연子아들자)물감이 일정한 수준으로 나오도록 만든 그림도구.

연자㊥-椽서까래연子아들자)서까래.

연좌대-蓮연꽃연座자리좌臺돈대대)연꽃이나 연잎이 조각되거나 그려진 좌대.

연주㊥-連잇닿을연珠구슬주)한 꿰미로 연결된 구슬.

연지-臙연지연脂기름지)식물에서 채취한 염료로서 탱화 할 때 사용을 많이 한다.

연천화㊥-軟부드러울연天하늘천花꽃화)고려지 등 종이 혹은 비단으로 목제 천화판에 도배하는 천화 천장 반자에 그려서 붙이는 꽃무늬.

연첨㊥-連잇닿을연檐처마첨)중국식 집에서 서까래와 처마를 연결하는 나무.

연침-聯잇달련.연針바늘침-산적꽂이)서까래 끝머리에 구멍을 뚫고 연달아 꿰어 연결하는 가늘고 긴 나무. 참나무 가지, 싸리나무 등 사용.

연탁묵석년선자단청㊥-煙연기연琢다듬을탁墨먹묵石돌석碾旋돌선子아들자) 주체 프레임 대선, 선안, 치화심, 능각지 보검두에 역분 첩금하며 주체 프레임 대선 옆에 훈색을 칠하며 세부 선화 등 화문 외부 윤곽선은 검은색을 칠하며 화문 내부에는 훈색하는 선자단청이다.

㊵ 丹青分野韩中用语聚合

K.H.O, 박원달

K.H.O, 최종수, 박화준

연탁묵㊥-煙연기연琢졸탁墨먹묵)연탁묵 방법도 퇴훈 도안의 일종 표현 방식이며 특징은 도안이다.

연탁묵찬퇴간점금㊥-煙연기연琢다듬을탁墨먹묵攢退물러날퇴間사이간點점점金쇠금)도안의 대부분을 연탁묵 찬퇴 하며 일부 국부에 역분 첩금하는 도안이다. 단청 세부 도안의 찬퇴활 범주에 속한다.

연탁묵찬퇴㊥-煙연기연琢다듬을탁墨먹묵攢退물러날퇴)도안 외부 윤곽선에 검은색 테두리의 묘사를 운용하는 것을 그 특징으로 하는 도안이다. 세부 도안의 찬퇴활 범주에 속한다.

연판-蓮연련瓣외씨판)연밥, 연실蓮實),연방蓮房),연, 연꽃, 범부채의 뿌리. 대좌 옆 둘래 로 연꽃잎이 겹쳐 그려진 그림이나 조각을 말한다.

연함,연암-椽서까래연檻난간함)서까래 끝의 평고대 위에 기왓골을 받기 위하여 암키와가 놓일 만한 길이로 오목오목하게 파서 덧댄 나무.

연화머리초-蓮연꽃연花꽃화頭머리두紋무늬문草풀초) 머리초 중심에 연꽃을 그리고 주위에 골팽이 기타 필요한 문양이 들어가는 연꽃 중심의 머리초.

연화주화-蓮연꽃연花꽃화蔰오색촉규화주花꽃화)황 방울 밖으로 연화를 그리고 연화 둘레에 주화를 그리는 그림.

연화질-緣인연연化될화秩차례질)탱화 아래쪽에 긴 사각을 그리고 그 칸에 탱화 작업 년, 월, 일 사찰 명 주소, 시주자, 탱화그린 사람, 당시 주지, 증명 스님 등 종사자를 기록 하는 것이다. 연화소緣化所).

염자-捻비틀염子아들자)구겨진 것을 굴러 눌러서 바로 펴다.

염자㊥-捻비틀염子아들자)전통단청 시공용의 주요한 화구이며 비교적 긴 돼지뒷목의 털로 가공하여 만든 각종 크기가 상이한 편형扁形),원형의 회화 용 붓 이다.

엽근-葉잎엽筋힘줄근)나뭇가지나 잔잔한 무늬 따위.

엽초문-葉잎엽草풀초紋무늬문)풀잎 같이 그린 무늬.

영광권㊥-零떨어질영光빛광圈우리권)신상神像) 머리 주위의 광채

영광㊥-零떨어질영光빛광)신상머리 주위의 광채

영락-瓔구슬목걸이영珞구슬목걸이락) 목, 팔 등에 두르는 구슬을 꿴 장식품.

영락주의-瓔구슬목걸이영珞구슬목걸이락柱기둥주衣옷의)기둥 상단에 휘장 무늬와 영락 무늬를 그린 단청.

영전-影그림자영殿큰집전)①임금의 화상畵像)을 모신 전각.②영당影堂).

영정-影그림자영幀그림족자정)화상을 그린 족자簇子).

영조국-營경영할영造지을조局판국)내용 장야서掌冶署)의 후신이다. 고려관제 정비기인 문종 때 설치된 장야서에는 은장銀匠)·화장和匠)·자동장紫銅匠)·적동장赤銅匠)·경장鏡匠)·**금박장**金薄匠)·생철장生鐵匠) 등의 공장工匠)이 소속되어 있어 철공과 야금에 관한 일을 관장하였다. 따라서 그 기능에 있어 중상서(中尙署 : 뒤의 供造署)·잡직서... 시대 : 고려성격 :관청유형 : 제도시행일 : 1308 년(충렬왕 34)

폐지일 : 1391년(공양왕 3)

영조물-營경영할영造지을조物만물물)공공 시설의 일종. 공公)이 영조물 이라고도 한다. 국가나 공공단체가 일정한 목표를 달성하기 위하여 제공한 인적, 물적 시설의 총합체. (국립 학교, 공립학교, 병원, 교도소등) 그러나 볍령상 물적 시설(도로, 하천)만을 가리킬 때도 있다.

영조법식-營경영할영造지을조法법법式법식)북송 전기의 토목건축은 태종(太宗) 때의 유명한 목공 유호喩皓)가 지은 《목경木經)》을 참조해서 시공 하였다. 그러나 토목건축이 사회경제적 변화에 따라 복잡하고 정밀해짐에 따라 《목경》의 가치는 점점 줄어 들었다. 이에 신종神宗)은 장작감에 칙령을 내려 《영조법식》을 편찬하게 하였다. 그러나 1091 년(원우 6)에 완성된 《영조법식》은 그 내용이 실제 활용할 수 없을 만큼 형편없었다. 이에 1097 년(소성 4)에 조정에서 다시 장작소감將作少監) 이계李誡)에게 명하여 다시 《영조법식》을 편찬하게 하였다. 이계가 다시 편찬한 《영조법식》은 토목건축의 참고서로 평가받고 있다. 현재 34 권으로 남아 있는《영조법식》은'총석總釋)총례總例)'2 권 제도制度)'13 권, 공한功限)'10 권, 요례料例)'3 권, 도양圖樣)'6 권으로 구성되어 있다. 그리고 책 앞에는 이계가 쓴 '차자箚子)진신수영조법식서進新修營造法 式序)'각각 1 편, 책 뒤에는 '보유補遺)'와 '간상看詳)이 첨부되어 있다. '총석'은 토목건축에 대한 총론이다. 권 3 에서 권 15 까지는 각종 토목에 관련한 제도를 서술하고 있다. 이상 이 부분이 이 책의 중심이다. 권 16 에서 권 28 까지는 보다 나은 송대 관수공업의 관리에 대한 내용을 담고 있다. 권 29 에서 34 까지는 총례와 각종 제도의 도판을 담고 있다.《영조법식》은 중국 건축업 발전에 큰 영향을 주었다. 요遼)·금(金)시대의 사찰은 물론 명明)·청淸)시대의 고궁 (古宮)

㊶ 丹青分野韩中用语聚合

중국하얼빈시내

유봉래스님

건축은 모두 이 책의 영향을 받았다. 사실 중국식 건축은《영조법식》을 모델로 이루어진 것이다.

오금-①무릎의 구부러지는 안쪽 .오금을 못 펴다.② 팔오금. ③한 오금의 준말. 예)오금아 날 살려라는 도망갈 때 다리가 더 빨리빨리 놀려지기를 바라는 뜻

오금질림-桎막힐질黴골림) 꺾인 질림. 대개 꺾인 질림은 한쪽으로 빛이 들어간다.

오기-誤그릇할오記기록기)잘못 적음. 또는 그 기록.

오대㊥-五다섯오大큰대)지(地),수(水),화火),풍風),공空)의 다섯 가지 큰 요소要素). 모든 물질에 널리 존재하여 있어 그를 구성하므로 대(大)라고 함.⇒공대空大) 오륜五輪).

오동유-梧오동오桐오동나무동油기름유)오동나무 열매로 짠 기름.

오량집-五다섯오梁들보량家집가)지붕 앞뒤 쪽에 처마도리와 중도리를 걸고 중앙에 종도리를 걸어 지붕틀을 꾸민 집오량으로 지은 집. 오량각.

오색구름-五다섯오色빛색 雲구름운)다섯 가지 색으로 그린 구름 모양. 대량에 용이나 봉을 그리고 오색구름을 그린다. 오색은 장단, 삼청, 황, 양록, 석간주, 지당 등으로 할 수 있다.

오성지-五다섯오星별성池못지)성위에 화재를 예방하기 위하여 물을 담아두는 것. 성문에 접근하는 적병에게 끓는 물 또는 기름을 쏟아 내리게 하는 구유.

오운㊥-烏까마귀오雲구름운)머리를 비유한 말

오월국-吳오나라오越넘을월國나라국) 지금의 라오스.

오지법-五다섯오指손가락지法법)서예에서 붓을 잡는 자세로 다섯 손가락을 잡고 쓰는 것이며, 오지집필법五指執筆法)이라고도 한다. 서예의 집필법은 단구법單鉤法), 쌍구법雙鉤法), 오지법으로 구분된다. 이 가운데 단구법은 작은 글씨를 쓰는 데 알맞은 집필법이며, 쌍구법은 큰 글씨와 중간 글씨를 쓰는 데 알맞은 집필법이다. 이에 반해 오지법은 매우 큰 글씨를 쓰는 데 알맞은 집필법이다. 엄지손가락과 나머지 네 개의 손가락을 모아서 마주 잡고 쓰는 방법으로, 대개 큰 붓을 잡고 큰 글씨를 쓸 때 취하는 자세이며 힘 있는 글씨를 쓸 수 있다. 제1지와 제2지의 관절을 꺾어서 손끝으로 붓을 힘 있게 잡은 다음 제3지를 제2지에 나란히 붙여대고 제4, 5지를 붓대 안쪽에 댄다. 이때 다섯 손가락의 모든 마디는 다같이 꺾여야 하며 이렇게 해서 만들어지는 손바닥 안쪽의 공간은 최대로 넓어져서 붓을 더욱 단단히 잡을 수 있게 된다. 이렇게 집필하였을 때 다섯 손가락 중에서 제 1, 2, 3지는 주로 붓을 안으로 당기는 작용을 하고 제4, 5지는 붓을 내어 미는 역할을 하게 된다. 다섯 손가락의 특징을 살려서 집필하는 것이므로 붓의 작용이 가장 원활하여 더욱 충실하게 글씨의 획을 쓸 수 있다

오채-五다섯오彩채색채)①청, 황, 홍, 백, 흑색 다섯 가지 아름다운 채색. ②경채硬彩),다섯 가지 원기元氣), 오행상생相生)과 오행상극相剋)의 이치로 전 우주 만물을 지배한다.

오채㊥-五다섯오彩채색채)청, 녹, 단홍, 신, 흑. 다섯 가지 색.

오채편장㊥-五다섯오彩채색채遍두루편裝꾸밀장)들보, 아치에 청록색 혹은 주색 첩훈의 외연을 윤곽으로 안에는 채색 꽃장식을 그리고 주색 혹은 청록색으로 안받침 하여 색채 효과가 매우 화려함, 연옥장碾玉裝)들보 두공 면에 청색 혹은 녹색 첩훈을 외연으로 안에는 담록색 혹은 심청색 바탕에 꽃장식을 함.

오행상생-五다섯오行갈행相서로상生날생)오행이 순환循環)해서 서로 생生)하여 주는 이치, 곧 금생수金生水), 수생목水生木), 목생화木生火), 화생토火生土), 토생금土生金)의 이치.

오행설-五다섯오行갈행說말씀설)우주나 인간의 모든 현상을 음·양 두 원리의 소장消長)으로 설명하는 음양설과,이 영향을 받아 만물의 생성소멸生成消滅)을 목木),화火),토土),금金),수水)의 변전變轉)으로 설명하는 오행설을 함께 묶어 이르는 말. 오행은 우주만물을 형성하는 원기元氣), 곧 목·화·토·금·수를 이르는 말인데, 이는 오행의 상생相生).상극相剋)의 관계를 가지고 사물 간의 상호관계 및 그 생성生成)의 변화를 해석하기 위해 방법론적 수단으로 응용한 것이다.

오행초문-五다섯오行갈행草풀초紋무늬문)쇠비름줄기와 잎같이 그림으로 그린무늬.

오행초-五다섯오行갈행草풀초)쇠비름.

오휘-五다섯오暉빛날휘)휘 문양 중 다섯 번째에 그려지는 휘이다. 일휘부터 1장단휘, 2삼청휘, 3황휘, 4녹휘, 5석간주휘를 오휘라고도 한다.

오휘-五다섯暉빛날휘)휘 문양 중 다섯 번째에 그려지는 휘이다. 색상은 석간주나 육색이다. 오휘 이상일 때 휘 문양 뒤에 독립 휘가 들어가는 경우도 있다. 색상은 육색이다.

㊷ 丹青分野韩中用语聚合

하얼빈

하얼빈

옥개석-屋집옥蓋덮을개石돌석)석탑이나 석등 따위의 위를 덮는 돌. 옥개.

옥작㊥-玉구슬옥作지을작)단청을 그리는 방법 중 하나.

옥주간점금㊥-玉구슬옥做지을주間사이간點점점金쇠금) 도안의 대부분에 옥작하며 다만 국부에 역분첩금 하는 도안이다. 세부 도안의 찬퇴활 범주에 속한다.

옥주㊥-玉구슬옥做지을주)도안 옥작이라고 약칭한다. 도안의 외부 윤곽선 혹은 한 측에 흰색 테두리의 묘사를 하는 것을 특징으로 한 도안이다. 세부 도안의 찬퇴활 범주에 속한다. 도안이 간단하고 금박 사용을 안 하는 간단한 단청이다.

온바탕단청-출초를 내는데 대개 초지를 1/2로 접는다. 접힌 쪽 초를 내고 펴면 온바탕 중앙의 화문畵紋)을 중심으로 하여 상하로 같은 화문이 그려진 문양이 반바탕 이다. 머리초 중에는 온바탕만 있는 초는 간단한 반연화 머리초, 반주화 머리초 등이 있다. 온바탕↔반바탕이 생긴다.

옹성-甕독옹城성성)① '철옹산성鐵甕山城)'의 준말. ② 큰 성문을 지키기 위해 성문 밖에 쌓은 작은 성.

옻-漆옻칠)옻은 옻나무의 수피에 상처를 내고 거기에서 분비되는 유상액, 즉 생옷生漆)을 원료로 한다. 옻나무에서 빼낸 액液).

옻칠-漆옻칠)옻을 칠하는 것. 옻칠은 습기로 말린다. 옻칠을 하고 햇볕에 말리면 건조되지 않고 적당한 습기와 온도가 맞아야 건조가 된다. 옻칠에 물을 부으면 양이 늘고, 붓질이 안 될 때는, 테레핀유나 석유 등을 타서 사용하기도 한다. 오동유나 아마유도 혼합이 된다. 옻칠은 건조가 어려워서 전문인에게 부탁하는 것이 상책이다. 개금을 옻칠로 하면 비용은 많이 드나 금 색상이 아주 좋다. 옛날에는 탁자나 수미단 같은 곳에도 많이 칠하였다. 옻칠은 건조하는데 일정한 온도와 습기가 있어야 되므로 거푸집을 지어서 하는 경우가 많다.

와구연화-臥누울와傴구부릴구蓮연꽃연花꽃화)구부러진 연화.

와구㊥-瓦기와와口입구)처마 근처에 있는 기왓장들의 틈. 석회를 채워 넣는 곳.

와구토-瓦기와와口입구土흙토-아구토,아귀토)'아귀토'의 본딧말.

와금지아백활㊥-窩굴와金쇠금地땅지兒어린사람인白흰백活살활)소화 백활의 일종이며 그 회화 공간 배경은 기타 색깔을 사용하지 않고 평첩금을 한다.

와수㊥-臥누울와水물수)화새 단청 주두 해수강아 상단에 사용된 횡적 바다 파문(波紋). 혹은 물보라 모양의 무늬이다.

와우문-蝸달팽이와牛소우紋무늬문)달팽이 껍질처럼 돌돌 말린 무늬.

와우-蝸달팽이와牛소우)달팽이.

완낙자㊥-碗사발완落떨어질낙子아들자)전통 고건축 단청 시공에서 전문적으로 사용되는 손목에 끼고 색깔을 담은 사발을 놓아두는 만구輓具)이며 가는 노끈을 당겨서 묶은 것이다. 우리나라 달로.

완자문-卍절만字글자자紋무늬문)卍'자 모양을 이어서 만든 무늬.

완측㊥-腕팔뚝완側곁측)손목 팔찌.

왕지기와-왕지. 처마 끝에 꺾이어 돌아가는 부분에 대는 기와.

왕지도리- 모퉁이 기둥 위에 얹는 도리

왕지-추녀나 박공 솟을각에 대는, 삼각형으로 깎은 암키와. 왕 지기와.

외목도리-外밖외目눈목道길도里마을리)건물 외부에 공포작을 짜고 그위에 건 도리.

외실골팽이-外밖외窸구멍을나르는실萹풀줄기골摚부딪칠팽而이을이)골팽이초 둘레에 실이 하나만 있는 문양. 대개 녹실을 외실이라 한다. 녹실만 있는 문양.

외포-外밖외包쌀포)건물 밖에 장식 된 포.

외포-外밖외包쌀포)건물의외부에 짜여진 공포.

요사-寮벼슬아치요舍집사)① 학교나 공공 단체의 기숙사.②불〕절에서, 승려들이 거처하는 방이 있는 집. 요사채

용.봉㊥-龍용룡鳳새봉)용과 봉황새.

용도-勇날쌜용道길도)양쪽에 여장을 쌓아 외성 또는 돌출 치성에 통하는 좁은 길.

용마루-지붕의 마루. 옥척屋脊).지붕꼭대기에 길게 기왓장을 덥고 양끝에는 높이 올려 모양을 낸다.

용마룻대-龍요룡棟용마루동木나무목)용마루 또는 지붕 마루에 건도리

용마름-용고새)초가의 용마루나 토담을 덮는, 'ㅅ'자형으로 엮은 이엉.

㊸ 丹青分野韩中用语聚合

무형문화재 심사 중 부산

봉암사 김혜각 스님과 단운

용머리-龍용룡頭머리두)지붕용머리 또는 귀마루에 올려놓은 용머리형의 장식기와.

용모-龍용룡毛털모)용의 털. 단청에서 머리와 팔꿈치, 발꿈치, 배 비늘과 몸 비늘 사이 등에 있다.

용미-龍용용尾꼬리미)용의 꼬리.

용보-龍용용樑들보보)용을 새긴 들보.

용봉방심서번련영지조두㊥-龍용룡鳳새봉方모방心마음심西서녘서番차례반蓮련연靈신령령芝지초지找頭머리두)화새방심 내에 용봉문을 운용하고 조두 내에 서번련, 영지문을 각각 운용한 화새 단청이다.

용봉화새㊥-龍용룡鳳새봉和화할화玺옥새새)용문, 봉문鳳紋)을 주제 문식으로 한 화새 단청이다.

용분수-龍용용奔분주할분水물수)용의 지느러미.용을 그리고 입가 또는 용 발꿈치에 그리는 것.

용수-龍용용鬚수염수)①용의 수염.②임금을 수염을 높이어 이르는 말.

용아-龍용룡牙어금니아)용을 그릴 때 어금니를 크게 그리는 것. 용의 어금니.

용-龍용룡)상상의 동물. 몸은 큰 뱀 비슷하며 뿔, 귀, 수염과 네 개의 발이 있는데 깊은 연못, 호수, 바다 등 물속에서 살며 때로는 하늘을 날고 구름, 비를 일으킨다고 함. 상서로운 것으로 믿으며 천자 군왕에 비유한다.

용지판-龍요룡枝가지지板널빤지판) 벽이 무너지지 않도록 문지방 옆에 대는 널빤지 조각.

용초㊥-龍용룡草풀초)용을 그린 도안.

용초㊥-龍용룡草풀초)화새용문, 길상초문을 주제문식으로 한 화새 단청이다.

용초화새㊥-龍용룡草풀초和화할화璽도장새)녹색 과 파란색을 섞어서 만든 바탕색에 용에 금칠을 하여 제일 중요한 건물에 그리는 최고급의 단청이다.

용치골-龍용룡鴟법치骨뼈골)용의 등뼈를 말함. 용등에 그리는 것.

용화새㊥-龍용룡和화할화玺옥새새)용문(龍紋)을 주제 문식으로 한 화새 단청이다.

우물마루- 짧은 널을 가로, 긴 널을 세로로 놓아 짠 마루.

우물마루- 짧은 널을 가로로, 긴 널을 세로로 놓아 짠 마루.

우물반자-井우물정字글자자盤소반반子아들자)반자틀이 우물 정井자字) 여럿을 모은 것처럼 소란을 맞추어 짜고 그 구멍마다 네모진 개판蓋板)조각을 얹은 반자. 소란반자.

우미량-牛소우尾꼬리미樑들보량)가재 꼬리 모양으로 굽은 보. 도리와 보에 걸쳐 동자기둥을 받는 곡선 보

우석-隅모퉁이우石돌석-계단우석, 소맷돌)돌로 쌓은 담벽의 모서리에 세운돌. 귓돌, 돌계단의 옆을 막아놓은 널찍한 돌.

우점준-雨비우點검은점점皴주름준)마치 비가 내리는 것처럼 작은 타원형의 점을 내리찍어 건조한 황토암석을 나타내는 기법으로 사용된다. 산의 밑부분은 크게, 위로 올라 갈수록 작게 하고 농담으로 변화 있게 표현함으로써 그 효과를 높일 수 있다.

운공-雲구름운工장인공)이익공 공포에서 화판 상부에 가로 얹히어 장여와 도리를 받는 초새김한 짧은 재.

운기㊥-雲구름운氣기운기)①기상이 달라짐에 따라 구름이 움직이는 모양. ②공중으로 떠오르는 기운

운두-雲구름운頭머리두)우리나라의 구름무늬와 비슷한 문양. 중국 길상문이란 책에 여의문과 같이 나오는 중국 용어이다.

운두㊥-雲구름운頭머리두) 쇠코문양 여의문.

운량㊥-雲구름운梁기장량)높고 큰 집 들보.

운모㊥-云구를운母어미모)광택이 있고 여러 층으로 되어 있는, 규산염 광물의 지, 단사정계의 결정으로 ,화강암 중에 많이 들어 있으며 얇은 조각으로 잘 갈라지는 성질이 있음, 백운모와 흑운모의 두 가지가 있으며 불에 견디는 힘과 탄력이 세고, 전기 절연체나 유리 대용으로 널리 쓰임, 돌비늘. 마이커. 단사정계 육각 판상의 결정으로 규산염광물 화강암 중에 흔하며 잘 벗겨짐. 내하성이 강하며 전기 절전선이 있음.

운완-运돌운腕팔뚝완)팔의 움직임.

운추목㊥-雲구름운秋가을추木나무목)단청, 즉 가목문假木紋)단청이다.

운필㊥-運돌운筆붓필)글씨를 쓰거나 그림을 그리기 위하여 붓을 놀림. 또는 붓을 놀리는 방법. 용필用筆) 행필行筆).

움집-움을 파고 지은 집《움막보다 조금 큼》. 토굴집.

웅준-雄수컷웅峻높을준)힘이 차고 뛰어 나게 보임.

웅화-雄수컷웅花꽃화)수꽃.

㊹ 丹青分野韩中用语聚合

중국 단운 황의수

옛화원 혜각스님 박인규선생

웅황선자㊥-雄수컷웅黃누를황旋돌선子아들자)단청 웅황 혹은 토황을 기저색基底色)으로 하고 주체 프레임 대선 및 세부 선화 등 화문은 청, 녹색 설색設色) 법칙에 따라 삼청, 삼록색으로 문식을 제도하고 다시 행분行粉), 찬색로攢斡爐)를 통해 첩훈疊暈)효과를 형성하는 선자단청이다. 웅황옥雄黃玉)선자단청, 웅황옥 공방심 선자단청 이라고도 부른다.

원적중국분㊥-原근원원籍서적적中가운데중國나라국粉가루분)중국에서 생산되는 분가루.

원주-圓둥글원柱기둥주) ①둥근기둥. 두리기둥.------ • 대리석 ~. ②'원기둥'의 구용어.

월대-月달월臺돈대대)대궐의 전각 따위의 앞에 세워 놓은 섬돌.

위장부상-偉클위丈어른장夫지아비부相서로상)남자다운 큰 체구를 가진 자.

위촉委맡길위囑부탁할촉)-일을 맡겨 부탁함.----• 법률 고문으로 ~하다.

유교㊥-油기름유膠아교교)기름과 아교를 섞어 만든 재료.

유기안료-有있을유機틀기顔얼굴안料되질할료)유기물을 발생 성분으로 하는 안료.

유기-有있을유機틀기) ①생활 기능을 갖추고 생활력을 가지고 있음.↔무기. ②생물체처럼, 전체를 이루고 있는 각 부분이 서로 밀접한 관계를 가지는 일.

유기-有있을유機틀기) ①유기화학. 유기화합물의 준말. ②생활 기능을 갖추고 생활력을 가지고 있음. ③생물체 전체를 이루고 있는 각 부분이 서로 밀접한 관계를 가지는 일.↔무기.

유료㊥-油기름유料되질할료)기름으로 만든 재료

유만㊥-油기름유滿찰만)고건축 유작油作)에서 지장회를 조제하는 일종의 인공합성 재료인데 회유灰油),가루 및 생석회수로 합성한다.

유발-乳젖유鉢바릿대발)고체로 된 물체를 빻거나 갈아서 가루로 만드는데 쓰는 보시기 모양의 그릇. 사기, 유리, 도자기, 쇠붙이 따위로 만듦.

유산㊥-硫유황유酸초산)황산黃酸)

유색 ㊥-釉광택유色빛색)광택 나는 색깔.

유성-油기름유性성품성)기름의 성질. 기름과 같은 성 질. 예)실내를 유성 페인트로 칠한다.

유연-油기름유煙연기연)기름, 가스. 관솔 등을 불완전 연소시킬 때 생기는 연기. 또는 그을음. 검정빛의 미세한 탄소炭素)가루. 먹을 만드는데 씀.

유운름㊥-流흐를류雲구름운檁들보도리름)흘러가는 구름무늬.

유운㊥-流흐를유雲구름운)흔히 소식 단청의 조첨방과 해만식 소식 단청의 일부 부위에 사용되며 운단雲團)과 운단 사이는 운퇴雲腿)로 연결되어 사람들에게 끊임없이 유동하는 감각을 주는 효과가 있다.

유지㊀-油기름유紙종이지)기름 먹인 종이. 기름종이.

유지㊀-油기름유脂기름지)동물이나 식물에서 채취한 기름. 비누, 도료, 의약품 등을 만들 때 씀.

육계-肉고기육髻상투계)부처 32 상의 하나. 부처의 정수리에 솟은 상투 모양의 살덩이.

육색골팽이-육색으로 튼 골팽이.

육색실-육색으로 그린 실 문양.

육색연화-육색으로 그린 연화.

육색-肉고기육色빛색)①살빛.②사람의 살빛처럼 불그스름한 빛깔.③단청에서는 장단육생, 주홍육색 등이 있다.

육색주화-육색으로 그린 주화.

육자정언천화㊥-六여섯육字글자자正바를정言말씀언天하늘천花꽃화)반자진언眞言) 천화라고도 부른다. 라마불교의 범梵)문자 암唵), 마嘛),니呢),팔叭),미咪),흠吽)을 주제문으로 한 천화를 가리킨다. 이른바 묘描-묘사)란 탁본편의 어렴풋한 문양을 원래 풍격대로 짙게 하는 복묘復描-재 묘사)를 가리킨다.

육축-陸뭍육築쌓을축)건물의 기초나 성곽을 지면위에 축조 하는 일.

육휘-六여섯육暉빛날휘)휘 문양 중 마지막 자리에 그려 지는 휘이다. 색상은 석간주나 육색이다.

융기-隆높을융起일어날기)①볼록하게 도들어져 있거나 들뜸.

융패-胸가슴흉牌패패)대제상의 가슴에 차는 매우 정교 하게 수놓은 헝겊 표상.

은니-銀은은泥진흙니)은가루를 아교에 갠 것. 글씨와 그림에 씀. 은 문양을 다 넣은 고급 단청.

은박지-銀은은箔발금속의얇은조각박紙종이지) ①은 또는 은빛이 나는 재료를 두드려서 얇은 종이처럼 만든 것. ②알루미늄을 종이처럼 얇고 넓게 만든 것. 수분증발 및 습기 방지용, 포장용으로 씀. 글자나 무늬를 찍음. 또는 무늬 은박을 입히다.

㊺ 丹青分野韩中用语聚合

설경속나들이

구종서 김용우 이범수 김한옥

은주광유㊥-銀은은朱붉을주光빛광油기름유)분자상 粉紫霜)이나 성홍猩红)도라고도 부른다. 중국에서 최초 나오는 화학 안료의 하나이다. 복건성福建省) 장주漳州)에서 나온다.

은혈못-隱숨길은穴구멍혈針바늘침)나무를 깎아 만든 아래위가 뾰족한 못. 은정隱釘).

음각-陰그늘음角뿔각)음각과 양각은 두 면이 서로 교차되어 형성된 각인데 오목하게 들어간 각을 음각이라 부른다.

음양초㊥-陰음달음陽볕양草풀초)관엽 유형의 난초에 속함.

읍성-邑고을읍城성성)마을 전체에 둘러쌓아 만든 성.

응룡-應응당응龍용용)하늘을 날고 비가 오게 하는 용이다. 가뭄에는 용룡 형상을 만들어 제를 지내면 비가 온다고 한다.

응신도-應응당응身몸신圖그림도)응신을 근거하여 그린 그림.

응신-應응당응身몸신)삼신의 하나. 중생을 제도하기 위하여 때에 따라 여러 가지 모습으로 나타나는 부처. 삼신법신法身),보신報身),응신應身).응신은 석가여래를 일컬음.

의문-衣紋)옷의 무늬. 직물의 문채. 주름. 주름살.

이갑분㊥-二두이甲갑옷갑苯어거질분) 디메틸벤젠

이고주칠량-二두이高높을고柱기둥주七일곱칠樑들보량)건물내부가 두 개의 고주를 세워 지은 칠량지붕틀.

이금-泥진흙니金쇠금)아교풀에 갠 금가루. 서화書畵) 에 씀.[=금니金泥)또는 가루금].

이라고도 한다. 문양은 금단청에 들어가는 것과 같으며 금단청에서 황이 들어가는 곳과 금박지를 붙인 단청이다. 화원에 따라 사중형편에 따라 가감할 수 있다

이로분㊥-二두이路길로紛가루분)비교적 굵은 쌍선을 짜는 것을 역대분이라고 부르고 비교적 가는 단선單線)을 짜는 것을 역소분이라 하며 굵기 정도가 양자 사이에 놓인 단선은 이로분二路粉)이라고 부른다.

이룡㊀-驪검을이龍용용)몸이 검은 용.

이룡㊁-螭교룡이龍용용)뿔 없는 용. 이무기.

이매기-단청 용어에서는 서까래 위에 매기를 이매기라 한다. 초매기는 부연 위에 있는 것을 초매기라 한다. 단청은 위에서 아래로 내려오면서 그리기 때문에 목수가 집 짓는 순서의 반대로 위에서 아래로 시공한다.

이무기- ①용이 되려다 못되고 물속에 산다는 큰 구렁이. 더 기다려야 용이 될 기회를 갖는다고 한다. ②거대한 뱀의 속칭.

이방연속㊥-二두이方모방連잇닿을연續이을속)하나 혹은 한 조의 단위 무늬가 상하, 좌우로 순환하여 왕복, 무한으로 연장되는 연속무늬를 이방연속이라 부름. 예)권수초문은 이방 연속문 이다.

이방-耳귀이枋다목방-고삽)귀평방 머리위에 얹어 귀의포를 받치는 짧은 재.

이빛-二두이色빛색)단청이나 불화에서 밝은색과 어두운색으로 그림을 그릴 때 중간명도의 색을 말한다. 초빛보다는 어둡고, 삼빛보다는 밝다. 즉, 장단 이빛은 주홍, 삼청 이빛은 양청, 양녹 이빛은 하엽, 석간주 이빛은 다자, 황 이빛은 장단을 말한다.

이색골팽이-二두이色빛색莆풀줄기골捶부딪칠팽而이을이)①양록골팽이 안쪽에 삼청골팽이가 들어간 골팽이.②두 가지 색으로 골팽이를 그린 것.

이색㊥-二두이色빛색)두색에 상대해서 하는 말인데 일반적으로 명도가 선명하게 두색보다 한개 Levels 옅은 색깔을 가리킨다. 이 빛색.

이음발-지붕경사에 따라 이은기와 노출면의 길이

이익공-二두이翼날개익工장인공)기둥머리에 두공과 창방에 교차되는 상하 두 개의 쇠서로 짜여진 공포(기둥중간에는 창방과 도리, 장여사이에 화반을 놓음)기둥 위에 덧붙이는 쇠받침이 둘로 된 익공.

이장-二두이杖지팡이장)추녀옆에 붙은 다음번의 귀서까래.

이채-泥진흙니彩채색채)자연산 색토色土) 에서 채취한 것을 수비水飛)하여 정제한 분말 안료.

이출목-二두이出날출目눈목)공포에 있어서 첨차가 두 번 괴어 나 가 앉아 서 도리를 받친 것

이출목제공—二두이出날출目눈목—)기둥중심에서 두 번 또는 두번 째로 앉은 출목의 제공

이태극문-二두이太클태極다할극紋무늬문)①이색 태극무늬. 상단은 붉고 하단은 청색으로 한다.②우리나라 국기 중앙무늬

이형㊥-異다를이型거푸집형)이상 야릇한 모양. 괴이한 모양. 보통과 다른 모양. 서로 다른 형상.

이휘-二두이暉빛날휘)휘 문양 중 두 번째에 그려지는 휘이다. 색상은 삼청이다.

익공계공포-翼날개익系이을계_)기둥위에 쇠서보아지를 끼우고 그 위에 주두 쇠서를 짜서 장식하는 공포.

㊻ 丹青分野韩中用语聚合

ho 지운

ho 구본능

익공-翼날개익工장인공-물익공)첨차檐遮) 위에 소로小櫨)와 함께 얹는, 짧게 아로새긴 나무

익공집-翼날개익工장인공家집가)기둥상단에 익공쇠서를 놓아 꾸민 집. 첨차檐遮) 위에 소로小櫨)와 함께 얹는, 짧게 아로새긴 나무,

익공집-翼날개익工장인공家집가)기둥상단에 익공쇠서를 놓아 꾸민 집. 첨차檐遮) 위에 소로小櫨)와 함께 얹는, 짧게 아로새긴 나무,

익사-翼날개익舍집사)익당,날개집)주 건물 좌우에 붙여 한집 채로 지은 곁채

익선머리초-부채 문양이 온바탕에 된 머리초.

익선-翼날개익扇부채선)부채모양의 그림.

인거-引끝인鋸톱거큰) 톱을 마주 잡고 번갈아 잡아당겨 톱질함.

인거재-引끝인鋸톱거材재목재) 사람이 톱을 마주 잡고 번갈아 잡아당겨 톱질하여 제재한 제목들.

인동덩굴忍참을인冬겨울동藤등나무등屈굽을굴)인동과의 덩굴진 낙엽 활엽관목. 산기슭 지대에 남. 봄에 백색에서 황색으로 변하는 꽃이 쌍생하며, 장과漿果)는 가을에 검게 익음. 잎은 차로 줄기와 잎을 한방에서 인동꽃, 금은화라 하여 약재로 씀. 겨우살이.

인동-忍참을인冬겨울동)①인동덩굴 ②인동덩굴의 줄기 와 잎사귀를 그늘에 말린 한약재. 한열, 이뇨 해열, 풍습 및 모든 종기에 쓴다.

인방-引끌인枋다목방)기둥과 기둥 사이 또는 문이나 창의 아래나 위로 가로지른 나무《상인방·하인방이 있음

인산지㊥-磷돌틈으로물흐르는모양인酸초산脂기름지)phosphono lipid, acid icphospho lipid.

인색㊥-認알인色빛색)색깔을 식별하고 색상이 같은지를 판단한다.

인성㊥-韌질길인性성품성)재료(材料)의 질김성. 곧 외력外力)에 의해서 파괴하기 어려운 성질.

인휘㊂-韌길인暉휠휘)휘어진 긴 휘라는 뜻이다. 길게 휘어진 휘.

인휘㊁-鱗비늘린暉휠휘)물고기 비늘처럼 그려진 휘.

인휘㊀-人사람인暉빛날휘)사람 인(人자)같이 보인다고 해서 부르는 휘.

일고주오량-一한일高높을고柱기둥주五다섯오樑들보량)고주 하나를 써 꾸민 집. 한옥에서, 대청 한 복판에 다른 기둥보다. 높게 세운 기둥.

일로판㊥-一한일路길로瓣외씨판)선자매층[每層]또는 매로每路]라고 부름)꽃잎의 크기는 다르고 맨 바깥층의 꽃잎이 가장 큰 데 일로판一한일路길로瓣외씨판)이라 부르며 전체 둘레의 선화꽃잎은 대칭되고 중간선으로부터 양측으로 펼쳐졌는데 각 측마다 개수가 다르다. 일반적으로 저底)칠층, 중간 도층과 면面)칠층을 포함한다.

일색㊥-一한일色빛색)한 가지색

일월도-日날일月달월圖그림도)일월곤륜도日月崑崙圖),일월오악도日月五岳圖)라고도 한다. 비교적 큰 규모로 궁궐 어좌 뒤, 임금의 초상인 어진御眞)을 모신 진전眞殿) 이나 혼전魂殿) 등에도 비치되었다. 조선 후기에는 항간에서도 일종의 장식화로 민화의 범주에서 그려지기도 하였다. 화면의 대부분을 점하는 다섯 개의 봉우리와 그 아래 소나무, 폭포, 파도 상단 좌우에 해와 달을 배치시켜 좌우 균형을 갖춘 매우 도식적인 그림이다.

일자매기-一한일字글자자一) 서까래 끝을 '一' 자와 같게 자르는 일. ✍

일정이파선화선자단청㊥-一整가지런할정二破깨뜨릴파旋돌선花꽃화)조두 내의 화문을 구조재 너비에 적응시키기 위해 한 덩이의 선화 및 두 개의 반덩이 선화로 구성된 선화 조합이다.

일출목이익공- 一한일出날출) 이익공 건물 외부에 일출목으로 한 이익공.

일출목-一한일出날출目눈목)공포에 있어서 첨차가 한자리 나가 앉아서 도리를 받친 것.

일출목제공-一한일出날출目눈목一)기둥중심에서 한 번 또는 첫번째로 앉은 출목의 제공.

일품-一한일물건품品)옛날, 벼슬 품계의 첫째.

일휘-一하나일暉빛날휘)휘 문양 중 제일 앞자리에 그려지는 휘이다. 색상은 장단이다.

㊼ 丹青分野韩中用语聚合

碑閣

碑閣

입수㊥-立설입水물수)화새단청 주두柱頭) 해수강아 海水江牙)하단에 사용된 사립斜立) 혹은 직립直立) 식 선상線狀) 수문水紋)을 가리킨다.

입연화-立설립蓮연꽃연花꽃화)세워진 모양으로 그린 연화.

자기㊥-瓷오지그릇자기자器그릇기)사기그릇. 고려자기 중에서도 특기 상감청자象嵌靑瓷)는 화려하고 옥 같은 빛깔과 청아한 무늬가 아울러 세계에 자랑할 우리 문화의 우수성을 나타낸 것이다.

자모분㊥-子아들자母어미모粉가루분)**특히** 검은색 방심선 내외에 끼워서 그린 2가지 굵기가 상이한 흰색 선을 가리키는데 굵은 흰선을 모분이라 부르고 가는 흰 선을 자분이라 부른다 우리나라 분긋기.

자민-慈사랑자憫민망할민)자애를 베풀며 가엾게 여김.

자색㊥-跐밟을자色빛색)아교에 넣어 색깔을 조제하는 것을 자색이라 부른다.

자수㊥-髭윗수염자.須수염수)콧수염.

자주㊥㊀-紫자주빛자朱붉을주)자줏빛. 자지紫地.

자주㊥㊀-滋자주빛자珠)=작살나무.

자홍색㊥-紫자줏빛자紅붉을홍色빛색)①붉은 자주색. ②채색의 한 가지. ③의과에 쓰는 약. ④선명한 황색.

자황색-赭붉은흙자黃누를황色빛색)주황빛.

자황㊥-雌암컷자黃누를황)①황과 비소의 화합물 천연산은 누른빛의 결정체인데 채료 또는 약재로 쓴다. ②채색의 한 가지.선명한 황색. ③의과에 쓰는 약. ④시문을 첨삭添削)하는 일.

작염개분㊥-作지을작染물들염開열개粉가루분)작염개분 방법은 꽃잎에 개분하기 전에 먼저 진한 색과 연한 색을 분리해서 색칠한 후 다시 꽃잎의 잎맥을 묘사하는 것이다.

작염㊥-作지을작染물들염)사실성 회화의 일종인데 먼저 색상을 평도하여 조형을 그리고 다시 점염垫染),개선開線),분염分染),착색 등 절차를 거쳐 완성되는 일종의 회화 화법이다.

작체㊥-雀참새작替바꿀체)①작체는 중국 고건축의 특색 구조재중의 하나이다. 송대에서는 "각체角替)"청대에서는 작체"라고 불렀고 또"삽각插角)"혹은" 탁목托木)"이라고도 부른다. 일반적으로 건축의 횡목(양,방)과 종목(기둥)의 연결점에 놓인다. ②단청 종고지저오종상견등급주법 우미량 양쪽 판에 용문이나 번엽 파련문 같기도 하고 번엽 골팽이 같은 문양으로 단청된 문양. 우미량에 최고등급 단청에서 하 등급까지의 문양

잔다듬-돌 면을 도드락다듬 한 후 날망치로 다듬질하는 것.

잠룡-蠶누에잠龍용룡)숨어서 살고 하늘에 오르기 전의 용이다.

잠화-簪꾸민잠花꽃화)꾸며 만든 꽃그림이나 여러 가지 장식들

잡간장㊥-雜섞일잡間사이간裝꾸밀장)앞의 5가지 색상을 혼합하여 사용한 것으로 목적은 서로 어울리고 아름답게 하기 위해서임.

잡력분㊥-砸깨뜨러질잡瀝물방울역粉가루분)아교에 넣어 역분으로 조제하는 공예를 잡력분 이라 부른다. 역분 조제시 나무 막자로 자료에 대해 반복적으로 갈아 부수러져야 한다는 의미에서 유래된 것이다.

잡상-雜섞일잡像형상상)궁전의 추녀·용마루 또는 박공머리 위의 수키와 위에 덧얹는 여러 가지 짐승 형상이나 손오공孫悟空) 따위

장고머리초-杖지팡이장鼓북고頭머리두草풀초)단청 문양 중 중심 되는 곳에 여러 문양이 이루어진 후, 녹실이나 황실이 배치되는 모양이 장고 모양과 비슷하여 부르는 이름.

장군목-將장차장軍군사군木나무목) 궁문·성문 따위의 큰 문을 닫고 빗장처럼 가로 지르는 굵고 긴 나무.

장귀틀-長길장耳귀이機틀기)기둥과 기둥사이에 길게 건너대어 동기틀을 받고 마루널이 끼이게되는 귀틀.

장단골팽이- 장단으로 튼 골팽이.

장단연화- 장단 색으로 그린 연화.

장단유㊥-章글장丹붉을단油기름유)장단을 기름에 개어서 만든 채색.

장단육색-壯장할장丹붉을단肉살육色색빛색)장단과 분을 섞어 만든 육색.

장단-壯장할장丹붉을단) 무거운 것과 가벼운 것이 있다. 납이 주성분이기 때문에 연단鉛), 광명단光明丹)이라고도 한다. 장단색이 너무 강한 빛이라 호분이나 지당을 넣고 육색을 만들어 사용하기도 한다. 단휘一暉)의 색. 이외에도 단청 전반에 많이 사용한다.

장단주화-장단색 주화. 장단으로 그린주화.

장단㊥-章글장壯장할장丹붉을단)익은 귤껍질 색깔. 오렌지색. 장주障州)에서 생산하는 광질礦質)홍단.

장단휘-휘가 하나일 때는 장단으로만 한다. 단청 휘 중 첫 번째 휘.

장대석기초-지정위에 장댓돌을 가로 길게놓은 기초.

㊽ 丹青分野韩中用语聚合

시골집

미국

장마루-長길장抹지을말樓다락루) 긴 널을 죽죽 깔아 만든 마루.
장만㊥-帳자막장幔막만)휘장, 천막.
장선-長길장線줄선) 마루 밑에 대어 마루청을 받치게 된 나무.멍에또는 보에 건너대어 마루널을 박아대는 가로재
장승-長길자承받들석=丞도울승長 ①마을 어귀나 길가에 세운 목상木像)이나 석상石像). 이정표나 마을의 수호 신 구실을 하며 촌락민의 신앙의 대상이었음. 보통, 남녀 한 쌍을 세우는데, 위쪽에 사람의 얼굴 형상을 나타내고 아래쪽에는 천하대장군·지하여장군 등의 글씨를 쓰거나 새김. ②키가 멋없이 큰 사람의 비유.
장여-長길장欐들보려)도리 밑에 도리를 받치고 있는 모진 나무.
장연-長길장椽서까래연)들연. 중도리에서 처마 끝까지 내밀어건 긴 서까래. 들연.
장원-長길장圓둥글원)타원. 장원형=타원형.
장제㊥-葬장사지낼장制절제할제)장례 제도
장㊥-章글장)조목. 조항.
장척-長길장尺자척) ①열자 길이의 장대로 된 자. ②(무명이나 베 따위를)정척定尺) 마흔 자보다 길게 짠 길이. ③각이 난 긴 자인데 긋기나 그림그릴 때 손 떨림을 방지하기 위하여 사용한다.
장혀-長길장舌혀설-장여長欐들보려)←장려(長欐)도리 밑에서 도리를 받치고 있는 길고 모진 나무
장흘림-長길장惚황홀할홀琳아름다운옥림)촛가지뱃바닥이나 사래뱃바닥 등에 색동무늬처럼 아름답게 그린 무늬. 동흘림은 짧고, 장흘림은 길게 한다.
재배지-초배지 위에 덧바르는 종이.
재실-齋재계할재室집실)①능이나 종묘 등의 제사지내는 집. 재전齋殿).② 무덤·사당 옆에 제사 지내려고 지은 집. 재각齋閣). 재궁齋宮). ③문묘文廟) 에서, 유생儒生)들이 공부하던 집
재유㊥-梓가래나무재油기름유)가래나무에서 짠 기름. 개오동나무 기름.
재주두-再두재柱기둥주頭머리두)이익공집에서 주두위이익공 두공위에 얹어장여와 보를 받는 주두.
재차실㊥-再두재次버금차室집실)초간梢间).
저파룡-猪돼지저婆할미파龍용용)입은 작은 악어처럼 생기고 몸길이는 두 길 이 되고 네 개의 다리가 있다.
적광전-寂고요할적光빛광殿큰집전)절의 법당 가운데 비로자나불을 본전으로 모시는 법당.
적금박㊥-赤붉을적金쇠금箔발박)(74 적금박)현대 중국산 금박은 금 함유량 74%,은 함유량 26%이고 사이즈는 83.3×83.3 이며 금박색채는 황색 가운데에 청백색을 띠고 색상의 명도는 옅은 편에 치우치며 시공 후 만약 직접 자연환경에 폭로하면 매우 쉽게 그 광택을 잃어버리기에 왕왕 특수한 처리조치를 취해야 한다. 이 금박의 광택 색채는 청대의 황금黃金)에 매우 근사하기에 현대고건 유식油飾) 단청은 일반적으로 74 적 금박으로 황금박을 대체하여 사용한다. 이런 경우 우리나라에서도 구태여 98% 금박을 사용 할 필요가 없을 것 같다 70%로 하여도 변색이 안 되고 수명이 98%의 금박지와 같다고 한다.
적대-敵원수적臺돈대대)성문 양 옆에 외부로 돌출시켜 옹성과 성문을 적으로부터 방어하기 위한 방형方形)의 대臺)
적새-積쌓을적瓦기와와)① 기와집 지붕마루를 포개어 덮어 쌓는 암키와.② 초가집 지붕마루에 이엉을 물매가 지게 틀어 덮은 것.
적석총-積쌓을적石돌석塚무덤총)돌무지무덤
적심-積쌓을적心마음심) ① 알매흙 위에 물매를 잡기 위해 보강하는 잡목.② 마루나 서까래의 뒷목을 보강하기 위해 큰 원목을 눌러 박은 것.〔주의〕'積心'으로 씀은 취음.
전결초-纏얽을전結맺을결草풀초)엉킨 풀줄기 풀잎.
전답-拴맬전黏두툼할답)부처상, 보살상, 비인상, 동자상 기타 모든 인물상에 많이 들어가는 옷 끝 부위에 두툼하게 동정선 따라 내려 댄 옷자락. 팔소매 끝자락 등에도 들어간다.
전도㊥-剪자를전掉찧을도)노통자를 접어서 만든 후 뾰쪽한 끝부분을 자를 때 3-4 밀리미터를 자른다.
전묘-塼벽돌전墓무덤묘)전 벽돌로 쌓은 묘곽.
전묘후학배치-前앞전廟사당묘後뒤후學배울학配아내배置둘치)
전사청-典법전祀제사사廳관청청)문묘,서원,향교등에서 제향의 물건을 맡아 보는 집채.
전식㊥-殿큰집전式법식)원대 이후 황실에 전용되는 단청임. 주로 금, 남, 녹 등의 색을 사용한다.
전실-前앞전室집실)관을 안치하는 주 묘곽 시의 앞에있는 묘실 전취前娶)'의 높임말.----• ~ 소생----• ~의 자식

㊾ 丹青分野韩中用语聚合

일본 박정원, 김한옥, 신창용, 이희도

감사패

전수-專오로지전修닦을수)오로지 그 분야의 지식이나 기술 따위를 전문적으로 배우고 익힘.
----• ~ 과목

전수-傳전할전受받을수)기술이나 지식 따위를 전하여 받음.
----• 새로운 무술을 ~하다.

전자㊥-碾맷돌전子아들자)롤러. 둥근 원통의 모양에 손잡이가 있는 구겨진 것을 펴는 기구.

전승(傳전할전承받들승)-문화·풍속·제도 따위를 이어받아 계승함----● ~ 공예----● 민간 ~의 치료법

전탑-磚벽돌전塔탑탑)흙벽돌로 쌓은 탑.

절대준-折꺽을절帶찰대皴주름준)붓을 옆으로 눕혀 횡선(가로선)을 긋고 선의 끝을 직각으로 아래로 구부려 ㄱ자형의 선을 반복하는 준법이다. 반대로 붓을 아래서 위로 직각으로 그려 ㄴ자형으로 그리기도 한다. 여러 층의 지층을 묘사할 때 쓰인다.

절병통-節마디절瓶병병桶통통)궁전이나 정자 따위의 지붕마루의 가운데에 세우는 탑 모양의 장식.

절-節마디절)마디.

절지-切끊을절枝가지지)나뭇가지나 꽃가지 등을 잘라 그린 듯 표현한 그림.

절활㊥-切끊을절活살활)반절反切)이라고도 부른다. 청식 단청 세부 도안의 한 가지 독특한 제작 방법으로 구체적인 방법은 기저색 위에 검은 색으로 직접 도안을 묘사하고 묘사를 통해 원래의 평도색으로 하여금 화문 조형 색으로 변하고 묘사한 검은 색이 도리어 기저색으로 변하게 한다. 이는 화가의 숙련된 문식 조형 기초에 의해 도안을 반화反畵)하는 일종 단청 기법이다. 장단 색을 칠하고 묵선으로 무늬를 그림.

점금㊥-点점점金쇠금)단청의 특정 첩금 방식을 가리키는데 다만 화문의 어느 특정 부위에만 규칙적인 꽃을 뿌리는 식의 첩금을 한다.

점마장㊥-粘끈끈할점麻삼마漿미음장)삼.麻)모시, 유리섬유 직물 등을 회층 위에 부착하는 자재.

점불정-點점점佛부처불睛눈동자정)점안點眼),개안開眼).불상을 만들거나 그릴 때 마지막에 그 눈을 박거나 찍음.

점성-粘끈끈할점性성품성)차지고 끈끈한 성질. 끈기, 유체流體)의 내부마찰內部摩擦)을 일으키는 성질. 유체가 운동할 때 나타나는데 점도로써 단위를 나타냄.

점안-點점점眼눈안)①눈에 약물을 떨어뜨려 넣음. ②점정點睛). ③점불정點佛 睛).

점연화-占점점蓮연할연花꽃화)황방울 둘레에 점을 찍고 점 밖으로 연화를 그린 문양. 매화점 연화.

점㊥-垫바칠점) 깔개. 패킹

점화법㊀-点점점畵그림화法법법)점을 찍어서 그린 그림. 접은 초를 중앙을 자르고 사용하면 반바탕 머리초가 된다.

점화법㊀-点점점花꽃화法법법)점을 찍어서 꽃모양을 그리는 화법.

접천지㊥-接이접을天하늘천地땅지)백활白活) 바탕색에 하늘 색채와 땅의 색채를 일체로 연결되게 칠하는 조작 과정이다.

정구선첩금㊥-井우물정口입구线줄선贴붙을첩金쇠금)우물반자 ▦↔▣→천장 널 속 사각 둘레 긋기선 중 밖에 있는 금선(金线).

정다듬-돌면을 정으로 쪼아 편평하게 다듬는 일.

정련㊥-精정할정煉불릴련)정제하다.

정료대-庭뜰정燎화톳불료臺돈대대)횃불을 피워놓는 뜰에 세운 기둥 모양의 대.

정면룡천화㊥-正바를정面낮면龍용룡天하늘천花꽃화)천화 단청의 원광圓光)내에서 화두畵頭)가 정면을 향한 원단圓團)식 용의 천화를 좌룡座龍)천화라고 속칭한다.

정반㊥-正바를정反되돌릴반)정면과 뒷면

정배지-마지막 붙이는 종이. 벽지 등.

정분㊀-定정할정粉가루분)지당. 백색 안료.

정분㊀-蟶긴맛정粉가루분)대합. 조개가루. 흰색가루. 뇌록 만들 때도 사용함.

정분㊥㊃-定정할정粉가루분)방추형으로 가공된 중국의 연분. 청나라 시대 분. 연분으로 백분도 만들 수 있다.

정분㊥㊂-丁고물개정粉가루분)백색 안료. 탄산석회. 유공충 또는 그 외의 미생물의 시체가 쌓여서 되는 백색분상의 탄산석회.(=백토.=백악)

정상불-頂꼭대기정上윗상佛부처불)①꼭대기의 절정絶頂).②그 이상 더 없는 것. 최상의 우두머리. 보상머리 위에 앉은 부처상

정상패㊥-正바를정上윗상牌패패)질이 좋은 물품, 진품, 정규 군인.

정선화㊥-整가지런할정旋돌선花꽃화)머리초 온바탕 속에 그려진 우리나라 골팽이 모양.

정유㊥-淨깨끗할정油기름유) 들깨기름을 넣지 않은 것

정자각-丁천강정字글자자閣문설주각) 능에서 제사를 지내기 위하여 봉분 앞에 '丁' 자 모양으로 지은 집.

㊿ 丹青分野韩中用语聚合

자문

자문

정종-正바를정宗마루종)불교 창시자의 정통을 이어받은 종파.

정청파록㊥-精爺은쌀정整가지런할정靑푸를청破깨뜨릴파綠초록빛록)선자단청 사합자의 정파 화법 및 그 옆의 고두색 사이의 결합방식 규칙이다. 무릇 정치화整梔花)합자 혹은 정사합운整四合雲)합자를 그릴 때 그 측면에 두는 반드시 청색이어야 하며 반대일 경우 반드시 녹색이어야 한다.

정치화합자㊥-整가지런할정梔치자나무치盒합합子아들자)머리초 뒷목 쪽에 4절節) 함속에 4잎으로 그린 무늬.

정탑포복㊥-正바를정搭탈탑-)포복의 개구開口)가 상방上方)에 위치한 것.

정형㊥-定정할정型거푸집형)변경하지 않고 원형(原型)을 그대로 두다.

제공제-諸모두제貢바칠공-齊工)공포에 있어서 첨차와 살미가 층층으로 짜여진 것(주두나 대접받침의 위에서부터 차례로 초제공, 이제공, 삼제공 등으로 이름붙임)

제금㊥-齊고루섞을제金쇠금)금박을 자르거나 금박 붙일 준비 하는 것. 금박을 입힌 후 원색유를 한 줄 씌우는데 만약 금선이 곧지 않을 경우 유색 페인트로 곧게 바로 잡아 놓는데 이를 제금이라고 한다. 우리나라 금박 붙인 후 가루 금색으로 손질하는 것.

제기고-祭제사제器그릇기庫곳집고)제사에 쓰는 그릇이나 제상 등을 보관해두는 창고

제기고-祭제사제器그릇기庫곳집고)제사에 쓰는 그릇이나 제상 등을 보관해두는 창고

제척除섬돌제斥물릴척)-① 배제해서 물리침②〔법〕법관이나 법원 사무관이 특정 사건에 관해 불공평한 취급을 할 우려가 있는 경우에, 그의 직무 집행을 행할 수 없게 하는 일.

--------• ~된 법관

제와-製지을제瓦기와와)기와를 만듦.

제홍㊥(銻구슬이름제紅붉을홍)Antimonyred.

조두㊥-找채울조.頭머리두)대목 단청 부위 명칭이며 고두와 방심 혹은 고두와 포복布袱)사이에 위치해 있다. 조두 부위의 문식은 이 부위의 크기와 너비가 다름에 따라 영활하게 처리할 수 있다. 도리 단부로부터 방심까지의 중심 부위를 가리키는데 조두 본체, 피조선, 합자, 고두 등으로 구성되었음.

조면㊥-罩보쌈조面낯면)마감 처리.

조교-助도울조教가르칠교) ①대학의 교수 밑에서 연구와 사무를 돕는 사람. 또는 그런 직위. ②교관을 도와 교재 관리·시범 훈련·피교육자의 인쇄 따위를 맡아보는 사병.

조문㊥-藻마름조文글월문)수초 무늬.

조사전-祖조상조師스승사殿큰집전)조사의 영정을 모신 당우.

조상㊥-造지을조像모양상.彫새길조像모양상)돌, 나무, 따위를 파서 사람이나 동물을 새긴 형상.

조쇄색㊥-罩가리조刷인쇄할쇄色빛색)이미 색상을 칠한 표면에 다시 같은 색상을 덮어서 칠하는 것이다.

조용제㊥-助도울조溶녹을용剂약제제)분말을 잘 풀리게 하는 재료.

조자㊥-调고를조子아들자)미술용어로 물체의 소모요소를 말함.

조전㊥-彫새길조塼벽돌전)조각이 있는 벽돌.

조정㊥-藻마름조井우물정)아름다운문양과 조각·그림으로 장식한 중국 전통 건축물의 천정.

조제㊥-调고를조制억제할제) 물건을 만들다.

조칠㊥-燥마를조漆옻칠)칠에 들어가는 건조제.

조화칠㊥-调和漆) 조합페인트.

조회㊥-組짤조灰재회)굵은 알맹이 벽돌가루.

족도㊥-足발족刀칼도)수리공구용. 끝이 뾰족하고 칼날 쪽이 넓고 손잡이 쪽은 가늘게 긴 삼각으로 된 조각칼. 종교 그림에서 믿는 자를 그리고 몸 뒤쪽에 광선을 표현한 것.

종다라니-반자틀, 반자 받침목.

종묘-宗마루종廟사당묘)조선 때, 역대 임금과 왕비의 위패를 모시던 왕실의 사당. 대묘大廟). 태묘太廟).

종사-宗마루종祠사당사)일족의 조상을 함께 모시는 사당.

종선극기-縱늘어질종線줄선)세로줄을 굿기 하는 것. ↔횡선 늘어지다.

종자문-鍾술잔종子아들자紋무늬문)수복壽福)자를 수놓은 무늬. 그릇이나 옷감 따위에 새김.

종㊥-棕종려나무종)갈색.

좌대-座앉을좌臺돈대대)부처나 보살상아래 깔린 대.

㊿ 丹青分野韩中用语聚合

기와연대조사

기와연대조사

좌룡㊥-坐앉을좌龍용룡)앉은 용.
주간-柱기둥주間틈간) 기둥과 기둥 사이를 말함.
주간포-柱기둥주間틈간包쌀포-간포.공간포)기둥과 기둥사이의 중간에 배치한 공포.
주궐㊥-朱붉을주闕대궐궐)붉은 대궐 문.
주두-柱기둥주枓주두두頭머리)대접받침. 기둥 상단 촛가지 하단에 받침목. 4각이나 아래로 좁게 깎은 받침목. 대접받침.
주렴-珠구슬주簾발렴)①구슬을 꿰어 만든 발.②단청에서는 구슬을 꿰어 늘어뜨린 모양을 그린 그림을 말한다.
주사-朱붉을주砵주사주砂모래사)단사丹砂)진사辰砂).새빨간 빛의 육방정계六方晶系)광석. 수은과 황의 화합물. 염료나 한약에 쓰임. 주성분은 수화水化)황산칼슘 소燒)석고로써 미술.공예용 안료, 시멘트 원료로 쓰인다.
주삼포-柱기둥주三석삼包쌀포)주두柱枓)와 삼포만으로 지은 포살미 집.
주선-柱기둥주線줄선)기둥 옆에 붙은 문설주.
주심도리-柱기둥주心마음심道길도里마을리-주도리) 기둥위에 놓인 도리.
주심포계공포-多많을다包쌀포系이을계栱두공공包쌀포)공포가 주심위에 짜여진 양식의 공포.
주심포-柱기둥주心마음심包쌀포)기둥 위에 짜놓은 공포.
주심포집-柱기둥주心마음심包쌀포家집가)공포를 기둥상단에만 올려 지은 집.
주위초-周구부러질주圍돌릴위草풀초)기둥에 치는 초. ※오래된 책에 주위周圍)초라고도 쓰고 있어서 기록해 본다.
주의초-柱기둥주衣옷의草풀초)기둥 상단에 치는 초.
주장자-拄떠받칠주杖지팡이장子아들자)스님이 좌선할 때나 설법할 때에 가지는 지팡이.
주좌-柱기둥주座자리좌)주초 상면에 기둥을 받치는 부분을 약간 높게 만든 자리
주춧돌-柱기둥주礎춧초돌초石돌석-초석)기둥 밑에 받쳐 놓은 돌.
주최㊥-朱붉을주榱서까래최)붉은 서까래.
주취㊥-珠그슬주翠푸를취)구슬과 비취.
주홍육색-주홍과 분을 섞어 만든 육색.
주홍-朱붉을주紅붉을홍)황과 수은으로 만든 붉은 빛의 안료. 주朱)붉은빛과 누른빛에 중간으로 붉은 빛에 가까운 빛깔. 주홍빛, 주홍색.
주화머리초-萬오색촉규화주花꽃화)주화 가장자리에 골팽이가 그려지고 휘가 있는 머리초이다. 주화문양을 반으로 들어가게 그린 머리초. 모루단청에 많이 사용한다.
주화㊃-朱붉을주花꽃화)붉은 색의 꽃.
주화㊂-姝예쁠주花꽃화)예쁜 모양의 꽃.
주화㊀-主임금주花꽃화)①임금님의 꽃. ②나의 꽃.
주화㊀-萬오색촉규화주花꽃화)오색으로 그리는 규화 꽃을 말함.
죽력고-竹대죽瀝거를력膏살찔고)푸른대의줄기를불에쪼일때흘러나오는기름을섞어서만든소주
죽매㊥-竹다나무죽梅매화나무매)대나무와 매화꽃. 매화나무.
죽순-竹대죽筍죽순순)①대의 땅속줄기에서 돋아나는 어리고 연한 싹. ②단청할 때는 쇠서 밑에 엇갈리게 죽순 비슷한 모양을 그리는 것을 말한다. 하엽 바탕에 양청으로 많이 그린다.
준교㊥-俊준걸준膠아교교)동물질 아교로 조제한 색상 혹은 역분인데 날씨가 추울 경우 유동이 가능하던 풀 상태로부터 반고체 상태로 응고되는 현상이 나타난다.
줄역금-絖끈줄繹실끝찾을역襟실금)실아나 줄이 꼬인 듯 역어진 휘 문양. 대개 양쪽으로 같은 색의 빛이 들어간다.
중간째기-중간째기라고 아니하고 현장에서는 중간극기亟起)라고 부른다. 각 부재 뱃바닥에 먹극기, 분극기 등을 말한다.
중국분㊥-中가운테중國나라국粉가루분)중국에서 나는 분가루.
중기틀-中중가운데중耳귀이機틀기)마루중간에 건너대는 우물마루귀틀
중깃-**中가운데중緊발고운비단계)**벽 사이에 욋가지를 대고 엮기 위해 듬성듬성 세우는 가는 기둥.
중도리-中가운데중道길도里마을리)용마루-지붕의 마루. 옥척屋脊)
중먹-重무거울중墨먹묵)진하게 잘 갈린 먹물.
중정석분㊥-重무거울중晶밝을정石돌석粉가루분)무거운 석채가루.
중회㊥-中가운테중灰재회)벽돌 가루중 알맹이는 압마회보다 잘고 작은 알맹이 회로 사용하는데 7:3 비율에 따라 세회를 더 추가할 수도 있다.
증명-證증험할증明밝을명)①증거로써 사물을 밝혀 확실하게 함. ②불교에서의 증명일 때는 탱화에 큰 스님들이 탱화를 인정하는 때 쓰는 글.

(52) 丹青分野韩中用语聚合

자문중 기념

임덕창 선생과 환담

지검질=[찍음질]-揺던질지黔검을검質곧을질)현장에서는 찌검질이라고 한다. 대량에 용과 구름을 그린 후 붓으로 톡톡 찍어서 그리는 행위. 산수화에 바위나 돌 등을 그릴 때 톡톡 찍어서 음양을 나타내는 행위. 기타 그림에 붓으로 탁탁 찍어서 그리는 그림. 간단한 그림을 나타낼 때도 쓰는 용어이다. 예)그곳은 간단히 찌검질이나 하고 말아라.

지교청칠㊥-脂기름지膠아교교清맑을청漆옻칠)지교니스.

지당- Titanium white 백색 안료. 백토. 산화티탄을 주성분으로 하는 백색 안료. 황산티탄용액을 가수분해하여 수산화티탄을 만들고, 이것을 소성燒成)하여 얻는다. 옛날부터 인견人絹)의 소광제消光劑) 등으로 아나타아제(anatase:銳錐)형의 것이 사용되어 왔는데, 최근에는 루틸(rutile:금홍석)형의 고온에서도 안정된 것이 나와서 플라스틱이나 도료塗料)인쇄잉크, 고무 등에 사용된다. 은폐력·착색력은 백색 안료 중에서 최대이다.

지물㊥-持가질지物물건물)보살이 들고 있는 병(정병).

지실장허-指가리킬지實열매실掌손바닥장虛빌허)집필법의하나. 손가락은 실하게 하고 손바닥은 텅비게 한다.

지자연차구㊥-池못지子아들자岔갈림길차娟예뿔연口입구)지자와 연미지燕尾地)사이에 끼인 부위 명칭이다.

지자㊥-池못지子아들자)별칭은 소지자小池子)이다. 단청 문식 조형의 명칭이다. 흔히 평판방平板枋)점판垫板)및 일부 비교적 좁은 방枋)의 밑면에 사용된다. 그 조형은 방심과 비슷하지만 길이, 규모가 매우 짧고 작으며 주위에 릉선을 두지 않고 상,하 두 변은 구조재 너비와 서로 적응되며 좌,우의 두 단두端頭)는 방심두方心頭) 화법과 같다. 지자의 개수는 제한을 받지 않는데 장식미를 표현하는 전제하에 많거나 적어도 됨으로 지자의 길이 화법은 한 가지 격식에 구애되지 않는다.

지장㊥-地땅지仗무기장)벌어진 곳을 땜질하기 위하여 혈료와 벽돌가루, 회가루로 만든 재료.

지조㊥-支지탕할지條가지조)지붕에서 상현이 받쳐주고 서까래를 받쳐주는 수평 구조재.

직휘뒷실-直곧을직暉빛날휘後뒤후窸구멍을나르는실)직휘 가에 들어가는 실인데, 뒤쪽으로는 즉 녹실, 황실 등을 말한다.

직휘실-直곧을직暉빛날휘窸구멍을나르는실)먹 직휘나 금직휘나 실은 녹실, 황실이 기본이 된다. 직휘가 많으면 여러 색실이 들어가기도 한다.

직휘앞실-直곧을직暉빛날휘前앞전窸구멍을나르는실)직휘 앞쪽에 들어가는 실을 말하는데 대개 록실, 황실이 들어가나 때에 따라 여러 색의 실이 들어가기도 한다.

직휘-直곧을직暉빛날휘)직선으로 된 휘. 녹실, 황실, 먹댕기 가 들어간다.

진구-尘티끌진垢때구)마음을 어지럽게 하는 티끌과 때라는 뜻. 번뇌를 말함.

진구-塵티끌진垢때구)먼지와 때.

진먹-眞참진墨먹묵)진한 먹. 먹은 분말과 액체 먹이 있다. 진하고 좋은 먹이라는 뜻.

진사진-眞참진砂모래사辰지지진)진홍색의 육방정계六方晶系)의 광석. 수은과 황의 화합물로 수은 제조. 적색 채료. 약용으로 씀. 주사朱砂),단사丹砂).

진진분-眞참진粉가루분)진한 백색의 좋은 백색 안료.

진채-眞참진彩채색채)진하게 쓰는 불투명한, 원색적인 채색. 단청 물감.

질림-桎막힐질瀶골림)연결 골팽이와 골팽이 사이를 막아 주거나 머리초에서 녹실이나 황실을 자르고, 골팽이나 딱지까지 막아주는 단휘單暉).※단휘:홑로 된 휘, 독립 휘.

집자-集모일집字글자자)문헌에 필요한 글귀를 찾아 모으다.

좇음질 선을 따라 채색하는 행위. 탱화 그릴 때 많이 사용한다.

차각운㊥-岔갈림길차角각뿔雲구름운)천화天花)단청 원고자圓鼓子)외 및, 일부 주두柱頭)단청 합자 이외의 삼각지역에 사용되며 전체 조형은 원을 감싸안은 삼각형 운문을 형성한다.

차각㊥-岔갈림길차角뿔각) 뿔가지

차각파자초㊥-岔갈림길차角뿔각把잡을파草풀초)묶은 파련초.

차구선㊥-岔갈림길차口입구線줄선)오늬무늬와 꺾임은 비슷하고 머리초 중앙 쪽으로 통칸의 방심이 그려져 있다.

차구㊥-岔갈림길차口입구)단청 부위 조형 명칭이다. 선자 단청 종류에서 조두의 선화 규획선과 능선-楞線) 사이에 위치해 있으며 화새 종류 단청에서 조두의 규선과 능선 사이에 위치해 있으며 방심식 소식 단청 종류에서 조두의 금방선錦方線)과 능선 사이에 위치해 있다.

53 丹青分野韩中语聚合

배재섭 대목수 김범식 단운

야외천렵

차륜-車수레차輪바퀴륜)차의 바퀴. 수레바퀴.
차실㊥-次버금차室집실)큰방에 딸린 다음 방 .
착고-着붙을착固굳을고--高높을고)지붕마루기와골 위끝을 막아내는 기와 부고 지붕마루를 틀 때 착고막이 위에 수키와를 옆 세운 것.
착고판-着붙을착高높을고板널빤지판-당골판)구획된 좁은 간사이를 막아댄 널
착봉회-捉잡을착縫꿰맬봉灰재회)부재의 틈새을 메우거나 움푹 패어 고르지 않는 곳을 찾아 매울 때 쓰는 회.
착색㊥-着붙을착色빛색)색상이 잘 달라붙은 것.
찬색㊥-攒모을찬色빛색)이빛색. 금박지 입힐 때 금색이 잘 나타나도록 진한 색으로 칠한 색. 여러 색을 모은 색. 윤이 나고 광택이 나게 꾸미는 것.
찬소색
찬퇴할㊥-㊥-攒모일찬小작을소色빛색)홍색과 황색의 희를 칠하는 방법瓚제기찬退물러날퇴活살활)출초무늬. 일종의 퇴훈의 도안 무늬이다. 한조의 무늬는 몇가지 기본색으로 조합되는데 예를 들면 청, 녹, 다갈색, 자주, 붉은색을 배합하여 만들어지거나 그중 한두 가지 색만 사용하고 각색은 각각 진함 연함 흰색 퇴훈으로 만들어졌다. 진한 색을 표현하는 공예를 찬활攒活) 혹은 찬색攒色)이라 부르며 이런 유형의 도안을 찬퇴할이라 부른다. 청대 단청 세부 도안의 화법이다.
찬활㊥-攒모을찬活살활)출초무늬, 일종 퇴훈 도안 무늬이며 한조의 무늬는 몇 가지 기본색으로 조합되는데 예를 들면 청, 녹, 다갈색, 자주, 붉은색을 배합하여 만들어지거나 그중 한두 가지 색만 사용하고 각색은 각각 진함 연함 흰색 퇴훈으로 만들어졌다. 진한 색을 표현하는 공예를 찬활攒活)이라고 부른다.
창방-昌창성할창枋다목방)대청 위의 장여 밑에 다는 넓적한 도리. 오량(五樑) 집에 모양을 내기 위하여 닮.〔주의〕'昌枋'·'昌防'으로 씀은 취음 기둥위가로 건너질러 연결하고 평방, 화반 등을 받치는 가로목.
창방초-昌나타날창枋단목방草풀초)창방에 그릴 그림.
채공-彩채색채工장인공)단청할 때 채색을 담당하던 사람. 물감을 타다 주고, 채기를 관리하며 기타 잡다한 일을 하던 사람.
채기-彩채색채器그릇기)그림을 그릴 때 채색을 풀어서 쓰는 그릇.
채도㊥-彩채색채度법도도)색상의 화려한 정도 혹은 암담暗淡)정도를 가리킨다.

채색-彩무늬채色빛색)여러 가지의 고운 빛깔. 또는 그 빛깔을 내는 물질. 참고로 일본에서는 단청丹靑) 을 채색이라고 한다.
채석-採캘채石돌석)돌산이나 바위에서 석재를 떠냄.
채판-彩채색채板널빤지판)그림 그릴 때 받치는 판. 단청할 때는 채색 그릇들을 진열해 둘 때 사용하는 판대기.
채화㊥-彩무늬채畵그림화)우리나라에서는 단청이라 하고 중국에서는 채화라 한다.
척곤㊥-尺자척棍몽둥이곤)단청시공에서 직선을 그릴 때 사용하는 제도용 자인데 파릉坡棱)직선자, 조척槽尺), 호형弧形)직선자 등을 포함한다.=우리의 장척
척지㊥-剔뼈바를척地따지)조각 기법 중의 하나. 평평한 칼, 주걱 칼로 윤고 가선 이이의 나머지 석면石面)을 깎아 내어 경물 부분으로 하여금 1/2 밀리미터 정도 융기되게 한다.
천공분점-穿뚫을천孔구멍공粉가루분点점점)단청을 하면서 초지에 구멍을 바늘 송곳으로 뚫고 뇌록색을 칠한 후 호분주머니로 목재에 대고 두들겨 바늘구멍으로 하얀 호분가루 점이 나타나는 것. 흰색점점. 타분점.
천광태㊥-天하늘천框문테광台별태)주옥 등으로 꾸며 만든 좋은 관.
천단기년전㊥-天하늘천壇단단祈빌기年해년殿전각전) 큰 집. 대전.
천삽방㊥-穿뚫을천插꽂을삽枋다목방)가칠을 하고 출초 문양을 친 상태.
천연광산안료㊥-天하늘천然그럴연礦유황황쇳돌광顔얼굴안料헤아릴료)자연적으로 존재하는 고체 상태의 광물질인데 채굴 가공을 거쳐 만들어진 안료이며 이 안료는 상대적으로 안정된 화학 성능을 갖고 있다.
천연수지-天하늘천然그럴연樹나무수脂기름지)식물체에서 생산되는 수지. 소나무의 진 따위로 도료, 약품 등에 씀.↔합성수지. 천연으로는 진사辰砂)에서 얻어지며 어느 금속과도 합금을 만들기 쉬움.
천연칠-天하늘천然그러할연漆옻칠)가공하지 않은 칠.
천의-天하늘천衣옷의)①천자天子)의 옷. ②천인天人)이나 선녀仙女)가 입는 옷. ③단청에서는 비인도飛人圖)에 많이 그린다. 천의가 있으면 하늘을 날 수 있다고 한다.
천장-天하늘천障가로막을장-반자 천정)①보꾹. ㄲ실의 위를 막아놓은 부분. ②반자의 겉면.----•~에 매달린 전등. ③주식 거래에서, 일정 기간 중에 시세가 가장 오른 정점頂點).↔바닥

(54) 丹青分野韩中用语聚合

대목수조승환 단운 정신스님

대구동화사암자에서

천착-穿뚫을천鑿뚫을착)①구멍을 뚫음. ②학문을 깊이 파고 들어감. 천착초=초뚫기.

천초-穿뚫을천草풀초)초지에 초를 낸 후 촛 바늘로 구멍 을 뚫는 행위. 초뚫기 라고도 한다.

천화량㊥-天하늘천化될화梁들보량) 름조檁条一幟万論) 길이에 따라 분포된 수평 구조재인데 주 서까래에 놓여 차인가옥 서까래를 지탱해 준다, 고대 개인 주택에서는 이로써 서까래를 받치고 지붕 꼭대기의 횡목으로 쓰며 가옥의 중요한 구조재 중의 하나이다.

천화원광㊥-天하늘천花꽃화圓둥글원光빛광)방광方光):천화판 단청 중앙의 원형을 원광 혹은 원고자圓鼓子)라고 부른다. 원광 이외의 사각형을 방광 혹은 방고자方鼓子)라고 부른다.

천화㊥-天하늘천花꽃화)천장 널판에 그리는 꽃 그림.

천화차각㊥-天하늘천花꽃화岔갈림길차角뿔각)천화판 중심 원광 이외의 방광方光)은 옅은 남색을 바탕으로 사각四角)을 선명한 색깔로 운문을 그리는데 이를 차각이라 부른다.

철고㊥-鐵쇠철袴바지고)테쿠.

철물-鐵검은쇠철物만물물)쇠로 만든 온갖 물건.

철선묘-鐵검은쇠철線줄선描그릴묘)인물화의 묘법描法)중 하나이다. 쇠줄처럼 강하다는 뜻으로 선의 굵기에 변화를 주지 않고 그리는 강직한 필법이다.

철엽-鐵소철葉잎엽)대문짝에 붙여 박는 장식의 하나《쇠로 물고기비늘 모양으로 만듦》

첨량두㊥-尖뾰족할첨.梁들보량.頭머리두)밖으로 나온 보머리. 외부도리.

첨마도리-檐처마첨.檩들보도리름) 처마 아래 도리.

첨차-檐추녀첨遮가릴차)삼포三包)이상의 집에 있는 꾸밈새초제공, 이제공 따위의 가운데에 어긋나게 맞추어 짬.

첩량색금단청㊥-貼붙을첩兩두량色빛색金쇠금)동일한구조재에 문식의 구별에 따라 각각 홍금박과 황금박을 입히는 단청이다.

첩색㊥-疊겹쳐질첩色빛색)색깔 위에 다른 색으로 그리거나 칠하는 것. 초빛색을 따라 이빛색이 들어가는 것.

청고향색록고자㊥-靑푸를청靠기댈고香향기향色빛색綠초록빛록靠기댈고紫자줏빛자)청식 단청 세부 화문花紋)의 청색과 다갈색, 녹색과 자주색을 가까이 접근시켜 설색하는 약정이 관습으로 된 규칙이다. 청대 말기 이전에는 주요하게 국산 대록을 사용했지만 후에 점차 양록을 사용했으며 민국시기부터 여태껏 만든 고건축 단청은 거의 전부가 양록을 고쳐 사용했다. 바다에서 볼 수 있는 녹색. 팔라우 같은 먼 바다에 배를 타고 가다보면 양록색을 볼 수 있다.

청구㊥-淸맑을청勾굽을구)방법은 상술한 각종 도안과 약간 다른데 일반적으로 일부 특정된 부위에 사용되고 무늬 조형은 이미 사생寫生)에 접근하여 윤곽을 그리는 기교와 효과윤곽선(輪廓線)묘사描寫)를 위주로 함)에 신경을 많이 쓰므로 청구라고 부른다.

청기와-토기와에 유약을 칠하여 청색으로 구운 기와

청대-靑푸를청.黛눈섭먹대)쪽으로 만든 검푸른 물감.

청록㊥-靑푸를청綠초록빛록)=청록색.

청록첩훈릉간장㊥-靑푸를청錄기록할록疊거듭첩暈무리훈稜모날릉間사이간裝꾸밀장)청, 녹 이색으로 외연과 테두리안의 면에 대훈對暈)처리를 함.

청식해만반죽문㊥-淸맑을청式법식해墁흙손만半반반竹대죽紋무늬문) 녹색 대나무를 세우고 눕힌 모양으로 그린 단청 무늬. 청나라식.

청유㊥-淸맑을청油기름유)식물성 식용유의 총칭

청전㊥-靑푸를청砖벽돌전)내화 벽돌

청판-廳관청청板널빤지판)마루청.마루에끼는널,마루널,)널의통칭

청화㊥-淸맑을청花꽃화)좌대 허리 부위에 연잎 그림이나 조각.

청화-靑華·靑花)중국에서 나는 푸른 물감의 한 가지. 복숭아꽃 빛깔과 섞어 나뭇잎·풀 같은 것을 그리는 데 씀

체량㊥-體몸체.量헤아릴량)=체중體重).

체질㊥-體몸체質바탕질)각 개인의 생리적인 특질이나 건강상의 특질. 정신의 작용. 외계의 자극에 대하여 일어나는 반응 등을 말함.

체청-諦살필체聽들을청)주의하여 자세히 들음.

초가리기와-목부재끝 마구리에 붙이는 치장용기와. 중앙에 못구멍이 있음. 연목, 부연, 추녀, 사래 끝면에 붙임.

초기㊥-硝초석초.基터기)니트로셀로라카.

초내기㊀-初처음초畵그림화作지을작)①종이에 처음 그리는 탱화초. ②목수들이 일정한 모양으로 나무를 깎거나 조각하기 위하여 종이에 처음 문양을 그리는 것. 나무에 대고 치는 초. ③석공이 돌조각을 하기 전 종이에 처음 문양을 그려서 대고 치는 초 등이 초 내기로부터 시작한다.

초내기㊀-草풀초畵그림화作지을작)단청을 할 때 도안을 그리는 일. 초지를 접어 가지고 와서 방바닥이나 마른바닥 등 일정한 장소에서 그리는 행위. 골팽이가 풀草)같다 하여 단청 출초에 풀 초草) 자字)를 쓴다.

⑮ 丹青分野韩中用语聚合

碑閣

碑閣

초뚫기-초를 내고 바늘 송곳으로 초지의 그림을 구멍 내는 것. 옛날에는 문종이에 풀을 먹여 종이 올이 부풀지 않게 하고 유탄으로 그린 후 세필로 다시 그려서 바늘송곳으로 뚫어서 사용하였다. 이후 시멘트 봉투가 나와 한동안 시멘트 봉지를 잘라 쓰다가, 지금 전지로 아주 좋은 포장지가 나와서 좋다. 여러 겹 뚫다 보면 바늘이 부러지기도 하고 잘 안 들어 갈 때가 있다. 이때는 양초를 바늘에 문지르거나 초지 전체에 양초를 문지르면 아주 잘 들어간다. 총총 뚫어서 정성껏 하면 문양이 잘 보인다.

초뜨기.초지재기-草풀초作지을작)초를 내기 위한 준비 작업으로 단청할 목재 부위에 종이를 대고 손톱이나 동전 같은 것으로 문질러 목재 모양과 같게 자욱이 나게 하여 가위나 칼로 모양대로 자른다.

초룡-草풀초龍용룡)용의 모양을 간단하게 줄여 그린 그림.

초매기-初처음초邁멀리갈매岐높을기) ①부연 위에 개판 앞쪽, 연암 아래 평고대. ②보이는 앞쪽은 초매기 또는 평고대라 한다.③평고대 부재 뱃바닥은 한양배 라고 한다.

초배지-初褙紙)초배하는 데 쓰는 종이. 벽이나 천장 등에 처음 붙이는 종이.

초봉-草풀초鳳새봉)봉황새 모양을 줄여서 그린 문양.

초빛-初처음초色빛색)①풀빛. ②곡식을 먹고 풀 등을 먹어 누렇게 뜬 얼굴 빛.③단청에서는 음양색 중 처음 쓰는 색. 비슷한 색 중 밝은 색이다. 예) 장단과 주홍은 장단이 초빛이다.

초상-肖닮을초像형상상)사람의 용모, 자태를 그린 화상 또는 조상彫像).초상을 그리다.

초익공-初처음초翼날개익工장인공)익공쇠서가 한 개로 짜여진 공포(기둥 중간에는 창방과 장여사이에 소로를 끼움)

초장-初처음초杖지팡이장)추녀, 사래의 옆에 붙은 첫 번째의 귀서까래

초정리-草풀초睁자세히보는모양정迻옮길이)초를 내고 촛 구멍을 뚫는 과정이다. 바늘송곳으로 구멍 뚫어서 옮겨 초칠 준비를 한다.

초지-草풀초紙종이지)단청할 부재에 대고 문질러서 본을 뜨는 종이.=출초지.

초채-初처음초彩채색채)단청에서는 가칠을 초채라고 하지 않는다. 초채는 단청 문양을 초를 친 후, 처음 도채塗彩)하는 과정이다. 예)초채를 삼청으로 하라. 초채를 육색으로 하라. 이빛은 양청으로 하라.

초칠-初처음초漆옻칠)여러 번 칠하는 행위에서 처음 칠하는 행위.

초트림,초틀임-대공 촛가지 또는 화반 등에 초를 틀어서 그리는 것 대개 빛은 양쪽으로 많이 넣고 겹치면서 그려 나가는 경우가 많다.

초형㊥-草풀초形형상형)풀 형태

초홍㊥-硝초석초紅붉을홍)다 배합해놓은 주사에 또 적당한 백분白粉)을 넣어 주사보다 한 단계 옅고, 핑크색 보다 한 단계 짙게 하는데 이것이 바로 초홍색이다. 우리나라 육색계톹.

촉룡-燭촛불촉龍용용)중국 종산의 신이라고 한다. 이 신이 눈을 뜨면 낮이 되고 눈을 감으면 밤이 되고 김을 세게 불면 겨울이 되고 숨을 마시면 여름이 된 다. 몸의 길이가 천리가 되고 모양은 사람의 얼굴에 뱀의 몸을 하였다.

촛가지=鞴늘어질쇠犀코에뿔난소서)한옥에서, 초제공初提栱)·이제공에 쑥쑥 내민 쇠서 받침. 소의 혀 모양으로 오려낸 부재. 평방 위로 첨차 중앙을 가로질러 올라간 굵은 나뭇가지 모양으로 깎아 끼운 조각

촛바늘-草풀초針바늘침)바늘로 만든 송곳. 자른 나무막대에 바늘 귀 쪽을 꽂아서 만든다. 요즘은 다양하게 만들어 쓴다. 칫솔대에 바늘을 불에 지져 꽂아서 쓰기도 한다.

총안-銃총총눈안)몸을 숨긴 채로 적을 향하여 총을 내쏠 수 있게 보루堡壘)·성벽 등에 뚫어 놓은 구멍.*포안.

추녀각-春봄춘舌혀설刻새길각-눈각)추녀 끝에 새김질 한 것.

추여,녀-처마 네 귀의 기둥 위에 끝이 번쩍 들린 크고 긴 서까래 또는 그 부분의 처마.

추활㊥-椎몽치추活살활)단청의 배치에 대한 디자인.

출목出날출目눈목)건물이나 어떤 중심에서 밖으로 나간 목재.

출수㊥-出날출水물수)가공 단계의 전문용어로서 "광택을 낸다"는 뜻이 있음

출초㊀-出날출初처음초)단청이나 탱화 등의 그림 문양이 처음 생긴다는 말. 그림이 처음으로 나온다는 말.

출초㊁-出날출草풀초) ①풀이 처음 나오는 모양과 같이 그림도 처음 생겨남을 말함. ②조각 전前) 목재나 종이, 헝겊 등에 도안을 그린 그림.

출초지-出날출初처음초紙종이지)단청이나 탱화를 시작 할 때 사용하는 종이 또는 초를 낸 종이.

(56) 丹青分野韩中用语聚合

碑閣

碑閣 고승완

충량-衝찌를충樑들보량)한끝은 기둥에 짜이고 다른 끝은 들보에 걸치게 된 측면의보

충전㊥-充찰충塡메울전)집어 넣어서 막음. 메워 채움. 채움. 메움.

취두-鷲수리취頭머리두)지붕마루의 양끝머리에 망새 머리 모양을 새긴 장식기와. 국가, 사회적으로 격식이 높은 건물에만 쓰임

층단반자-層층층段구분단天하늘천障가로막을장-층급천장)천장의 갓둘레 또는 그 일부를 한단 낮게 하거나 높게 하여 중간부와 층이 지게 만든 천장.

치마널-난간 밑 테두리에 둘러 붙인 널빤지 상판裳板).

치미-鴟솔개치尾꼬리미)망새1.용마루끝에있는 날짐승 꼬리모양의 장식기와

치붓㊀-筆꺽을치筆붓필) 골이 진 곳이나 파인 곳을 칠하기 위해 붓의 머리 부분을 꺾거나 휜 붓. 요즘 붓은 붓 머리가 양철이나 쇠로 된 붓들이 많아서 꺾어 쓰기 용이하다. 옛날 붓대는 불에 달구어서 휘기도 하였다. 또한 휘어진 대나무 뿌리를 사용하기도 하였다.

치붓㊀-侈넓을치筆붓필)큰 가칠 붓.

치장-治다스릴치粧단장할장)잘 매만져서 꾸밈. 곱게 모양을 냄. 예)새롭게 치장한집.

치전주의-侈치넓을치展펼전柱기둥주衣옷의)기둥 상단에 주름진 천 같이 치렁치렁하게 그려진 기둥초문양.

치전-侈치넓을치展펼전)주름진 천에 사치스럽게 문양이 그려진 것. 불화에 장군상이나 보살상 등에 팔꿈치, 무릎에 안과 겉이 바뀌면서 동여 맨 곡선이 진 옷 가리개. 예)치전 안빛 ↔ 치전 겉빛.

치-雉꿩치=치성)성벽에서 돌출시켜서 쌓은 성벽

칠량가-七일곱칠 樑들보량架시렁가) 크고 너른 집을 지을 때, 지붕 상연上椽)의 경사를 더 급하게 하기 위해 오량五樑)보다 도리를 두 개 늘인 지붕틀의 꾸밈새 도리가 7개로 된 지붕틀.

침선장-針바늘침線줄선匠장인장)匠), 옷감을 짜는 직조장織造匠)·능라장綾羅匠), 천을 다듬고 손질하는 도련장擣練匠), 옷감을 재단하는 재작장裁作匠), 금박이나 자수 등 무늬를 놓는 금박장金箔匠)·자수장刺繡匠) 등의 협업에 의해서 비로소 완성된다. 그러나 옷의 맵시나 품위, 효용성 등을 결정짓는 가장 중요한 기능 가운데 하나가 침선장.

칠보문양-七일곱칠寶보배보草풀초紋무늬문樣모양양)칠보의 뜻을 도안하여 그린 문양. 현판, 순각판 등에 많이 그리고 때로는 반자 같은 곳에도 그린다. 순각반자에도 그린다.

칠보-七일곱칠寶보배보)①금은이나, 구리 따위의 바탕이 갖가지 빛의 에나멜(enamel)을 녹여 붙여서 꽃, 새, 인물 따위 무늬를 나타낸 세공. ②일곱가지 보배. 무량수경無量壽經)에는 금, 은, 마노, 유리, 거거硨磲), 산호법화경法華經)에는 금, 은, 유리, 거거, 진주, 매괴玫瑰)라고 전한다. ③전륜성왕이 가지고 있다는 일곱가지 보배. 윤보輪寶), 상보象寶), 마보馬寶), 여의주보如意珠寶), 여보女寶), 장보將寶), 주장신보主藏臣寶).

칠성각-七일곱칠星별성閣문설주각)칠원성군을 신집. 칠성전. 칠성탱화를 모신 집.

칠성각-七일곱칠星별성閣집각)①칠원성군을 모신 집. 칠성전

칠성-七일곱칠星별성) ①북두칠성 ②칠성각七星閣) ③칠성당七星堂) ④칠원성군七元星君) ⑤칠성七星板)

칠성탱화-七일곱칠星별성幀그림족자정畵그림화)칠원성군을 그린 탱화.

칠주팔백㊥-七일곱칠朱붉을주八여덟팔白흰백)칠주의 화법. 벽의 기둥과 기둥사이의 우묵한 곳이 작아서 오백五白] 혹은 사백四白]만 있다.

칠편㊥-漆옻칠片조각편)옻칠에 가루를 섞어 만든 떡 같은 재료. 칠하거나 물건을 걷는데 씀.

카드뮴-Cadmium 아연과 비슷한 청백을 띤 금속원소. 아연과 함께 산출되며 성질도 비슷함. 합금 반도체의 제조, 도금 등에 쓰임.

카본불랙영㊥-炭숯탄黑검을흑)검정 가루 먹.

카세인-Casein 우유 속에 있는 단백질. 알칼리나 석회 와 섞어 접착제로 쓰며 인조섬유, 플라스틱, 수성 페인트 등의 원료로도 씀. 건락소乾酪素),낙소酪素).

(57) 丹青分野韩中用语聚合

K.H.O 유년 시절의 그림

카세인아교㊥-결합제에는 카세인 아교, 젤라틴(Gelatin), 고무, 전분, 식물성 단백질, 덱스트린(Dextrin),알긴산(Alginic acid) 등이 있다.

카슈 수지 도료- Cashew 樹脂塗料 카슈 도료는 카슈나무의 과실의 씨에 포함된 액체를 원료로 하여 선탄산, 멜라민, 요소알키드와 같이 알데히드와 공축합共縮合)시킨 도료이고 내약품성이 우수하고 광택도 풍부하다. 천연산 옻과 비슷한 성질로 합성 칠도료라고도 한다. 이액에 포르말린 등을 작용시키면, 주성분인 카르단올과 카르돌이 중합하여, 점조성粘稠性)의 흑갈색의 액체를 얻을 수 있다. 이것이 캐슈도료인데, 내열성, 내유성耐油性)·내약품성이며 전기절연도도 우수하다. 광택은 우수하지만 천연 옻칠처럼 내후성耐候)에 약한 결점이 있다. 건조성과 도막의 성질을 개선하기 위하여, 알키드 수지 멜라민수지·요소수지 등을 첨가하여 사용하는데, 상온 건조도 가능하고, 베이킹 도료로도 사용된다. 목재와 금속에 대한 부착력이 좋아서 차량이나 목공용 밑바탕 도료, 특히 가구의 도장塗裝)에 많이 쓰인다. 건조 도막은 내용제성耐溶劑性)이 커서 다른 많은 도료를 겹쳐서 칠할 수 있으며, 가격이 싸고 사용법이 간단하여 천연 옻칠 대용으로 칠기나 공예품의 도장에 쓰인다.

카자㊥-卡지킬잡중국어발음카子아들자)가자는 일종의 매우 정연한 기하도형인데 일반적으로 상하가 대칭되고 도안은 권초문과 비슷하다.

코발트블루-Cobalt blue 산화코발트와 산화알루미늄으로 된 청색 도료 또는 그빛. 코발트 청靑).

코발트청-Cobalt blue 알루미늄산 코발트. 즉, 산화코발트와 반토를 강열하여 화합한 순청색의 견고한 안료 이다.

콩기름- 콩에서 짜낸 기름. 두유豆油), 태유太油).

타구垜살받이터타ㅁ입구)성 여장女墻·女牆)에 활이나 총을 쏠 수 있게 갈라 놓은 자리.

타두㊥-柁키타頭머리두)보머리.

타만㊥ -打칠타滿찰만) 때려 채는 것

타분 실주머니- 호분을 두꺼운 종이나 천에 말아서 중앙에 노끈을 끼우고 양가의 구멍으로 실이 들락날락하도록 한다. 호분을 넣은 종이나 천은양쪽을 실로 동여매야 한다.

타분 주머니-打칠타粉가루분囊주머니낭) 초를 치기 위하여 천에 호분 가루를 넣고 끈으로 맨 주머니.

타분 치고-타분 주머니를 한사람이 들고 타분 실을 다른 사람이 잡아당기며 극기 선을 대고 한 손으로 튕기면 된다. 도리, 창방, 평방, 벽극기 등에 극기하기 전 타분 줄 튕기기를 해야 한다.

타분선-타분줄로 계풍세나 벽에 극기 전에 가루로 친 하얀 선.

타분-打칠타粉가루분)①헝겊에 호분을 싸서 초 뚫은 그림이 나타나게 하는 행위. ②흰점이 나타나는 초 문양 ③초지를 목재부분에 대고 탁탁치는 행위.

타색㊥-垜살받이타色빛색)그림 그린 벽이 튀어 나오거나 갈라져 들어가고 나온 부분들

타원-橢길게둥글타圓둥글원)평면 위의 두 점에서의 거리 합이 언제나 일정한 점을 이루는 궤적軌跡). =장원. 긴 원.

타초-打칠타草풀초)출초낸 것을 재목材木)에대고 타분을 치는 것

탁의주의초-기둥에 치는 주의초.

탁의-卓뛰어날탁衣옷의)뛰어난 옷.

탁타㊥-琢쫄탁垛쌓을타)꽃잎이나 나뭇잎 같은 것을 한쪽은 밝고 한쪽은 어둡게 하나의 붓으로 2가지 색을 찍어서 그리는 것.

탁타㊥-拆터질탁垛살받이타)사실성 회화의 일종인데 일필양색一筆兩色)으로 직접 완성된 일종의 회화법이다.

탄도-彈탄알탄道길도折꺾을절線줄선)탄착점에서, 반지름과 수직으로 만나는 직선[탄도곡선].

탄산연㊥-炭숯탄酸초산鉛납연)물이나 알코올에 녹지 아니하는 무색無色)의 결정結晶). 천연으로는 백연광白鉛鑛)에서 나고, 인공적으로는 초산연醋酸鉛)의 차가운 용액에 이산화탄소를 통하거나 또는 탄산수소나트륨을 가하여 침전시켜서 얻음.

탄조활㊥-摊펼탄找채울조活살활)화보를 두드리는 가운데서 가루 흔적이 정확하지 않은 부분, 누락 혹은 선명하지 않은 부분에 대한 교정, 확실한 묘사, 및 당연히 문식을 해야 하지만 화보를 작성하지 않은 부분에 문식을 보충해서 그리는 등의 작업이다. 교정,확실한 묘사, 보충 회화의 일을 한다.

탄활㊥-摊펼탄活살활)단청 초고를 작성하는 것을 탄활 이라고 부른다. 단청 초를 내는 것.

탄흑유㊥-炭숯탄黑검을흑油기름유)검정 숯가루를 기름에 타서 만든 재료.

탈거-脫벗을탈去갈거)①껍질이나 껍데기를 벗겨버림. 또는 벗어 버림. ②탈출

탈락-脫벗을탁落떨어질락)떨어지거나 빠져 없어진다.

⑤⑧ 丹青分野韩中用语聚合

봉정사 닫집 천장

봉정사 닫집 천장모사도

탈리-脫벗을탁리離떼놓을리)벗어나 따로 떨어짐.=이탈(離脫)하다

탈색-脫벗을탈色빛색)[쌕]①들어있는 물색을 뺌. 빛깔 빼기 빛깔 빼기. ②빛이 바래 없어짐.

탑비-塔탑탑碑돌기둥비)탑과 비석.

탑신-塔탑탑身몸신)탑기단塔基壇)과 상륜相輪)사이의 탑의 몸.

탑-塔탑탑)①사리舍利)를 모시거나 공양·보은을 하거나, 또는 영지靈地)임을 나타내기 위하여 세운 건축물. 탑파塔婆). ②여러 층으로 높고 뾰족하게 세운 건축물의 총칭.

태극문-太클태極다할극紋무늬문) ①우리나라 태극기 중앙에 그려진 무늬. ②태극문, 2 태극, 3 태극에서 6 태극,8 태극 10 태극문도 있다.

태분㊥-太클태粉가루분)머리초 뒤쪽 직휘 끝선에 넓적한 곳.

태장계㊥-胎아이밸태藏감출장界지경계) 마치 태아가 모태에서 보호 양육되는 것과 같이, 여래如來)의 이理)즉 이성이 모든 중생 가운데 포함 ·내장되어 있다고 하는 밀교密教)의 세계상世界像). 금강계金剛界)에 대칭되는 말이다.

태좌㊥-台별태座자리좌)부처나 보살이 발을 디디고 있는 좌대. 상(上)하(下)부위.

태평화-太클태平평평할평花꽃화)단청 그림의 한 가지 정면正面)으로 보이게 그린 꽃 모양. 태평화는 영조법식에도 나오는 문양인데 우리나라에서 보는 태평화는 문양이 전혀 다르다. 선이나 모양이나 연계성이 없는 것으로 보아 우리는 우리의 자생적 단청문양이 발달되었음을 말해준다고 할 수 있다. 이는 우리나라 단청이 중국에 예속되어진 문화가 아닌 우리나라만의 독창적인 예술로 발전되어 왔음을 보여준다 하겠다.

탱주-撐버팀목탱柱기둥주)넘어지지 않게 버티는 기둥.

탱화-幀그림족자정畵그림화)신앙적인 교리나 믿음의 세 계를 그린 그림으로 족자나 액자를 만들어서 거는 불화佛畫)의 한 종류.

토담집-재목을 쓰지 않고 토담만 쌓아 그 위에 지붕을 덮어 지은 집. 토실土室). 토옥土屋).

토면-土흙토面낮면)맷돌로 갈아서 만든 밀가루인데 품질이 떨어진다.

토분땜질土흙토粉가루분)황토와 호분을 아교나 접착제에 혼합하여 벽 등의 벌어진 틈에 밀어 넣어서 땜질하는 행위.

토수-吐토할토首머리수) 지붕 네 귀의 추녀 끝에 끼는 용머리나 귀신 머리 모양의 장식 기와

토육색-土흙토肉고기육色빛색)석간주와 호분을 섞어 만든 색. 벽색으로 많이 사용한다.

토자㊥-土흙토籽씨앗자)흙가루.

토청-土흙토青푸를청)양청색에 황토색을 섞은 채색.

토칠㊥-土흙토漆옻칠)흙가루 칠.

토황삼색오묵공방심단청㊥-土흙토黃누를황三석삼色빛색五다섯오墨먹묵空빌공方모방心마음심) 바탕색이 황토색으로 되었고 선화 문양이 들어가고 고두문양이 들어간 단청

토황-土흙토黃누를황)황토색. 예부터 벽색으로 많이 사용하던 단청 채색.

통마루-툇마루를 제외한 안방과 건넌방 사이에 놓인 큰 마루.

통재기둥-通통할통材재목재柱기둥주)잇기 아니하고 2층 이상으로 올린 높은 기둥.

통회-通통할통灰재회)목면 위에 가득 휘감아 칠하는 것.소탕회掃蕩灰).

퇴군-腿다리퇴裙치마군)사천왕이나 군의의 다리를 가리는 부분

퇴연운㊥-退물러날퇴煙연기연雲구름운)소화시공에서 옅은 색으로부터 진한 색으로 한층한층 연운을 그리는 조작과정 이다. 초빛색 으로부터 이빛색 같은 즉 밝은 색에서 진한 색을 그리는 것.

툇기둥-退물러날퇴柱기둥주)툇간에 세운기둥.

툇집-툇칸)-退물러날퇴家집가)앞뒤쪽에툇기둥을 세우고 원채에 붙여 서 지은집.

파라문여-婆물결파羅벌일나門문문女계집여)바라문교의여자, 파라문=바라문.

파련문-芭連紋)파초 잎처럼 길고 넓적하게 그린 무늬가 연속적으로 뻐더 가게 그리는 무늬.

파리녹㊥-爬긁을파粉가루분攢모을찬退물러날퇴)도안의기본 층차 및 색채 변화는 찬퇴활 무늬와 같다. 다만 흰선은 튀어나온 역분선이고 그 위에 백색선을 그리며 행분은 역분선에서 간단히 묘사하여 선에 따라 파행爬行)하기 때문에 이 분야에서는 파분이라고 부르고 이런 찬퇴활은 파분찬퇴라 한다.

파리포㊥-玻璃布) 나일론천

파선화㊥-破깨뜨릴파旋돌선花꽃화)머리초 반바탕 쪽 골팽이.

⑤⑨ 丹青分野韩中用语聚合

봉정사 대웅전 내부 대량

봉정사대웅전내부

파자초㊥-把잡을파子아들자草풀초)태로 묶은, 좌우 혹은 상하 대칭된 개체 조직의 권초문 이다.

파정㊥-坡언덕파頂정수리정)경사진 지붕

파행㊥-爬긁을파行다닐행)짐승, 벌레 따위가 땅 위를 기어 다님.

판벽-板널빤지판壁벽벽)판자로 만든 벽. 널벽.

판소리-광대 한 사람이 고수鼓手)의 북장단에 맞추어 서사적인 사설辭說)을 노래와 말과 몸짓을 섞어 창극조唱劇調)로 부르는 민속 예술의 한 갈래. 조선 말기 이후 남도를 중심으로 발달함.

판상㊥-板널판지판狀형상)널 조각처럼 된 형상形狀).

판축기초판-阪비탈판築쌓을축基터기礎주춧초돌초)터파기를 하고 넓적한 돌을 두께20-30cm정도로 깔고 위에 토사를 넣어 다지는 것을 반복하여 축조한 기초.

팔보당㊥-八여덟팔寶보배보糖사탕탕)중국식 당속糖屬)의 한 가지.가루사탕에 여러 가지 빛깔을 낸 뒤 대강 끓인 다음 다섯모의 화판花瓣)을 새긴 판에 부어서 굳힌 것.

팔작집-八여들팔作지을작家집가) 귀에 추녀를 모두 단 집. 네 귀에 추녀를 모두 단 집. 팔작가家).

패루㊥-牌패패.樓다락루)지난날 중국에서, 경축하는 뜻을 나타내거나 도시의 미관을 위해서 큰 거리에 길을 가로질러 세우던 시설물. 옛날 차양이 있고, 둘 또는 네개의 기둥이 있는 장식용 건축물.

패분-貝조개패粉가루분)조가비를 빻은 가루. 사료로 씀. 패각분貝殼粉).

패왕권㊥-霸으뜸패王잉금왕拳주먹권)일종 예술 처리 양식인데 청대 노각량두에도 패왕을 만들었는데 패왕권은 권술 양식이다.

패왕㊥-霸으뜸패王잉금왕)패자霸者)와 왕자王者) 또는 패도霸道)와 왕도王道). (역)중국춘추시대春秋時代)에 제후諸侯)를 거느리어 천하를 다스리던 사람. 오패五霸)가 대표적임.

패총-貝塚)조개더미.

페인트-안료를 전색제展色劑)와 혼합한 것. 유성油性)페인트, 수성 페인트. 에나멜페인트의 3 종류가 있음. 빵기, 양칠, 도료塗料)

편금기룡㊥-片조각편金쇠금夔조심할기龍용룡)역분 첩금으로 표현한 기룡.

편금유운㊥-片조각편金쇠금流흐를유雲구름운)역분 첩금으로 표현한 유운.

편금㊥-片조각편金쇠금)금박지. 금박지 붙일 자리를 고르는 일.

편금㊥-片조각편金쇠금)단청의 일종. 첩금방식인데 화문의 외형 조형에 첩금하고 금색 화문 이외의 지자地子)는 기타 색깔로 표현한다.

편면초-蝙박쥐편面낯면草풀초)박쥐 얼굴 같은 모양을 그린 초.

편복문-蝙박쥐편蝠박쥐복紋무늬문)박쥐 비슷하게 그려진 무늬.

편상㊥-片조각편狀형상상)엷은 조각모양

편수-遍두루편首머리수)①공장의 우두머리.②공사장에서 공사 일을 시키는 사람. 지금의 현장소장.

편액㊥-扁넓적할편額이마액)비단 종이 널빤지 따위에 그림을 그리거나 글씨를 써서 방 안이나 문 위에 거는액자-額子).편제扁題).

편절문-鯿떡편卩몸기절紋무늬문)절편 떡의 무늬와 비슷하다고 해서 붙인 이름.

편필-便편할편筆붓필)납작한 붓.

평고대平평평할평高높을고臺돈대대)처마 끝에 가로로 놓은 오리목. 서까래 끝에나 부연 끝에 부연을 달기 전 길고 좁은 각목을 대고, 부연끝일 경우 기와장이 걸친다. 초매기初邁岐) 이매기二邁岐) 목수는 집을 짓는 순서대로 서까래 끝에 걸린 것을 초매기 라 부르고 화원은 단청하는 순서대로 부연 끝에 걸린 것을 초매기라 부른다. 끝에 가로로 놓은 오리목. 초매기⟷이매기

평금㊥-平평할평金쇠금)평첩금(平貼金)이라고도 부른다. 역분을 하지 않은 평면에 직접 금박을 붙이는 방법이다.

평기둥-平평평할평柱기둥주)한층 높이로 된 기둥.

평도㊥-平평평할평塗진흙도)같은 색으로 그리거나 채우는 것이다. 평평한 땅. 진흙이 많은 평평한 곳.

평반자- 가는 오리목을 가로 세로로 드문드문 질러 정井)자 모양을 만들어 종이로 평평하게 바른 반자.

평방-平평평할평枋다목방)①기둥 위에 초방初枋)을 짜고, 그 위에 수평으로 올려 놓은 나무.②공포를 받치기 위에 건너지르고 창방 위에 얹히는 가로재

평연-平위상연평평할평椽서까래연)들연. 일반 처마 밑에 있는 서까래.

평판방㊥-平평평할평板널판지판枋다목방)공포 등을 받기위하여 평주 위에 건너지르고 창방 위에 얹혀 있는 가로재. 우리말 평방.

⑥⓪ 丹青分野韩中用语聚合

봉정사대웅전내부 대량

봉정사대웅전내부 반자

평행귀서까래-平평평할평行갈행隅모퉁이우椽서까래연)추녀 옆에서부터 면서까래까지 귀서까래를 평행으로 건 것

포교㊥-包쌀포膠아교교)가루와 아교수를 배합하여 금박 붙일 곳을 칠하는 것.

포루一鋪펼포樓다락루)성벽위에나 성안에 지은 집. 성서城書)에는성체위에 있는 것을 포루라고 하였다. 성안에 있으면 포사鋪舍)라 한다.

포벽-包쌀포壁벽벽)①첨차와 첨차 사이 위쪽은 좁고 아래쪽은 넓은 벽. ②공포와 공포사이에 있는 평방 위의 벽.=불벽,

포복㊥-㊀包쌀포袱보자기복)단청 문식 조형 명칭이며 중, 초기에 복자袱子)라고 불렀다. 구조재의 중부에 위치해 있고 어떤 것은 하나의 구조재에 만 그리고 어떤 것은 2개 심지어 3개의 구조재에 걸쳐 그려져 반원형, 반능형 혹은 반타원형에 가까운 조형을 이룬다.

포복㊥-㊁包쌀포袱보자기복식)일반적으로 양복梁袱은 3단三段)으로 나누는데 중간에는 능형 포복包袱무늬를 그리고 첨단尖端) 부분에는 여의두如意頭)로 "별화別花)"를 만들며 내부에는 행룡行龍-) 및 권초卷草)를 그린다.

포석-鋪펼포石돌석)도로 포장에 쓰이는 돌.----• ~을 깔다.

포수-泡거품포水물수)헝겊, 종이 등에 무슨 액체를 바르는 일. 아교포수, 풀포수, 접착제 포수

포작-包쌀포作지을작)공포를 짜서 꾸민 것.

포-包쌀포)①장기짝의 하나. ②촛가지. ③동학東學)의 교구 또는 그 집회소.④동양 목조건축에서 처마를 길게 내밀고 처마 밑을 장식하기 위해 기둥, 평방, 창방 등의 위에 짧은 여러 부재를 짜놓은 것.

포황교㊥-包쌀포黃누를황膠아교교)황색 안료 가루에 아교수를 섞어서 배합하고 역분선을 만드는 것으로 푸른색이거나 또는 (어떤)진한 색을 위로 바르면 잘 나타나고 금박지를 붙인 후 잘 안 붙은 부분도 같은 황색이라 감쪽같이 숨겨진다. 단청에서 첩금하려는 부위에 아교 함량이 비교적 큰 황색을 밑받침하여 칠한다. 금박지를 붙이기 전에 밑색을 황색으로 칠하는 것을 말함.

포흔-布베포痕흉터흔)기와를 만들 때 기와틀에 씌운 마포麻布))의 흔적

표거풍동-飄나부낄표擧들거風바람풍動움직일동)바람에 옷깃이 휘 날리는 듯이 보임. 나부끼듯 한 그림이나 조각.

표구-表겉표具갖출구)그림의 뒷면·테두리에 종이나 천을 발라 꾸미는 일. 장황粧潢)책이나 회화 등의 보존과 감상을 위해 종이나 열지를 보충하여 족자, 병풍 따위로 만든 것을 말함. 중국에서 화조화나 인물화를 표현하는 데 많이 사용되었다.4

표대㊥-飄나부낄표帶띠대)허리 띠나 몸에 매는 띠가 나부끼는 듯이 보임.

표석-標우둠지표石돌석)푯돌----• ~을 세우다. 어떤 내용을 표시하여 세운 돌.

표일-飄회오리바람표逸달아날일)성품이 세상일에 거리끼지 않고 몹시 뛰어나게 훌륭하다.

표풍동-飄나부낄표.擧들거風바람풍.動움직일동)①바람이붊. ②바람에 불리듯 쏠려 좇음. 감화感化)됨.

풍경-風바람풍磬경쇠경)처마 끝에 매달아 바람이 부는 대로 흔들리어 소리가 나게 한 경쇠 풍령風鈴). 그윽한 ~ 소리. 작은 종 모양 안으로 고리가 되고 그 고리에 얇은 고기모양의 조각이 바람에 흔들리면 소리가 난다.

풍년초-豊풍년풍年해년草풀초)Hamamelis japonica. 금루매과에 딸린 갈 잎 떨기나무. 일본이 자생지이며 우리나라에서는 1923년에 처음 들어왔음. 이른 봄 다른 꽃에 앞서 노란색 갈라진 꽃을 피우는데, 우리나라에서의 개화기 는 3월 10일 경이며, 보통 제일 처음 피는 봄꽃으로 알려진 산수유나무 보다 5-10일이 빨라 화신花信)의 첫주자이다.. 관상수로 가꿈.

풍렬초-風바람풍迣막을렬草풀초)바람 구멍을 그림으로 막는다.

풍로㊥-風바람풍路길노)단청의 문식과 문식사이 및 문식과 그가 처한 부위의 가장자리 사이의 공간을 가리킨다.

풍연초-風바람풍颴작은바람연草풀초)①작은 바람이 드나드는 구멍이라는 뜻. ②누각 정자각 등의 건물 난간, 정각, 격간 등의 판때기에 구멍을 낸 곳. ③단청에는 주로 먹실에 분으로 빛을 넣고 간단하게 난간 또는 궁창 등에 많이 사용 한다.

풍운문-風바람풍雲구름운紋무늬문)바람에 날리는 구름을 그린 무늬.

풍판-風바람풍板널빤지판)맞배집으로 지은 전각. 신당의 두 쪽 박공 밑에 비바람을 막기 위하여 길이로 잇대는 널빤지.

⑥① 丹青分野韩中用语聚合

봉암사주지, 공사 수주자

봉암사 옛 일주분

봉암사대웅전

풍혈-風바람풍穴구멍혈)계풍界風)중앙에 바람구멍을 뜻한다. 네 곳을 꺾은 옆 타원형 돌림문양이 들어간다. 녹실, 황실, 먹기화만으로 끝내는 경우가 있다. 평방의 넓이가 아주 넓으면 돌림휘도 들어간다. 용, 봉, 학, 초룡문, 비인도 등이 오색구름과 같이 들어가기도 한다.

프레임-①틀, 테두리 ,얼개 ② 온상溫床),묘상苗床)

프리캐스트세그먼트(precastsegmental method, P.S.M./segment)를 현장으로 옮겨 가설장비를 이용해 상부 구조를 완성하는 공법)이 시작되었다.

피마자-蓖아주까리비麻삼마子아들자)①대극과의 한해살이풀. 높이 2m 정도 자란다. 잎은 손바닥 모양으로 크고 초가을에 엷은 홍자색 꽃이 피며 열매는 삭과. 어린잎은 식용함.=아주까리.②피마자 알맹이, 아주까리씨.

피마자유-蓖아주까리비麻삼마子아들자油기름유)아주까리 기름. 아주까리로 짠 기름. 완하제나 관장제灌腸劑) 또는 머릿기름 따위에 씀.

피마준-披헤칠피麻삼마皴주름준)마치 마麻)의 올을 풀어 놓은 것 같은 선을 같은 방향으로 반복하여 길게 그려 내린 모양으로 시작과 끝이 변화 없이 일정 한 굵기의 평행하는 선의 준법이다. 주로 흙이 부드러운 산의 모습을 표현한다.

피백-帔치마피帛비단백)당대 여자복장의 장식품

피조선㊥-皮가죽피條가지조線실선)①단청 부위 조형 명칭이다. 선자 단청 종류에서 조두의 사치화형斜梔花形)과 선화 규획선規劃線)사이에 위치해 있으며 화새 종류의 단청에서 조두의 규선광圭線光)과 피조규선皮條圭線)사이에 위치에 있다 색대色帶|)의 외부 윤곽은 검정선이다.②오늬 문늬로 된 머리초 문양. 피조선은 2줄로 갈라지고 상, 하 반쪽무늬와 중앙은 전채 문양이 되어있다.

하광좌㊥-下아래하框문테광座자리좌) 좌대 하단 아래쪽

하방-下아래하枋다목방)기둥과 기둥사이를 가로질러 대는 각목. 창방 바로 아래를 상방, 중앙에 있으면 중방, 가장 아래 있으면 하방이라 한다. 하인방下引枋)의 준말.

하앙계공포-下아래하昂오를앙系이을계_)공포를짜고 위에 경사져 내린 하앙을 뻗쳐 장식되는 계통의 공포(건물 예: 화암사 극락전)

하엽문-荷연하葉잎엽紋무늬문)연잎 무늬.

하엽㊀-荷연하葉잎엽)Chromium Oxizle Green 글자그대로 연잎 색깔이다. 어두운 쑥빛처럼 뇌록색을 띤다. 녹색 안료 중에서 가장 안정적이다. 열, 산, 알칼리에 영향 받지 않고 빛에도 강하며 공기, 물 등에 거의 변색하지 않는다. 옛날에는 양녹에 먹을 섞어 만들어 쓰기도 하였다.

하엽㊁-荷연하葉잎엽)연꽃잎.

하엽준-연꽃하葉잎엽皴주름준)선 모양이 연잎의 맥과 흡사 하다고 해서 붙은 이름인데, 선이 차분하면서도 부드러운 것이 특징이다. 주로 산봉우리 묘사에 사 용된다.물이 흘러내려 고랑이 생긴 산비탈 같은 효과를 내며 조맹부가 창안하였다. 하지만 전통적으로 규선광, 또는 귀선광龜線光)이라 부르며 이런 선은 합병 후 거북 등의 귀갑龜甲)무늬와 비슷하기에 선광자를 또 "실패線桄子ㅡ가운데 축이 있어서 회전할 수 있으며 축에다 실을 감음)라고도 부르며 이 부분의 선은 매우 많고 또 평행으로 배열되어 연의 실패와 비슷하다.

한 벌대-一한일段구분단臺돈대대)-외벌대)기단을 축조할 때 자연석 또는 장대석을 한켜만 놓아 만든 기단.

한봉㊥-焊말릴한撻襉맬봉)노통자 만들 때 한쪽은 뾰쪽 하게 한쪽은 크게 말린 끝부분이 생기는 선.

한양-閑막을한梁들보량)부연 개판 앞쪽의 각목. 뱃바닥.

한와-韓나라이름한瓦기와와)조선 기와.우리나라에서 생산된 한식 지붕에 잇는 기와들

합각-合합할합閣문설주각)지붕 위쪽 양옆에 박공으로 八자 모양을 이룬 각.

합자㊥-盒합합子아들자)단청 문식 조형 명칭이며 비교적 긴 구조재의 양단兩端)에 있으며 2갈래 고두사이의 정방형 혹은 장방형 지자地子) 내에 그려진, 이 바탕과 서로 엇갈리거나 중첩된 정방형 혹은 장방형, 정整) 혹은 파破) 형식의 문식 조형이다. 시합자死盒子)와 활힙자活盒子) 2가시 화법으로 나뉜다.

합자㊥-盒합합子아들자線줄선)8절(節)로 나눈 둥근 타원으로 되고 그 안에 용, 봉이나 기물 기타 그림이 그려지는 둘레의 태.

항아리-缸항아리항)아래 위가 좁고 배가 부른 질그릇의 하나. 물 항아리. 2.단청 문양 중 연화 상단에 석류등을 그리고 그 위쪽에 딱지처럼 그리는 문양. 인휘, 바자휘를 그릴 때 휘와 휘의 접기 사이에 넣는 문양. 쇠코문과 쇠코문 사이 그리는 문양. 생김새 는 반원형으로 되었고, 빛은 갓선은 대개 먹선만 하 고 빛은 먹선을 역으로 그린다.

(62) 丹青分野韩中用语聚合

봉암사 내부 창방 용초

봉암사 내부 창방 용초 와 역금직휘

해록결화장㊥-解풀해綠푸를록結맺을결華빛날화裝꾸밀장)해록장에 만약 꽃 장식이 있다면 해록결화장이라 부름.

해록장㊥-解풀해綠푸를녹裝꾸밀장)대개 두공 앙면에 쓰이며 면에 토주색을 전부 칠하고 외연은 청록색 첩훈으로 윤곽을 하며 일반적으로 면에 무늬를 그리지 않음.

해만단청㊥-海바다해墁흙손만)건축의상, 하가(下架) 구조재에 전부 제도한 무제한의 구도 격식으로서 방법이 임의적 특징을 띤 일종의 청대관식 단청이다.

해색준-解풀해索동아줄삭皴주름준)엉킨 노끈을 푸는 것처럼 그리는 기법으로 노를 젓는 동작과 같은 선이 모여서 이루어진 준법이다. 피마준이나 하엽준과 비슷하다.

해자-垓지경해子아들자)① 능陵)·원園)·묘墓) 등의 경계.② 성 밖으로 둘러 판 못.

해초풀-海바다해草풀초糊풀호)미역이나 바다풀을 끓여서 만든 바다 풀물. 회반죽에 섞으면 끈기가 있어 부착이 잘됨.

해치-獬해태해豸신령한치)해태의 본딧말.

해태-獬해태해豸신령한치)옳고 그름과 선악을 가릴 줄 안다고 하는 상상의 신기한 짐승. 사자와 비슷하나 머리 가운데 뿔이 있다고 한다. 석상으로 새겨 궁전 좌우에 세우며 고대 중국에서는 이 짐승을 본떠서 법관의 관을 만들었다. 사슴을 닮았으나 뿔이 하나인데 임금의 형벌이 도리에 맞지 않으면 조정에 나타난다고 한다.(=해치)

행각-行갈행,다닐행閣문설주각)궁궐·사찰 등의 정당正堂) 앞이나 좌우로 지은 줄행랑. 상방箱房)

행공첨차-行갈행工장인공檐처마첨遮막을차)공포의 외목도리와 장여를 받치는 첨차

행랑채-行갈행廊복도랑ㅡ)행랑으로 된 집채. 문간채. 대개는 대문간 좌우에 붙여짓기도 하고 정전 주위에 둘러지은 집.

행분㊥-行다닐행粉가루분)행분은 바로 도안의 외부 윤곽에 따라 흰선을 긋는 것을 말함. 시분. 밀가루. 분말. 화장품 기타.

행용㊥-行다닐행龍용룡)떠다니는 룡. 움직이는 듯이 그린 용.

행운-行다닐행雲구름운)흘러가는 구름

향교-鄕시골향校학교교) 고려·조선 때, 시골에 있던 문묘文廟)와 거기에 속한 관립官立) 학교.

향당㊥-饗울림향.堂집당)공간을 남기지 않아 지자地子) 내에 그린 화문이 지자 변두리까지 치밀어 오른 것이다.

향요㊥-顯나타날현曜빛날요)눈부시고 찬란함.

향환㊥-香향기향고리환環)귀걸이.

향회㊥-香향기향灰재회)부드러운 회,

허입허출㊥-虛빌허入들입虛빌허出날출)용필의 한가지 방법, 세밀화細密畵).

허튼층쌓기-막쌓기)불규칙한 돌을 사용하여 가로, 세로줄눈이 일정하게 되지 않게 흐트려 쌓는 일.

헌한포-軒집헌檻우리함包쌀포-난간포)다층집에 기둥밖으로 내어단 툇마루의 밑을 받쳐 괸 공포.

헛머리-虛빌허頭머리두)보나 왕지도리의 끝머리를 통재로 만들지 아니하고 따로 잘라 만들어 끼어놓은 머리

헛첨차-虛빌허檐처마첨遮막을차)기둥머리를 뚫고 내밀어 소로를 얹은 위에초제공을 받는 주심포계의 공포 재.

현괘-懸달현 卦걸괘) 내다가 겲.

현수곡선-지붕마루의 자연스런 곡선을 말함.

현실-玄검을현室집실) ①왕세자의 관棺)을 묻던 광중壙中). ②널방.

현안-懸매달현眼눈안)성위에서 성 바깥 바로 밑까지 길게 내리 뚫어 놓은 구멍. 성밑을 살피거나 성에 접근하는 적을 겨냥하여 낸 구멍.

혈료㊥-血피혈料재료료)가축의 피를 풀 모양으로 굳힌 것.

협시-脇겨드랑이협侍모실시)①좌우에서가까이 모심. 또는 그런 사람. ②같은 말: 협사夾士).

협접-蛺범나비협蝶들나비접)범나비처럼 생긴 태평화.

협축-夾낄협築쌓을축)성을 쌓을 때 중간에 흙이나 돌을 넣고 안밖에서 돌을 쌓는 것.

형전㊥-形모양형塼벽돌전)모양이 있는 벽돌

호단요과유칠㊥-紅丹腰果油漆)알키드 캐슈 페인트 일종의 새로운 페인트 도료이다.

호박돌기초-지름40-90ｃｍ되는 둥글넓적한 자연석을 초석으로 사용하는 기초.

호박색㊥-琥호박호珀호박박色빛색)황색으로 광택이 나고 투명하여 장식용 따위로 쓰임.

호석-護보호할호石돌석)둘레돌. 능묘의 봉토 주위를 둘러막아 쌓은 돌.

63 丹分野韩中用语聚合

봉암사 내부 용초

봉암사 내부 창방 용초 와 역금직휘

호선㊥-弧활호線줄선)활등 모양으로 굽은 선

호신륜㊥-乎어조사호身輪바퀴륜)법륜法輪)과 비슷하게 생긴 둥근 호신護身)용 기구.

혼금선자㊥-渾섞일혼金쇠금旋돌선子아들자)단청 전부의 색채를 모두 첩금으로 표현한 선자 단청이다. 금색으로 바탕색을 하고 선자고두 문양으로 한 단청.

혼금㊥-渾섞일혼金쇠금)기타 색깔을 사용하지 않고 전 부 첩금으로 표현한다.

홑처마-單홑단檐처마첨)부연을 다리 않고 처마 서까래만 걸어 꾸민 처마.

홍단㊥-紅붉을홍丹붉을단)연단鉛丹),연홍鉛紅) 이라고도 부르며 적등색의 결정 분말이다. (사산화삼납)녹방지 페인트 (紅丹防锈漆)

홍두깨흙-지붕기와 잇기에서 수키와 밑에 까는 진흙. 기와를 이을 때, 수키와가 붙어 있도록 그 밑에 괴는 반죽한 흙.

홑집-한 채만으로 된, 구조가 간단한 집.

화공안료㊥-化될화工장인공)일반적으로 근현대 화학공업생산의 안료를 가리킨다. 화보 만들기起譜子) 즉 회화 인원이 인력이 강한 크라프트지로 회화 시공을 하기 전에 구조재의 실제 사이즈에 따라 크라프트지에 원래 크기의 기준선을 그려 투사하는 작업이다.

화공-畵그림화功손공)그림을 그리는 일을 업으로 하는 사람. 화사畵師), 화수畵手).

화기-畵그림화記기록할기)연화소를 가리키는 말. 그림을 그린 년, 월, 일을 표시한 것.

화두재상방㊥-花꽃화头머리두在있을재上위상方모방)평방, 창방, 뺄목 낮짝.

하문-菱마름능花꽃화紋무늬문)마름모 모양으로 된 기하 학적 무늬.

화반-花꽃화盤소반소반)① 꽃을 담게 만든 자기(瓷器).

화보㊥-畵그림화譜게보보)크라프트지에 문양을 그리고 촛바늘로 구멍을 뚫어 사용하는 초지.

화새㊥-和화할화璽옥새새)잉금이 기거하는 궁전 중 최고로 잘 그리는 용. 또는 잘하는 단청. 단청 주체 프레임 대선은 "Σ"형을 운용하여 구성 특징으로 하는 일종의 청대 관식 단청으로서 주요하게 전당 건축을 장식하는데 사용되었다. 청대 초기에는 절활문切活紋) 묘기초描機草)라고 불렀다.

화엄강당-華빛날화嚴엄할엄講익힐강堂집당) 많은 덕행을 닦아서 덕과를 장엄하게 하는 것을 설론하는 집.

화염삼보주㊥-火불화焰불꽃염三석삼寶보배보珠구슬주)주위에 불꽃 도안을 그리고 내부에 3개의 보주(寶珠)를 그린 문식이다.

화염㊥-火불화焰불탈염)불타는 것, 불타는 모양을 그린 문양. 화조화나 인물화, 불화 또는 산수화 등에서 바름질할 때 물붓을 사용한다.

화판-花꽃화板널판)명. 청 가구의 문판, 난간 등에 무늬도안을 투각, 조각한 것을 화판이라 통칭한다.

확쇠-문지도리의 장부가 들어가는 데에 끼는, 확처럼 생긴 쇠.

활고두㊥-活살활箍테고頭머리두)두 갈래 고두선 사이에 곡절문曲折紋)을 그려 구성된 명칭을 중요시하는 한 가지 고두이다.

활주-活살활柱기둥주)무엇을 받치거나 버티는 데에 쓰는 굽은 기둥. 추녀 외쪽 끝에 바치는 기둥. 원형 8각형 모양도 있다.

활천화㊥-活살활天하늘천花꽃화)건축물 천장에서 뜯어 낼 수 있는 천화를 가리킨다.

활합자-㊥-活살활盒합합子아들자)연합자軟盒子) 라고도 한다. 조형 윤곽이 곡호형曲弧形)선으로 구성된 합자이다. 이 종류의 합자 밖에는 차각지岔)를 두어 절활 등 문식을 할 수 있다. 합자 내에 청대 단청 법규에 따라 각종 특정된 주제 문식을 그릴 수 있다.

황교-黃누를황膠아교교)황색 조합페인트.

황방울-밖으로 연화나 주화를 그리고 연화 나 주화 중앙에 황색으로 둥글게 그린 그림.

황실-黃누를황窯구멍을나르는실) 단청 문양에시 연화머리초나 주화미리초문양 등을 그리고 골팽이를 그린 후 일정한 간격으로 녹실선을 그어주고 그 옆으로 황선을 하나 더 그려주는 황선. 조선 초기까지는 녹실만 그리다가 중기로 오면서 황실이 그려졌다.

회각㊥-灰재회.殼질각껍)회를 나무껍질에 두껍게 바르는 것.

회랑㊥-回돌회廊복도랑)건축물 문과 홀, 대청 안에 설치한 2층 혹은 2층 이상의 만곡彎曲)형 복도이다.

회료㊥-灰재회料되질할료)세이료. 가공을 거친 동물의 피.

회립㊥-灰재회粒낟알립)회 알갱이

⑥④ 丹青分野韩中用语聚合

봉암사 내부 창방 용초와 역금직휘

봉암사 내부 창방 용초 와 역금직휘

회문㊥-回돌아올회紋무늬문)고두: 회문을 문식 내용으로 한 고두이다. 회화작품에서는 일반적으로 특수 방법의 기름 조색調色),단청 어느 부위의 조유罩油) 및 교잡膠砸)력분의 첨가료 등에 사용된다.

회유㊥-灰재회油기름유)기름으로 갠 회반죽.

회첨골-會모일회檐처마첨) 자형의 건물 평면에서 직교하는 지붕면이 마주치는 곳에 있는 지붕의 골짜기

회첨연-會모일회檐처마첨椽서까래연)지붕회첨에서 골추녀에 붙거나 지붕골 부분에 건 서까래.

회첨-會모일회檐처마첨) 처마가 'ㄱ'자 모양으로 꺾여 굽은 곳.

회층㊥-灰재회層층층)회 바른 두께. 회를 몇 번 바른 층층으로 된 두께.

획화-劃새길획畵그림화)도자기의 몸에 칼로 파서 새긴 그림.

횡선-橫가로횡線줄선)가로로 그은 줄. 가로줄 ↔종선(縱線)옆으로 누이다. 가로 지르다.

후광-後뒤후光빛광)①부처의 몸 뒤로부터 내비치는 배광背光).예)후광이 비치다. 광배光背). ②어떤 사물을 더욱 빛나게 하는 배경. 예)아버지 후광으로 출세하다. ③기독교 예술에서 성화聖畵)중의 인물을 감싸는 금빛.(그 인물의 영광을 나타냄)

후불-後뒤후佛부처불)①미래에 나타날 부처. 곧 미륵불.②불상 뒤에 모시는 그림 부처. 후불탱화. 후불 조각상.

후약㊥-厚두터울후約매즐약)어떤 사물의 두께를 말함.

훈색㊥-暈무리훈色빛색)극기 또는 각휘, 우리나라 직휘와 같은 문양 중 색 극기의 바탕색, 찬색 후 나머지 연한 색을 훈색이라고 함.

훈색㊥-暈현기증날훈色빛색)모종 짙은 색의 한측 혹은 양측 혹은 주위에 표현하는 색으로 그 짙은 색의 색상과 같고 색깔의 명도는 선명하게 옅으며 그 짙은 색에 대해 훈염 작용을 일이키는 색깔이다. 휘나 색 극기, 동흘림 따위같이 여러 색이 혼재하여 나타나는 색.

휘다리=휫다리-皹훨휘-)단청 현장에서 화원들간에 사용하는 숙어熟語).휘 문양을 말함.예)장단 휘다리 다되었나? 삼청 휘다리 이빛 다 넣었나? 그런 휘다리 쯤은 잘 그려라. 처음 왔으니 휘다리나 그려 봐라. 휘다리도 못 그리는 놈이 화원이냐.

휘장초-揮휘둘을휘裝꾸밀장草풀초)주의초에 휘장문양을 길게 그린 초.

휘채색법-暉빛휘彩무늬채色빛색法법법)①색동무늬처럼 여러 색을 만들어 칠하는 것. ②여러 색의 휘暉)

흉배-胸가슴흉背등배)①가슴과 등. ②가슴의 배부.↔흉복. ③조선 문무관의 관복의 가슴과 등에 붙이던 학이나 범 모양의 표장. 문관은 학을, 무관은 범을 각각 계급에 따라 다르게 붙였음.

흑도㊥-黑검을흑掏기릴도)각 구조재가 교차된 음각 부위에 먹선을 그리는 것, 즉 먹 기화를 가리킴.

흑두기-거친 돌면의 돌출부분을 쇠메로 대강 다듬는 일

흑로㊥-黑검을흑老늙을노)고두대목 단청 국부 명칭이며 부고두의 검은 색 부분에 위치해 있다. 머리초 중간에 우리나라 색직휘처럼 생긴 문양의 중앙에 그려진 먹선.

흑연자㊥-黑검을흑煙연기연子아들자)가루 먹, 숯 검댕이.

흑자홍㊥-黑검을흑.紫자주빛자.紅붉을홍)우리나라, 다자색.

흘소훈㊥-吃말더듬을흘小작을소暈현기증날훈) 선화판 바깥 둘레의 윤곽 부위에 화판에 따라 비교적 가는 흰 색선을 긋는 것이다. 분극기粉亟起)= 시분.

흩처마-單흩단檐처마첨)부연 달지 않은 서까래만 있는 집.

희문㊥-回돌아돌희올희.紋무늬문):rectangular spirals,구불구불한 만곡형의 무늬

제 13 장
문화재와 함께하는 사람들

이내嵐氣)

하루의 해가 지고 내일이 오건만 흘러버린 세월은 다시 안 오네
떠나 버린 마음은 다시 오려나? 기다리는 마음이 설레다.

단운촬영 글

강기완	강나영	강상만	강서영	강선중	강수학	강원	강인수	강희근

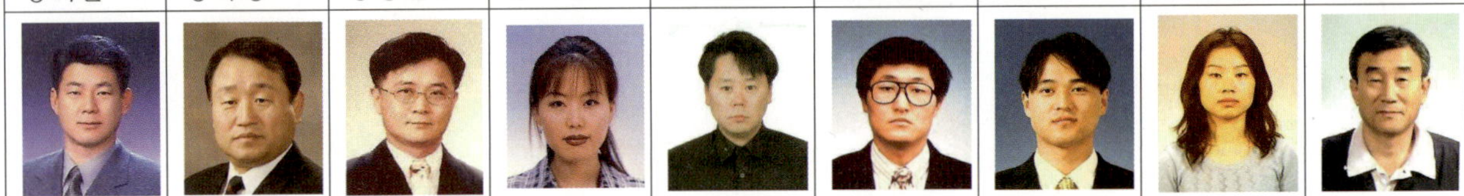

고광근	고문현	고범곤	고상아	고상현	고주환	구본능	구욱희	권당하

권석현	권순일	권희왕	금동욱	김갑배	김교성	김근수	김근화	김금옥

김긍식	김대성	김도경	김도래	김두용	김두하	김령이	김명원	김명해

김미혜	김민숙	김버들	김상임	김상조	김상회	김석권	김석순	김선덕

김성배	김성일	김성자	김영관	김영기	김영일	김왕직	김용진	김윤근

김윤기	김윤오	김의중	김재준	김정길	김정남	김종남	김종상	김종욱

김종철	김주연	김주현	김준영	김준웅	김중부	김지은	김지태	김진풍

김채금	김철응	김치중	김태경	김태조	김한승	김한옥	김현규	김현규

김현숙 김현욱 심현숭 김희정 나성택 남구 남기송 남시진 노송호

문현종 민경민 민정희 박경자 박관순 박귀숙 박기염 박기영 박문석

박문선 박병기 손정혜 손정호 손종석 손희옥 송윤주 송주현 신린범

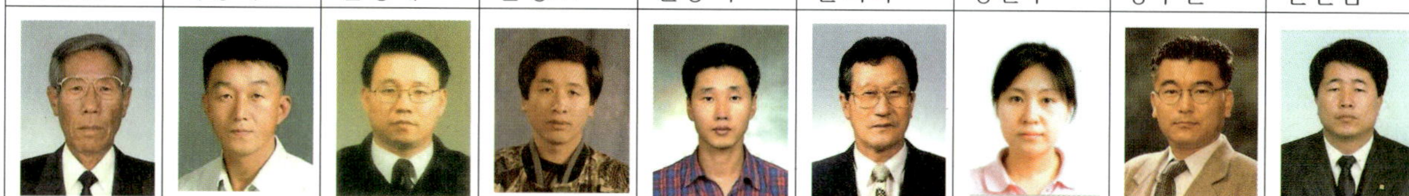

신언식 신영칠 신용모 신진환 신충남 신평식 신현실 심대섭 심창진

안경호 안상열 안정환 안준희 양경선 양선희 양승대 양용선 양윤식

양재영 양종찬 양준구 양준태 엄정현 엄태빈 염준태 예병욱 오무웅

오석근 오선영 오영철 오윤택 우만조 우정상 우종영 유경민 유광종

유문용 유병관 유병팔 유영호 유은주 윤명수 윤미화 윤보영 윤석락

윤소영 윤수열 윤용선 윤철중 이경승 이광훈 이규상 이근균 이낙천

이명원 이미영 이병국 이봉수 이상연 이상필 이상환 이성덕 이성자
이연승 이영식 이영주 이영호 이용철 이용훈 이운수 이은실 이은희
이유주 이인기 이인섭 이일선 이재근 이재수 이재욱 이재호 이정오
이정표 이주홍 이준호 이진욱 이진향 이춘동 이춘택 이태윤 이평우
이한식 이현 이현준 이형수 이형재 이호석 이화영 이희도 이희봉
임경식 임병식 임상규 임성옥 임전수 임호균 임효주 장명학 장성달
장수익 장순용 장영욱 장인수 장정일 장현석 전만규 전신예 전유태
정경용 정구환 정국선 정성헌 정세훈 정송희 정실숙 정양섭 정연상
정재국 정종현 정준구 정찬민 정춘식 정춘식 정혜원 조은 조계우

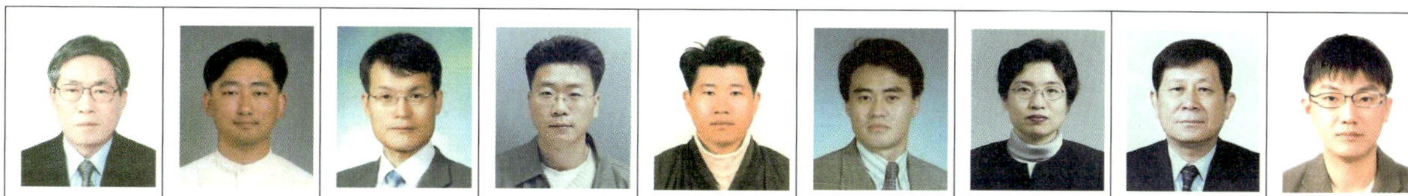

조남호 조상순 조웅익 조원형 조윤철 조인규 조정육 조준상 조한구

주광관 채관기 채영권 천성열 천성철 최근원 최금석 최상석 최성림

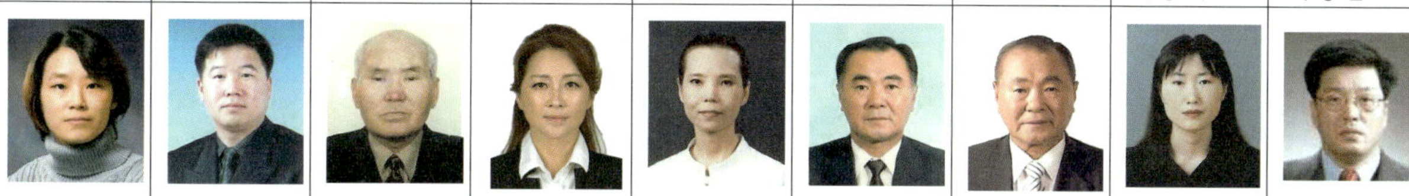

최성미 최성원 최승일 최문정 최영 최영식 최영식 최옥순 최용순

최우성 최원구 최원욱 최원해 최윤수 최종석 최종수 최창수 최희정

태인석 표명희 한덕진 한범준 한영조 한용환 한충현 함병진 함승태

허경도 허만욱 홍사섭 홍종일 홍지현 홍창원 홍춘희 황규원 황의수

황준원

한석성 신언수 김정석 박준주 박호규 신영훈 장경호 김동현 윤홍로

제 14 장
고건축 목재 분야 용어

청도 운문사 범종루 단운시공

畵(1) 고건축부위古建築部位)

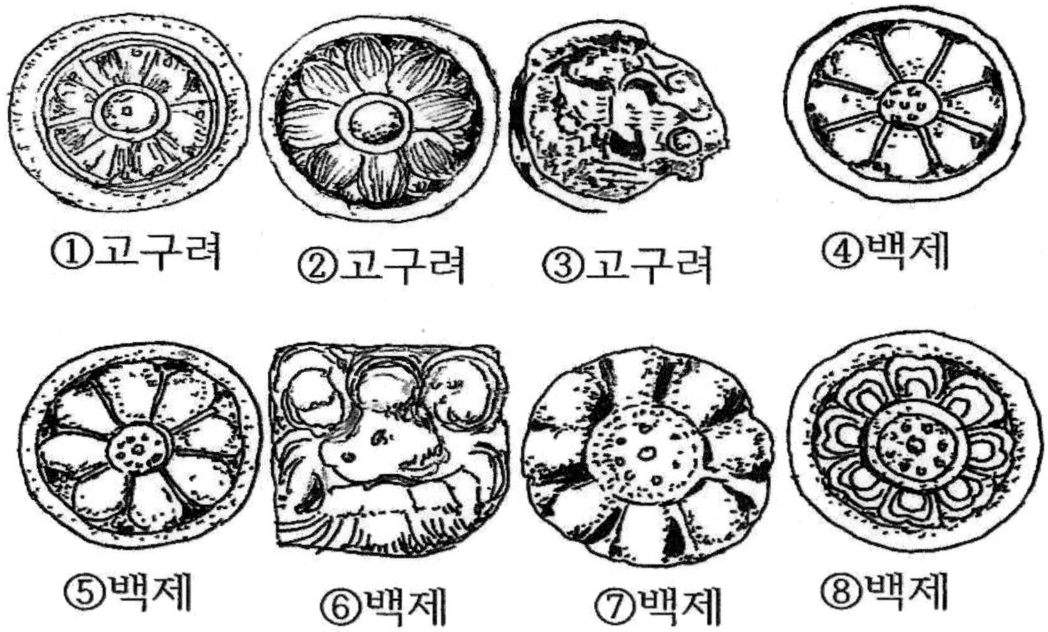

①고구려 숫막새 ②고구려 숫막새 ③고구려 인동화문 막새 ④ 백제 숫막새 ⑤백제 숫막새 ⑥백제 귀면문 막새 ⑦백제 서까래기와 ⑧신라 복면화문숫막새

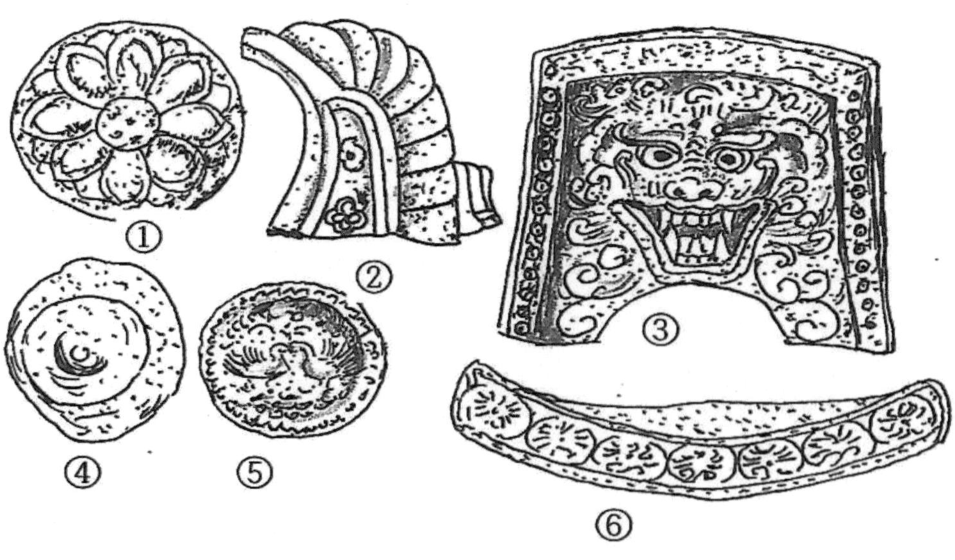

①산라 숫막새 ②신라 치미 ③신라귀 면 ④고려 쌍봉문
⑤고려 주문 숫막새 ⑥신라 인동당초문 암막새

丹云 그림

畵(2) 전통건축화서해문傳統建築畵書解紋)

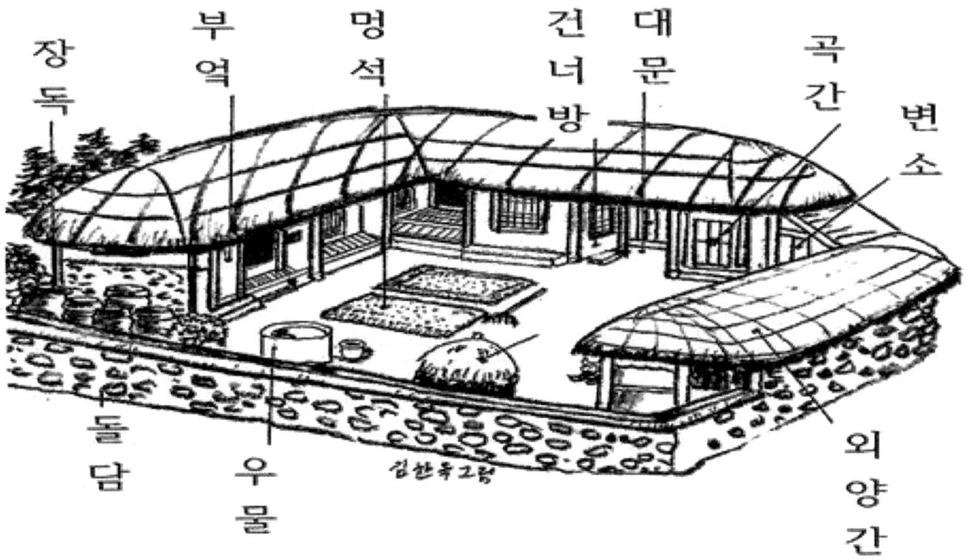

전통고건축용어해설傳統古建築用語解說

가첨석加檐石)비석 위에 지붕처럼 덮어 얹는 돌. 개석蓋石).

각연角椽)(방연)담면이 직사각형으로 된 서까래

각주角柱)① 네모진 기둥.② 〔수〕 '각기둥'의 구칭

갈碣)지붕돌을 얹지 아니하고 머리 부분을 둥글게 만든 작은 비석.

갈모산방一散枋)추녀가 얹힌 바로 옆 도리위에 가로놓아 선자 서까래 등을 첨차 올려 받쳐 괴는 부재

감새마루 박공 합각 박공 옆에 지붕마루를 꾸미지 아니하고 수키 와를 덮는 정도로 꾸민 내림마루

갑석一石)돌 위에 포개어 얹는 납작한 돌.

경계석境界石)경계의 표지로 세운 돌. 계석界石)

고사새끼 초가집의 지붕을 이을 때 먼저 지붕위에 잡는 버릿줄

고주집高柱閣)집채의 일부에 평주보다 높은 기둥을 써서 지은 집.

공포재栱包材)공포를 이르는 부재의 총칭,

개거開渠)① 위를 덮지 않고 그대로 터놓은 수로水路) 개수로 開水 路)② 철도나 궤도 밑을 가로 뚫어 도로·운하 등을 통 하게 하고 위를 터놓은 작은 도랑.↔암거暗渠).

계단階段) ① 오르내리기 위해 건물이나 비탈에 만든 층층대. 층계나선식~을 올라가다. ②어떤 일을 이루는 데 밟아야 할 순서. 단계

개와蓋瓦))【~하다 → 타동사】① 지붕에 기와를 임. ②'기와'의 잘못 흙이 나 시멘트 따위로 만든, 지붕을 이는 데 쓰는 물건.---• ~를 굽다.---• ~를 벗기다---•~를 올리다 지붕에 ~를 이다.◦ [속담] [기와 한 장 아껴서 대들보 썩힌다] 조그마한 것을 아끼다가 오히려 큰 손해를 본다.

개판蓋板)①서까래·부연(附椽)·목반자 따위의 위에 까는 널빤지.②장롱 따위의 맨 위에 모양을 내려고 댄 나무판.

객사客舍)나그네들이 묵을 수 있는 객지의 숙소. 조선조 때 지방 관아의 하나로 각 고을 마다 둠,

객주客主) 조선 때, 다른 지역에서 온 상인의 숙박을 치르며 물건을 맡아 팔거나 흥정을 붙여 주는 일을 하던 영업《주로 곡 류·담배·쇠 가죽 따위를 다룸》.~에 묵다.*여각旅閣). ◦

거친돌쌓기(마름돌 쌓기)석재의 거친 면을 다듬지 않고 접한 면만 대강 다듬어 쌓는 일.

격자창 格子窓):창살을 격자로 짠 창.

겉고살 이엉 위에 걸쳐대는 새끼

겹집(양통집)① 여러 채가 겹으로 된 집.② 한 개의 종마루 아래 방을 두 줄로 들인 집.

경계석境界石)경계의 표지로 세운 돌. 계석界石).

계단階段) ① 오르내리기 위해 건물이나 비탈에 만든 층층대. 층계나선식~을 올라가다. ②어떤 일을 이루는 데 밟아야 할 순서. 단계

계자난간鷄子欄干) 초각한 짧은 기둥으로 꾸민 난간

고도古都)옛 도읍.~의 자취

고도 古道)① 옛날에 다니던 길.② 옛날의 도의道義).

고미집 고미다락이 있는 집.

고사새끼 초가집의 지붕을 이을 때 먼저 지붕위에 잡는 버릿줄

畵(3) 옛건물 古建物)

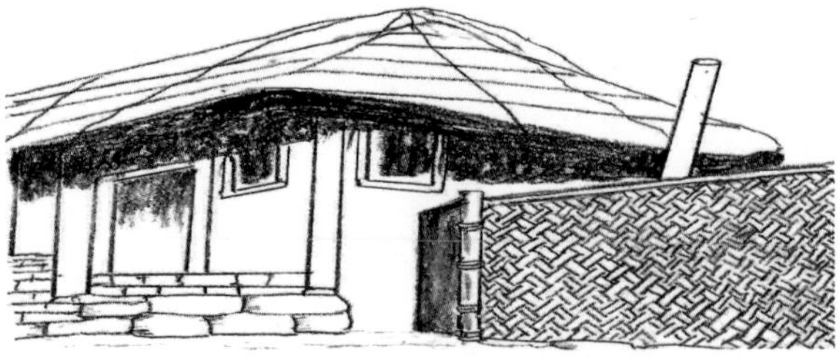

초가집 바자(笆子·把子)울타리

농가집

고직사庫直舍)(고지기집)과아의 창고를 감수하는 사람이 사는 집.
곡간 곡식을 두는 방이나 허청虛廳)
골목길 골목. 좁은 ~로 들어서다.
갈碣)지붕돌을 얹지 아니하고 머리 부분을 둥글게 만든 작은 비석.
갖은삼포一三包) 기둥과 기둥 사이에 삼포를 얹은 처마의 꾸밈새
까치구멍집 토담집이나 귀틀집의 용마루 좌우끝 합각머리에 작은 구멍을 낸 집.
꽃담花墻)담에 문양을 넣고 쌓은 담장
고미집 고미다락이 있는 집.
고미반자 굵은 나무를 건너지르고, 그 위에 산자를 엮고 진흙을 두껍게 바른 반자.
고주집高柱-): 세간으로 된 집을 중앙간이 높게 지은 집
고지대高地帶)높은 지대.~에는 수돗물이 잘 나오지 않는다.↔저지대.
곡간 곡식을 두는 방이나 허청虛廳)
곱물매 수평길이 1자에 대하여 수직높이 1자로 잡은 물매45°
골추녀谷春舌)(회첨추녀)지붕 회첨골에 처마도리와 중도리에 걸어
회첨 서까래를 받는 경사재
공포栱包·貢包)처마의 무게를 받치려고 기둥머리에 짜 맞추어 댄 나무 쪽.
공포재栱包材)공포를 이르는 부재의 총칭.
공안栱眼)첨차상부 소로와 소로사이에 활형으로 깎아 내거나 어깨의 옆면을 파 낸 것.
공栱槓)枓栱)목조 건물의 기둥위에 지붕을 받치며 장식하기 위에
올린 구조. 말뚝
골목길:골목.-• 좁은 ~로 들어서다.
골마루谷抹樓) ① 안방이나 건넌방에 딸린 골방같이 좁은 마루.②집과 집 사이 또 는 집의 가장자리에 잇따라 딸린 골처럼 좁고 긴 마루

괴석怪石)괴상하게 생긴 돌. 고석古石).
규형쌓기圭形積)성벽을 쌓을 때 위로 올라가면서 점차 뒤로 물려 곡선으로 되도록 쌓는 법.
구들장 방고래 위에 놓아 방바닥을 만드는 넓고 얇은 돌. 구들돌.
굽받침 주두나 소로의 굽을 돋우어 받친 것.
굴도리圓道里)둥글게 만든 도리.↔납도리
굴도리집 단면이 원형인 도리로 꾸민 집.
굴피집 굴피나무·상수리나무·참나무 등의 두꺼운 나무껍질로 지붕 을 인 집.
귀두鬼頭)재앙을 물리치기 위하여 종마루 양쪽 끝에 세운 도깨비 머리모양의 장식.
귀면기와鬼面瓦)내림마루 끝이나 사래마구리에 붙이는 귀신 장식기와
귀부龜趺)거북 모양을 한 비석의 받침돌.
귀틀집①큰 통나무를 '井' 자 모양으로 귀를 맞추고 틈을 흙으로 메워 지은 집. ~에 사는 화전민. ② 원시인이 살던 통나무 집.
그레질(그레,그랭이질)기둥을 세울 때 기둥 갓 둘레와 주춧돌이 꼭 맞게 그레머칼 로 그리는 일.
극락전極樂殿)아미타불을 본존(本尊)으로 모셔 둔 법당
거친돌쌓기(마름돌 쌓기)석재의 거친 면을 다듬지 않고 접한 면만 대강 다듬어 쌓 는 일.
격자창 格子窓):창살을 격자로 짠 창.
겹집(양통집)① 여러 채가 겹으로 된 집.② 한 개의 종마루 아래 방을 두 줄로 들 인 집
겹처마重檐)처마 서까래위에 부연을 달아 꾸민 처마
겉고살 이엉 위에 걸쳐대는 새끼
구들장 방고래 위에 놓아 방바닥을 만드는 넓고 얇은 돌. 구들돌.\
굴피집 굴피나무·상수리나무·참나무 등의 두꺼운 나무껍질로 지붕 을 인 집

畵(4) 옛건물 古建物)

수문水門)

홍주이문, 일각문一角門)

옛 도읍 옛 골목길

골목길

굴도리집 단면이 원형인 도리로 꾸민 집.
굽받침 주두나 소로의 굽을 돋우어 받친 것.
귀틀①마루청을 놓기 전에 먼저 가로세로 짜 놓은 틀.②통나무 따위로 가로세로 어 긋나게 '井' 자 모양으로 짠 틀.↔마루틀
귀틀집①큰 통나무를 '井' 자 모양으로 귀를 맞추고 틈을 흙으로 메워 지은 집. ~에 사는 화전민. ② 원시인이 살던 통나무 집.
귀포ㅡ包)①장기 둘 때에 궁밭의 귀에 놓은 포.~장기.②귀기 둥 위에 받친 공 포栱包).
귀한대隅限大)귓기둥에서 도리와 45°각도로 내민 포살미
귀한대제공隅限大諸工)귓기둥 위에 도리와 45도각도로 짜여진 제공
귓기둥隅柱)건물의 모퉁이나 구석에 세운 기둥.
교두翹頭)살미나 첨차의 밑면 끝을 활형으로 또는 원호형으로 깎아 낸 것.
교궁校宮)각 고을에 있는 문묘文廟). 재궁齋宮)*향교鄕校)
그레질(그레,그랭이질)기둥을 세울 때 기둥 갓 둘레와 주춧 돌이 꼭 맞게 그레머칼 로 그리는 일.
금당金堂)절의 본당本堂)을 이르는 말. 대웅전
기단基壇)건축물이나 비석 따위의 기초가 되는 단.
기와잇기 蓋瓦葺,瓦葺)산자 엮고 진흙을 얹고 그 위에 기와를 덮는 일. 와즙기와로 지붕을 임.
기왓골蓋瓦谷) '기왓고랑'의 준말~이 묻히도록 많은 눈이 내렸다
긴장혀長長舌) 도리와 같이 길게 건너지른 장혀
나무木材) 집을 짓거나 물건을 만드는 데 재료로 쓰는 재목.
낙양絡梁):누각이나 종각 같은 건물 창방 아래로 조각 하여달아 맨 널판자
낙양 기둥 상부의 측면과 창방하부 에 돌려 붙인 파련각 한 장식
낙수면落水面)탑,비의 옥개석 위에 빗물이 흘러내리는 면.
낙수받이落水ㅡ) ① 낙숫물이 한곳으로 모여 흐르도록 추녀 밑에 댄 홈통.② 낙숫 물을 받는 그릇
난간欄干·欄杆):층계나 다리의 가장자리에 일정한 높이로 막아 세 워 놓은 구조 물. ~에 기대다.
난간마루欄干ㅡ)난간을 세운 마루.
날개집:부속 건물이 주되는 집채의 좌우로 죽 뻗은 집.
납도리 모나게 만든 도리.↔굴도리.
낭떠러지 깎아지른 듯한 언덕. 현애懸崖).~아래로 떨어지다
내림새 한끝에 반달 모양의 혀가 붙은 암키와.↔막새.
내목도리內木道里)공포를 짜고 건물 내부로 건 도리
내외삼출목內外三出目)공포에서 첨차가 내,외로 세 번씩 나가 도리를 받친 것.
내탁內托)①평지에 성곽을 쌓을 때 안쪽에 구축한 성벽. ②큰 종기를 짼 후에 보 약을 먹어 쇠약한 몸을 보하는 일
내포內包)건물의 안쪽에 짜인 공포栱包)

畵(5) 옛건물 古建物)

시골집

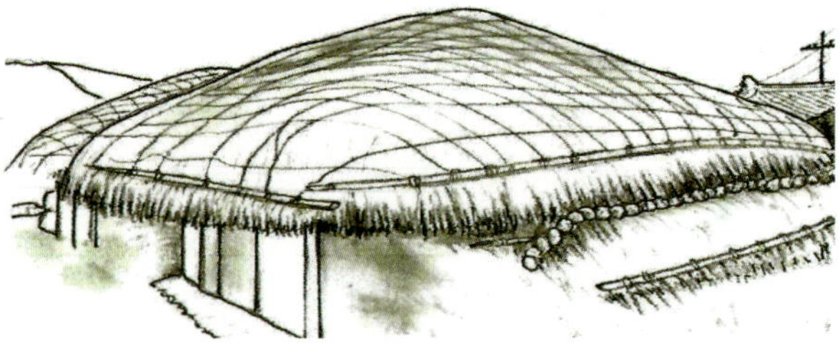

초가-지붕草家—)

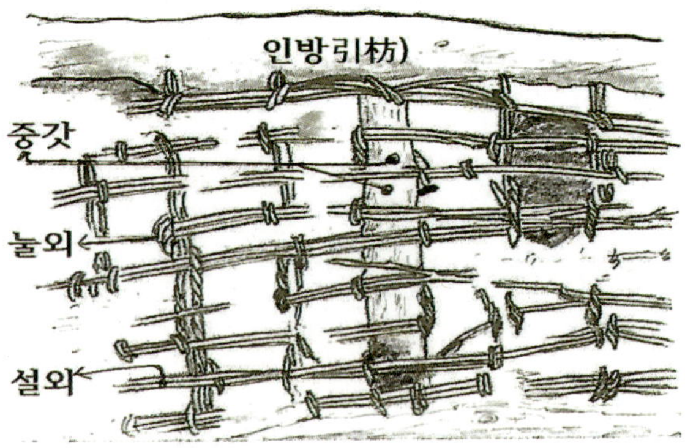

심벽心壁)

돌담집

너새 ① 지붕의 합각머리 양쪽으로 마루가 지도록 기와를 덮은 부분. 당마루.②지 붕을 이는 데 기와처럼 쓰는 얇은 돌 조각. 돌기와. 너와.

너새집 얇은 돌 조각으로 지붕을 인 집. 너와집.

너와집(너새집,투망집)'너새집'의 변한말

노둣돌 말에 오르거나 내릴 때 발돋움에 쓰려고 대문 앞에 놓은 큰 돌.하마석 下馬 石).↔노둣돌.

농가農家)농사를 짓는 사람의 집. 또는정. 농삿집.• 시골 ~

부채 ~ 소득을 늘리다 ~농가 옹 그 가기종기 모여 있다.

누각樓閣)사방이 탁 트이게 높이 지은 다락집.대각臺閣)【준말앞에】누樓)

누마루樓ㅡ)다락처럼 높게 만든 마루.

누조석漏槽石)물이 흘러내리도록 홈을 판돌, 성루 배수로 쓰인다.

눌외ㅡ椳)누울외'의 준말.

누울외벽 속에 가로로 대는 외.↔설외

누壘)(보루,성채,보성)작은성

누壘)베이스(base).

ㄷ자집:'ㄷ' 자 모양으로 만든 집. 종마루가 'ㄷ' 자로 됨.

다각집多角ㅡ) 한옥에서, 추녀의 마루가 여러 개로 된 집.

다듬돌쌓기 돌면을 평탄 하게 다듬어 쌓는 일

다포계공포多包系栱包)주심과 주심사이에도 공포를 배치한 양식의 공

포.

단고주칠량短高柱七樑):보樑)를 다섯줄로 얹어 두 칸 넓이가 되게 집을 짓는 방식.

단장혀短長舌) (단혀)도리 밑에 건너지르지 않고 짧게 받쳐 된 장혀

단청집丹靑家)단청으로 도채한집.

달개집① 원채에 달아낸 달개로 된 집.② 몸채의 뒤편 모서리에 낮게 지은 외양간.

달대釣木)상부재에 하부재를 달아매는 부재

당간幢竿)당幢)을 달아 세우는 대.

당幢)①궁중 무용인 헌천화獻天花) 춤에 쓰던 기의 하나.② 신라 때의 영문. 군軍) 의 한 단위.③ 법회 등의 의식이 있을 때, 절의 문 앞에 세우는 기.

당간지주幢竿支柱)당간을 받쳐 세우는 두 개의 기둥. 절 입구에 ~만 남아 있다.

대臺)장대將臺),성城),보堡),둔屯),술戌)등의 동서에 높이 쌓아올린 장수 의 지휘 대. 높이 쌓아서 사방을 바라 볼 수 있게 만든 곳.

대공 들보 위에 세운, 마룻보를 받치는 짧은 기둥.

대들보大ㅡ):① 큰 들보. 대량大樑).② 한 나라나 집안을 이끌어 나갈 만큼 중 심이 되는 중요한 사람의 비유.

대문大門)큰 문. 집의 정문. 앞대문.◦[대문 밖이 저승이라]㉠사람은언제 죽을 지 모른다는 말. ㉡머지않아 곧 죽게 될 것임의 비유.◦ [대문이 가문(家門)] 가문 이 아무리 높아도 가난해서 집채나 대문이 작으면 위엄이 없어 보인다는 말.

대성전大成殿)문묘 안에 공자의 위패를 모신 전각

대접받침 기둥머리의 장식으로 끼우는, 대접처럼 넓적하고 네모진 나무. 대접소 로 小欂). 주두柱枓).

畵(6) 옛건물 古建物)

육각정六角亭)

팔각정八角亭)

맞배집:

고지대건물

대접소로小櫨). 주두柱枓).

대접받침 기둥머리의 장식으로 끼우는, 대접처럼 넓적하고 네모진 나무.

대좌臺座)불상을 올려놓는 대(臺).

대청大廳)한옥에서, 몸채의 방과 방 사이에 있는 큰 마루. 대청마루. 당堂).【준말 앞에】청

대첨차大檐遮)소첨차보다 길게 하여 그 위에 얹어 짠첨차

뗀돌 채석장에서 떠낸 돌을 대강 석자 크기로 잘라 낸 돌.

도리:서까래를 받치기 위하여 기둥과 기둥 위에 건너지르는 나무.

도리道里)도리와 직각방향으로 걸어 서까래를 받은 수평재.

도드락다듬 고운정 다듬 한위에 드드락 망치를 쳐서 다듬는 일. 도드락망치의 날면 은 5센지미터 각에 각추형의 돌기가 25-100눈까지 있다.

도성都城)① 서울. ~을 옮기다 ~이 함락되다.② 도읍 둘레에 쌓은 성곽. 반월성 은 백제 ~으로 중요한 요새였다.

돈墩)(돈대,공심돈)성내의 높직한 곳에 쌓은 대

돌림띠①벽·천장 따위의 가장자리를 마무르거나 장식하기 위해 길게 돌려 댄 띠② 돌의 모서리를 날메를 대고 쳐서 접합부 가장자리를 곱게 다듬는 일,

돌담 돌로 쌓은 담

돌담집: 담을 돌 로 쌓은 집.

돌쩌귀 문짝을 문설주에 달고 여닫기 위한 쇠붙이로, 암수두개의 물건으로 됨

돌화 石確)돌에 구멍 뚫은 것

도행판圖行板)목수가널 합판 등에 건물 평면도지붕틀 평면 등 을 먹으 로 그린 것.

동네洞一)① 자기가 사는 집의 근처~사람 ~를 한 바퀴 돌다~가 떠들썩하게 잔치 를 벌이다.② 여러 집이 한 동아리를 이 루어 사는 곳. 동네 색시 믿고 장가 못 든다] 남을 막연하게 믿고 바라다가 일을 그르친다.

동재東齋)성균관이나 향교의 명륜당 앞 동쪽의, 유생이 거처하여 글을 읽던 집.

동무東廡)조선 때, 문묘 안에서 유현儒賢)의 위패를 배향配享) 하던 동쪽 행각 行閣).↔서무.

동바리童子)①툇마루나 좌판 밑에 괴는 짧은 기둥.【준말 앞에】동발.②〔광〕 갱 이 무너지지 않도록 갱의 양쪽에 버티어 세우는 통나무.

동바릿대 마르귀틀 ,멍에,동바리 밑을 받치는 즈춧돌

동자석童子石)① 사내아이의 형상을 새겨 무덤 앞에 세우는 돌.② 돌난간의 중 간에 세우는 짧은 돌기둥. 동자주柱).

되물매 수평길이와 수직높이가 같은 물매45°경사

된물매 경사가 심한 물매.

画(7)

솟을대문小設大門

솟을문小設門

홍살문

소슬대문小設大門

두공枓栱·杜空) 공청公廳)·불벽佛壁)에서 장화반長花盤)을 쓰지는 대신으로 쓰는

두겁돌 위에 뚜껑처럼 올려놓은 돌, 난간위에 가로 댄 긴돌 나무

두벌대二般地臺)두벌장대'의 준말.

두벌장대 一長臺)장대석長臺石)을 두 조각씩 포개어 쌓은 대.【준말 앞 에】두 벌대.

둔屯)진하다. 군대를 일정한 곳에 모아 수비하다. 진. 주둔군. 변경에 주둔 평상시 에는 농사일을 하고 유사시에는 군인의 일을 하는 제도.

덤벙주초 둥근 넓적한 자연석을 그대로 놓은 주춧돌. (호박돌 주초, 자연석주초 등 을 말한다.

디딤돌① 디디고 다닐 수 있게 드문드문 놓은 평평한 돌. 보석(步石).
----• 여울의 얕은 곳에 징검다리 ~이 놓이다.② 마루 아래 따위에 놓아 디 디고 오르내릴 수 있게 한 돌.③ 어떤 일을 이루는 데에 바탕이 되는 것의 비유. ----• 지난날의 실패를 재기의 ~로 삼다----• 양국 우호 증진에 ~을 마 련하다.

드무 궁전 건물 옆에 놓는 큰 그릇

뜬장혀浮長舌)별장혀)도리 바로밑에 평행으로 받쳐 거는 인방과 같은재

타구垜口)성 여장女牆)에 활이나 총을 쏠수 있게 갈라놓은 자리.

루樓)높은 건물·다락집·요릿집'의 뜻.

마름돌 일정한 치수의 크기로 잘라 놓은 돌.

마루적심:용마루의 뒷목을 눌러 박은 적심

마을① 시골에서, 여러 집이 모여 사는 곳. 동리. 촌락(村落).
고향 ~ 사람 어릴 적 한 ~에 살다~ 앞을 지나다.② 이웃에 놀러 다니는 일. 밤늦도록 ~ 나온 사람들의 정담이 그치지 않았다.

만살창 滿一窓):창살이 가로세로로 촘촘한 창.

마루적심목宗積心木)(종심목)마룻대의전후 서까래위에 눌러 박은 재

막돌쌓기 자연적으로 생긴 돌을 사용하여 다듬지 않고 쌓는 일

막새 ① 처마 끝을 잇는 수키와《한 끝에 둥그런 혀가 달리고 전자篆 字) 또는 그림 무늬가 있음》. 드림새. 막새기와.↔내림새.②처마 끝에 나온 암키와와 수키와.

막쌓기크기가 다른 돌을 불규칙하게 쌓는 일.

망대望臺)적이나 주위의 동정을 살피기 위하여 높이 세운 대. 망루望樓). 관각 觀閣).~에 오르다.

망루望樓)망대望臺).~에서 사방을 살피다

망새望斯)(망와) ① 전각·문루門樓)와 같은 큰 건물의 지붕 대마루 양쪽 머리에 얹는 기와. 치미鴟尾).②집의 합각머리나 너새 끝에 얹는용의 머리처럼 생긴 장 식. 용두龍頭)..

막장 귀서까래를 추녀에서부터 시작하여 마지막으로 면서까래 옆 거는 서까래.

맞배집: 지붕이 맞배지붕으로 된 집. 박공집. 뱃집.

머거불:지붕마루의 마구리에 대는 수키와.

머름: 모양을 내기 위해 미닫이 문지방 아래나 벽 아래 중방에 대는 널조각.

画(8)

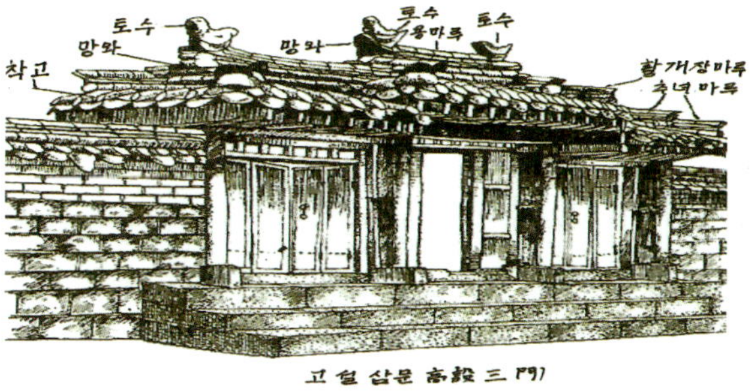

고슬삼문高設三門

개거시開渠視)

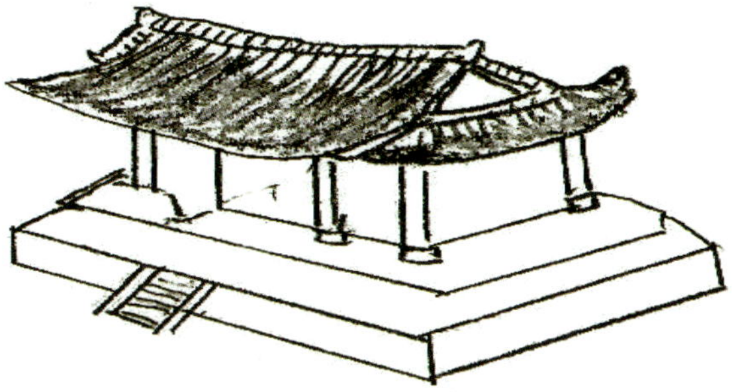

팔작집

삿갓집

멍에①마소의 목에 얹어 수레나 쟁기를 끌게 하는 '∧' 모양의 막대.②행동에 구속을 받거나 무거운 짐을 짐'의 비유. ~를 지다.③거룻배·돛단배 따위의 뱃전 밖으로 내민 창막이 각목의

멍에창방一昌枋)이 층으로 지은 집에서, 아래층 서까래의 위 끝을 받쳐 가로질러 놓은 재목.

멍석 날실은 새끼로 하고 씨실은 짚으로 하여 엮은 큰 자리《흔히 곡식을 너는데 씀.

면석面石)탑기단의 대석과 갑석 사이를 막아댄 넓은 돌.

명륜당明倫堂)성균관 안에 유학儒學)을 강론講論)하는 집

모끼연木只椽)(목끼연)박공, 까치박공 등의 박공널에 직각되게 거는 서까래.

모임집(우진각집)한채의 집 네귀에 추녀를 달아 용마루 까지 올려 지붕4면으로 빗 물이 흐르게 된 집

문간門間) 대문이나 중문(重門)이 있는 곳.~에 들어서다.

문간채門間一)대문간 곁에 있는 집채. 행랑채

문간방門間房)문간 옆에 있는 방.~에 세들어 살다.

물갈기 잔다듬한 돌면을 금강사나 숫돌로 미끈하게 갈아 마무리하는 것,

물익공勿翼工)母翼工)무익공

문골門一)문틀

문루門樓)궁문宮門)·성문 위에 지은 다락집.

문설주門楔柱)(선틀)문의 양쪽에 세워 문짝을 끼워 달게 된 기둥 선단【준말 앞 에】설주.

문선門線.門扇)문의 양쪽에 세워 문짝을 끼워 다는 기둥.

모접기:면접기, 귀접기 모서리를 깎아 좁은면을 내거나 둥글게 다듬는 것.

문묘文廟)공자(孔子)를 모신사당. 근궁. 성묘聖廟). 공자묘.【준말앞에】묘

미구:수키와 언강이 있는 부분.

미구기와 물림턱이 달린 수키와

미석眉石)석성石城)의 상부 여장밑에 얇은 판석을 약간 돌출 시켜 쌓은 돌.

민가民家) 일반 백성들이 사는 집. 민호民戶)

민도리'납도리'의 잘못.

민흘림기둥기둥뿌리는 굵고 위로가면서 직선적으로 가늘게 된기둥

물림깊이:암기와끼리 아래장과 윗 장이 겹쳐지는 길이.

묘갈墓碣)무덤 앞에 세우는 위가 둥그스름한 작은 돌비석.

묘표墓表)무덤 앞에 세우는 푯돌《죽은 사람의 성명·생년월일·행적 등을 새김》. 표석表石)

묘표墓標)묘비 따위와 같이 무덤 앞에 세우는 표시물.

무량갓 지붕의 용마루를 꾸미지 안이한 건물(덕수궁 대조전)

문묘文廟)공자孔子)를 모신사당. 근궁. 성묘聖廟). 공자묘.【준말앞에】묘.

문지방門地枋): 문설주 사이의 문 밑에 마루보다 조금 높게 가로댄 나무.

畫(9) 옛건물 古建物)

계단이 있는 집.

누각樓閣)

문- 집이나 건물 따위에서) 드나들거나 통할 수 있게 만든 여닫는 시 설《방문·대 문 따위

바른층쌓기 돌 한켜마다 가로 줄눈이 수평 되게 쌓는 일

바자笆子·把子) 대·갈대·수수깡 등으로 발처럼 엮거나 결은 물건《울타리를 만드는 데 씀》. 수숫대로 ~를 엮다

박공널牔栱ㅡ) 박공.

박공집 건물의 측면 좌우 끝에 박공을 달아 벽면상부가 삼각형으로 된 집

박석薄石) 넓적하고 얇은 돌. 기초석 주춧돌

반오량半五梁)=오량집 보다 보를 반으로 주려 집을 짓는 방식

반월교半月橋)반원으로 생긴 다리

반칠량가半七梁家)전면은 칠량, 후면은 오량.

발비(서살목) 서까래 위에 산자橵子)를 얹고 그 위에 덧까는 잡살뱅이 나뭇조각.

방고래 방의 구들장 밑으로 나 있는, 불길과 연기가 통하여 나가는 길. 갱동炕洞). 【준말 앞에】고래.

방구매기 초가지붕에서, 양쪽 추녀 끝보다 처마의 중간이 조금 배 부르게 하는 일. 귀에 오는 이엉을 둥글게 덮기 위해서 함.
↔일자매기

방연方椽)①단면이 정사각형 또는 직사각형인 서까래. 네모서**까래**.②굴도리 밑에 받치는 네모진 나무

방형方形)네모반듯한 모양.

방房)사람이 살거나 일을 하기 위하여 벽 따위로 막아 만든 공간.

배흘림기둥 기둥의 중간이 굵고 아래나 위로 가면서 점차 가늘게 된 기둥

백골집白骨家)단청이나 칠을 하지 않고 목재면을 그대로 둔 집.

뺄도리 도리머리가 벽 밖으로 나온 도리

번와翻瓦.燔瓦)지붕에 기와를 덮고 잇는 일.

법수法首):난간의 귀퉁이에 세운 기둥머리

벽련목劈鍊木)산판에서통나무를 대강 다듬은 재목.

벽선壁線)기둥에 붙여 세우는 네모진 굵은 나무.

별당別堂) ① 몸채의 곁이나 뒤에 따로 지은 집.② 절의 주지나

비각碑閣)안에 비를 세워 놓은 집. ~을 둘러보다.

비갈碑碣)비碑)와 갈碣).

비개석碑蓋石) 비신碑身) 위에 얹는 지붕 모양의 돌. 가첨석加檐石).

비석碑石)돌로 만든 비. 빗돌.~을 세우다~에 이름을 새기다.

비신碑身)비문을 새긴 비석의 몸체.

비좌碑座)비신碑身)을 세우는 대좌臺座).

비碑)사적을 기념하기 위해 돌·쇠붙이·나무 따위에 글을 새기어 세워놓은 것. 비 석.~를 세워 공덕을 기리다.

빗돌碑ㅡ)글자를 새겨서 세운 돌. 비석碑石).—• 업적을 ~에 새기다

빗반자 바닥을 한쪽으로 기울어지게 만든 반자.

변소便所)대소변을 보게 된 곳. 뒷간. 측간(廁間)

보머리梁頭)보뺄목)들보가 기둥을 뚫고 나온 끝 부분.

보습장 지붕의 처마 끝귀에 엇비슷이 보습 모양으로 다듬어 쓰는 암기와

보아지 기둥머리에 끼워 보의 짜임새를 보강하는 짧은 부재部材).

보堡)작은 성 둑 제방

보梁)기둥 또는 벽체 위에 수평으로 걸친 구조부재

복화반覆花盤)화판의 모양이 아래쪽이 넓고 위쪽이 좁은 것.

부도浮屠·浮圖)① 부처.② 고승高僧)이 죽은 뒤에 그 유골을 안치하여세운 둥근 돌탑. 승탑僧塔).③ 승려.

부섭지붕 서까래 윗머리를 다른벽에 지지시켜 달아낸 지붕

부연附椽·婦椽)처마 서까래의 끝에 덧얹는 네모지고 짧은 서까래 《처마가 번쩍 들리게 하여 모양을 내기 위해 씀》. 며느리서까래.

부엌 취사할 수 있게 일정한 시설을 갖추어 놓고 밥을 짓거나 그 밖의 음식을 만드 는 곳. 취사장.【준말 앞에】볔.◦ [부엌에 가면 더 먹을 까 방에 가면 더 먹을 까] 어느 쪽이 더 나을까 하여 망설이는 모양 을 비유적으로 이르는 말

画(10) 옛건물 古建物)

교橋

재실

다각집

팔작집

붙임혀 추녀의 양쪽 옆에 붙이는 반쪽의 서까래.

사갓천장(빗반자)삿갓모양으로 한 중간이 높게 된 반자

사고史庫)고려 말기부터 조선 후기까지실록 따위 역사에 관한 기이나 중요한 서적을 보관하던 정부의 서고.

사괴석四塊石)사고석)벽이나 돌담을 쌓는 데 쓰는, 한 사람이 네 덩이를 질 수 있을 만한 크기의 돌.

사괴쌓기四塊石積)20cm각 내외의 네모진 돌로 쌓는일

사래蛇羅)추녀 끝에 잇대어 댄 네모지고 짧은 서까래.

사랑舍廊)바깥주인´ 거처하며 손님을 대접하는 곳《안채와 떨어져 있음》.

사랑채舍廊ㅡ)사랑으로 쓰는 집채.

사량집)四樑ㅡ)사량으로 지은 집

사리舍利·奢利)① 부처나 성자의 유골《후세에는 화장한 뒤에 나오는 구슬 모양의것을 일컬음》. 사리골舍利骨). 불사리佛舍利).② 부처의 법신法身)의 자취인 경전經典).

사리공舍利孔)사리를 장치藏置)하기 위하여 탑에 파 놓은 구멍

사당祠堂)조상의 신주神主)를모셔 놓은 집. 가묘家廟).사우祠宇). ~에 위패를 모셔 놓다

사모정四ㅡ亭)네모반듯한 정자. 사각정四角亭).

산성山城)산 위에 쌓은 성.

산골山ㅡ) ① 깊은 산속. 산간山間) ~ 사람 깊은 ~ 외딴집.

산자橵子)지붕 서까래 위나 고미 위에 흙을 받치기 위해 엮어 까 는 나뭇개비나 수수깡. 산자발. ~를 받다

산탁山托)산의 경사면에 의지하여 쌓을 때 안쪽을 쌓을 필요가 없어 바깥쪽만 쌓게 되는 일

살광 부엌의 벽 중턱에 들인 선박.

살미山彌)궁궐이나 성문 따위의 기둥 위 도리 사이에 장식하는, 촛가지를 짜서 만든 물건

삼량三樑);보樑)를 석 줄로 놓아 한 칸통으로 집을 짓는 방식.

삼량집三樑ㅡ) 삼량으로 지은 **삼분두**三分頭)보머리 장여 뺄목 등의 끝을 모양나게 꺾어 잘라낸 형식 집

삿갓집 [삳깓찝]: 지붕을 삿갓 모양으로 지은 집.

삼포三包) 세 겹으로 된 공포(栱包).

상륜相輪)① 불탑 꼭대기의 수연水煙) 바로 밑에 있는, 청동으로 만든아홉 층의 둥 근 테. 구륜(九輪). 공륜空輪).② '상륜탑'의 준말

상연上椽)오량(五樑) 이상의 집에서, 마룻대에서 양쪽으로 급경사 지게 건 서까래.

상중도리上中道里)여러개의 도리를 걸 때 위쪽에 있는 중도리.

싼물매 경사가 보통보다 적은 물매

새긴창 ㅡ窓):여러 가지 꽃무늬 따위를 새겨서 만든 창.

새우흙 산자 또는 개판위에 보토를 깔고 바닥기와 (암기와)를 깔 때 그 좌 우 또는 밑의 빈틈에 다져넣은 진흙

서까래椽木)마룻대에서 도리 또는 보에 걸쳐 지른 나무《그위에산자(橵子)를 얹 음》. 연목椽木). 【준말 앞에】서

서무西廡)고려·조선 때, 문 묘文廟) 안에 유현儒賢)을 모신 집《대성전大 成殿) 서쪽에 있음》.↔동무東廡).

서재西齋)성균관이나 향교鄕校)의 명륜당 서쪽에 있던 집《유생이 거처하며 공부 하던 곳》

畫(11) 고건물 古建物)

객주집

궁전돌담길 댓돌(외벌대)

서원書院) 조선 때, 선비들이 모여 학문을 강론講論)하고, 석학碩 學)이나 충절로 죽은 사람을 제사 지내던 곳.

석등石燈) 돌로 네모지게 만든 등. 석등롱. 장명등. ---• 극락전 앞의 ~

석루조石漏槽):돌로 만든 수로水路)

석장물림三張重疊)(세겹이음)암기와장을 아래위에 석장씩 포개어 이어 올리는 것

석탑石塔)돌로 쌓은 탑. 돌탑. ---•5층

선단.① 홑두루마기의 앞섶이나 치마폭에 세로로 댄 단.② 〔건〕 문설주

설주ㅡ柱)문설주'의 준말.

설외 ㅡ椳)벽 속에 세로로 세워서 얽은 외.↔누울외.

성가퀴城堞)성 위에 낮게 쌓은 담《몸을 숨겨 적을 감시하거나 공격하는 곳》. 성첩城堞). 여장女墻)

성각城閣)성루城樓)↔성랑城廊)

성곽城郭·城廓)① 내성과 외성. ~을 쌓다.② 성과 성의 둘레

성루城樓)(성각)성곽의 곳곳에 세운 다락집. 성각城閣). 성랑城廊)

성석成石)회灰) 따위가 굳어서 돌처럼 됨. 현안懸眼)성위에서 성 바깥 바로 밑까지 길게 뚫어 놓은 구멍. 성 에 접근하는 적을 겨냥하여 낸 구멍

성균관成均館)조선때, 유교의 교육을 맡아보던 관아. 학궁學宮).태학太學).

성城)적을 막기 위해 높이 쌓은 큰 담이나 튼튼하게 지은 큰 건물. 또 는 그런 담으로 둘러싼 지역. ~을 지키다 ~을 쌓다 ~을 겹겹이 포위하다~을 함락시키다.

심방心枋)일각 대문 따위의 두 기둥 위를 가로지른 도리 같은 나 무

심벽心壁):흙으로 둑을 쌓을 때, 물이 밖으로 새지 않도록 진흙 같은 재료로 속을 다져 그 가운데 넣는 벽.

심초석心礎石)목조탑의 중심기둥을 받치는 긴 주춧돌

신방목信枋木)일각 대문의 기둥 밑에 가로 끼어댄 나무 띠장帶杖)판벽에 널을 박아대는 가로된 부재.

심고주心高柱)건물의 간사이 중앙에 세운 높은 기둥.

소란반자小欄ㅡ)↔ **우물반자=** 반자틀을 '井'자 여럿을 모은 것처럼 소란을 맞추어 짜 고 그 구멍마다 네모진 개판蓋板) 조각을 얹은 반자 현란懸欄).

소로小櫨)접시받침.※주두와 소로는 같은 모양인데 주두는 크고 소로는 작다

소루小累)접시받침.

소첨차小檐遮)주두위 또는 출목 쇠서위에 가로대는 짧은 첨차로서 그 위에 대접받침이 얹힘

속고살 지붕에 이엉을 이을 때 먼저 지붕위에 건너질러서 맨 새끼줄

솟을대공 두재를 人자형으로 맞버티어 짠 대공

솟을대문ㅡ大門) 행랑채의 지붕보다 높이 솟게 만든 대문. 고주 高柱) 대문.

솟을삼문: 행랑채의 지붕보다 높게 솟아 지은대문. 고주대문高柱大門). 소슬대문.

솟을화반徙花盤)창방과장여사이 에 人자형으로 된 받침

쇠서① 고기로서의 소의 혀.② '쇠서받침'의 준말.

쇠시리:기둥 모서리나 문살의 표면을 모를 접어 두 골이 나게 하는 일.

숫기와 牡瓦夫瓦)한옥기와의 암기와와 암기와 사이를 덮는 반원형의 기와

순각楯桷)폿집의 불벽佛壁)과 첨차檐遮) 사이 또는 첨차와 첨차 사이를

막는 판자.

순각반자巡閣盤子)각 출목도리, 장여 상호간의 사이를 출목 첨차 위쪽에서 막아댄 반자.

술戌)①지지地支)의 열한째.②'술시戌時)'의 준말.③ '술방戌方)'의 준말.

승두蠅頭)중도리가 보나 장여 위에 걸칠 때 기울지 않게 그 재에 직교하여 받치는 초새김한 짧은 재.

시골① 도시에서 떨어진 지방.~경.② 고향추석 때 ~에 다녀오다.

신방信防):일각 대문 등의 기둥 밑 좌우 양쪽에 받친 짧은 침목.

신방석信防石):일각 대문 등의 기둥 밑 좌우 양쪽에 받친 짧은

침목아래 돌판

수키와:두 암키와 사이를 엎어 잇는 기와.↔암키와.

수막새 막새'를 달리 이르는 말.↔암막새.

수문水門):저수지나 수로에 설치하여 수량을 조절하는 문. 물문

아귀토 ㅡ土)기와집 처마 끝에 있는 수키와 끝에 바르는 흙 또는 회삼물.

畫(12) 고건물 古建物)

수반있는 괴석과 돌담

계단과 정원

반월다리

동네입구

아자창 亞字窓):'亞' 자형 문살로 된 창.
안방一房)① 집 안채의 부엌에 붙은 방.② 안주인이 거처하는 방. 규방閨房). 내방內房).↔바깥방. ◦[속담][안방에 가면 시어머니 말 이 옳고, 부엌에 가면 며느리 말이 옳다] 양쪽의 말이 다 일리가 있어 시비를 밝히기 어렵다는 말.
안초공按草工)기둥머리에 얹어서 주심포(柱心包)를 받치는, 꽃무늬가 새겨진 널빤지
알매흙 한옥 집 기와를 이을 때 산자위에 까는 흙
알추녀 추녀 밑에 덧받침으로 대는 짧은 추녀.
암기와女瓦.牝瓦)(바닥기와)평면이 장방형이고 가로 단면이 오목한 원호 로 된 편편한 밑바닥에 까는 기와
암키와:지붕의 고랑이 되게 젖혀 놓는 기와.↔수키와.
암문暗門)성벽에 누樓) 없이 만든 문.
앙서仰舌)끝이 위로 삐죽하게 휘어 오른 쇠서
양생養生)콘크리트가 굳을 때까지 적당한 수분을 유지하고 충격 을 받거나 얼지 않도록 보호하고 관리하는 일
양성陽城.兩城)지붕용마루나 마루의수직면에 회사반죽 또는 회반죽을 바른 것
언강:수키와의 윗장에 끼이는 턱을 내고 물리게 한 부분.
여담女墻)성벽위에 둘려 싸여진 담 활,조총을 쏘기 위한 타구가 있다
여모중반 대청 앞마루 바닥에 가로지른 인방
여장女墻·女牆)성가퀴.
연등천장 사까래 사이의 개판 또는 앙토 밑이 그대로 치장이 되게 한 반자. 서까래 사이에 흙바름 이나 회바름 만 한 천장을 말함.
언덕 땅이 비탈지고 조금 높은 곳. 구릉丘陵).~ 위의 하얀 집.
연침聯針)(산적꽂이)서까래 끝머리에 구멍을 뚫고 연달아 꿰어 연결하는 가늘고 긴 나무.(참나무 가지, 싸리나무 등사용)
연함椽檻)서까래 끝의 평교대 위에 기왓골을 받기 위해, 암키와가 놓일 만한 길이로 총총하게 덧댄 나무
오량집五樑一) 오량으로 지은 집. 오량각.
오량五樑)보를 다섯줄로 얹어 두 칸 넓이가 되게 집을 짓는 방식.
오성지五星地)성위에 화재를 예방하기 위하여 물을 담아 두는 것성문에 접근하는 적병에게 끓는 물 또는 기름을 쏟아 내리게 하는 구유
오포五包) 촛가지가 다섯 개로 이루어진 공포(栱包).
옥개석屋蓋石)석탑이나 석등 따위의 위를 덮는 돌. 옥개
옥신석屋身石)석탑의 탑신塔身)을 이루는 돌.
옥척屋脊)용마루.
와구토瓦口土)아귀토'의 본딧말.

畫(13) 옛건물 古建物)

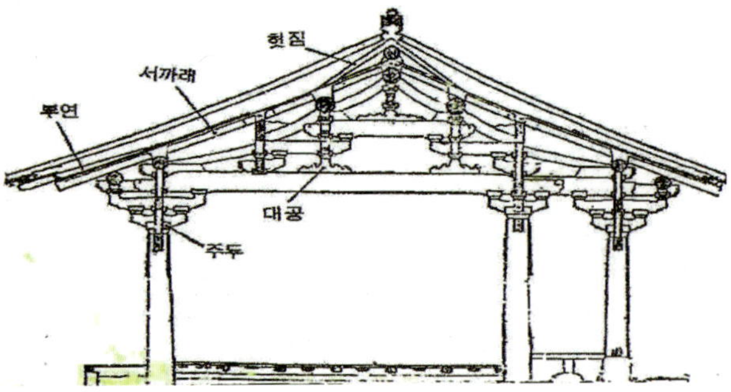

극락전

금당전면도

육모정六一亭):

산골 낭떠러지 기와집

외기外機)외기도리)층량에 직접 또는 동자기둥을 세우고 중도리를 저울대 모양으로 꾸민 것(합각지붕의 보꾹치장으로 꾸밀 때 쓰임

외목도리: 서까래를 얹기 위해 기둥의 중심선 바깥쪽에 걸치는 도리.

외양간一間)마소를 기르는 곳. 우사牛舍

완자창卍字窓):창살이 '卍' 자 모양으로 된 창. 만자창.

왕지 추녀나 박공 솟을각에 대는, 삼각형으로 깎은 암키와. 왕지기와

왕지기와 왕지. 처마 끝이 꺾이어 돌아가는 부분에 대는 기와

우미량一樑)가재 꼬리 모양으로 굽은 보

우물- 물을 긷기 위해 땅을 파서 지하수를 괴게 한 시설 [우물 들고 마시겠다] 성미가 몹시 급함을 비꼬는 말.우물 안 개구 리] 견문이 좁아 넓은 세상의 사정을 모름의 비유

우물반자 ↔소란 반자.

우물마루 짧은 널을 가로로, 긴 널을 세로로 놓아 짠 마루.

운각雲閣):기구器具) 따위의 가장자리에 새겨 넣은 구름 모양의 새김

운공雲工)이익공 공포에서 화반 상부에 가로 얹히어 장여와 도리 를 받는 초새김한 짧은 재.

우석隅石)(계단 우석,소맷돌)돌로 쌓은 담벽의 모서리 에 세운돌 귓돌, 돌계단의 옆을 막아 놓는 널찍한 돌.

우진각지붕 모임집

움집(움막.토막)움을 파고 지은 집《움막보다 조금 큼》. 토굴집.

옹성甕城·瓮城)① '철옹산성鐵甕山城)'의 준말.② 큰 성문을 지키기 위 해 성문 밖에 쌓은 작은 성

요사寮舍)① 학교나 공공 단체의 기숙사.②절에서, 승려들이 거처하는 방이 있는 집. 요사채.

용도勇道)양쪽에 여장을 쌓아 외성 또는 돌출 치성에 통하는 좁은 길

용두龍頭).①망새2.②손목시계나 회중 시계의 태엽을 감는 꼭지. ③용의 머리.

용마루 지붕의 마루. 옥척屋脊)

용마루대龍棟木)용마루 또는 지붕마루에 건 도리

용마름(용고새 초가의 용마루나 토담을 덮는, 'ㅅ' 자형으로 엮은이엉.

용머리龍一)꿀풀과의 여러해살이풀. 산지에 나는데, 줄기는 높이 30cm가량이고, 잎은 마주나며 잎자루가 없음. 여름에 보라색 꽃이 줄기 끝에 핌

용자창 用字窓):가로살 두 개와 세로살 하나로 '用' 자 모양으로 짠 창

용지판龍枝板)벽이 무너지지 않도록 문지방 옆에 대는 널빤지 조각.

원주圓柱)① 두리기둥.대리석 ~.②'원기둥'의 구용어.

월대月臺)대궐의 전각 따위의 앞에 세워 놓은 섬돌.

육모정六一亭):지붕이 여섯 모가 지게 지은 정자. 육각정. 여섯 개 의 직선에 싸인 평면. 육각六角)

육모정六-亭):지붕이 여섯 모가 지게 지은 정자. 육각정.

육축陸築)건물의 기초나 성곽을 지면위에 축조 하는 일**외당**外堂). 외실. ~에서 손님을 맞다.

외목도리外目一)서까래를 얹기 위해 기둥의 중심선 바깥쪽에 걸치는 도리.

외포外包)건물의 외부에 짜여진 공포

월대月臺)대궐의 전각 따위의 앞에 세워 놓은 섬돌.

이고주칠량二高柱七樑)(쌍고주칠량)내부에 두개의 고주를 세워 꾸민 칠 량지붕틀.

畵(14) 옛건물 古建物)

우진각지붕

뱃집 ↔박공집

이음발:지붕경사에따라 이은 기와 노출면의 길이.
이장泥匠)미장이↔미장공
이주석螭柱石):이무깃돌
이출목二出目)공포에 있어서 첨차가 두 번 괴어 나가 앉아서 도리를 받친 것.
이출목제공二出目諸工)기둥 중심에서 두번 또는 두 번째로 앉은 출목의 대공.
이익공二翼工)기둥머리에 두공과 창방에 교차되는 상하두개의 쇠서로 짜여 진 공포. 공포**재**栱包材)공포를 이르는 부재의 총칭
익공翼工) 첨차檐遮) 위에 소로小櫨)와 함께 얹는, 짧게 아로 새긴 나무.
익공翼工)첨차(檐遮) 위에 소로(小櫨)와 함께 얹는, 짧게 아로새긴 나무
익공계공포翼工系.栱包·貢包)처마의 무게를 받치려고 기둥머리에 짜 맞추어 댄 나 무쪽.
익공집翼工ㅡ) 기둥 위에 익공을 얹어 지은 집
익사翼舍)익당,날개집)주 건물의 좌우에 덧달아 이어 내린 집
인거재引鉅材사람이 톱질하여 제재한 재목
인방引枋) 기둥과 기둥 사이 또는 문이나창의 아래나 위로 가로지른 나무《상인방·하인방이 있음.
일각문一角門):일각 대문.
일고주오량一高柱五梁)고주 하나씩을 꾸면 오량 지붕틀
일고주칠량一高柱七樑)고주하나를 써서 꾸민 칠량 지붕틀
일자매기 서까래 끝을 '一' 자와 같게 자르는 일.↔방구매기.
일출목一出目)공포에 있어서 첨차가 한자리 나가 앉아서도 도리를 받친 것.
일출목이익공一出木二翼工)이익공 건물외부에 일출목으로 한 이익공
일출목제공一出目諸工)기둥중심에서 한번 또는 첫 번째로 앉은 출목의 제공
이방吏房)①조선 때, 승정원承政院)의 육방六房)가운데 승지承旨) 아래 딸려 문관의 인사·비서 따위의 사무를 맡아보던 관아.
이방耳枋)귀평방 머리위에 얹어 귀의 포를 받치는 짧은 재.
잔다듬 돌면을 도드락다듬한 후 날망치로 다듬질 하는 것.
잡상 雜像):궁전의 추녀·용마루 또는 박공머리 위의 수키와 위에 덧얹는 여러 가 지 짐승 형상이나 손오공(孫悟空)
장대석長臺石) 섬돌 층계나 축대에 쓰려고 길게 다듬은 돌.【준말 앞에】장대.
장대석기초長臺石基礎)지정위에 장댓돌을 가로 길게 놓은 기초
장독醬ㅡ)간장·고추장·된장을 담아 두거나 담그는 독.
장마루長ㅡ)긴 널을 죽죽 깔아 만든 마루
장귀틀童耳機) 마루 귀틀 가운데 세로로 놓이는 가장 긴 귀틀
장예 지붕가구에서 서까래가 걸리는 각도
장선長線)마루 밑에 대어 마루청을 받치게 된 나무.
장안문長安門)성문이름
장여장러長欐) 도리 밑에서 도리를 받치고 있는 길고 모진 나무.
전붕판문前棚板門)추녀 끝에 달아맨 기왓장.
전붕판문 추녀 마구리에 끼워다는 조각된 기왓장
적대敵臺)적을 조망眺望)할 수 있는 넓고 평평한 성곽
적대敵臺)성문 양옆에 외부로 돌출 시켜 옹성과 성문을 적으로부터 방어하기 위한 방형方形)의 대臺)
적심 ① 알매흙 위에 물매를 잡기 위해 보강하는 잡목.② 마루나 서까래의 뒷목을 보강하기 위해 큰 원목을 눌러 박은 것. '積心'으로 씀은 취음
적새積瓦)① 기와집 지붕마루를 포개어 덮어 쌓는 암키와.② 초가집 지붕마루에 이엉을 물매가 지게 틀어 덮은 것
전사청典祀廳)문묘 서원 향교 등에서 제향의 물건을 맡아보는 집채.
전묘후학배치前廟後學配置)문묘,서원 향교등의 각 건물 배치법 으로 앞쪽에 묘당을 뒤쪽에 학업용 건물을 배치한 것. ↔전학 후묘
절병통節甁桶):궁전이나 정자 따위의 지붕마루의 가운데에 세우는 탑 모양의 장식.
접시받침 두공·첨차·한대·제공·장여·화반 따위의 사이에 틈틈이 끼우는 네모 진 나무. 소로小櫨)
정다듬 돌면을 정으로 쪼아 편편하게 다듬는 일
정료대庭燎臺)횃불을 피워 놓은 뜰에 세운 기둥모양의 대臺)

画(15) 석축성곽石築.城郭·城廓)

드무

재각

정원庭園)집 안의 뜰이나 꽃밭

정자각丁字閣)능에서 제사를 지내기 위하여 봉분 앞에 '丁'자 모양으로지은 집.

지붕널蓋板)서까래·부연附椽)·목반자 따위의 위에 까는 널빤지.②장롱 따위의 맨 위에 모양을 내려고 댄 나무판

재각齋閣) 재실齋室)

교궁校宮)각 고을에 있는 문묘文廟). 재궁齋宮)*향교鄕校).

재궁齋宮)① 교궁校宮).② 재실齋室)

재실 齋室)①능이나 종묘 등의 제사 지내는 집. 재전齋殿).②무덤·사당 옆에 제사 지내려고 지은 집. 재각齋閣). 재궁齋宮).③ 문묘文廟)에서, 유생儒生)들이 공부 하던 집.

재주두再柱頭)이익공 집에서 주두 위 이익공 두공 위에 얹어 장여와 보를 받는 주 두

제기고祭器庫)제사때 쓰는 제사 기구를 넣어 두는 창고.

재실齋室)①능이나 종묘 등의 제사 지내는 집. 재전齋殿).②무덤·사당 옆에 제사 지내려고 지은 집. 재각齋閣). 재궁齋宮).③문묘文廟)에서, 생儒生)들이 공부하 던 집.

중교두重翹頭)내외포 살미의 끝머리가 교두로 되고 또 두 번 거듭 자아올린 포작

종도리宗道里)(마룻대 마룻도리)지붕마루에 수평으로 걸어 좌우 지붕면상연의 위 끝을 받는도리.

종묘宗廟)조선 때, 역대 임금과 왕비의 위패를 모시던 왕실의사당.
대묘大廟). 태묘太廟).【준말 앞에】묘廟).

쪽마루:한두 조각의 통널을 가로로 대어 만든 툇마루

주두柱枓·柱頭)대접받침.

주간柱間):기둥과 기둥사이.

주선柱線) 문설주

주심도리柱心道里(주도리. 기둥위에 놓인 도리.

주심포계공포柱心包系栱包)공포가 주신위에만 짜여 진양식의 공포.

주심포집柱心包家)기둥의 중심. 공포가 기둥위로 꾸며진 집

주좌柱座)주초 상면에 기둥을 받치는 부분을 약간 높게 만든 자리

주춧돌柱礎石)(초석)주추로 쓰인 돌. 모퉁잇돌. 초석礎石).~을 놓다.

중깃中桀)(중깃대) 벽 사이에 욋가지를 대고 엮기 위해 듬성듬성 세우는 가는 기둥

중교두重翹頭)내외포살미의 끝머리가 교두로되고 또 두세번 거듭 자아 올린 포 작.

중귀틀中耳機)동棟)귀틀 사이를 막아 낀 귀틀

중도리中ㅡ)동자기둥에 가로 얹은 중간 도리.

제공諸貢.齊工)공포에 있어서 첨차와 살미가 층층으로 짜여 진 제공

착고着固着高)지붕마루 기와골 위끝을 막아 대는 기와

착고판着高板)구획된 좁은 간 사이를 막아낸 널.

찬철鑽鐵)금강사.

창문窓門)공기가 드나들고 빛이 들어올 수 있게, 또는 밖을 내다 볼 수 있도록 벽 이나 지붕에 만들어 놓은 작은 문.

창방'昌枋昌防')대청위의 장여 밑에 다는 넓적한 도리. 오량五樑) 집에 모 양을 내기 위하여 닮.'昌枋'·'昌防'으로 씀

채석採石)돌산이나 바위에서 석재를 떠 냄.

처마지붕의 도리 밖으로 내민 부분. ~ 밑에서 잠시 비를 피하다.

천장天障)① 보꾹.② 반자의 겉면.~에 매달린 전등.③주식거래에서, 일 정 기간 중에 시세가 가장 오른 정점(頂點).↔바닥.

첨차檐遮):삼포(三包) 이상의 집에 있는 꾸밈새. 초제공·이제 공 따위의 가운데에 어긋나게 맞추어 짬.

청판廳板)마루청.

치미鴟尾)망새1

치미鴟尾):용마루 끝에 날짐승 꼬리모양의 장식기와.

치雉)성벽에서 돌출시켜쌓은 성벽

칠량가七樑家)도리가 7개로 된 지붕틀

칠량七樑)크고 너른 집을 지을 때, 지붕 상연上椽)의 경사를 더 급하게 하 기 위해 오량五樑)보다 도리를 두 개 늘인 지붕틀 의 꾸밈새.

초가집草家ㅡ)초가草家)**초가**草家).볏짚·밀짚·갈대 등으로 이엉을 엮어 지붕을 인 집. 초가 집. 초려. 초옥.-• 농촌 지붕 개량 사업으로 ~가 사라졌다.

画(16)

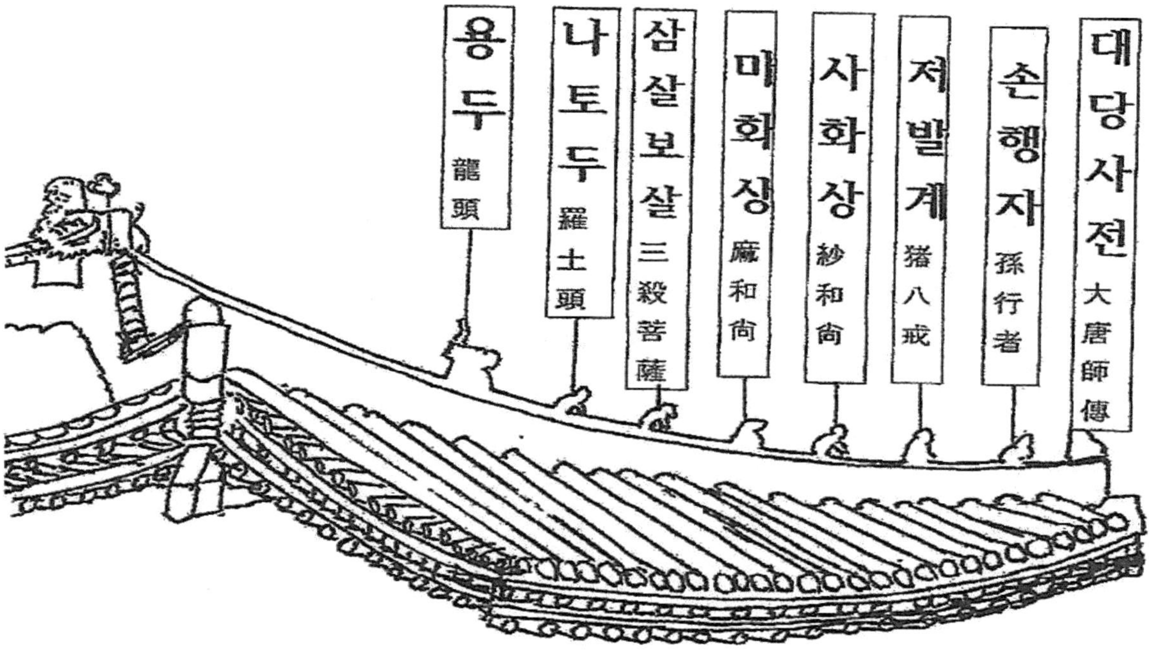

초가리기와 목부재 끝마구리에 붙이는 치장용기와 , 중앙에 못 구멍이 있음. 연목, 부연, 추녀, 사래 끝면에 붙임.

초석礎石)① 주춧돌.② 어떤 사물의 기초를 비유적으로 이르는 말.

---• 나라의 ~• 건국의 ~이 되다.

초장 추녀, 사래의 옆에 붙은 첫 번째의 귀서까래

초제공初提栱):주삼포柱三包)의 집에는 기둥 위에 초방初枋)과 교차하여 짜고, 삼 포三包) 이상의 집에는 기둥머리 위에 장화반長花盤) 교차하여 짜는 물건

촛가지한옥에서, 초제공初提栱)·이제공에 쑥쑥 내민 쇠서받침

총안銃眼) 몸을 숨긴 채로 적을 향하여 총을 내쏠 수 있게 보루 堡壘)· 성벽 등에 뚫어 놓은 구멍.*포안.

추녀春舌) 네모지고 끝이 번쩍 들린, 처마의 네 귀에 있는 큰 서까래. 또는 그 부 분의 처마. ~에 고드름이 달리다

추녀각春舌刻)겹처마의 귀에서 추녀위에 얹은 짧은 추녀모양의 재

추녀각春舌刻)추녀 끝에 새김질 한 것.

출목出目

취두鷲頭):지붕마루의 양끝머리에 망새 머리 모양을 새긴 장식기 와. 국가 사회적으로 격식이 높은 건물에만 사용함.)중심에 대하여 밖으로 나가 앉은 것.

충량衝梁)한끝은 기둥에 짜이고 다른끝은 들보에 걸치게된 측면의 보.

층단반자層段天障)천장의 갓둘레 또 는 또는 그 일부를 한단 낮게 하거나 높게 하 여 중간부와 층이 지게 만든 천장

타구垜口)성 여장女牆)에 활이나 총을 쏠수 있게 갈라놓은 자리.

탑신塔身)(옥신屋身)탑기단塔基壇)과 상륜相輪) 사이의 탑의 몸

토담집土담屋) 재목을 쓰지 않고 토담만 쌓아 그 위에 지붕을 덮어 지은 집. 토실 土室). 토옥土屋)

통마루 툇마루를 제외한 안방과 건넌방 사이에 놓인 큰 마루

통재기둥通材柱)잇기안하고2층이상까지 단일재로 만든 기둥

툇마루退ㅡ) 원칸살 밖에 달아 낸 마루.~에 걸터앉다

퇴사량退四梁):보樑)를 한줄로 놓아 한칸 통으로 집을 짓는 방식

툇기둥退ㅡ) 툇간에 딸린 기둥. 퇴주(退柱)

툇집退家)전후면에 툇기둥을 세우고 원채에 붙여서 지은 집.

판대공板臺공)널판으로 만든 대공의 총칭

팔각정八角亭): 지붕이 여덟 모가 지게 지은 정자亭子). 팔모정.

팔작집 八作ㅡ): 네 귀에 추녀를 모두 단 집. 팔작가家).

포대공包臺工)대들보나 종보위에 포작으로 만든 대공

포루鋪樓)성벽위나 성내에 지은 집. 성서城書)에는 성체위에 있는 것을루라고 기록 됨. 성안에 있으면 포사鋪舍)라고 하였다

포흔布痕):기와를 빚을 때 기와틀 에 씌운 마포의 흔적.

画(17)

타구垜口)성 여장女牆)에 활이나 총을 쏠수 있게 갈라놓은 자리.
탑신塔身)(옥신屋身)탑기단塔基壇)과 상륜相輪) 사이의 탑의 몸
토담집土담屋) 재목을 쓰지 않고 토담만 쌓아 그 위에 지붕을 덮어 지은 집. 토실 土室). 토옥土屋)
통마루 툇마루를 제외한 안방과 건넌방 사이에 놓인 큰 마루
통재기둥通材柱)잇기안하고2층이상까지 단일재로 만든 기둥
툇마루退ㅡ) 원칸살 밖에 달아 낸 마루.~에 걸터앉다
퇴사량退四梁):보樑)를 한줄로 놓아 한칸 통으로 집을 짓는 방식
툇기둥退ㅡ) 툇간에 딸린 기둥. 퇴주(退柱)
툇집退家)전후면에 툇기둥을 세우고 원채에 붙여서 지은 집.
판대공板臺공)널판으로 만든 대공의 총칭
팔각정八角亭): 지붕이 여덟 모가 지게 지은 정자亭子). 팔모정.
팔작집 八作ㅡ): 네 귀에 추녀를 모두 단 집. 팔작가家).
포대공包臺工)대들보나 종보위에 포작으로 만든 대공
포루鋪樓)성벽위나 성내에 지은 집. 성서城書)에는 성체위에 있는 것을루라고 기록 됨. 성안에 있으면 포사鋪舍)라고 하였다
포흔布痕):기와를 빚을 때 기와틀 에 씌운 마포의 흔적.
풍판風板)뱃집으로 지은 전각·신당의 두 쪽 박공 밑에 비바람을 막기 위해 길이로 잇대는 널빤지.
평방平枋)기둥 위에 초방(初枋)을 짜고, 그 위에 수평으로 올려놓은 나무.
평사량平四樑)보네 개를 써서 용마루가 그리 높지 않게 지은 집.
평연平椽)들연.
판대공板臺공)널판으로 만든 대공의 총칭
판벽판축기초版築基礎)터파기를 하고 넓적한 돌을 두께 20-30cm정도로 깔고 위에 토사 를 넣어 다지는 것을 반복하여 축조한 기초板壁)판자로 만든 벽. 널벽.
평고대平高臺)처마 끝에 가로로 놓은 오리목.
평기둥平柱)한층 높이의 길이로 된 기둥,
평사량平四樑) 보네개를 써서 용마루가 그리 높지 않게 지은 집.
탱주撑柱)넘어지지 않게 버티는 기둥.
포대공包臺工)대들보나 종보위에 포작으로 만든 대공
포석鋪石)땅바닥이나 길바닥에 까는돌
포인방鞄人房):종보아래로 첨차목木)이 뒤로 길게 건너지른 나무.
포작包作)공포를 짜서 꾸민 것
표석表石)무덤 앞에 세우는 푯돌《품계·관직·성명 등을 새김》 묘표墓表)
하중도리下中道里)여러개의 도리를 걸 때 아래쪽에 있는 중도리
하앙계공포下昻系栱包)공포를 짜고 위에 경사져 내린 하앙을 뻗쳐 장식 되는 계통의 공포
하엽荷葉)연잎. 나무로 연잎처럼 조각한 것.
한 대: 팔작집에서 네 모퉁이의 춧가지에 모로 나온 나무토막
한벌대一般地臺)(외벌대)기단을 축조할 때 자연석 또는 장대석을 한 켜만 놓아 만 든 기단
한와韓瓦)조선 기와.
합각合閣)지붕 위쪽 양옆에 박공으로 '人'자 모양을 이룬 각.

画(18)

민도리맞춤

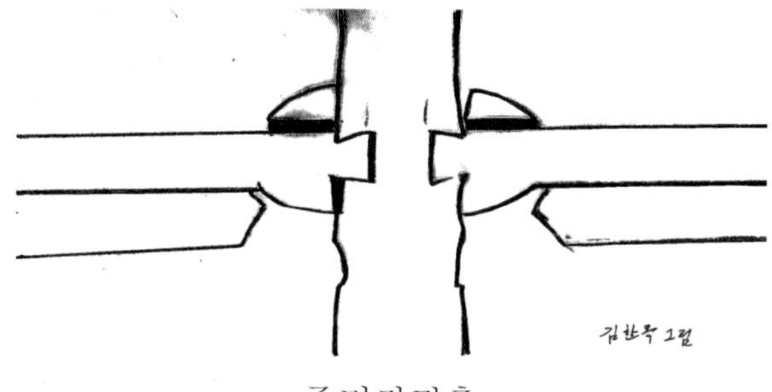

주먹장맞춤

메뚜기장부맞춤

번턱이음

향교鄕校)고려·조선 때, 시골에 있던 문묘文廟)와 거기에 속한 관립官立)학교.*교궁校宮).**행각**行閣) 궁궐·사찰 등의 정당正堂) 앞이나 좌우로 지은 줄행랑. 상방箱房).

해자垓字)①능陵)·원園)·묘墓)등의 경계.②성 밖으로 둘러 판 못

행공첨차行栱檐遮)고포에 외목도리와 장여를 받이는 첨차.

행랑채行廊舍)행랑으로 **행랑**行廊)①대문간에 붙어 있는 방.②예전에, 대문 양쪽에 벌여 있어 하인들이 거 처하던 방.◦ [행랑 빌리면 안방까지 든다] 처음 에는 조심스럽게 하던 일도 점차 분수를 넘게 됨을 비유한 말

허튼층쌓기(막쌓기)자연석을 생긴 대로 맞추어 가면서 막 쌓아 올리는 것.

현수곡선 지붕마루의 자연스런 곡선을 말함.

헌함포軒檻包)난간포)다층집에서 기둥바깥으로 내어단 툇마루의 밑을 받쳐 괸 공포

헛머리虛頭)보나 왕자도리의 끝머리를 통째로만들지 안이하고 따로 잘라만들어 끼워놓은 머리

헛첨차虛檐遮)기둥머리를 뚫고 내밀어 소로를 얹은 위에 초제공을 받 은 주심포계의 공포 재

협축夾築)성을 쌓을 때 중간에 흙이나 돌을 넣고 안팎에서 돌을 쌓는 것.

호두각 虎頭閣):조선 때, 의금부에서 죄인을 심문하던 곳.

호박돌기초 지름40-90cm되는 둥글넓적한 자연석을 초석으로 사용하는 기초

화반花盤):① 꽃을 담게 만든 자기瓷器).② 초방 위에 장여를 받치기 위해 화분· 연꽃·사자 등을 그려 끼우는 널조각.

활주活柱) 무엇을 받치거나 버티는 데에 쓰는 굽은 기둥.

홑집 한 채만으로 된, 구조가 간단한 집.

홑처마單簷) 끝이 짧은 처마.

회첨會檐)처마가 'ㄱ' 자 모양으로 꺾여 굽은 곳.

회첨골會檐谷)ㄱ자 형의 건물 평면에서 직교하는 지붕면이 마주치는 곳 에 있는 지 붕의 골자기.

혹도기 거친돌면의 돌출 부분을 쇠메로 대강 다듬는 일.

홍두깨흙 기와를 이을 때, 수키와가 붙어 있도록 그 밑에 괴는 반죽한 흙.

홍살문紅蕯門):능陵)원園)묘廟)궁전 등에 세우는, 붉은 칠을 한문.

홍예문虹霓門) 문의 윗부분을 무지개 모양으로 반쯤 둥글게 만든 문.

画(19) 석축성곽石築.城郭·城廓)

옹성

성곽城郭·城廓)

돌담

산성루山城樓)

성루

성루

사고석담장

적대

画(20) 전통건축화서해문傳統建築畵書解紋)

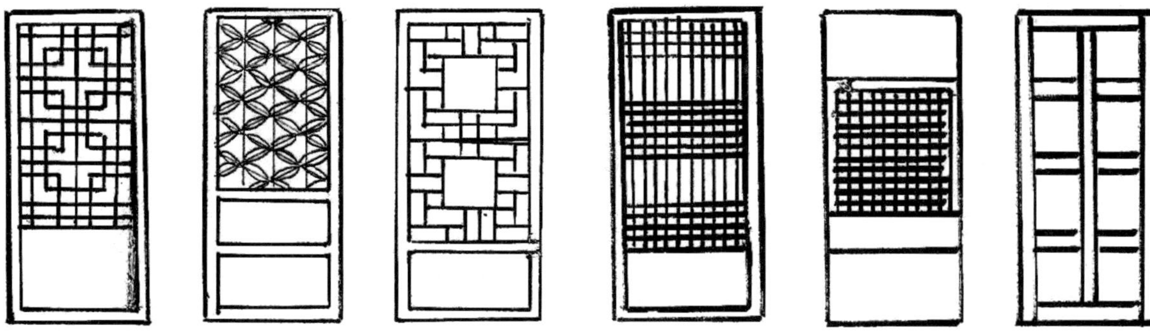

완자창 새긴창 아자창 격자창 만살창 용자창

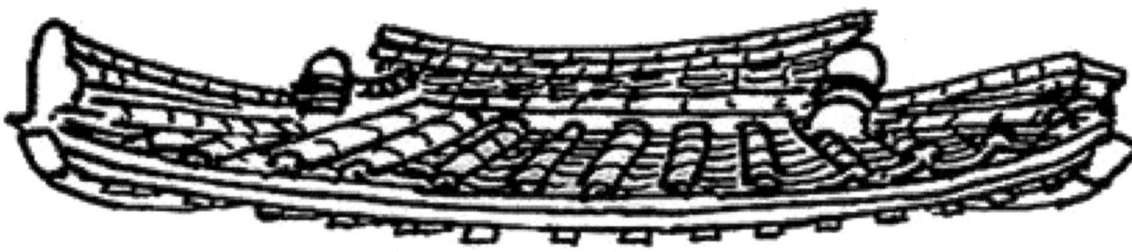

기와지붕

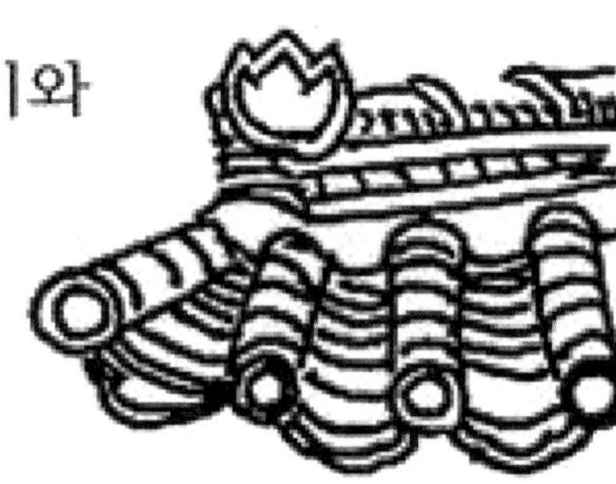

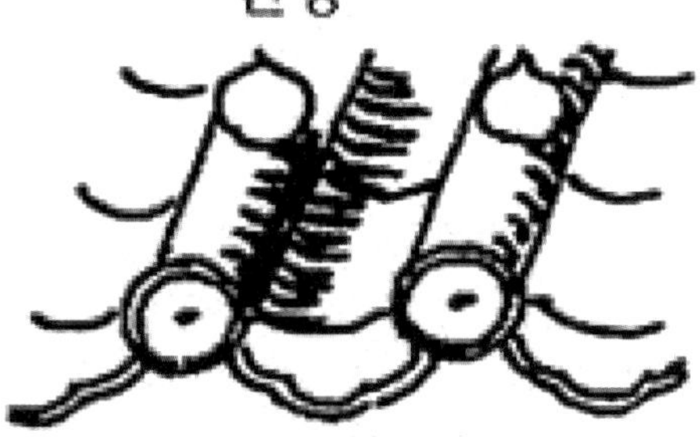

画(21)

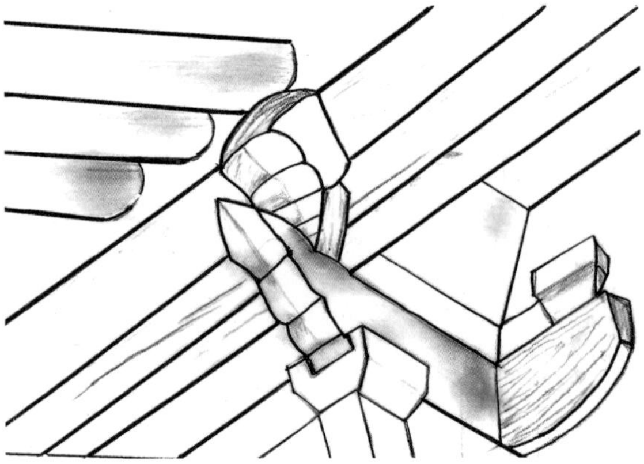

장여, 순각, 소로, 첨차

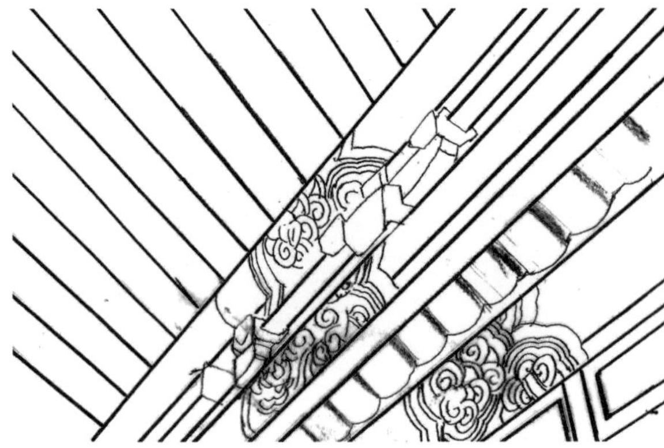

도리,장여, 뜬 창방

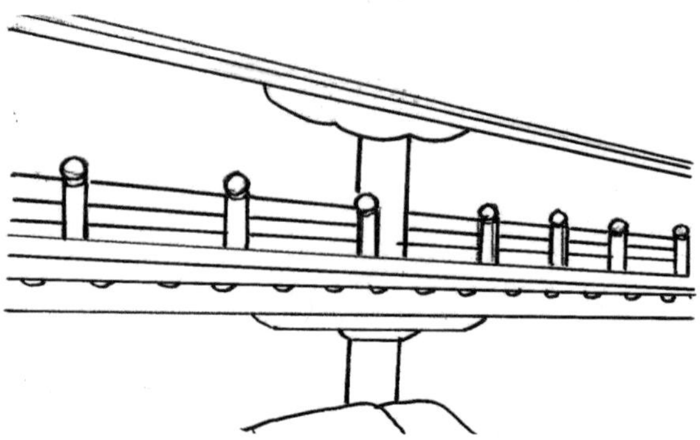

공槓.栱

계자난간

画(22) 석축성곽石築.城郭·城廓)

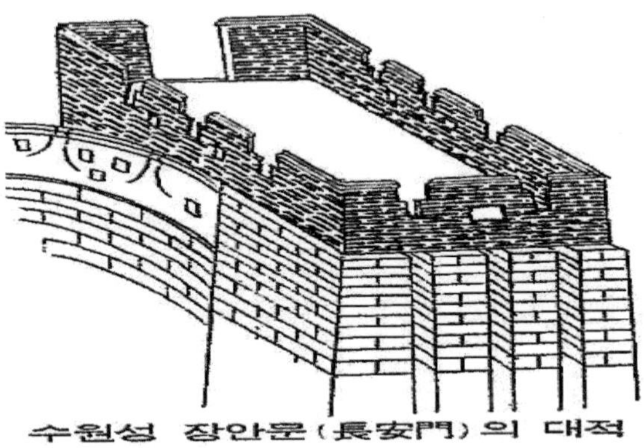

장안문

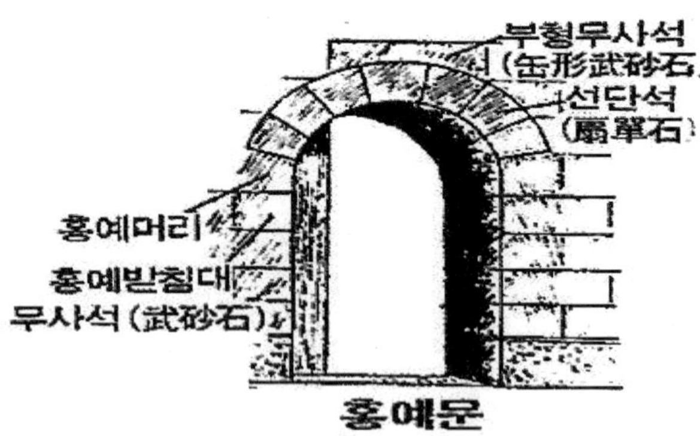

홍예문

풍남문

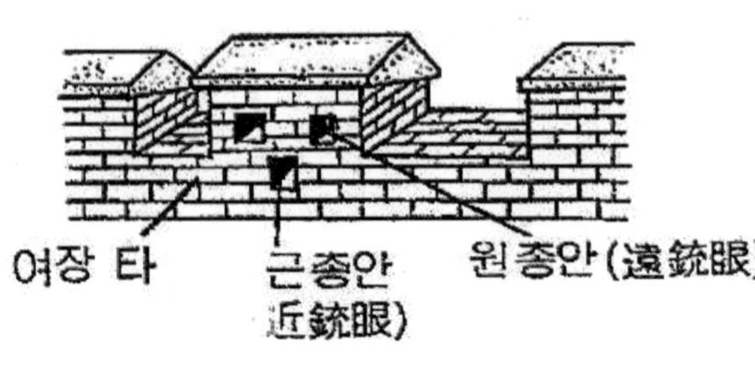

근총안

画(23) 돌담과 석축성곽石築.城郭·城廓)

꽃담

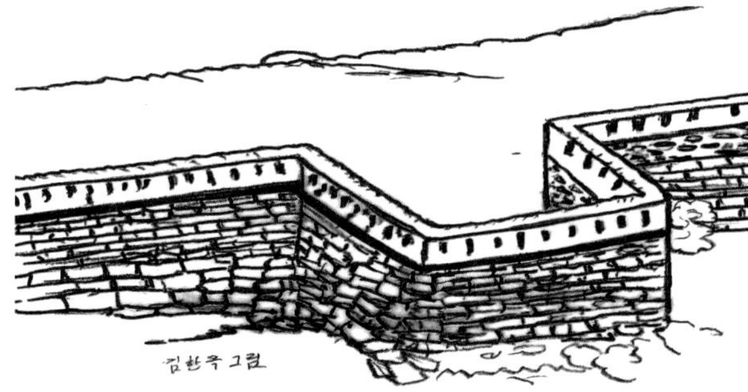

치

画(24) 석축성곽石築.城郭·城廓)

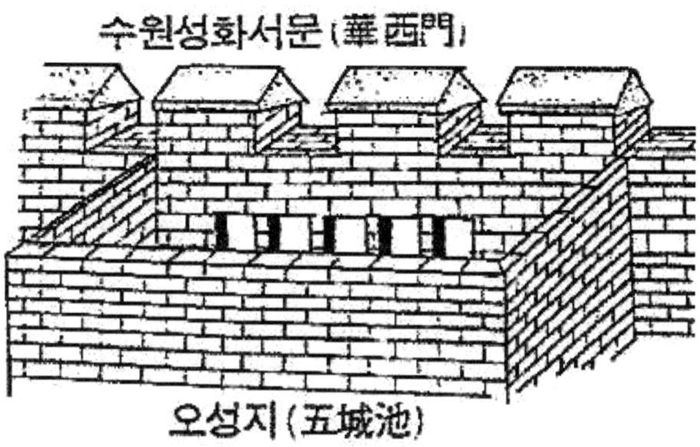

오성지

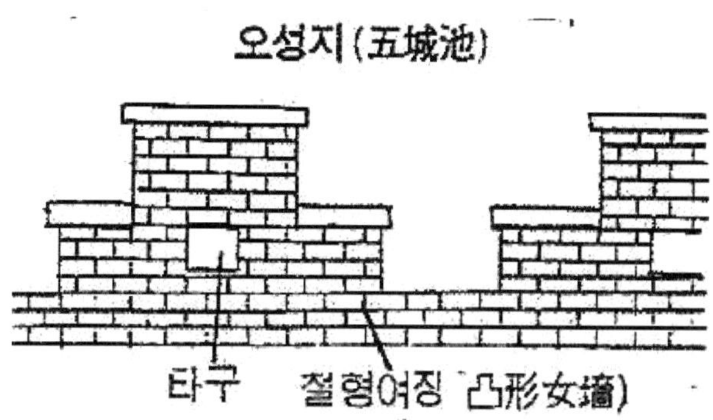

절형여장

画(25) 돌담과 석축성곽石築.城郭·城廓)

여장

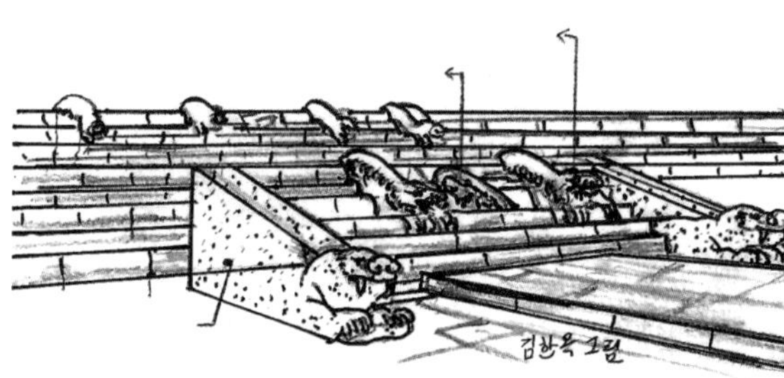

월대

막쌓기

평여장

画(26)

우물반자

반턱맞춤

画(27) 전통건축화서해문傳統建築畵書解紋)

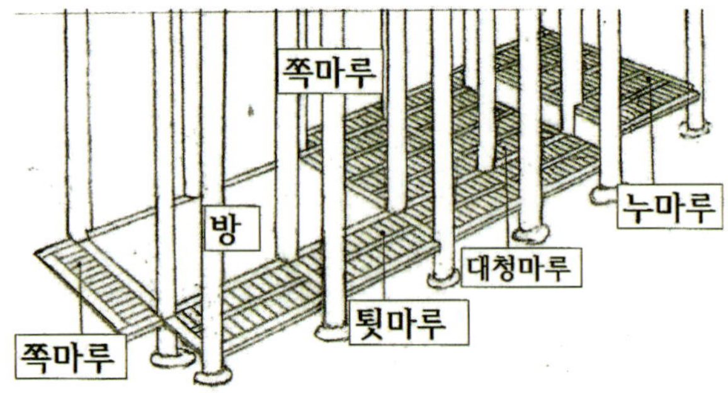

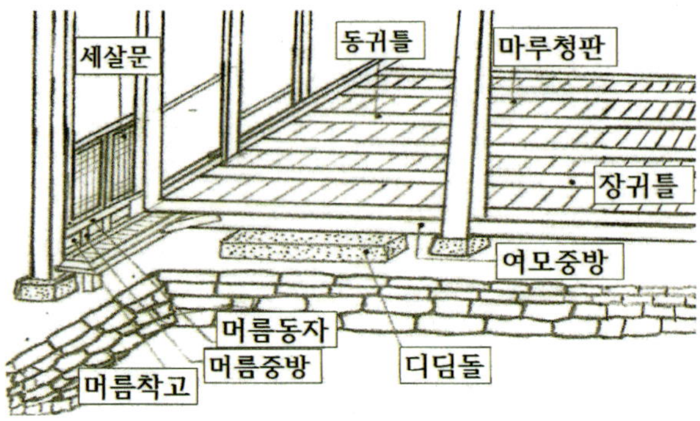

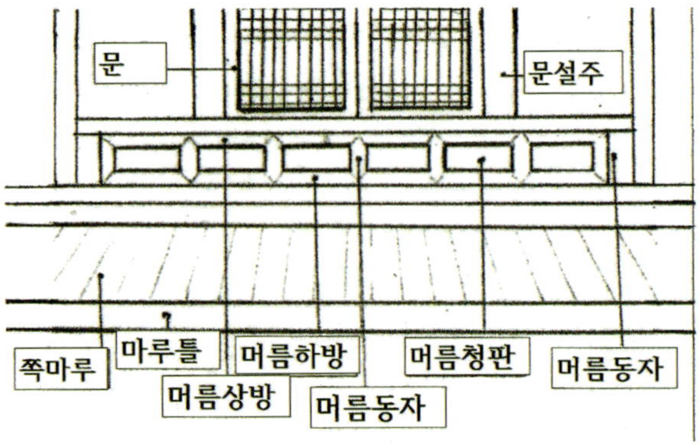

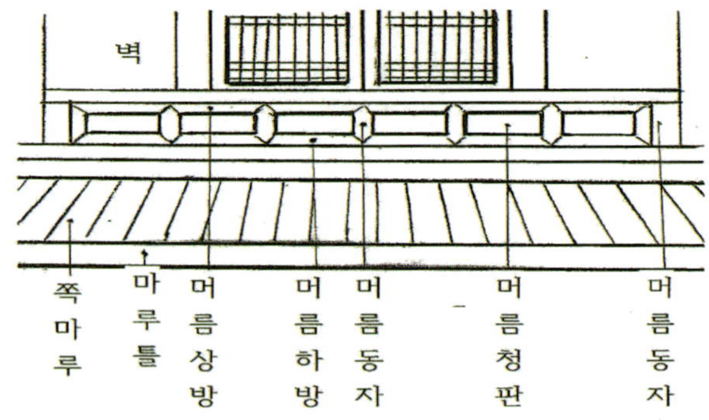

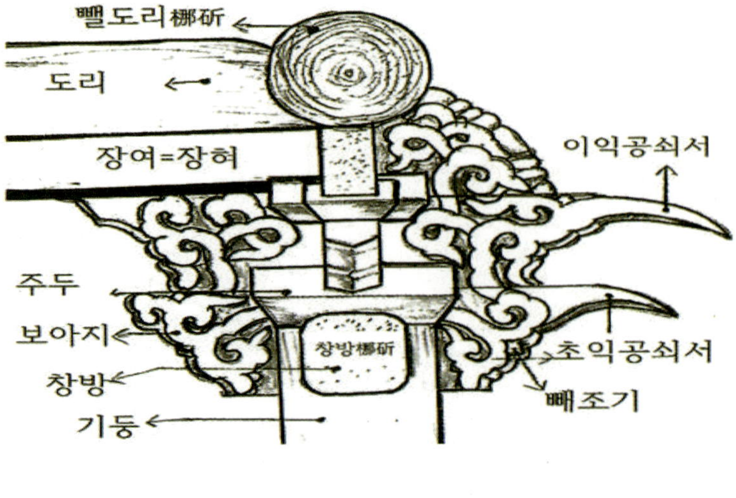

画(28)

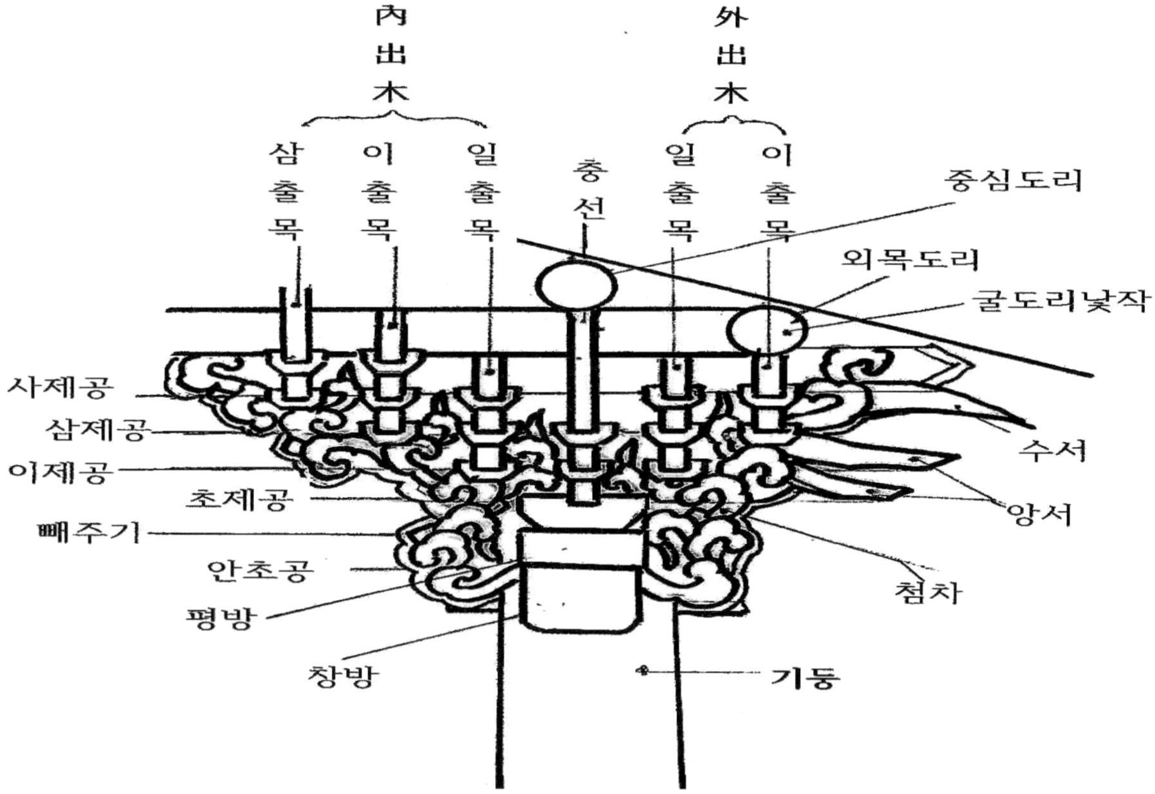
內出木
外出木
삼출목
이출목
일출목
충선
일출목
이출목
중심도리
외목도리
굴도리낮작
사제공
삼제공
이제공
초제공
빼주기
안초공
평방
창방
수서
앙서
첨차
기둥

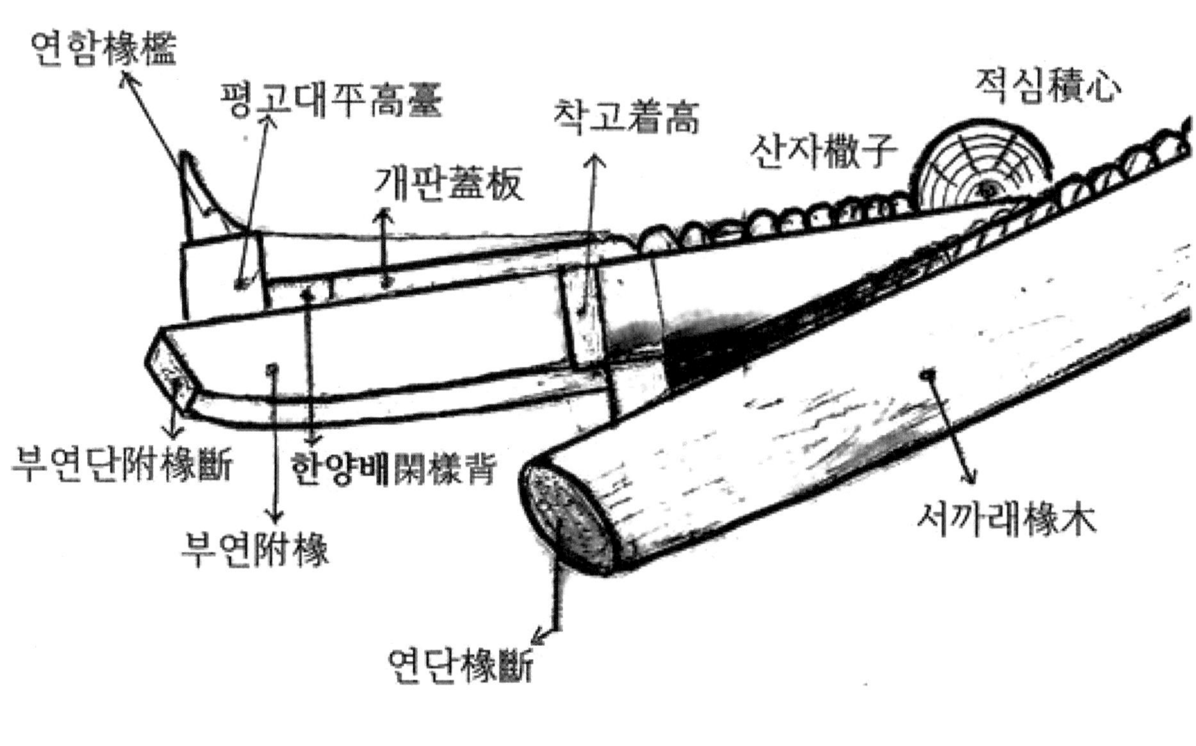
연함椽檻
평고대平高臺
착고着高
적심積心
산자橵子
개판蓋板
부연단附椽斷
한양배閑樑背
부연附椽
서까래椽木
연단椽斷

画(29)

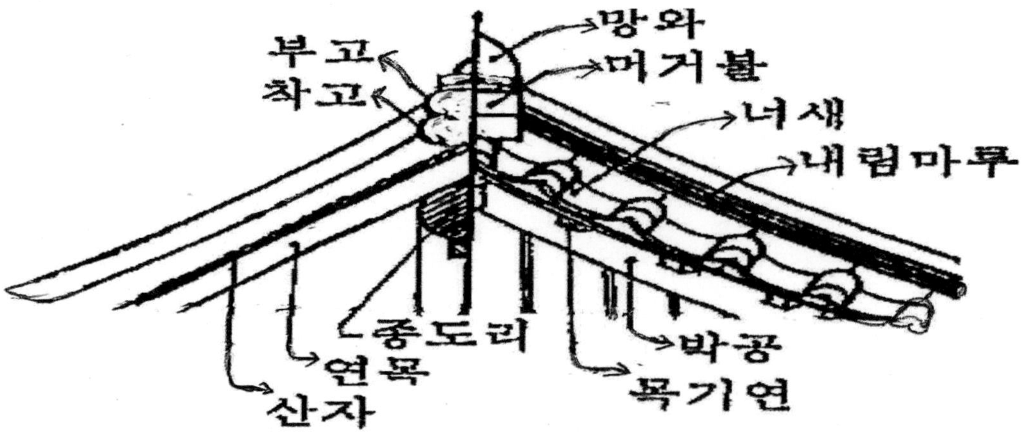

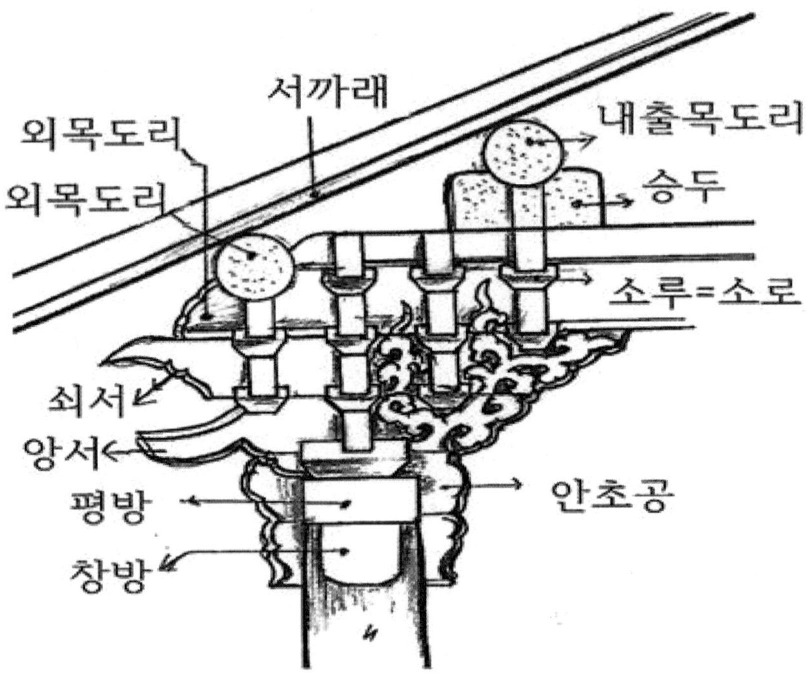

画(30) 전통건축용어傳統建築用語)

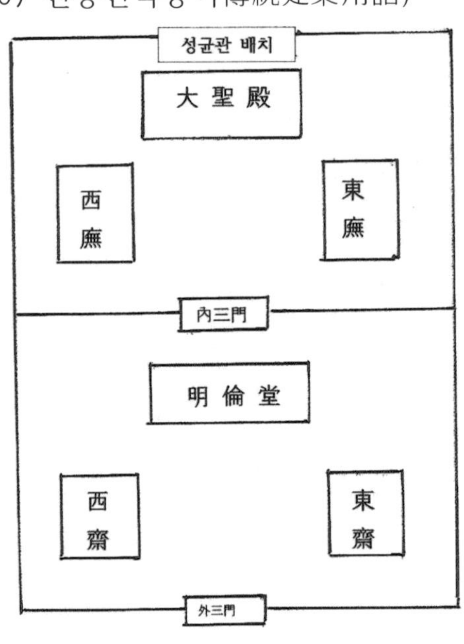

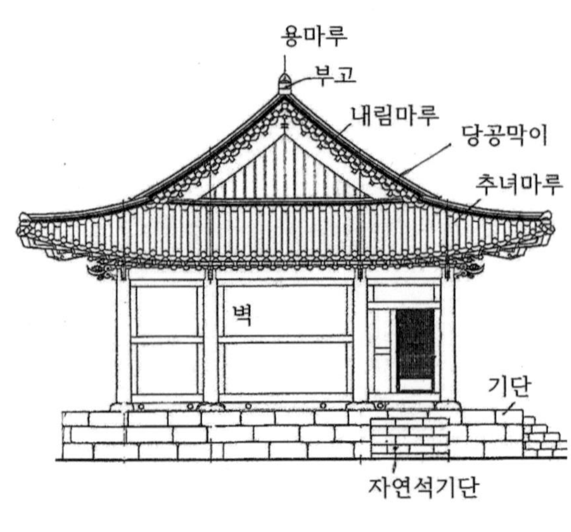

画(31)

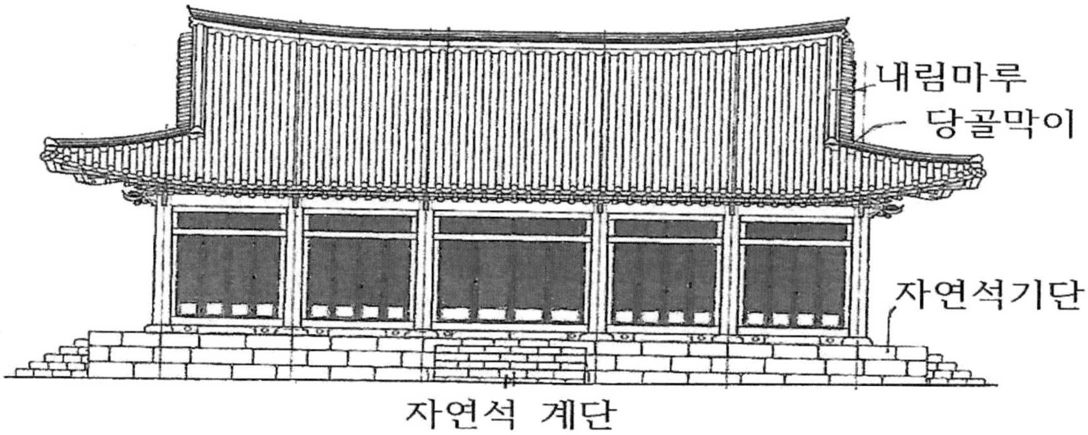

팔작 5칸집 전면

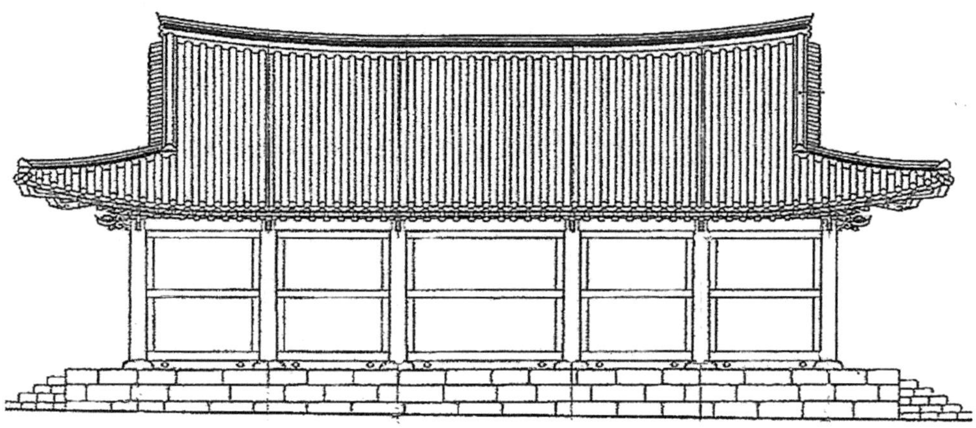

팔작 5칸집 후면

画(32)

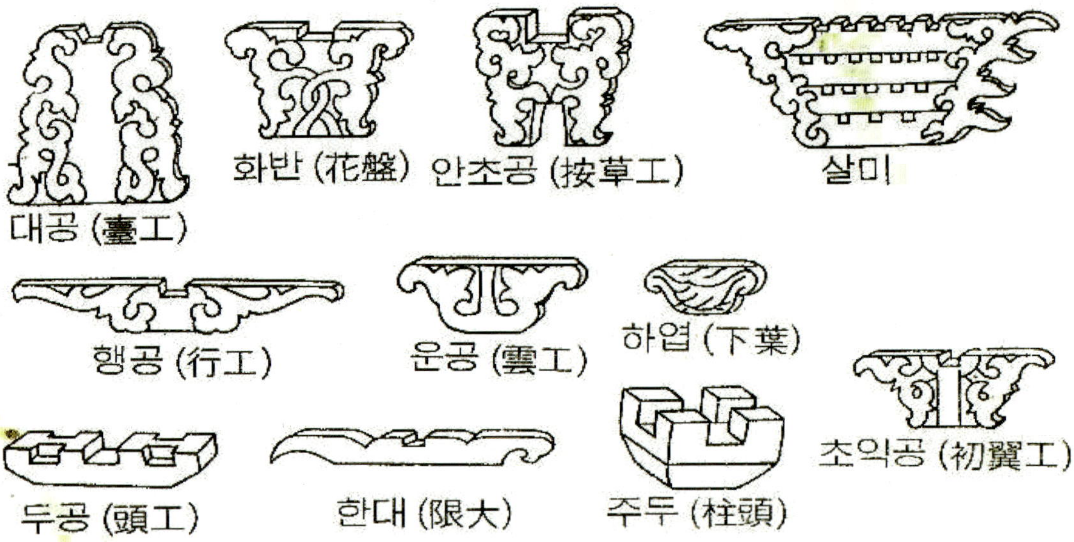

画(33)

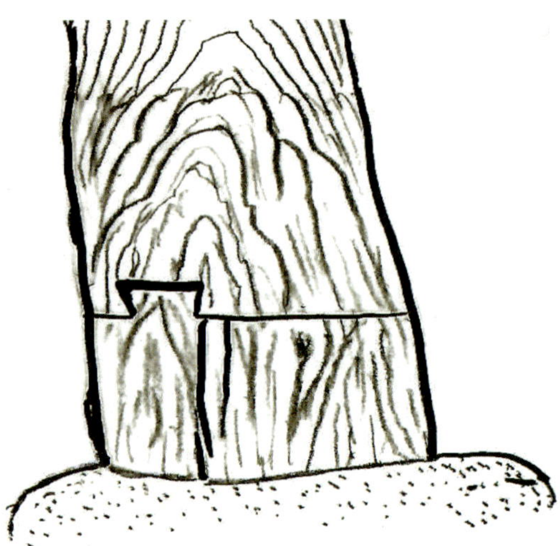

주먹장이음

통맞춤

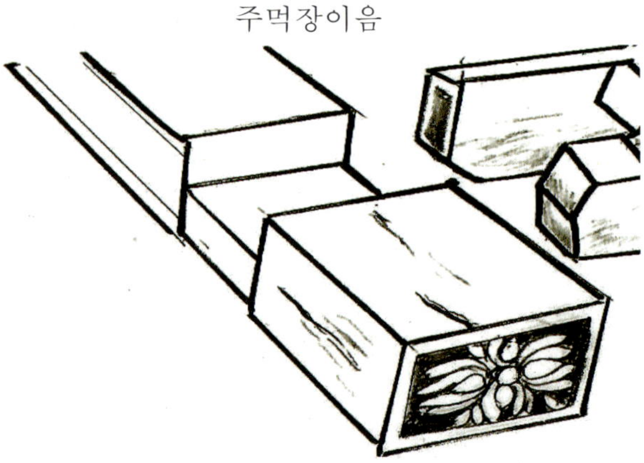

반턱맞춤

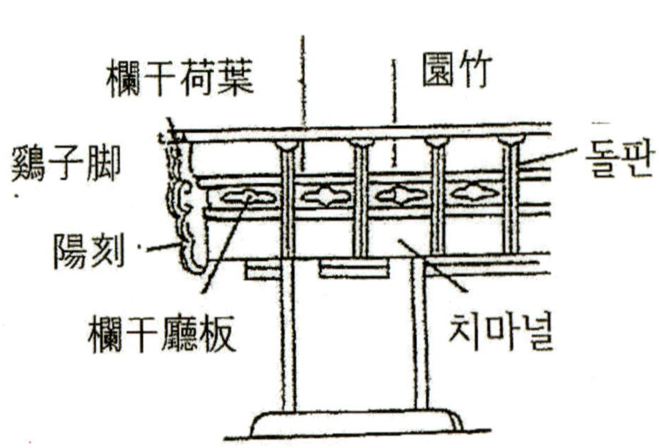

画(34) 석축계단 축대 기단 성곽石築 築臺 階段 基壇 城郭)

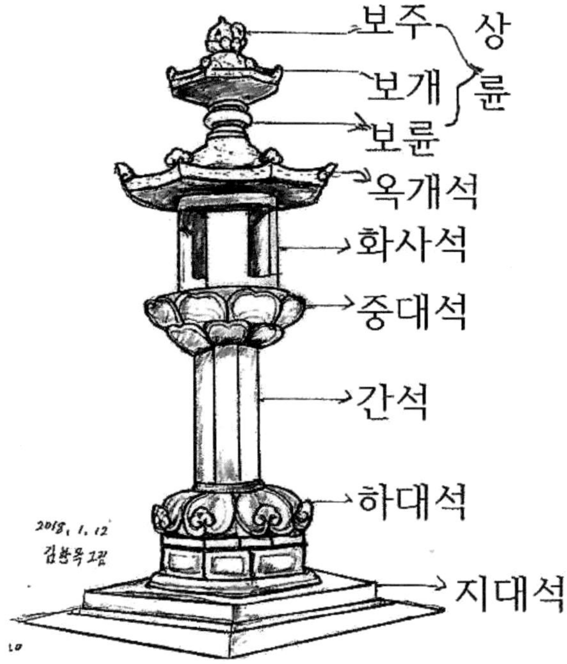

석등石燈)

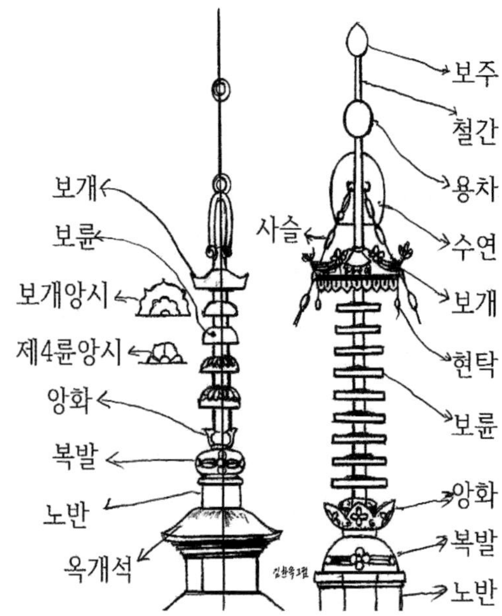

탑신塔身)

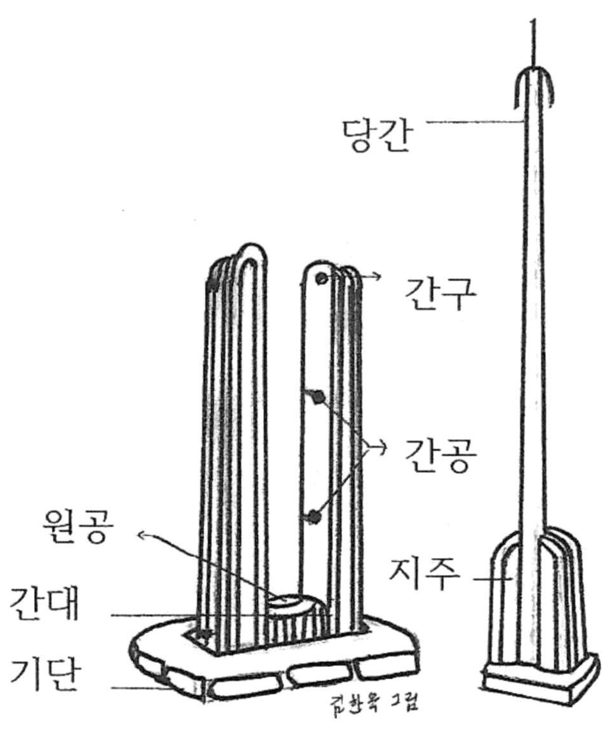

당간지주幢竿支柱)

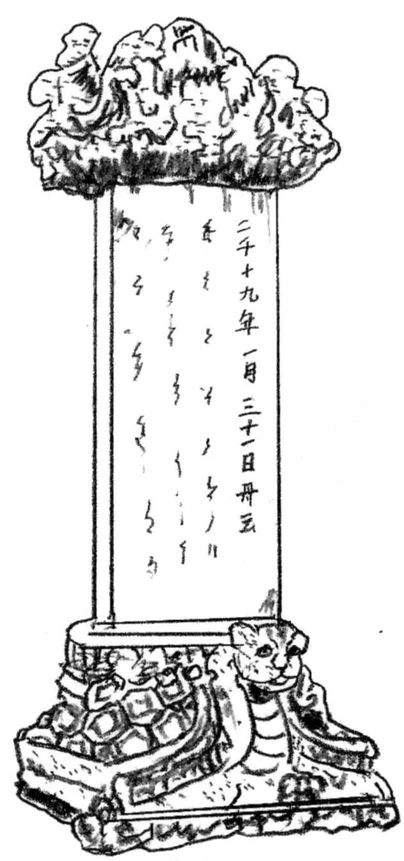

비석碑石)

画(35)

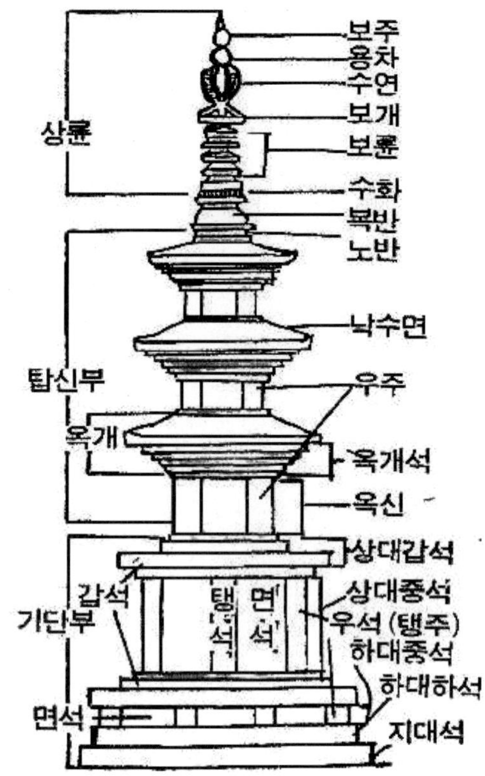

탑각부분 명칭

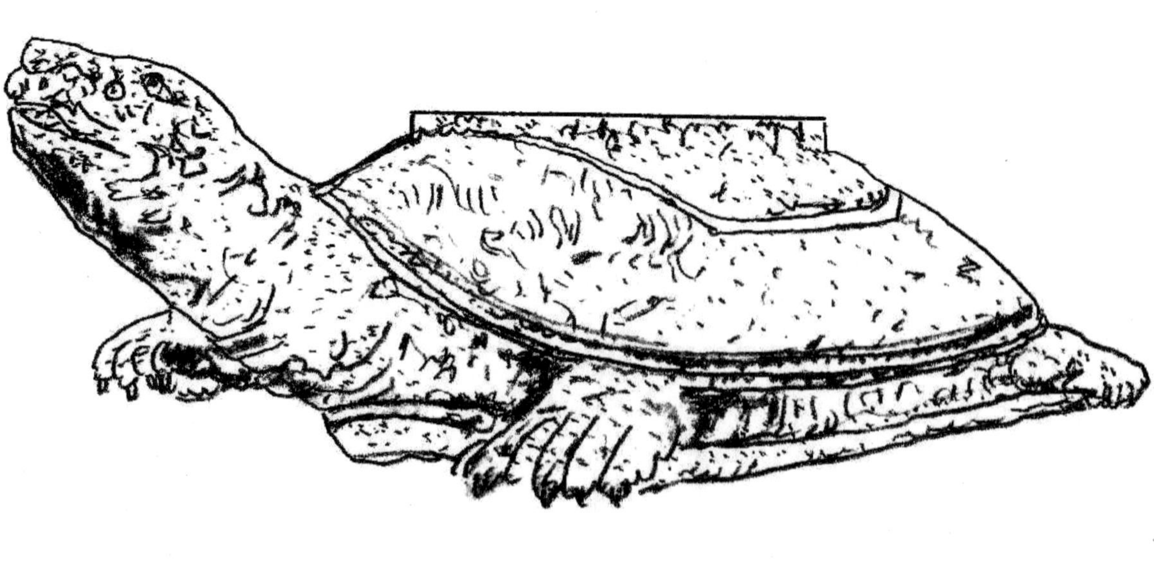

귀부龜趺)

画(36) 석축성곽石築.城郭·城廓)

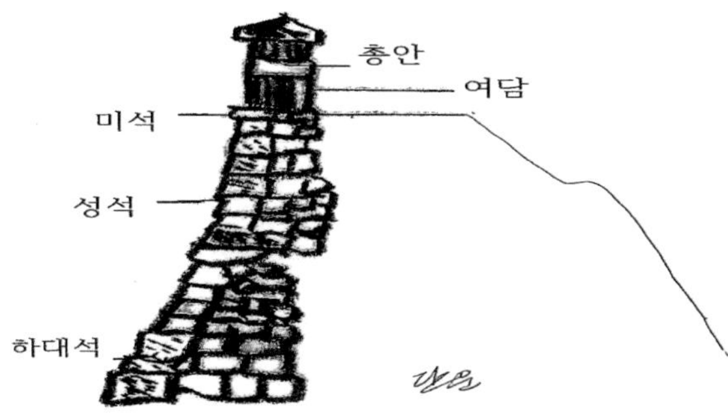

미석

해자

암문

画(37)

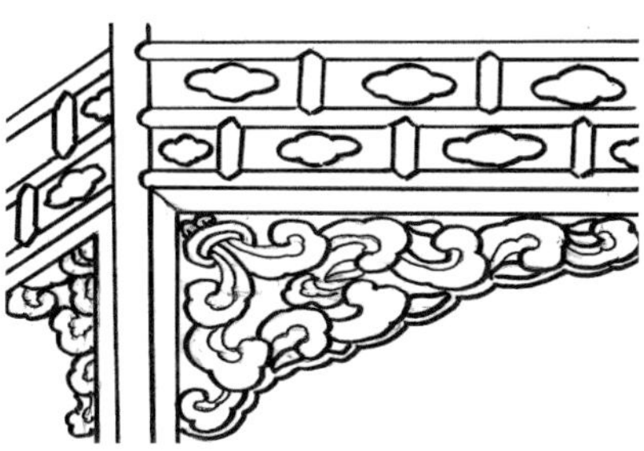

운각雲閣)

낙양絡梁)

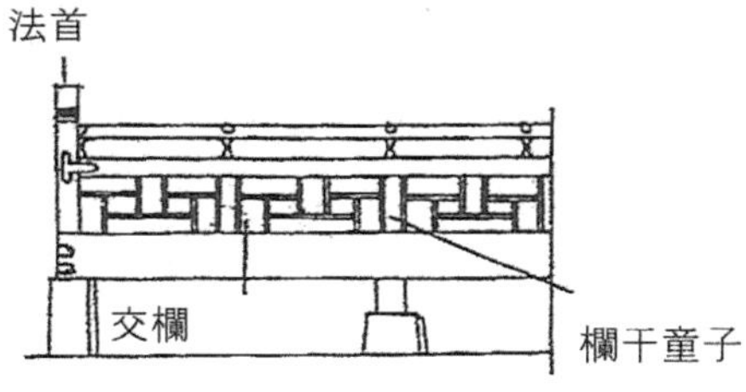

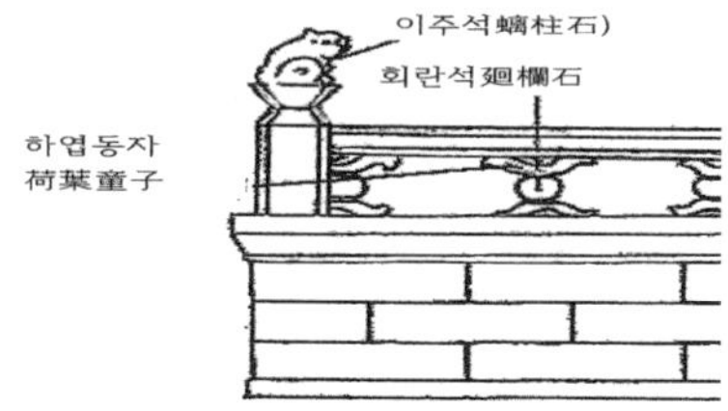

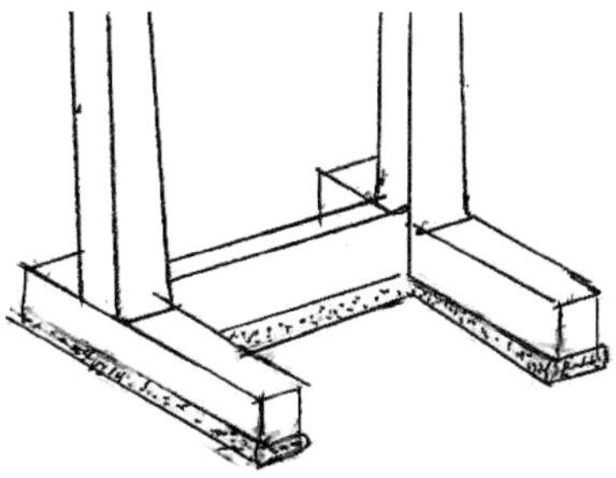

문틀 문설주

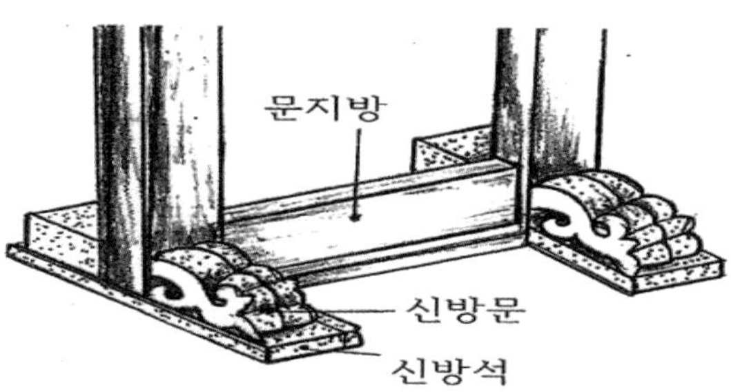

조각문 틀

참고 자료

東洋年表 1971년1月10日 初版發行
編著者 이 현 종(李鉉淙)
發行處 探求堂
世界百科圖繪大事典 發行處 修德社 編著李在華 1973년 1월
이덕일,《살아있는 한국사 1》, 휴머니스트, 2003년.
국사편찬위원회 1종도서연구개발위원회, 고등학교 국사 (하), 교육부, 1996년.

같이 보기[편집]

한국의 역사
동아시아 근대사 연표

바깥 고리[편집]

두산백과사전 역사 연표
링크 편집

단운 김한옥 이력

호는 단운(丹雲) 음릭1942년 충남 계룡시 에서출생

1959년 서울 창신동 안양암에서 혜각스님을 만나 면담
서울 성북구 팔정사에서 단청시작

1970년 문화재관리국 단청 기능공 시험합격(166호)

1974년 문화재관리국 단청 기술자 시험합격(150호)
조계사대웅전단청

1991년 문경 봉암사 대웅전과 선방등 단청

1995년 동국대학교 문화예술대학원 입학

1997년 동국대학교 문화 예술 대학원 수료

2005년 한국 단청 기술자 협회 회장

2005년 사단법인 문화재 기술자 협회 부회장

2005년 문화재 전문위원; 조계사대웅전2차단청

2007년 단청분야 실무자가 직접 단청 도감 저서 발행

2007년 문화재청 전문 위원 단청분야

2008년 북경 유네스코대회 東亞地區木結構彩畵保護國際對會
참가 한국의 단청 기법과 문양에 대하여 강연

2008년 단청 기술자 시험면접관

2008년 중요 무형 문화재 단청장 선출 심의위원

2009년 문화재청 전문위원 단청 불화 분야

2009년 단청도감 2쇄 발행; 수원 봉녕사 대웅전과 전채단청공사

2009년 단청 기술자 시험면접관

2010년 용인 명지대학교 건축과 단청 불화 강의

2010년 중국 베이징 고궁단청공사 시공답사

2011년 문화재청 설계 심사위원

2012년 단청기술자시험면접관

.2013년 한중고대건축불화저서; 단청기술자시험면접관

2014년 단청기술자시험면접관 전국각지300여곳에불사를함

2014년 3월 8일~9월까지 개산조각 진영 11분 직접그림.
1보천태자 2,자장율사 3,성덕대왕 4,도의국사
5,범일국사 6,보조국사 7,나옹 대사8,신미대사
9,서산대사10,사명대사11,경허 선사
10.대웅전 부처님 개금 및 탁자(수미단)옷칠 단청

2015년 문화재청 건축분과전문위원

2016년 5월 1일 문화재위원

2018년 東亞地區木結構彩畵保護國際對會참석參席)

2019년 경기 부천시보광사 대웅전 단청공사.

고건축과 여담

2020년 3월 10일 1판 1쇄 발행

저자/ 김한옥
발행인/ 이무형
발행소/ 태학원

신고번호/ 제406-2012-000070
주소/ 경기도 파주시 파주읍 향양말길 11-13
전화/ 031-941-4136
팩스/ 031-624-4139
가격/ 30,000원

ISBN/ 978-89-92832-93-9 93630